Daniel Mullis
Der Aufstieg der Rechten
in Krisenzeiten

Daniel Mullis

Der Aufstieg der Rechten in Krisenzeiten

Die Regression der Mitte

RECLAM

Dieses Werk wurde vermittelt durch Aenne Glienke | Agentur für Autoren und Verlage, www.AenneGlienkeAgentur.de

2024 Philipp Reclam jun. Verlag GmbH,
Siemensstraße 32, 71254 Ditzingen
Umschlaggestaltung: zero-media.net
Druck und Bindung: GGP Media GmbH,
Karl-Marx-Straße 24, 07381 Pößneck
Printed in Germany 2024
RECLAM ist eine eingetragene Marke der
Philipp Reclam jun. GmbH & Co. KG, Stuttgart
ISBN 978-3-15-011469-8

Auch als E-Book erhältlich

www.reclam.de

Inhalt

Vorwort

Auf einer Vortragsreise treffe ich in Salzburg einen ehemaligen Dozenten, der seit einiger Zeit in Österreich nahe der deutschen Grenze lebt. Wir sitzen in einem Café in Bahnhofsnähe, es ist Herbst 2015. Die Spuren der Ereignisse der vergangenen Wochen sind noch deutlich zu sehen und erinnern mich an Fernsehbilder von Menschen, die in langen Schlangen auf ihre Weiterreise warten. Erst vor wenigen Tagen sind hier Tausende durchgekommen auf ihrem Weg über die Balkanroute nach Nordeuropa. In Österreich wie in Ungarn war die Stimmung längst in offene Feindseligkeit umgeschlagen, die Menschen sollten weiter, nicht bleiben, einfach weg. Die südlichen Grenzen der beiden Länder wurden jeweils bereits wieder streng kontrolliert, Zäune wurden errichtet. In Deutschland hingegen verlautbarte Kanzlerin Angela Merkel damals noch mutig: »Wir schaffen das«. Tausende standen im ganzen Land an den Bahnhöfen und nahmen die Ankommenden in Empfang, reichten ihnen Essen und spendeten Nothilfe. Die Willkommenskultur war echt und wurde gelebt.

Gleichzeitig zogen am Horizont, wenn man sie denn sehen wollte, die dunklen Wolken bereits auf. Zweieinhalb Jahre zuvor hatte sich im Gefüge der europäischen Schuldenkrise die Alternative für Deutschland (AfD) gegründet, und seit einem Jahr demonstrierten die »Patriotischen Europäer gegen die Islamisierung des Abendlandes« (Pegida) in Dresden. Da die junge Rechtsaußenpartei 2013 den Einzug in den Bundestag noch verpasst hatte und Pegida zwar ein brisantes, aber eher lokales Phänomen blieb, bewertete ich im Gespräch die Gesamtsituation damals zumindest für die Bundesrepublik vorsichtig positiv. Für mich prägend waren die progressiven Erfahrungen der Willkommenskultur sowie die Aufbruchstimmung in den Jahren nach 2011 gewesen, die im Anschluss an den Arabischen Frühling die Welt erfasst hatte.

Für mein Masterstudium in der Humangeographie zog ich 2010 von Bern nach Frankfurt am Main. In Deutschland nahm ich zunächst eine andere Stimmung wahr als in der Schweiz, wo mit der Schweizerischen Volkspartei (SVP) eine Rechtsaußenpartei schon lange etabliert war. Während in ganz Europa Parteien am rechten Rand auf dem Vormarsch waren, schien mir dies in der Bundesrepublik schon aus historischen Gründen unvorstellbar. Im Winter 2015 begann sich die Situation jedoch zu verändern. Im Zuge der wachsenden Ressentiments gegen die neue Zuwanderung setzte die AfD in ganz Deutschland zum Aufstieg an, und auf der Straße formierten sich rechte soziale Bewegungen. Immer wieder eskalierte die Gewalt, landesweit brannten 2015 und 2016 über 250 Flüchtlingsunterkünfte, und bei rechts motivierten Anschlägen verloren seit 2015 nach Angaben der Amadeu-Antonio-Stiftung 36 Menschen ihr Leben. Gleichzeitig zeigte sich immer deutlicher, dass die Entwicklung nach Rechts nicht nur vom rechten Rand ausging, sondern dass sich auch in der Mitte der Gesellschaft Narrative zu verschieben begannen.

Um es konkret zu machen: 2016 waren es noch Politiker:innen der AfD, die dafür warben, notfalls an der Grenze auf Menschen auf der Flucht zu schießen, 2023 ist es Jens Spahn, ehemaliger Gesundheitsminister und Spitzenpolitiker der CDU, der offen für »physische Gewalt« plädierte. Coronapandemie, Kriege und Klimakrise haben die Stimmung in den vergangenen Jahren angeheizt, die Verunsicherung hat zugenommen, und etwas Rohes kam zum Vorschein. Schon bald nach dem Treffen in Salzburg musste ich also eingestehen, dass ich mit meiner Einschätzung falsch gelegen hatte. Immer wieder denke ich an dieses Treffen zurück und versuche, die damalige Stimmung einzufangen. War ich zu naiv, oder war es meine Unkenntnis Deutschlands, die mich fehlgeleitet hatte, oder hatte sich grundlegend etwas geändert? Mit Sicherheit war es in Teilen meine Unkenntnis, zugleich haben sich offensichtlich zwar langsam, aber sicher Dinge verändert. Und so stehen wir heute vor tiefgreifenden politischen und gesellschaftlichen Transformationsprozessen mit noch offenem Ausgang.

Dieses Buch ist Ergebnis meiner Bemühungen zu verstehen, was in der Mitte der Gesellschaft passiert ist, dass die Rechte derart erstarken konnte. Grundlegend ist die Forschungsarbeit am Projekt »Alltägliche politische Subjektivierung und das Erstarken regressiver Politiken. Abstiegsängste, Urbanisierung und Raumproduktionen in Frankfurt am Main und Leipzig«. Aufgenommen habe ich diese Arbeit am Leibniz-Institut für Friedens- und Konfliktforschung (PRIF) 2017, im Jahr darauf kam Paul Zschocke im Rahmen der Vorbereitungen für seine Promotion dazu. Seit Sommer 2021 wird das Forschungsvorhaben von der Deutschen Forschungsgemeinschaft (DFG) gefördert. In ausgewählten Stadtteilen von Frankfurt am Main und Leipzig gingen wir den sozialen Dynamiken, Konflikten und Glückserwartungen nach, in deren Gefüge sich der Aufstieg der Rechten vollzog und weiter vollzieht. Dabei fokussierten wir bewusst auf die sogenannte Mitte und befragten Menschen aller politischen Couleurs. Was zutage trat und was ich hier als *Regression der Mitte* beschreiben werde, beunruhigt mich zutiefst, zumal klar wurde, wie stark das rechte Rauschen die Gesellschaft mittlerweile durchzieht.

Ich schreibe dieses Buch ohne erhobenen Zeigefinger, ohne Anklage. Es geht mir nicht darum, jemanden zu entlarven, sondern darum, gesellschaftliche Dynamiken offenzulegen. Dynamiken im Übrigen, die mir mitnichten fremd sind und von denen ich mich nicht gänzlich frei fühle. Ich bin davon überzeugt, dass nur das Wissen um die Verfasstheit der Gegenwart und die ihr immanenten Krisendynamiken dabei helfen kann, sich als Gesellschaft und individuell der Regression und dem damit einhergehenden Erstarken der Rechten zu widersetzen.

Ich bin nicht in Deutschland aufgewachsen, und obwohl die Schweiz nicht weit ist und ich das Privileg habe, qua Hautfarbe, Sprache, Bildung sowie kulturelle Zuschreibungen und auch aufgrund meines Geschlechts fast vollständig in der Mitte der

Gesellschaft aufzugehen, bleibt mein Blick in gewisser Weise doch immer geteilt. Vieles – und mehr, als ich selbst gedacht hatte – musste ich mir aktiv erarbeiten, kollektive Normen und Codes waren mir nicht unmittelbar verständlich, was für eine wissenschaftliche Auseinandersetzung Vor- und Nachteile hat. Obwohl ich inzwischen zu lange in Deutschland lebe, um einen Blick von außen beanspruchen zu können, bleibt der migrantischen Erfahrung ein vergleichender Gestus, der Erklärungsbedarf sieht und Reflexion befördert, dennoch stets eingeschrieben. Prägend für meine Perspektive ist zudem, dass ich mit Frankfurt am Main eine weltoffene und plurale, aber sozial tief gespaltene Stadt mein Zuhause nenne. In den vergangenen Jahren habe ich aus familiären Gründen vor allem auch den Osten Deutschlands kennengelernt, so dass mir die mecklenburgische Seenplatte näher liegt als das Saarland. Ohne diese Bezüge hätte ich mir nicht zugetraut, die Perspektive zu öffnen und eine west- und eine ostdeutsche Großstadt nebeneinanderzustellen.

Die Arbeit am Projekt fiel in turbulente Zeiten. Die Bewältigung der Pandemie mit kleinen Kindern sowie die anschließend nicht endenden Krankheitswellen brachten unser System als berufstätiges Elternpaar immer wieder an den Rand des Zusammenbruchs. Die Erschöpfung war spürbar und anhaltend. Die Danksagung beginne ich daher bei meiner Partnerin. Danke für den gemeinsamen Weg und die gegenseitig gewährten Möglichkeiten, ich weiß das sehr zu schätzen. Ein besonderer Dank für die gemeinsame Arbeit am Projekt gilt Paul Zschocke, der auch die empirische Arbeit in Leipzig durchgeführt hat: Ohne die kontinuierlichen Diskussionen wäre weder Projekt noch die Arbeit am Buch so produktiv gewesen, ich habe viel gelernt. Hilfreich waren auch die gemeinsamen Publikationen mit Judith Miggelbrink, *Lokal extrem Rechts* sowie das Special Issue *Rechte Raumnahme*. Als analytisch schärfend erwies sich zuletzt der Austausch mit Maximilian Pichl sowie Vanessa Thompson zu den aktuellen autoritären Dynamiken. Unbedingt zu nennen ist das Engagement der studentischen Hilfskräfte Darius Reinhardt, der seine Masterarbeit im Projekt verfasste, sowie Timo Wenninger und Ronja Stiep, die beide wichtige Recherchen und Kommentare beigesteuert haben. Gleiches gilt für die beiden PRIF-Praktikant:innen Lucas Geilen und Hannah Friedrich. Für kritische und präzise Kommentare zum Manuskript geht mein Dank an Mona Klöckner, Sebastian Schipper, Susanne Mullis-Pum, Valentin Domann und Veronika Duma sowie die Teilnehmer:innen des Kolloquiums am PRIF und jenem der Kritischen Geographie am Institut für Humangeographie der Goethe-Universität. Sehr hilfreich waren auch die gemeinsamen Diskussionen im Rahmen eines zweitägigen Auswertungsworkshops im August 2023 sowie die Gespräche bei den Treffen des DFG-Netzwerks »Territorialisierungen der radikalen Rechten« seit 2021. Der DFG gebührt Dank für die finanziellen Mittel, und meinen Kolleg:innen am PRIF möchte ich für das sehr produktive und angenehme Arbeitsumfeld Dank aussprechen. Ein besonderes Dankeschön geht selbstverständlich auch an alle im Folgenden anonym bleibenden Personen, die bereit waren, mit mir zu reden und sich dafür Zeit genommen haben – ich weiß das sehr zu schätzen. Ohne meine Agentin Aenne Glienke und das großartige Lektorat und die gute Betreuung beim Verlag wären einige Unwägbarkeiten keinesfalls so gut lösbar gewesen, ein herzliches Dankeschön auch für diese Unterstützung. Abschließend an euch, liebe beide Kinders, danke für euer Lachen, die Hoffnung und die Erinnerung daran, dass es sich nicht nur lohnt, sondern notwendig ist, für ein demokratisches Morgen einzustehen.

Frankfurt am Main, Januar 2024

Einleitung

> »Was fehlt, ist eine Theorie darüber, wie Akteure in unterschiedlichen Situationen sich selbst verstehen, was sie als das betrachten, was ihnen zusteht, was sie von ihren Vorgesetzten und Machthabern erwarten und was sie zu politischem Handeln veranlasst.«
>
> Nancy Fraser im Dialog mit Rahel Jaeggi 2020, S. 173

Es ist Sommer 2022, ich sitze bei Frau Becker (No6/22)[1] im Wohnzimmer, in einem Stadtteil etwas außerhalb des Zentrums von Frankfurt am Main. Der Angriffskrieg Russlands auf die Ukraine tobt seit einigen Monaten, und der Klimawandel ist angesichts des Dürresommers allgegenwärtig. Debatten über Waffenlieferungen und Fluchtbewegungen aus der Ukraine, explodierende Energiepreise, den Umbau von Hartz IV zum Bürgergeld sowie um Gendersprache und eine angebliche Cancel Culture prägen die Kommentarspalten. Kaum noch Erwähnung hingegen finden die anhaltend hohen Corona-Fallzahlen. Die Pandemie hat im Alltagsleben der meisten kaum noch Relevanz.

Frau Becker und ich haben uns für ein Interview verabredet. Ihr Mann fragt mich, ob mein Fahrrad gut abgeschlossen sei, hier werde alles gestohlen, und zieht sich dann zurück. Meine Gesprächspartnerin ist in Rente, Mitte 60, und wählt überwiegend die Grünen, aber auch mal die SPD. Sie wohnt mit ihrem Mann im Eigenheim. Eigentlich wohne sie gerne im Viertel, aber es gehe bergab. Seit der Wohnblock nebenan von einem ehemaligen großen Staatsunternehmen an ein Immobilienunternehmen verkauft wurde, verkomme die Anlage. Sie sagt es nicht offen, aber es wird deutlich: Sie gibt der Armut und der mutmaßlich ausländischen Herkunft der Bewohner:innen des Blocks die Schuld am Niedergang. Die Erfolge der AfD im Stadtteil hat sie wahrgenommen, kann sie sich aber nicht erklären. Sie habe »keinen Kontakt mit diesen Leuten«. Auf einem Mast in ihrer unmittelbaren Nachbarschaft weht eine Fahne des Deutschen Reichs. Für Frau Becker (No6/22) ist die Welt nicht mehr so klar sortiert, wie sie es einst war. Deutschland habe für »Pünktlichkeit, für Zuverlässigkeit und gute Architekten, gute Planung« gestanden, heute könne man nicht mal mehr mit der Bahn nach Berlin fahren, ohne eine Stunde Verspätung zu haben.

Ortswechsel. Herr Uhlig (Go8/22) sitzt in seiner Wohnung in Leipzig-Grünau, eine der größten Großwohnsiedlungen aus Zeiten der DDR. Er ist seit sechs Jahren in Rente und wohnt seit fünf Jahren im Stadtteil. Er und seine Frau seien vom Land bewusst hergezogen, und er sei »hellauf begeistert«. Klar gebe es Flecken, die nicht so schön seien, aber es sei sehr grün und die Nahversorgung noch gut. Im Leben hat er einiges durchgemacht, gerade die Wende 1989/90 beschreibt er als Zäsur. Da habe sich »alles verändert«, insbesondere die sicher geglaubte berufliche Laufbahn nach Ausbildung und Studium sei dahingewesen. Er habe sich dann durchgeschlagen, wirklich zufrieden sei er nicht mehr. Seinen Kindern hingegen gehe es gut, berichtet er nicht ohne Stolz. Er stört sich daran, dass sich Politik »um Großkonzerne« kümmere, wohingegen »bei sozialen Projekten um jeden Pfennig« gestritten werde. Regelrecht empört ist er über das Handeln der Bundesregierung im Ukrainekrieg. Putin habe widerrechtlich angegriffen, sicher. Aber alleinige Schuld? Nein, Schuld habe die NATO genauso, und in Deutschland werde nur einseitig berichtet. Er sagt dann, er fühle sich heute so unwohl wie in seinem »ganzen Leben noch nicht«, und es sei wie zu DDR-Zeiten: »Es hat sich nichts verändert, es ist nur alles anders geworden.« Zur Zuwanderung von Menschen, die auf der Flucht ab 2015 nach Deutschland kamen, sagt er: »Wir können uns nicht verschließen«, aber alle hätten sich an die Regeln zu halten, und dies sei leider allzu oft nicht der Fall. Seine Ressentiments, die immer wieder durchkommen, fallen ihm selbst auf, und er korrigiert sich. Stellt dann aber auch klar, dass »man heute bald mehr aufpassen« müsse, wie man Dinge formuliert, als vor der Wende. Gewählt habe er als ehemaliges SED-Mitglied früher PDS beziehungsweise Die Linke. Heute fühle er sich politisch heimatlos, wähle aber noch aus Routine. Mit den Parteien habe er insgesamt abgeschlossen. Er habe überlegt, die Alternative für Deutschland (AfD) zu wählen, es dann aber verworfen. Mit jemandem wie Björn Höcke wolle er nichts zu tun haben.

Solche Geschichten bekomme ich in den Gesprächen, die für dieses Buch in Frankfurt am Main und Leipzig geführt wurden, häufig zu hören. Gesprochen wurde mit Anwohner:innen von Stadtteilen, in denen die AfD in den letzten Jahren erfolgreich war. Gefragt wurde danach, wie es den Menschen vor Ort geht, wie sie ihren Alltag erleben, was sie als Krisen deuten und was sie stört. Die Gesprächspartner:innen verknüpfen ihre lokalen und biographischen Erfahrungen mit Geschichten vom Hörensagen sowie mit allgemeinen gesellschaftlichen Prozessen. Es gibt gewichtige Unterschiede zwischen den Erzählungen, wie immer, wenn man länger mit Menschen spricht. Auf einer allgemeineren Ebene jedoch ähneln sie sich. Es geht um den schlechten Zustand der Demokratie und die Erfahrung von politischer Machtlosigkeit; um Vorbehalte gegenüber Zuwanderung, die sich mit Sorgen um den eigenen Statusverlust vermengen. Immer wieder werden die Krisen von Pandemie, Krieg und Klimawandel als große Herausforderungen angesprochen.

In Frankfurt sind die Gespräche von einer gewissen Ernüchterung darüber geprägt, dass sich das deutsche Wohlstandsmodell nicht mehr auszahle. In Leipzig, wo die Menschen durch die Wende bereits einen einschneidenden Bruch erlebt haben, scheinen sich viele meiner älteren Gesprächspartner:innen damit arrangiert zu haben, dass es keinen Aufstieg für sie geben wird. Umso stärker ist der Blick zurück in die DDR, in der mit Ausbildung und Studium noch Möglichkeiten und Sicherheiten einhergegangen seien. Bei jüngeren Menschen ist diese Empfindung weniger ausgeprägt, für sie ist die Erzählung vom geeinten

Deutschland als Möglichkeitsraum weit gewichtiger. Umso größer ist die Enttäuschung, wenn es dann doch nicht klappt.

Jeweils zum Schluss der Gespräche wurden die Menschen gefragt, was sie sich für die Zukunft wünschten. Wenn überhaupt etwas genannt wird, dann Normalität, Planbarkeit und Stabilität. Es solle wieder so sein, wie es einst war. Dass die Vergangenheit so, wie man sie sich vorstellt, niemals war, ist zweitrangig, es geht primär um die Imagination einer sozialen Ordnung und Machtverteilung, in der man selbst obenauf ist. Verkannt wird in solchen Ausführungen grundsätzlich, wie ausschließend und ungerecht sowie im Falle der DDR autoritär diese ersehnte Normalität einst war.

Die Menschen, deren Geschichten ich hier aufgreife und einordne, wissen um die Problemlagen der Zeit. Deutlich wird aber auch, dass die Erfahrung, nicht gehört zu werden, politisch nicht von Gewicht zu sein, heute zunehmend die Milieus der deutschen Mitte erreicht, also jene Milieus betrifft, die lange Zeit dachten, dass die Welt für sie gemacht sei und es für sie kein Ungemach gebe. Politisch reagieren sie unterschiedlich: Manche wählen schlicht stoisch weiter, wen sie immer schon gewählt haben, obwohl sie bitter enttäuscht sind; andere wählen mal die einen, mal die anderen, und engagieren sich vor Ort, weil sie dies als sinnvoller erachten; manche ziehen sich ganz zurück, wollen mit Politik nichts mehr zu tun haben; und ein Teil wendet sich der Rechten zu. Um es klar zu sagen: Enttäuschung oder gar Wut sind keine Einbahnstraßen nach Rechtsaußen und somit auch keine Entschuldigung für den Hass, dem ich bisweilen begegne. Woran es in den Erzählungen eindeutig mangelt, sind (kollektive) politische Visionen. Viele suchen individualisiert nach Lösungen für die gestellten Herausforderungen, und die Frustration nimmt zu, wenn diese – wie allzu oft – nicht zu finden sind. An dieser Stelle vermag die Rechte mit ihren ressentimentgeladenen Erzählungen und dem damit verbundenen Versprechen, Normalität und Ordnung wiederherzustellen, zu punkten; sie gewinnt für die Menschen eine gelebte Plausibilität.

Lassen wir die mannigfachen Krisen der 2010er und der ersten Hälfte der 2020er Jahre Revue passieren, dann wird deutlich, dass sich parallel dazu regressive Muster in der Mitte der Gesellschaft verstärkt haben und zugleich die politische Rechte deutlich erstarkte. Die soziale Ordnung der *Spätmoderne*, die ab den 1970er Jahren eng mit dem Projekt der Neoliberalisierung verbunden ist, hat noch lange von sozialen Garantien und Normalitätsvorstellungen der *organisierten Moderne*, die als Industriegesellschaft ab den 1920er Jahren dominierte, profitiert.[2] Der Sozialstaat und die kollektive Absicherung stifteten den nötigen sozialen und emotionalen Halt, um sich auf die Individualisierung der Zeit sowie der forcierten wirtschaftlichen Konkurrenz einzustellen. Es waren ideelle, materielle und strukturelle Relikte der Vergangenheit, die als doppelter Boden dienten, damit die Menschen sich auf die gesteigerte Unsicherheit und Pluralisierung der Spätmoderne einlassen konnten (Charim 2018, S. 81).

Diese Sicherheiten sind heute im Zuge des Sozialabbaus, der Prekarisierung und der Beschränkung auf die Kleinfamilie als soziale Zelle der Reproduktion faktisch im Verschwinden begriffen.[3] Das hat Konsequenzen für das Individuum, aber auch – und das wird oft vergessen – für den Möglichkeitsraum, in dem sich Gesellschaft als Kollektiv formieren kann. Die Folgen sind nicht nur Austritte aus Parteien, Gewerkschaften und Kirchen, sondern eine Veränderung des Terrains insgesamt, auf dem sich Politik als eine auf Gesellschaft gerichtete Praxis entfalten kann. Die Konsequenz: Genau zu jenem Zeitpunkt, wo die Krisen der Zeit und insbesondere die Klimakrise kollektives und solidarisches Handeln erfordern, dominiert eine Ideologie, die dem fundamental im Wege steht. Dies dürfte, wenn dereinst zurückgeblickt wird auf unsere Epoche, als eine wesentliche Verheerung des Neoliberalismus beschrieben werden.

Die Finanzkrise und deren gesellschaftliche Auswirkungen lösten laut dem Soziologen Stephan Lessenich (2022, S. 37–39) die heute spürbaren Normalitätsverschiebungen sowie den damit verbundenen Aufstieg der Rechten in Deutschland aus. Er hat damit nicht unrecht, aber es stimmt so zugespitzt vor allem für Westdeutschland. Im Osten sind die Erfahrungen von Brüchen und Unsicherheiten tiefer in die kollektiven Erinnerungen eingeschrieben und werden mit der Wende verbunden (Mau 2019). In beiden Fällen stimmt jedoch, dass die große Zahl an Menschen, die 2015/16 in Deutschland Schutz suchten, aber auch die Coronapandemie, die Rückkehr eines konventionellen Krieges mitten in Europa, Inflation und Wirtschaftskrise sowie die Akzentuierung der Klimakrise die kollektive Verunsicherung deutlich verschärften. Zunehmend treten Konflikte um Privilegien, Gewohnheiten und kulturelle Normen in den Vordergrund. Über Deutschland hinausblickend diagnostiziert die Philosophin Nancy Fraser (2022; Herv. i. O.), dass die Entwicklungen der letzten Jahre ein »wachsendes Bewusstsein dafür« geschaffen hätten, »dass wir nicht mehr mit *business as usual* weitermachen können«. Dieses Gefühl führe aber allzu oft »zur Unterstützung autoritärer und chauvinistischer« Politiken. In diesem Gefüge sieht der Kultursoziologe Andreas Reckwitz (2020 [2006], S. 16–18) Anzeichen dafür – so schreibt er im Vorwort der Neuausgabe von *Das hybride Subjekt* –, dass die Gesellschaft den Auszug aus der Moderne angetreten haben könnte und eine grundlegend veränderte Weise der Vergesellschaftung sich abzeichne. Ob dem so ist, wird sich zeigen; auf jeden Fall befinden wir uns mitten in einer historischen Phase gesellschaftlicher Neuaushandlungen.

Was mich interessiert, ist der Umgang der sogenannten Mitte der Gesellschaft mit den Veränderungen samt ihren Herausforderungen. Dieses Buch handelt von der wachsenden Anziehungskraft autoritärer und ressentimentgeladener Haltungen sowie dem Aufstieg der politischen Rechten. Im Zusammenhang mit der Etablierung der AfD in der politischen Landschaft wurde in den vergangenen Jahren viel über diese Verschiebungen geschrieben und intensiv über Ursachen debattiert.[4] Die politischen Entwicklungen seit der Bundestagswahl 2021, die einerseits durch stark steigende Umfragewerte der AfD und andererseits durch einen verschärften rechten Kulturkampf der Unionsparteien einschließlich einer starken Kritik an den Grünen und links-grünen Lebensmodellen gekennzeichnet sind, haben die medialen Debatten geprägt und die Suche nach den Ursachen zusätzlich belebt.

Ich knüpfe an diese Diskussionen an, sie bieten wichtige Referenzen. Allerdings werde ich in diesem Buch die Blickrichtung ändern: Anstatt, wie zumeist, von der Rechten ausgehend die Frage zu stellen, wie diese in die Mitte vordringt, befasse ich mich mit der Mitte der Gesellschaft. Ich betrachte damit den Teil der Gesellschaft, der für sich in Anspruch nimmt, die *Mitte* zu sein, und blicke von dort nach Rechts. Sehen werden wir im Verlauf des Buches, dass die Mitte zwar nicht von Rechts eingenommen ist, sie aber längst nicht mehr als *Garantin der Demokratie* gelten kann. Und zwar nicht, weil die Mitte den »Extremisten zum Opfer fällt«, wie es etwa Extremismusexpertin Julia Ebner (2023) formuliert, sondern weil in der Mitte selbst regressive Prozesse im Gange sind, die rechte Politiken begünstigen. Leitend ist für mich folglich die Frage nach Prozessen, die der Mitte der Gesellschaft eingeschrieben sind, die die Rechte anschlussfähig und ihre Erzählungen plausibel machen sowie zugleich die Spielräume für progressive Politiken verengen. Dafür fokussiere ich auf artikulierte Krisenbefunde, Befindlichkeiten und Glückserwartungen. Diese gilt es zu verstehen, wenn Wege gefunden werden sollen, mit progressiven Antworten zu den Menschen durchzudringen.

Zentral ist dabei der Begriff der *Regression*.[5] Er wurde jüngst immer wieder aufgegriffen, um rechte Dynamiken und ihre Tiefenprozesse in der Gesellschaft zu beschreiben.[6] Insbesondere berufe ich mich auf die Überlegungen des Philosophen Étienne Balibar, die er im Kontext seiner Arbeiten zu Staat, Rassismus und Klasse sowie insbesondere Demokratie entwickelt. Die Demokratisierung der Moderne, die mit den großen Revolutionen

Ende des 18. Jahrhunderts einsetzte, ist für Balibar (2012, S. 17) »im Wesentlichen als doppelte Einheit von Gegensätzen« zu verstehen. Sie beinhalte zum einen die Gleichsetzung von *Mensch* und *Bürger* und zum anderen, im Folgenden von größerer Relevanz, jene von *Gleichheit* und *Freiheit*, die er zusammenfallend als *Gleichfreiheit* beschreibt. Erstere schließe die Kluft zwischen Menschen- und Bürgerrechten (ebd., S. 86 f.), indem postuliert wird, dass, wer Menschenrechte genießt, auch die Rechte eines demokratischen Gemeinwesens in Anspruch nehmen kann. Die zweite, die *Gleichfreiheit*, weist darauf hin, dass wirkliche politische Freiheit nicht ohne soziale Gleichheit zu haben ist (ebd., S. 91–94). Damit sei in den Auseinandersetzungen der Zeit das demokratische Versprechen auf politische Teilhabe sowie jenes der sozialen Gerechtigkeit gleichermaßen in die Welt gesetzt worden. Dieses Streben zeigt sich, so sagt Balibar mit Verweis auf Jacques Rancière (2002 [1995], S. 24), einen weiteren zeitgenössischen Philosophen, im Aufbegehren jener, denen die Gleichfreiheit vorenthalten wird. Im Kampf derer, die nicht gehört werden und für ihren Anteil an Gesellschaft aufbegehren müssen. Der politische Akt besteht darin, dass die Ausgeschlossenen sagen (ebd., S. 18–41): ›Wir sind auch ein Teil von eurem Ganzen, Teil der Gemeinschaft, Teil derer, die Gleichfreiheit verdienen. Und euer Ganzes ist nicht zu haben ohne uns, weil ihr sonst eure eigene Demokratie mit Füßen tretet.‹

Die aus der demokratischen und sozialen Teilhabe Ausgeschlossenen wenden damit das normative Prinzip der Demokratie gegen den formal existierenden Ausschluss. So wurde in langen Auseinandersetzungen Schritt für Schritt der demokratische Raum geöffnet, zuerst nur für wohlhabende Männer, dann auch für andere Stände, dann für Frauen und letztlich über das Staatsbürgerschaftsrecht auch für Zugewanderte. Dieses demokratische Register der Ausdehnung, der Inklusion, der Chancengleichheit, des solidarischen Bezugnehmens bestimme ich als *progressiv* (Dubiel 1994, S. 206 f.). Zentral ist, dass damit der normative Kern der Demokratie an Werte wie kollektive Selbstbestimmung und an die Achtung von Grund- sowie Menschenrechten gekoppelt wird.[7] So verstanden ist Demokratie mehr als ein formaler Prozess der politischen Entscheidungsfindung in Parlamenten, von freien Wahlen, Rechtsstaatlichkeit und Gewaltentrennung. Sie ist im Sinne Balibars stets auch ein normativer Horizont, an dem sich die formale Ordnung auf ihren demokratischen Gehalt messen lassen muss.

Das Gegenteil der progressiven Bewegung ist die *Regression*. Sie basiert im weitesten Sinne auf der Logik der Schließung von Prozessen der sozialen und demokratischen Teilhabe. Die Sozialpsychologin Vera King (2021, S. 88) beschreibt sie als »gesellschaftliche und politische Rückentwicklung, aber auch [als] soziale und psychische Desintegrationsphänomene«, womit auch ein »Rückgang der Affektkontrolle und selbstverständlichen Achtung der Mitmenschen« (ebd., S. 90) einhergehe. Für Balibar geht Regression mit der Verteidigung von Privilegien einher. Gesichert werde die Exklusivität der Zugänge und Möglichkeiten zur gesellschaftlichen und individuellen Gestaltung (Balibar/Wallerstein 1990 [1988], S. 271). Zumeist verläuft diese Verteidigung entlang der Kategorien *class, race, gender* und äußere sich daher in einer Abwertung armer Menschen sowie rassistischer und antifeministischer Politiken. Mit *Regression* bezeichne ich folglich Handlungen, Einstellungen und Affekte, die vermeintliche Privilegien von Etablierten durch den Ausschluss anderer verteidigen beziehungsweise die Re-Installierung von ehemals gewährten Privilegien fordern.

Seit den Arbeiten von Max Horkheimer und Theodor Adorno (2017 [1944]) ist bekannt, dass auch die moderne kapitalistische Gesellschaft Unfreiheit, Autoritarismus und Faschismus zu produzieren vermag, dass es eben keine Garantie auf ›Fortschritt‹ und Zivilisierung gibt. Damit ist der von mir gewählte Begriff der Regression nicht zeitlich bestimmt. Regression ist kein Zurück in die Vergangenheit, sie ist immer eine Reaktion auf das Jetzt. Insofern ist sie der Zukunft zugewandt, auch wenn sie eine Zukunft impliziert, die ein Mehr an Ungleichheit, Ausgrenzung und Gewalt beinhaltet. Was heute angesichts der multiplen Krisenerfahrungen und insbesondere der Klimakrise deutlich wird, ist, dass Regression kein aktives Zurück bedeuten muss. Es reicht schon der Stillstand, wenn die nötigen Schritte nicht mehr getan werden, um das bestehende Maß an Gleichfreiheit zu halten.

Einer meiner zentralen Befunde ist, dass wir gegenwärtig mit einer *Regression der Mitte* konfrontiert sind. Dabei bleibt das politische Spektrum zwar erhalten und Parteien Rechtsaußen gewinnen nicht notwendigerweise die Mehrheit – obschon sie es in manch ostdeutscher Region bereits tun –, aber das Parteienspektrum verschiebt sich insgesamt, was sich wohl am deutlichsten daran zeigt, dass konservative Parteien der Mitte nach Rechts rücken. Regression der Mitte bedeutet aber auch, dass progressive Transformationen grundsätzlich schwieriger werden, weil ihre Fürsprecher:innen nicht gehört werden und der progressive normative Gehalt der Demokratie ausgehöhlt wird, bis die formal fortbestehende Demokratie auf eine postdemokratische Verwaltung reduziert wird. Diese regressiven Tendenzen sind auf der einen Seite der neoliberal-kapitalistischen Vergesellschaftung sowie der spezifischen Krisenbearbeitung von Rechts anzulasten, die auf den Erhalt von Herrschaft und Privilegien zielt. Sie bilden auf der anderen Seite aber auch die Voraussetzung für Raumgewinne der radikalen Rechten.

Gewiss ist der Literaturwissenschaftlerin Carolin Amlinger und dem Soziologen Oliver Nachtwey (2022, S. 98) zuzustimmen, dass wir noch heute von einer Gleichzeitigkeit progressiver und regressiver Politiken auszugehen haben und »*progressiver* Normwandel« weiter vollzogen wird. Mit Skepsis bewerte ich allerdings ihre Einschätzung, wonach der progressive Normwandel heute noch die Normalität sei und lediglich »zu aversiven Reaktionen und neuen Konflikten« führe (Amlinger/Nachtwey 2022, S. 103). Mir scheint, dass wir uns heute näher an »autoritären Kipppunkten« befinden, als dass progressive Politiken in der Lage wären, demokratische Räume entscheidend zu erweitern (Mullis u. a. 2023). Das Gefüge ist komplex und widersprüchlich. Daher stimme ich Frasers eingangs zitierter Aussage zu: Es bedarf eines genaueren Verständnisses davon, wie sich Akteur:innen selbst verstehen, was sie als wichtig erachten, wo sie in Streit geraten und »was sie zu politischem Handeln veranlasst«.

Ein Punkt ist mir allerdings wichtig: Theorie ist mit Sicherheit hilfreich, vor allem bedarf es aber einer genauen empirischen Grundlage, auf der Theorie entstehen kann. Auf der Suche nach Antworten habe ich im Rahmen der Arbeiten zu diesem Buch zusammen mit meinem Kollegen Paul Zschocke in Frankfurt am Main und Leipzig rund fünfzig Menschen in qualitativen Interviews befragt, die in räumlich wie sozial peripherisierten Stadtteilen leben und dort im weitesten Sinne in der Mitte der Gesellschaft verankert sind, beziehungsweise von Parteien als solche adressiert werden. Wir haben jeweils einige Zeit in den untersuchten Vierteln verbracht, sie kartiert, dort Veranstaltungen besucht, in Kneipen gesessen und so ein Gefühl für die Stadtteile bekommen. Bevor wir richtig eintauchen, gilt es aber noch die Begriffe *Mitte* und *Rechts* sowie den *Aufbau des Buches* zu erklären.

Mitte – kein analytisches Konzept

Die Mitte, von der ich hier spreche, ist nicht einfach zu bestimmen, zumal sie zugleich ein soziologischer, politischer und identitätsstiftender Ort ist. Im Sprachgebrauch dieses Buches ist Mitte viel mehr als das politische Spektrum, das sich im Zentrum verortet. Gerade in Deutschland gehen mit der Bezeichnung zutiefst normative Vorstellungen einher, insofern sie als Garantin für Normalität und Stabilität steht. Menschen, die der Mitte angehören, gelten als »verlässliche Bürger, Wähler, Arbeitnehmer und Konsumenten« (Mau 2012, S. 45), assoziiert wird damit »Ebenmaß, Wohlgestalt und Harmonie« (Prüwer 2011, S. 60). Milieubestimmend ist die zumindest nach außen zur Schau gestellte Ablehnung von Extremismus und die Skepsis gegenüber politischen Experimenten. Allerdings, so schreibt der Soziologe Steffen Mau (2012, S. 7), handelt es sich um ein eher diffuses und an den Rändern ausfransendes Gebilde, das erstaunlicherweise »weitgehend« unerforscht ist. Die Ansprache einer Bevölkerungsgruppe als Mitte erfüllt immer auch einen politischen Zweck. Erzeugt wird das Gefühl von Mehrheit, Wahrheit und Volksnähe. Mitte benennt jene Milieus, die sich als Mehrheitsgesellschaft verstehen, wo Normen bestimmt und fixiert werden, denen sich Menschen anzupassen haben. Wo die Mitte ist und wer daran teilhaben darf, ist umstritten; sie wird von denen, die dazugehören, hart verteidigt. Sie als real existierenden Ort zu bestimmen ist daher ein politischer und gesellschaftlicher Machtakt. Aus all diesen Gründen ist es für dieses Projekt unerlässlich, trotz der damit verbundenen Schwierigkeiten, die Mitte zu umreißen.

In Deutschland umfasst sie – wenn auch mittlerweile schrumpfend (Mau 2012, S. 59) – wie in den Niederlanden und der Schweiz historisch große Teile der Gesellschaft, übertroffen in Größe und Umfang lediglich von den skandinavischen Ländern (ebd., S. 39). Ihre Formierung ist eng mit dem wirtschaftlichen Boom der drei Dekaden nach dem Ende des Zweiten Weltkriegs verbunden. In der DDR, wenn auch unter anderen Vorzeichen, war in der Zeit ebenfalls ein Wachstum der Wirtschaft inklusive einer Steigerung des (kollektiven) Wohlstandes zu beobachten. Soziale Ungleichheit war dort weit weniger ausgeprägt als in der BRD. Eine ökonomische Elite gab es kaum, und die Gesellschaft wurde tendenziell nach unten hin nivelliert, um von dort gemeinsam aufzusteigen. Die im autoritären Staat dennoch ausgeprägte Schichtung wurde eher über politische als über ökonomische Macht vorgenommen (ebd., S. 43–47). In diesem Gefüge diente der Begriff ›Arbeiterklasse‹ analog zur ›Mittelschicht‹ in der BRD als »semantischer Regenschirm« (ebd., S. 50).

In Westdeutschland wandelte sich die soziale Schichtung im Gefüge des Nachkriegsbooms von einer Pyramide mit einem großen Sockel an Armen und einer kleinen Spitze Reicher zur sogenannten Bolte-Zwiebel, mit einer schmalen Spitze Reicher, einem dicken Bauch der Mittelschicht und einem flachen Boden an Armut. Dies war der Kontext, in dem der Soziologe Helmut Schelsky (1967 [1953]) seine These der »Nivellierten Mittelstandsgesellschaft« formulierte. Mit ihrem Aufstieg ging für ihn die Hoffnung auf das Ende von Klassenkonflikten einher. Wer der Mittelschicht angehört, genoss lange Zeit (und tut das meist auch heute noch) einen saturierten Lebensstil in der Konsumgesellschaft. Historisch werden ihr das klassische Bürgertum aus Handwerk, freiberuflich Tätigen sowie Besitzer:innen von Klein- und Familienbetrieben zugerechnet. Im Verlauf der Nachkriegszeit rückten zunehmend Angestellte, die heute in der Mehrheit sind, in die Mittelschicht auf (Mau 2012, S. 29). Angehörige der Mitte vertrau(t)en dem Aufstiegsversprechen des Wirtschaftswachstums, der Sicherheit tariflich abgesicherter Arbeitsverhältnisse sowie dem Sozialstaat (Nachtwey 2016, S. 17–41).

Seit den späten 1980er Jahren, insbesondere ab den 1990ern, haben diverse soziologische Studien die sukzessive Erosion der Nachkriegsnormalität beschrieben. Zu nennen sind etwa die Diagnose der Herausbildung einer Risikogesellschaft (Beck 1986), die Analysen der Prekarisierung (Castel/Dörre 2009) sowie die These der Abstiegsgesellschaft (Nachtwey 2016) oder die Überlegungen zur Individualisierung und Singularisierung (Reckwitz 2017). Gemeinsam ist ihnen der Befund, dass die Mitte nach Jahrzehnten des Nachkriegsbooms unter Druck geraten ist und womöglich gar zerfällt, dass die Einkommensschere sich öffnet, Vermögen sich bei den Wohlhabenderen ballt und das Versprechen des Aufstiegs nicht mehr eingehalten werden kann. Die Mitte ist »erschöpft« (Heinze 2011), heißt es, ihr Ende sei aber nicht in Sicht (Mau 2012, S. 95–98). Den Diagnosen folgend, ist die Mitte von Unsicherheiten durchzogen sowie den durch Neoliberalisierung und Prekarisierung verursachten sozialen Einschlägen exponiert ausgesetzt (Mau 2012, S. 122). Die Normvorstellungen der Mittelschicht und deren gelebte Realitäten klaffen heute deutlich auseinander, worauf ihre Angehörigen mit Unruhe reagieren (Lessenich 2022, S. 18 f.).

Politisch ist die Mitte der Abgrenzung von vermeintlichen Extremen verpflichtet (Oppenhäuser 2011). Man nimmt im Parlamentssaal in der Mitte Platz, gibt sich unideologisch und pragmatisch sowie konsens- und lösungsorientiert. Politisch wurde dieser Mittebegriff bereits von der katholischen Deutschen Zentrumspartei zu Zeiten des Kaiserreichs genutzt. Nach 1945 war es die christliche, aber für Katholik:innen wie Protestant:innen offene CDU, die sich der Mitte zuwandte und das Feld politisch bearbeitete (Wolkenstein 2022). Spätestens seit Ende der 1950er Jahre versteht sich auch die SPD als Volkspartei der Mitte (Kumkar/Schimank 2022, S. 26), und heute verorten sich FDP wie Grüne dort (Prüwer 2011, S. 72–75). Parteien der Mitte gerieren sich als Hüterinnen der Stabilität, des Wohlstands und der demokratischen Vernunft. Gleichzeitig sprechen sie die soziologische Mitte als ihre Klientel an (Mau 2012, S. 40). In der organisierten Moderne sorgten die Volksparteien für deren staatlich gesicherten Aufstieg, versprachen ihr Wohlstand und individuelles Glück.

Der Umstand, dass Wahlen in der Mitte gewonnen werden, bringt eine anhaltende Fokussierung auf sie mit sich. Dadurch werden aber auch die Bereiche der Gesellschaft, für die Politik gemacht wird, zusehends kleiner. Dies liegt daran, dass die Wahlbeteiligung tendenziell abnimmt, dass die Zahl der Ausländer:innen, die von Wahlen ausgeschlossen sind, wächst und dass die Dynamiken des demokratischen Betriebs dafür sorgen, dass der Fokus auf den Bedürfnissen der oberen Mittel- und der Oberschicht liegt (Schäfer/Zürn 2021, S. 89–129). Macht sich in der gesellschaftlichen Mitte Unsicherheit breit, dann wird das sehr schnell für das Verhalten der Parteien und ihrer Protagonist:innen relevant.

Die Mitte existiert schließlich als gesellschaftliche Selbstverortung. Mit ihr werden gute Bildung und selbstbestimmte Handlungsmöglichkeiten in Verbindung gebracht. Ihr werden

Werte wie Fleiß und Höflichkeit, aber auch Verantwortungsbewusstsein und emotionale Kontrolle zugeschrieben. Die ihr Angehörenden gelten als die Träger des zivilgesellschaftlichen Engagements (Mau 2012, S. 30 f.). In ihr Halt zu finden, heißt, symbolisch Teil der Gesellschaft zu sein, eigene »Kinder und Familie als Teil der Mehrheit zu begreifen« (ebd., S. 123). Dies führt dazu, dass die Mitte eine normative Anziehungskraft entfaltet. Man will dazugehören, Teil des Ganzen sein. Dass dieses Ganze variabel ist, zeigt nicht nur die tendenzielle Exklusion von weniger Wohlhabenden sowie Migrant:innen, sondern auch der Blick auf die innerdeutsche Teilung (Bünning 2021, S. 276): 1991 fühlten sich in Westdeutschland knapp ein Viertel der Befragten der Arbeiterschicht zugehörig, zwei Drittel der Mittelschicht und etwas mehr als ein Zehntel zur Oberschicht. In Ostdeutschland zählten sich im selben Jahr noch mehr als die Hälfte zur Arbeiterschicht, ein Drittel zur Mittelschicht und nur zwei Prozent zur Oberschicht. Knapp dreißig Jahre später hat sich das Bild stark gewandelt. Während im Westen 2018 die Zuordnung beinahe konstant blieb, gab im Osten nun nur noch ein Drittel an, der Arbeiterschicht anzugehören, und über die Hälfte wähnte sich in der Mittelschicht angekommen. Lediglich die Zuordnung zur Oberschicht war mit fünf Prozent noch deutlich geringer als im Westen. Die Verschiebung der Selbstzuordnung von Arbeiter- zur Mittelschicht ist auf jeden Fall auffällig.

Das Selbstbild der Mitte ist geprägt von harter Arbeit; man besitzt vielleicht ein Eigenheim und ziemlich sicher ein Auto, wenn nicht gar zwei. Im gesellschaftlichen Gefüge der Nachkriegszeit stellte man sich diese Mitte primär als weiß, männlich, heterosexuell und christlich vor, was mit bestimmten Vorstellungen von Familienleben und weiblicher Reproduktionsarbeit einhergeht. Migrant:innen, People of Color sowie queere Lebensentwürfe haben darin genau so wenig einen selbstverständlichen Platz wie die Arbeiteridentität von in der DDR sozialisierten Menschen. Zugleich bilden mittlerweile auch im Osten der Republik westdeutsche Normalitätsvorstellungen den imaginativen Horizont, wenn auch verbunden mit *eigenen* Erfahrungen. So ist für diese Mitte durchaus konstitutiv, einen Systemwechsel erlebt und gemeistert zu haben. In gewisser Weise manifestiert sich dieses Wissen in dem seit einigen Jahren wiederkehrenden, in der Wendezeit verbreiteten Slogan »Wir sind das Volk!«, wobei letztlich ein Wir der Mitte formuliert wird, das sich gegen oben *und* latent rassistisch gegen außen abzusetzen versucht. Dabei imaginiert sich die Mitte als Volk und tendiert dazu, eigene Bedürfnisse für die Bedürfnisse aller zu halten. Vorstellungen von der Mitte sind somit im Umbruch, sie ist pluraler geworden, ihr innerer Zusammenhalt schwindet. Im Kern aber wirken in der Nachkriegszeit etablierte Normvorstellungen als Sehnsuchtsort bis heute fort.

Wenn hier also Dynamiken im Fokus stehen, die ich als Regression der Mitte bezeichne, dann heißt dies nicht, dass Mitte klar bestimmt werden kann. Ich bezeichne damit Prozesse, die im Feld der vermeintlichen Normalität ablaufen. Worum es mir geht, sind Verschiebungen in der Selbstwahrnehmung, das Verhältnis zur Demokratie und die Bedeutung von Ressentiments bei jenen Menschen, die für sich in Anspruch nehmen (können), Mehrheitsgesellschaft zu sein.

Der Aufstieg der Rechten

Im Unterschied zu Mitte ist Rechts ein eindeutig politischer Begriff, der einen Ort im politischen Spektrum benennt. Die Rechte formiert sich aus unterschiedlichen politischen Projekten, von etablierten konservativen über rechtspopulistische Parteien bis hin zu Strukturen ganz Rechtsaußen, wo sich neonazistische Verbände sowie die Institutionen der *Neuen Rechten* finden. Die Projekte unterscheiden sich selbstredend in ihrer Haltung zur Demokratie, zu Menschenrechten, individueller Gewalt und zum Staat. Während die konservative Rechte eher auf Bewahren setzt, dabei aber immer wieder die Grenze zum Illiberalen überschreitet (Wolkenstein 2022), geht es radikaleren Akteur:innen Rechtsaußen sehr wohl darum, Gesellschaft von der Wurzel her zu verändern, Demokratie zu überwinden und geschlossene Vorstellungen von Volk und/oder Kultur durchzusetzen. Das sich formierende rechte politische Kontinuum benennen die drei Soziolog:innen Wilhelm Heitmeyer, Manuela Freiheit und Peter Sitzer 2020 deutlich als »rechte Bedrohungsallianzen«. Auch weist eine Vielzahl von Studien der Einstellungsforschung darauf hin, dass zumindest Versatzstücke rechter Einstellungen in der Mitte bestens verankert sind. Eine strikte Abgrenzung im Kontinuum zwischen Rechts und Rechtsaußen ist somit gar nicht so einfach (Oppenhäuser 2011, S. 51–54; vgl. Decker u. a. 2022a; Zick u. a. 2023).

Vor über dreißig Jahren bestimmten Heitmeyer und Kolleg:innen *Rechtsextremismus* über zwei Dimensionen (Heitmeyer u. a. 1992, S. 13 f. Herv. i. O.): erstens als eine »Ideologie der Ungleichheit«, die die »Ungleich*wertigkeit*« von Menschen betont sowie auf praktizierte »Ungleich*behandlung*« abzielt. Zweitens nannten sie die Gewaltakzeptanz, die von der Befürwortung staatlicher Gewalt gegen andere und dem Glauben daran, dass gesellschaftliche Entwicklung primär über Kampf vollzogen wird, bis hin zur aktiven Gewalttätigkeit reicht. In der Einstellungsforschung wird daran anschließend Rechtsextremismus über sechs Merkmale gefasst (Decker/Brähler 2006, S. 20): Nähe zu diktatorischen Regierungsformen, chauvinistische Einstellungen, Verharmlosung bzw. Rechtfertigung des Nationalsozialismus sowie antisemitische, fremdenfeindliche und sozialdarwinistische Einstellungen. Als weiteres Merkmal wird immer öfter auch Antifeminismus untersucht (Decker u. a. 2022a). Je weiter Rechtsaußen, desto einförmiger treten die beiden Dimensionen von Heitmeyer und Kolleg:innen sowie die sieben soeben genannten Merkmale zu Tage. Kennzeichnend sind sie aber für die Rechte als Ganzes.

Ich spreche im Folgenden also einerseits von *Rechts*, um ein breites, aber diffuses politisches Spektrum zu fassen, und andererseits von *Rechtsaußen*, um radikalere Positionen zu benennen, die über die Vorstellung des Bewahrens hinausgehen und eine (revolutionäre) Transformation herbeisehnen.[8] Den geläufigen Begriff *Rechtsextremismus* verwende ich nicht, zumal das Konzept des Extremismus stets mit Vorstellungen von einer normalen, politisch moderaten und auf Konsens gerichteten Mitte einhergeht, von dem sich Extremismen als vermeintliche Pole eines Hufeisens absetzen (Oppenhäuser 2011). Für eine Untersuchung, die auf die Regression der Mitte fokussiert, taugt ein solcher Begriff, der die Mitte in der Tendenz reinwäscht, freilich nicht.

Mit Blick auf die Entwicklungen der Rechten kommt der Populismusexperte Cas Mudde (2020, S. 35–39) zu dem Schluss, dass wir uns tendenziell global, mit einem Schwerpunkt in Europa, seit mehr als zwanzig Jahren in einer neuen Welle der Mobilisierung von Rechtsaußen befinden.[9] Drei Tendenzen sprechen aus meiner Sicht eindeutig dafür, dass er recht hat: erstens der kulturkämpferische Kurs nach Rechts etablierter, konservativer Parteien. Dafür stehen seit einigen Jahren die Fidesz (›Ungarischer Bürgerbund‹) in Ungarn oder die PiS (›Recht und Gerechtigkeit‹) in Polen, aber auch der Likud (›Zusammenschluss‹ – National-liberale Bewegung) in Israel sowie die Republikaner in den USA, die ÖVP (Österreichische Volkspartei) unter Sebastian Kurz, immer deutlicher auch die Unionsparteien unter Friedrich Merz (CDU) und Markus Söder (CSU). Zweitens die Erfolge von Rechtsaußen-Parteien wie der AfD, des Rassemblement National in Frankreich, der Fratelli d'Italia oder der PeruS (Wahre Finnen) in Finnland sowie der Sverigedemokraterna (Schwedendemokraten) in Schweden. Und drittens die eindeutig autoritäre Zuspitzung der Politik eines Narendra Modi in Indien, eines Wladimir Putin in Russland oder eines Recep Tayyip Erdoğan in der Türkei.

Insgesamt hat Rechtsaußen im Laufe der Jahre »den Mainstream erreicht« (Mudde 2020, S. 36). Die rechten Erzählungen und ihre Stimmungsmache, die nicht zuletzt über die sozialen

Medien vermittelt werden, haben den Diskurs weit nach Rechtsaußen hin geöffnet und verändern den politischen Raum, in dem Gesellschaft sich entfaltet (Quent 2019, S. 64). Die zu Beginn des internationalen Debattenbandes *Die große Regression* formulierte Diagnose, dass heute in unterschiedlichen Bereichen »Sperrklinkeneffekte« gesellschaftlicher Modernisierung »außer Kraft gesetzt scheinen und wir Zeugen eines Zurückfallens hinter ein für unhintergehbar erachtetes Niveau an ›Zivilisiertheit‹ werden« (Geiselberger 2017a, S. 9), scheint zuzutreffen, wenn auch Sperrklinken weiter verteidigt werden und um progressive Perspektiven gerungen wird.

In Deutschland ist der Aufstieg der Rechten eng mit dem Erstarken der AfD verbunden. 2013 im Kontext der europäischen Schuldenkrise als europaskeptische Partei gegründet, etablierte sie sich in den aufgeheizten Migrationsdebatten ab 2015 als politische Kraft. Zum ersten Mal seit dem Ende des Zweiten Weltkriegs ist es damit einer Partei gelungen, sich auf allen politischen Ebenen von Kommunen bis zum Europaparlament rechts der Union zu etablieren. Rechte soziale Bewegungen befeuerten und nutzten nicht nur den Streit um Zuwanderung, sondern trugen zur Spaltung der Gesellschaft während der Coronapandemie sowie 2022 im Konflikt um die Energiekrise bei. Die AfD vermochte zwar in der Pandemie, obwohl sie sich als parlamentarischer Arm von Querdenken und Co. zu etablieren versuchte, keine wesentlichen Erfolge zu verbuchen und musste in der Bundestagswahl 2021 gar einen Rückschlag hinnehmen. Ab Herbst 2022 setzte sie jedoch zum erneuten Höhenflug an und erzielte in Umfragen ab Sommer 2023 bundesweit Spitzenwerte von über 20 Prozent. In manch ostdeutschen Bundesländern lagen die Umfragewerte gar bei über 30 Prozent; in Thüringen, Sachsen-Anhalt und Sachsen gelang ihr zum ersten Mal der Einzug in kommunale Exekutivämter. Der Erfolg war aber nicht auf den Osten beschränkt, wie das sehr starke Abschneiden der Partei bei den Landtagswahlen in Hessen und Bayern im Herbst 2023 verdeutlichte. Die Lage verschärfte, dass in diesem ohnehin aufgeladenen Gefüge auch die CDU unter der neuen Führung von Friedrich Merz die vielbeschworene »Brandmauer« zur AfD gerade auf kommunaler und Landesebene in Ostdeutschland immer öfter unterlief.

Die 2010er und 2020er Jahre waren geprägt von der Eskalation rechter Gewalt gegen Migrant:innen, Jüdinnen und Juden sowie Linke und Journalist:innen. Schlagzeilen machten zahlreiche rechte Netzwerke in Polizei und Bundeswehr sowie die Formierung rechter Terrorzellen, die Anschläge und Entführungen planten.[10] Hinzu kam die eskalierende verbale Gewalt in sozialen Medien, die von Hass und Shitstorms bis hin zu Morddrohungen reichte. Migration war und ist ein Dauerthema rechter Agitation, das weit in die Mitte und über die Konservativen hinaus strahlt. Dies gilt für die frühen 1990er Jahre, für die Debatten um Migration 2015/16 sowie auch wieder 2023. Im Zuge der jüngst scharf geführten Auseinandersetzungen um Zuwanderung nach Deutschland sowie die Europäische Regulierung werden kaum noch Alternativen zu Grenzschließungen und Abschottung erwogen, und so stimmten auch Grüne und SPD sowie der Bundespräsident deutlichen Verschärfungen zu.

Mittlerweile ist mit der Klimakrise ein weiteres stark polarisierendes Thema hinzugekommen; gestritten wird dabei weniger um deren Faktizität als darum, wie sie zu bewältigen wäre: über eine sozial-ökologische Transformation oder eher eine Anpassung an die Folgen. Akteur:innen von Rechtsaußen, aber auch Unionspolitiker:innen attackieren etwa die Grünen sowie allgemein jene Bürger:innen mit links-grünen Lebensmodellen, die auf die Einhaltung von Grundwerten sowie Menschenrechten pochen und damit eine grundlegendere Transformation anmahnen. Rechtsaußen spielen Verschwörungstheorien, wie sie in der Pandemie stark Verbreitung fanden, weiterhin eine zentrale Rolle. Etabliert ist die Erzählung, wonach die Coronamaßnahmen lediglich die Vorbereitung für eine Art grüne Klimadiktatur gewesen seien, die alsbald den Menschen eine Lebensweise aufzwingen werde, die ihnen nicht entspreche, ihre Freiheit raube sowie den Wohlstand Deutschlands gefährde. Es gelte, das Eigene zu verteidigen und Privilegien zu bewahren, statt sie zugunsten globaler Machtverschiebungen zu verspielen.

Über die Ursache(n) für das Erstarken der Rechten wurde seit dem Aufstieg der AfD in Deutschland intensiv, aber nicht immer produktiv, diskutiert. Sehr schnell etablierte sich eine Frontenstellung. Die einen betonten eher kulturelle Faktoren wie die Ablehnung von kosmopolitischen, pluralistischen und post-materialistischen Lebensentwürfen, aber auch die grundlegende Skepsis gegenüber Zuwanderung, die anderen verwiesen auf die ökonomische Prekarisierung und Abstiegserfahrungen.[11] Die Linke habe die Arbeiterschicht im Stich gelassen und würde diese nicht mehr repräsentieren, weshalb die entstandene Lücke von Rechts besetzt worden sei, lautet die immer wieder vorgetragene Analyse (am prominentesten bei Eribon 2016 [2009], allerdings mit Bezug auf Frankreich). Diese Position fand nicht zuletzt auch im politischen Spektrum um Sahra Wagenknecht Zuspruch. Die beiden skizzierten Positionen sind sich jedoch einig, dass einiges an dem Erstarken der Rechten mit Erfahrungen von mit Globalisierung assoziierter Verunsicherung, Pluralisierung sowie Prozessen der gesellschaftlichen Desintegration zu tun hat. Studien, die sich des Phänomens qualitativ annehmen, also nicht mit Statistiken arbeiten, sondern vor Ort mit Menschen in Kontakt treten, betonen indes, dass die Unterscheidung zwischen kulturellen und ökonomischen Positionen nicht zielführend ist. In den konkreten Situationen stehen ökonomische und kulturelle Aspekte stets in Wechselwirkung. Insgesamt deutet der Forschungsstand[12] darauf hin, dass die Suche nach dem *einen* Faktor oder auch dem *einen* Bündel an empirischen Gründen, das das Erstarken der Rechten zuverlässig erklären könnte, ins Leere laufen muss. Deutlich wird, dass die Pfade nach Rechts sehr vielfältig sein können, und dass sie abhängig sind von lokalen Kontexten, der politischen Sozialisation sowie von Gelegenheitsstrukturen.

In diesem Buch folge ich diesen relationalen Überlegungen und knüpfe dafür an Gedanken von Helmut Dubiel (1994, S. 200 f.) an, dem ehemaligen Direktor des Frankfurter Institutes für Sozialforschung (IfS). Bereits in den 1980er Jahren, als Rechtsaußen in Gestalt der Republikaner in Deutschland erstarkte, hatte er auf die Bedeutung alltagsweltlich verankerter Glückserwartungen und Identitätsvorstellungen hingewiesen, die jeweils als verletzt und bedroht interpretiert würden. Damit rückte er Emotionen und persönliche Weltdeutungen in den Fokus. Heute können die Überlegungen von Autor:innen wie Isolde Charim, Pankaj Mishra oder Simon Strick dabei helfen, diese noch stichhaltiger gewordene Analyse zu präzisieren. Die Rechte, so sagt der Genderforscher Strick (2021, S. 105–152), werde heute kaum noch von einer kohärenten Ideologie zusammengehalten, sondern sorge eher für aufwühlende Gefühle, Skepsis und Ressentiment. Ähnlich argumentiert die Publizistin Charim (2018, S. 151), wenn sie darauf hinweist, dass die heutige Rechte ihre Kraft aus »Kränkungserfahrungen« ziehe. Gleichfalls betont der postkoloniale Essayist Mishra (2017b, S. 178), dass wir angesichts der »verblüffenden Revolutionen unserer Zeit« Analysen der die Menschen antreibenden Kräfte wieder stärker auf »Triebe und Affekte« und damit verbundene Ressentiments fokussieren müssten.

Was wir heute in letzter Konsequenz beobachten, ist, so der Rechtsextremismusforscher Matthias Quent (2019, S. 64), die Forcierung eines emotionalisierten Kulturkampfes von Rechts. Es handle sich um eine »Reaktion der kulturell Verbitterten«, die mit dem Ziel aufbegehrten, »demokratische Errungenschaften einzureißen und die Geschichte zurückzudrehen, um Nationalismus und autoritäre Ansprüche samt ungerechtfertigter Privilegien zu verteidigen und zurückzugewinnen« (ebd., S. 55). Kulturkampf meint dabei nicht, dass soziale und politische Faktoren keine Rolle spielen, sondern dass die Rechten soziale und politische Faktoren als kulturelle umdeuten, um sie, von Fakten entleert, emotional zu bewirtschaften.

Aufbau des Buches und empirische Grundlage

Das Argument entwickle ich im Folgenden in drei Teilen. In jeweils in sich geschlossenen Fallstudien werde ich spezifische Aspekte der *Regression der Mitte* beleuchten. Dreh- und Angelpunkt aller Überlegungen ist jedoch die empirische Arbeit, die in Teil II im Mittelpunkt steht. Alle Thesen, die in Teil I und Teil III dargelegt werden, haben also ihren Ausgangspunkt in den Reflexionen der Gespräche vor Ort, auch wenn sie jeweils über die darin vorgefundenen Inhalte hinausgehen.

In Teil I betrachte ich zunächst die Krisen der 2010er und 2020er Jahre sowie das damit verbundene Protestgeschehen. Dadurch möchte ich die langsamen Verschiebungen, die wachsenden rechten Terraingewinne sowie das Bröckeln der Brandmauer zwischen der Mitte und Rechtsaußen nachvollziehbar machen. Denn das Ausmaß der schleichenden Regression ist nur zu fassen, wenn man sich den gegangenen Weg vor Augen führt. Zeigen werde ich, dass in den letzten Jahren progressive sowie regressive Bewegungen gleichzeitig um die Gesellschaft rangen, aber gerade Letztere verstärkt in der Mitte anzuknüpfen vermochten. Eine Ursache liegt darin, dass – obwohl die Politik und weite Teile der Gesellschaft anerkennen, dass die größte Gefahr für die Demokratie von Rechtsaußen ausgeht – der progressive Protest weiterhin als mit der Mitte im Konflikt stehend interpretiert wird, während regressive Mobilisierungen als Ausdruck der Sorgen ebendieser Mitte gedeutet werden. Die regressive Problematik gewinnt gerade im Zuge der Klimakrise an sozialer und politischer Tragweite.[13]

In Teil II stehen die Ergebnisse meiner eigenen empirischen Arbeit in Frankfurt am Main sowie Leipzig im Mittelpunkt. Ich werde herausarbeiten, was meine Gesprächspartner:innen vor Ort als krisenhaft beschreiben, werde über vorhandene rassistische Ressentiments berichten und darüber, wie die Menschen ihre politische Handlungsmacht einschätzen und welche Glückserwartungen und Normalitätsvorstellungen vorherrschen. Humangeographischen Überlegungen folgend, verstehe ich das Lokale nicht als etwas Eigenes, Isoliertes. Im Gegenteil handelt es sich beim Lokalen stets um ein Konkretes im Allgemeinen; es ist verankert in vielschichtigen Ordnungen und Netzwerken der Macht. Das Lokale ist in diesem Gefüge der Ort, an dem gehandelt wird, an dem Menschen ihren Alltag erleben und gestalten und ihre Wahrnehmungs- und Deutungshorizonte mit dem Großen und Ganzen der Welt in Verbindung setzen (Massey 1991). Der Vergleich der Befunde aus den beiden Städten in Ost und West dient nicht der Gleichsetzung; in der Kontrastierung der Befunde werden Differenzen anerkannt, aber auch Gemeinsames benannt.

In Teil III liegt der Fokus auf der Tiefenstruktur der Mitte der Gesellschaft. Dabei konzentriere ich mich auf die Prozesse der Individualisierung sowie der Neoliberalisierung und der damit einhergehenden Transformation des Wir-Ich-Verhältnisses (Elias 2007 [1991]). Ausgehend von Befunden der Gesellschaftswissenschaften, werde ich darlegen, dass die Mitte aus *strukturellen* Gründen ein zentraler Ort der Verunsicherung und Regression ist, aber auch, wie sich im Prozess der Individualisierung der Möglichkeitsraum für Kollektiverfahrungen verändert und potentiell schließt. Wir werden sehen, dass die Mitte die zentrale Adressatin neoliberaler Versprechen war, weshalb deren Platzen dort für besondere Frustration sorgte. Hinzu kommt, dass die Neoliberalisierung Vorstellungen von Wettbewerb, Konkurrenz und dem Primat der Eigenverantwortung durchsetzte, die in hohem Maße anschlussfähig an rechte Ungleichwertigkeitsvorstellungen sind und diese stärken. Ich zeige mit diesem Teil, dass in der Mitte soziologische Prozesse ablaufen, die ganz grundsätzlich tendenziell eher Regression als progressiven Normwandel befördern.

Teil I
Verunsicherung und Krise

In diesem Buch möchte ich mit Blick auf Deutschland aktuelle regressive Prozesse in der Mitte der Gesellschaft sichtbar machen. Dazu werde ich in Teil I die Proteste und Krisen der vergangenen fünfzehn Jahre in den Blick nehmen und nach den damit einhergehenden Brüchen suchen. Wohlgemerkt sind die multiplen Krisenerfahrungen in der Finanz- und Eurokrise, im Zuge der Zuwanderung 2015/16, der Coronapandemie sowie jüngst im Kontext von Krieg und Klimakrise nicht die unmittelbaren Auslöser der politischen Verschiebungen, sondern dienten in erster Linie als Katalysatoren. Relevant sind nicht die Ereignisse an sich, sondern die Art und Weise, wie sie politisch bearbeitet wurden. Deutlich wird, dass die Krisen Erfahrungen und Gefühlslagen verstärkten, die spätestens seit Ende der 1980er Jahre die Mitte der Gesellschaft umstrukturierten: Gemeint sind die neoliberale marktförmige Individualisierung, die Verschärfung des Wettbewerbsdrucks, Entsolidarisierungsdynamiken sowie der Verlust gesellschaftlicher Utopien bei gleichzeitiger Pluralisierung und auch fortschreitender Ausdifferenzierung der Gesellschaft (siehe Teil III).

In diesem Zusammenhang betrachte ich auch das Erstarken der AfD. Umfragen zeigen zwar, dass die Partei nicht zuletzt aus Protest gegen die anderen Parteien gewählt wird, aber das darf nicht so verstanden werden, dass man die Menschen einfach zurückgewinnen kann, indem man ihr Unbehagen anspricht, zumal ihr Widerspruch grundlegender Art ist, da er sich gegen die Eliten und sogenannte ›Altparteien‹ richtet. An sich gehört Protest von sozialen Bewegungen zur Demokratie und ist legitim.

Dabei werden »Körper, Symbole, Identitäten, Praktiken und Diskurse eingesetzt [..], um Veränderungen in institutionalisierten Machtverhältnissen anzustreben oder diese zu verhindern« (Taylor/Van Dyke 2004, S. 268; eigene Übersetzung). Im Folgenden interpretiere ich das bundespolitische Protestgeschehen als Seismograph für den Zustand der Gesellschaft. Am Geschehen lässt sich ablesen, mit welchen Themen sich die Bevölkerung unterhalb der Ebene der parlamentarisch organisierten Politik mobilisieren lässt. Aufschlussreich ist immer auch, wer sich an Protesten beteiligt und wie im politischen System darauf reagiert wird, denn Protest ist nie nur Reaktion, sondern bestimmt mit, wie Situationen gedeutet werden. Er schafft also auch Wirklichkeit. Die rechten Proteste gegen Flüchtlinge 2015/16 haben beispielsweise auch dazu beigetragen, dass das rassistische Framing der »Überfremdung« wieder mehrheitsfähig wurde und Regierungen Migrationskontrolle prominent auf ihre Agenda setzten.

Mein zentrales Argument lautet, dass der progressive Protest seit 2015 zwar nicht verschwunden ist, aber kaum noch gesellschaftliche Zustimmung findet. Der Fokus auf Proteste macht deutlich, dass rechte Erzählungen und Gefühle an Gewicht gewinnen, angefacht von der AfD und, seit diese in der Opposition sind, auch von den Unionsparteien. Zu beobachten ist ein voranschreitender Prozess der regressiven Entzivilisierung (Nachtwey 2017). Aus der Rückschau werde ich drei Schlüsse ziehen, die zusammengenommen einen ersten Hinweis darauf geben, dass wir es mit einer Regression der Mitte zu tun haben: Erstens wurde in den vergangenen Jahren der progressive Protest von relevanten politischen Entscheider:innen tendenziell als Störung gebrandmarkt, während jener von Rechts als legitimer Ausdruck *besorgter Bürger* verharmlost wurde. Ersteres schafft Distanz, Letzteres Nähe. Zweitens ist im Laufe der Zeit eine deutliche Verschärfung des Kulturkampfes von Rechts zu beobachten, der die Gesellschaft polarisiert und Sperrklinken zwischen der konservativen und radikalen Rechten zu lösen droht. Und drittens wurde im Laufe der Jahre immer deutlicher, dass rechte Akteur:innen um die Frage des Erhalts oder gar der Rückgewinnung ehemals normalisierter weißer, männlicher und heteronormativer Privilegien kreisen, die es zu verteidigen und zu bewahren gelte. Besonders deutlich wird dies in den Debatten um die Bewältigung der Klimakrise.

Finanz- und europäische Schuldenkrise 2008–2015: Das Ende eines progressiven Protestzyklus

Der Beginn des dritten Jahrtausends stand politisch im Zeichen der Auseinandersetzungen um den richtigen Weg der Globalisierung. Mit den Anschlägen von 9/11 in den Vereinigten Staaten 2001, in Madrid 2004 sowie in London 2005 kam der Fokus auf den islamistischen Terror hinzu. Letzterer hatte weitreichende Folgen: Innenpolitisch wurden Sicherheit, Kontrolle und polizeiliche Gefahrenabwehr zu zentralen Projekten; außenpolitisch folgten die Kriege der USA und ihrer Alliierten in Afghanistan und im Irak. Auch trat im Gefolge der Ereignisse ein antimuslimischer Rassismus deutlich zutage, der bereits damals rechte Debatten um Abendland und christliche Identität prägte (Weiß 2017). Zur gleichen Zeit demonstrierten weltweit Millionen gegen die Neoliberalisierung, Prekarisierung und für den Frieden. Diese Proteste waren geprägt von einer realpolitischen Hoffnung auf eine gerechtere Gesellschaft. Grundlegende transformatorische Utopien hingegen spielten schon damals kaum noch eine Rolle (Fisher 2013 [2009]). Der Fall der Berliner Mauer 1989 und der Zusammenbruch des Ostblocks in den 1990ern bestärkten den Glauben an ein Ende der Geschichte (Fukuyama 2004 [1992]), sodass sich das neoliberale Prinzip der Alternativlosigkeit zum demokratischen Kapitalismus tief in Gesellschaft einschrieb. Kaum jemand ahnte zu Beginn des neuen Jahrtausends, wie sehr die globale Finanzkrise schon bald diese Glaubenssätze erschüttern würde. Letztlich fragten sogar Autoren des liberalkonservativen Feuilletons nach dem Ende des neoliberalen Kapitalismus.[1] Der Blick auf die Wirtschaftspolitik dieser Jahre zeigt, warum:

Als 2007 die ersten Banken, vor allem in den Vereinigten Staaten und Großbritannien, ihre Schulden nicht mehr begleichen konnten, nahm die Unruhe rasch zu. Die Schockwellen, die die Finanzkrise 2008 global auslöste, waren heftig. Die Bankenkrise, die auf dem Immobilienmarkt ihren Anfang nahm, entwickelte sich in kurzer Abfolge zu einer Krise des Finanzkapitalismus (Harvey 2012, S. 31). Einen Moment lang stand der Finanzsektor vor der Kernschmelze, das Vertrauen war weg und Banken wollten einander kein Geld mehr leihen (Harvey 2010). Auf eine Rettungsaktion folgte die nächste. Diverse große Banken in den USA, aber auch in Europa, in Deutschland etwa einige Landesbanken und die Commerzbank, konnten nur durch öffentliche Finanzspritzen in Milliardenhöhe gerettet werden. Andere kollabierten, wie am 15. September 2008 Lehman Brothers. Die resultierende Krise war markant: 2009 brach die Wirtschaft so tief ein wie seit der großen Depression der frühen 1930er Jahre nicht mehr (Brunetti 2011, S. 71–77). In den Euro-Staaten schrumpfte das Bruttoinlandsprodukt insgesamt um 4,5 Prozent, es wurden kaum noch Investitionen getätigt und der private Konsum verringerte sich stark. In Deutschland ging das Bruttoinlandsprodukt sogar um 5,6 Prozent zurück. Abgemildert wurde die Krise durch staatliche Programme, insbesondere die Einführung der Kurzarbeit, die Kaufkraft und Arbeitsplätze sicherten (bpb 2017).[2]

Während Deutschland bereits 2010 wieder ein Wachstum von 3,9 Prozent verzeichnete und viele Menschen mit dem Schrecken davongekommen waren, war das ökonomische Gefüge innerhalb der EU in Schieflage geraten. Die Finanzkrise »war zwar der Auslöser des Sturms«, schreibt der Volkswirt Aymo Brunetti (2011, S. 78), die tiefere Ursache liege aber im »gewaltigen makroökonomischen Ungleichgewicht«, das sich im Euroraum aufgebaut habe. Die Finanzkrise hatte Banken dazu veranlasst, genauer hinzuschauen. Folglich wurden Risikobewertungen und Zinssätze für die Kredite von Ländern wie Spanien, Portugal oder Griechenland nach oben angepasst. Daher konnten die Länder alte Schulden bald nicht mehr bedienen und standen vor dem Staatsbankrott (ebd., S. 78–91). Kein Land bekam dies so bitter zu spüren wie Griechenland, dem die Troika aus EU, Internationalem Währungsfonds (IWF) sowie Europäischer Zentralbank (EZB) im Gegenzug für Hilfszahlungen eine strenge Sparpolitik verordnete: Dort rutschten ab 2010 Hunderttausende in die Armut ab, und die soziale Grundversorgung wurde abgebaut (Klemm/Schultheiß 2015). In gewisser Weise kehrte sich dort die von der Journalistin Naomi Klein (2007) beschriebene neoliberale »Schock-Doktrin« nun auch gegen Staaten des Globalen Nordens.

Das Ende einer progressiven Bewegung und die Formierung der Rechten

Im Zuge der Schuldenkrise entbrannten 2011 Sozialproteste in ganz Europa (Birke/Henninger 2012). Allen voran in Spanien und Griechenland wurden, inspiriert von den Ereignissen des Arabischen Frühlings, über Wochen hinweg zentrale Plätze besetzt. Obwohl die europäischen Bewegungen nur lose verbunden waren, es keine gemeinsame Agenda oder Organisation gab, sind Gemeinsamkeiten auszumachen (Azzellini 2014): Die Proteste drehten sich um Fragen der demokratischen Beteiligung und die Legitimität von Entscheidungsprozessen; zurückgewiesen wurden die verordnete Sparpolitik sowie der Vorrang des Ökonomischen vor sozialen Fragen – es ging um soziale Gerechtigkeit, Zugang zu Ressourcen und um soziale Fürsorge. Etabliert wurden zudem neue Formen der politischen Mobilisierung, die außerhalb bestehender Parteien und Verbände vollzogen wurde.

Auch in Deutschland wurde protestiert. Hier mobilisierten zunächst Gewerkschaften und Sozialverbände zu größeren Demonstrationen, und Occupy-Initiativen besetzten 2011 nach dem Vorbild der Bewegung an der Wall Street in New York auch in Deutschland Plätze (Vey 2015). Zu umfassenderen Protesten kam es indes erst ab 2012 unter dem Eindruck des Geschehens im europäischen Süden (Mullis 2017, S. 222–227). Wichtige Akteurin war Blockupy, ein breiter Zusammenschluss linker Gruppen, NGOs, Parteien und Einzelpersonen. Zwischen 2012 und 2015 organisierte das Bündnis insgesamt drei mehrtägige Protestaktionen in Frankfurt am Main. Zum Schauplatz wurde die Mainmetropole durch ihre Rolle als globales Bankenzentrum, in dem auch die Europäische Zentralbank ihren Sitz hat. Frankfurt galt den Aktivist:innen als das »Herz des europäischen Krisenregimes«. Auf mehreren eigens organisierten Konferenzen wurde ein europäischer Dialog von unten eingeleitet, bei dem progressive Visionen entwickelt wurden. Den Höhepunkt erreichten die Proteste, als anlässlich der Eröffnung des neuen Sitzes der Zentralbank am 18. März 2015 Tausende die Eingänge des Neubaus im Osten der Stadt blockierten, wobei es auch zu schweren Zusammenstößen mit der Polizei kam. Abends zog eine große und lautstarke Demonstration durch die Straßen. Das Zeichen war klar: Europa muss sozialer, gerechter und demokratischer werden.

Erfolgreich waren diese Bewegungen jedoch nicht. Kaum eine Forderung vermochten sie durchzusetzen, und auch die parlamentarischen Projekte jener Zeit, etwa Syriza in Griechenland oder Podemos in Spanien, sanken nach einem kurzen Frühling in der Gunst der Wähler:innenschaft. Was blieb, war Enttäuschung und die bittere Erfahrung des politischen Scheiterns trotz des vielen Engagements (Mullis 2017). In gewisser Weise endete mit dem Abflauen der Europäischen Krisenproteste auch ein Zyklus progressiver Bewegungen, der mit den Protesten der globalisierungskritischen Bewegung begonnen hatte. Genf, Köln, Seattle, Genua und Porto Alegre waren wichtige Stationen, die ab 1998 weltweit Hunderttausende für eine gerechtere Welt sowie die Abkehr vom neoliberalen Freihandel mobilisierten. Die Stimmung zu der Zeit war kritisch, aber vorsichtig optimistisch, dass mit dem Protest etwas erreicht werden könnte. Eine Demonstrantin brachte es mitten im Geschehen von Seattle 1999 auf den Punkt: »Diese Woche sind die normalen Gesetze in Seattle offensichtlich ausgesetzt«, sagt sie. Auf die Frage warum, meint sie lachend: »Weil wir gewinnen« (Friedberg/Rowley 2000, 43:10 min). So etwas würde heute wohl kaum noch jemand der damals Aktiven sagen. Auch unvorstellbar geworden ist, dass eine progressive Figur wie »The Protester« zur Person des Jahres gewählt würde, wie es beim *TIME Magazine* noch 2011 geschah (Andersen 2011).

Wie sehr die gesellschaftlichen Verschiebungen auch die Politik zu verändern begannen, zeigt der Aufstieg rechtspopulistischer Parteien in ganz Europa (Mudde 2020). Deutschland war in gewisser Weise spät dran, als mit der AfD just in der Zeit der Krisenproteste eine neue politische Kraft Rechtsaußen entstand. Gegründet wurde sie am 6. Februar 2013 im hessischen Oberursel unter maßgeblicher Beteiligung des Hamburger Ökonomen Bernd Lucke als neoliberal-konservative, »sozialstaatsfeindliche Anti-Euro-Partei« (Weiß 2017, S. 83). Die AfD sprach sich vehement gegen die deutsche Beteiligung an den Hilfen für die Länder des europäischen Südens aus. Das Projekt entsprang der bürgerlich-konservativen Elite und war, so der Historiker Volker Weiß (2017, S. 84), zunächst vor allem ein Sammelbecken für die »abgestoßenen Rechtsaußenflügel von CDU und FDP«. Dieser elitäre Anstrich konnte nicht darüber hinwegtäuschen, dass sie von Anfang an stark mit Rechtsaußen verflochten war. In der zweiten und dritten Reihe wurden von Beginn an bereitwillig rechtsradikale Akteur:innen integriert. Offensichtlich wurde dies, als bereits im Sommer 2014 Machtkämpfe in der Partei ausbrachen, wobei gerade der nationalkonservative Flügel mit Unterstützung der ostdeutschen Verbände immer stärker für einen Kurs nach Rechtsaußen warb. André Poggenburg (mittlerweile ausgetreten) und Björn Höcke standen bzw. stehen für diese

Auseinandersetzungen und legten im März 2015 mit der *Erfurter Resolution* ein stramm völkisch-nationales Programm vor (ebd., S. 89). Im Juli 2015 wurde Lucke schließlich entmachtet. An seine Stelle traten Frauke Petry und Jörg Meuthen (auch sie sind mittlerweile beide aus der Partei ausgetreten). Bei den Bundestagswahlen 2013 scheiterte die AfD ein letztes Mal noch knapp an der Fünf-Prozent-Hürde. Im Jahr darauf zog sie mit etwas mehr als sieben Prozent ins Europaparlament ein, woraufhin sie in ein Landesparlament nach dem anderen gewählt wurde. Grundlage ihres Erfolgs war weniger der Euroskeptizismus als die »hemmungslose Agitation« gegen Geflüchtete, Genderpolitiken und sogenannte »Gutmenschen« (ebd., S. 91). Der eskalierende bundespolitische Streit um Zuwanderung ab Sommer 2015 bot die ideale Gelegenheit für ihren Aufstieg.

Konflikte um Migration ab 2015: (Re-)Aktivierung des Rassismus

Seit Tagen saßen die Migrant:innen, die sich im Sommer 2015 über die Balkanroute auf den Weg nach Norden gemacht hatten, am Ostbahnhof in Budapest fest. In Ungarn bleiben wollten sie nicht, und die Rechtsaußen-Regierung von Viktor Orbán wollte sie auch nicht haben (Hess u. a. 2017, S. 6–8). Der Druck wuchs, und die Menschen organisierten sich. Am 4. September 2015 machten sich, begleitet von Unterstützer:innen und Journalist:innen, über 2000 Menschen im *March of Hope* zu Fuß auf den Weg an die österreichische Grenze. Die Regierungen Deutschlands und Österreichs entschieden am 5. September 2015, die Grenzen nicht zu schließen, sondern die Menschen passieren zu lassen (Buckel u. a. 2021, S. 10). Anerkannt wurde damit das Faktische, denn schon den ganzen Sommer über war die Zahl der Geflüchteten in der EU und Deutschland deutlich gestiegen (Becker 2022, S. 97). 2015 und 2016 wurden in Deutschland zusammengenommen über 1,2 Millionen Asylanträge gestellt, weit mehr als je zuvor. In den Jahren danach, und dies gilt auch für 2023, lagen die Zahlen weit unter diesem Niveau, obschon sie höher blieben als in den 2000er Jahren (Mediendienst Integration 2023). Viele, die kamen, waren jünger als dreißig Jahre, männlich und muslimischen Glaubens. Geflohen waren sie zumeist vor den Kriegen in Syrien, Afghanistan und dem Irak (Toprak/Weitzel 2017, S. VII, 10). Angesichts der großen Zahl der Ankommenden äußerte sich Kanzlerin Angela Merkel (CDU) bereits Ende August 2015 im Rahmen ihrer Sommerpressekonferenz. Dabei fielen die Worte: »Wir schaffen das!«, die noch lange nachhallen sollten. Um eine »Flüchtlingskrise«, wie die Ereignisse medial und in Debatten oft bezeichnet wurden, handelte es sich nicht, wirklich überfordert war Deutschland nie. Sehr wohl gingen mit dem Sommer der Migration aber Krisenerfahrungen einher:

Erstens verdeutlichte die freie Bewegung der Menschen, dass das europäische Grenzregime gescheitert war. Die Staaten der EU hatten lange Zeit versucht, »ein höchst selektives, mehrstufiges und weit über die EU hinausreichendes« (Hess u. a. 2017, S. 6) System zur Verwaltung von Migration zu etablieren. Die Last dieses 1990 in Dublin verabschiedeten, 1997 eingeführten und seither immer wieder verschärften sogenannten »Dubliner Übereinkommens« müssen bis heute vor allem die Länder des europäischen Südens tragen, zumal Personen, die keine Familienangehörigen in einem anderen EU-Staat haben, Asyl im Land der Ankunft beantragen müssen. Einen Mechanismus zur Umverteilung gab es lange nicht. Erst 2023 einigten sich die Institutionen der Europäischen Union nach zähen Verhandlungen auf einen weiterhin umstrittenen Ansatz zur Verteilung von Geflüchteten (Geuter u. a. 2023; Rat für Migration 2023).[3] Auf jeden Fall erwies sich 2015 das bisher geltende System als nicht praktikabel. Zweitens mussten die nordeuropäischen Gesellschaften anerkennen, dass Migration ein Fakt ist und sich Menschen nicht auf Dauer abschrecken lassen würden (Buckel u. a. 2021, S. 7). Die Reaktion vieler war zunächst empathisch: Tausende organisierten Nothilfe an den Bahnhöfen des Landes, nahmen Menschen in Empfang, sorgten für Unterkünfte und etablierten solidarische Netzwerke, die bisweilen bis heute Bestand haben (Becker 2022; Dinkelaker u. a. 2021). Die *Willkommenskultur* war nicht allein ein staatlich ausgerufener Slogan, die Solidarität war real.

Nicht hinwegtäuschen kann diese progressive (Selbst-)Organisation von Zivilgesellschaft hingegen darüber, dass die Stimmung in Teilen der Gesellschaft bald umschlug. Im Laufe der Zeit wurden rassistische Ressentiments (re)artikuliert und in der Mitte normalisiert. Ich werde in den nächsten Abschnitten darlegen, dass die Konflikte um Migration eine deutliche Verschiebung der politischen Kultur und Landschaft nach Rechts auslösten. Dabei schaffte es gerade die AfD zusehends, die vorhandenen Ressentiments erfolgreich zu mobilisieren, und etablierte sich so in der politischen Landschaft. Anstatt den Stimmungen klar und deutlich entgegenzutreten, verschärften die Parteien der Mitte, allen voran CDU und CSU, ebenfalls ihren Ton; ihr heutiger Kurs in Richtung Kulturkampf wurde damals bereits angelegt. Im Streit über Migration wurde schließlich das Recht auf Asyl weiter eingeschränkt, während die rechte Gewalt eskalierte. Vieles erinnerte an die 1990er Jahre, als diese Gewalt schon einmal entbrannt war. Ab 2015 formierten sich Rechtsaußen Netzwerke und Strukturen, die in Teilen bis heute aktiv sind und die rechten Proteste weiter prägen. Sehen werden wir aber auch, dass es weiterhin progressive Bewegungen gab, die jedoch zunehmend Schwierigkeiten hatten, vernommen zu werden.

Rassismus im neuen Gewand

Rassismus war 2015 nicht neu, weshalb ich von (re)artikulierten Ressentiments spreche. 2015 wurde er allerdings erneut freigesetzt, salonfähig und offen zur Schau gestellt. Rechte Bewegungen formierten sich im Widerstand gegen Flüchtlingsunterkünfte und erhielten dafür Rückenwind. Gerade die Bewegung Pegida hat »eine Initialzündung für weitere flüchtlingsfeindliche Proteste geschaffen und zugleich die Hemmschwelle gegenüber rassistisch motivierten Straftaten gesenkt«, schreibt Alexander Häusler (2016, S. 172), ein Kenner der rechten Szene. Am 20. Oktober 2014 ging Pegida zum ersten Mal montags auf die Straße (Vorländer u. a. 2016). Die wöchentlichen Demonstrationen waren von Anfang an ein Bindeglied zwischen »frustrierten Normalbürgern« und Rechtsaußen (Weiß 2017, S. 142, 146). Ab 2015 entwickelte sich Pegida in Dresden zu einer Massenbewegung mit teilweise über 20 000 Teilnehmenden. In einer bundesweiten Umfrage gaben knapp die Hälfte der Befragten an, die Ziele der Bewegung »überhaupt nicht« oder zumindest »nicht« zu teilen. Knapp ein Viertel äußerte allerdings auch Sympathien (Yendell u. a. 2016, S. 139). Geprägt waren die Demonstrationen von nationalistischen Abschottungswünschen, völkischen Anmaßungen sowie der Agitation gegen die politischen Eliten. Auch der zur Zeit des Nationalsozialismus gebräuchliche Slogan der »Lügenpresse« wurde erneut etabliert. Die Ablehnung richtete sich gegen die Leitmedien, insbesondere den öffentlich-rechtlichen Rundfunk, und schlug bald in Gewalt um: Immer öfter wurden Übergriffe auf Journalist:innen gemeldet. Trotz alledem reagierte die offizielle Politik mit viel Verständnis für die *besorgten Bürger*, mit denen gesprochen und deren Nöte ernstgenommen werden müssten. Wiederholt trafen sich Spitzenpolitiker:innen zu Gesprächsrunden und Dialogveranstaltungen mit Aktiven der Bewegung (Knigge 2015; Mense u. a. 2016). Den Menschen hingegen, die gegen die europäische Sparpolitik zur gleichen Zeit auf die Straße gingen, wurde diese Aufmerksamkeit nicht zuteil.

Wenn es ein konkretes Datum und einen Ort gibt, an dem die Willkommenskultur in Feindseligkeit oder zumindest Argwohn gegenüber Migrant:innen, insbesondere gegenüber Menschen mit muslimischem Glauben, umschlug, dann ist es die Silvesternacht 2015 in Köln. Bei den Feierlichkeiten kam es in der Innenstadt zu einer Vielzahl von sexuellen Übergriffen auf Frauen. Als Täter ausgemacht wurden nordafrikanische Migranten und Asylbewerber (Becker 2022, S. 165; Dietze 2016, S. 6). Die Ereignisse leisteten der Erzählung Vorschub, dass muslimische Männer nicht mit den Gepflogenheiten einer liberalen Gesellschaft umgehen könnten. Der Schluss: Weiße Frauen müssten geschützt werden, und die ankommenden Migranten gehörten nicht nach Deutschland (Becker 2022, S. 191–205; Dietze 2016, S. 12). Von diesen rassistisch aufgeladenen Debatten profitierte eindeutig die AfD. Ihr gelang es, die in der Mitte der Gesellschaft seit langem vorhandenen rechten Einstellungen in Wahlerfolge zu übersetzen. In der *Autoritarismus-Studie*[4] von 2016 heißt es: »Konnten SPD und Unionsparteien 2014 zusammen noch knapp 50 Prozent der rechtsextrem Eingestellten an sich binden, sind es 2016 nur noch 26,4 Prozent« (Brähler u. a. 2016, S. 78). Folglich sahen Heitmeyer wie auch Quent die Fluchtbewegung von 2015 nicht als Ursache für den Aufstieg der AfD, sehr wohl aber als »Beschleunigungsfaktor« (Heitmeyer 2018, S. 344) oder als »Funke am Pulverfass« (Quent 2019, S. 135).

Die AfD, die mittlerweile ein klar autoritär-nationalradikales Profil hatte (Heitmeyer 2018, S. 235), vermochte ab 2015 auch zunehmend Menschen zu mobilisieren, die zuvor nicht (mehr) gewählt hatten, und drang damit in die weniger privilegierten Schichten vor. Gleichzeitig behielt sie ihren Rückhalt in besserverdienenden Kreisen (Hövermann/Groß 2016; Kroh/Fetz 2016). Die Herausbildung einer »rohen Bürgerlichkeit« (Heitmeyer 2018, S. 293–314) ist ein Aspekt, ohne den der Aufstieg der Partei nicht zu verstehen ist. Dass das bürgerliche Milieu für eine rassistisch geprägte Partei offen war, hatte sich schon 2010 im Zuge der Debatte um das Buch *Deutschland schafft sich ab* von Thilo Sarrazin gezeigt, der Sozialdemokrat und damals noch Vorstand der Deutschen Bundesbank war (Mannitz/Schneider 2014, S. 76). Gemäß einer Umfrage gaben 18 Prozent an, sie würden eine Sarrazin-Partei wählen, wenn es sie denn gäbe. Besonders hoch war der Zuspruch unter Wähler:innen der Partei Die Linke sowie der Unionsparteien (Welt 2010). Veränderungen in der deutschen Gesellschaft nahmen jedoch viele bereits einige Jahre zuvor während der Fußballweltmeisterschaft 2006 wahr. Im sogenannten Sommermärchen war es zum ersten Mal wieder möglich gewesen, sich rundum positiv auf Deutschland zu beziehen, die ungeliebte Last der Vergangenheit wurde im Meer aus schwarz-rotgoldenen Fahnen allzu gerne abgelegt. In jener Zeit wurden aber auch, so stellt der Geograph Thomas Bürk (2013, S. 50) heraus, erstmals »Szenarien rechtsradikaler Präsenz massenmedial aus Sicht der Opfer dargestellt«. Auslöser war eine vom Afrika-Rat an People of Color gerichtete Warnung, bestimmte Regionen, vor allem in Ostdeutschland, während der WM wegen der Gefahr rassistischer Übergriffe besser zu meiden (Harms 2006).

Für die organisierte radikale Rechte war die Publikation von Sarrazin ein Schlüsselmoment. Sie fühlte sich ermutigt, verstärkt die Mitte der Gesellschaft anzusprechen, da die dortigen Anschlusspunkte für eine Kulturalisierung der bestehenden sozialen und politischen Konfliktlagen sichtbar geworden waren (Weiß 2021, S. 163). Auf jeden Fall war es 2016 der AfD gelungen, sich in den monatelangen scharf geführten Migrationsdebatten als politische Kraft zu etablieren. Bei der Bundestagswahl 2017 erzielte sie 12,6 Prozent und wurde stärkste Oppositionspartei hinter der Großen Koalition aus SPD und den Unionsparteien. 2018 war sie schließlich nach den Wahlen in Hessen und Bayern zumindest zwischenzeitlich in allen Landesparlamenten vertreten.[5] Die AfD hatte sich damit im ganzen Land etabliert, was in Deutschland keiner anderen Rechtsaußen-Partei seit 1945 gelungen war.[6] Die Partei fand trotz guter Ergebnisse jedoch keine Ruhe. Ab April 2017 war die Vorsitzende Frauke Petry faktisch machtlos. In der Folge setzte der rechte Flügel erneut eine Radikalisierung des Kurses durch. Nach der Bundestagswahl im September wurde der Machtwechsel vollzogen, Petry trat aus der Partei aus, Jörg Meuthen und Alexander Gauland übernahmen die Spitze.

Der Kanzlerin und dem ihr nahestehenden Kreis war es 2016 noch gelungen, die Parteireihen in der Migrationsfrage mehr oder weniger zu schließen und das »Wir schaffen das!« zu verteidigen. Dabei kursierte bereits damals ein interner Brief, den rund 40 der damals 311 Unionsabgeordneten des Bundestages unterzeichnet hatten: Da Deutschland von der Migration überfordert sei, wurde eine »Rückkehr zur strikten Anwendung des geltenden Rechts« auch aus humanitären Gründen angemahnt, zumal die »Bundesrepublik keine völlig unbegrenzte, schrankenlose Aufnahmekapazität« habe (zit. nach Alexander 2016). Besonders hervor taten sich damals zwei Personen, die heute in der CDU von Merz und dem damit verbundenen Rechtskurs eine zentrale Rolle spielen: Jens Spahn, damals Staatssekretär im Finanzministerium, sowie der Vorsitzende der Mittelstandsvereinigung der Union, Carsten Linnemann (ebd.).

Mit Blick auf die im September 2017 anstehenden Bundestagswahlen brach der Konflikt um den richtigen Umgang mit der Migration und den ankommenden Menschen aus. Im April lancierte der damalige Innenminister der CDU, Thomas de Maizière, mit dem Slogan »Wir sind nicht Burka« wie schon Friederich Merz im Jahr 2000 eine Leitkultur-Debatte (vgl. Ezli 2023). Noch schärfer wurde der Ton im Sommer 2018. Wochen hatte der *Asylstreit* zwischen Angela Merkel und Horst Seehofer schon gedauert. Seehofer drohte immer wieder mit seinem Rücktritt als Minister und brachte damit den Bruch des Bündnisses zwischen CDU und CSU ins Spiel, was auch das Ende der gerade neugebildeten Großen Koalition mit der SPD bedeutet hätte (Nielsen 2018). In den Auseinandersetzungen hatte Alexander Dobrindt proklamiert: »Multikulti ist gescheitert. Politische Korrektheit ist keine Heimat« (zit. nach Merkur 2018) und Markus Söder gegen den grassierenden »Asyl-Tourismus« gewettert (zit. nach Spiegel 2018a). Anfang Juli wurde der Streit schließlich mit Zustimmung der SPD beigelegt, indem man sich auf die Verstetigung der bis heute bestehenden Grenzkontrollen Deutschlands zu Österreich in Bayern sowie auf die Einführung sogenannter Transitzentren einigte, in denen überprüft werden sollte, ob Einreisende bereits in einem anderen Land der europäischen Union einen Asylantrag gestellt hatten, um sie gegebenenfalls schnell zurückschicken zu können (Strauß 2018). Der Konflikt hatte Folgen für die gesamte Debatte um Migration, und so waren auch seitens der oppositionellen FDP (Pyak 2018) sowie im Sahra-Wagenknecht-Flügel der Linkspartei (Die Zeit 2018) zunehmend kritische und auf Kontrolle setzende Stimmen zu vernehmen.

Insgesamt spielte Horst Seehofer in diesen Konflikten eine besondere Rolle. Nach der Bundestagswahl 2017 wechselte der bayerische Ministerpräsident nach Berlin und wurde Minister im auf ihn zugeschnittenen Ressort des Innern, für Bau und Heimat. Ferda Ataman, die 2022 zur Bundesbeauftragten für Antidiskriminierung ernannt wurde, schrieb:

> »Das Heimatministerium ist vor allem Symbolpolitik für potentielle rechte Wähler. Der Name suggeriert, dass von nun an eine Bundesbehörde über Leitkultur und Zugehörigkeit befinden kann. Seehofers erste Amtshandlung bestand darin, zu sagen: ›Der Islam gehört nicht zu Deutschland‹.« (Ataman 2018)

Seehofer sah sich von Ataman verunglimpft (Spiegel 2018b), allerdings tat er kaum etwas, um aus der rechten Ecke herauszukommen. Zu den tagelangen rassistischen Unruhen in Chemnitz im August 2018 schwieg er lange und äußerte dann in einer die Ereignisse verharmlosenden Weise Verständnis für die verbreitete »Empörung« und »aufgewühlte« Stimmung. Mit Blick auf das gleichzeitige Erstarken der AfD betonte er, dass Migration die »Mutter aller Probleme« sei (Seehofer zit. nach Roßmann 2018). Der immer wieder weit rechts agierende sächsische CDU-Ministerpräsident Michael Kretschmer (zit. nach Sternburg 2018) sowie der damalige Chef des Bundesamtes für Verfassungsschutz (BfV), CDU-Mitglied Hans-Georg Maaßen (zit. nach Gensing

2018), wollten den rechten »Mob« und die von ihm ausgegangene »Hetzjagd« auf Migrant:innen erst gar nicht gesehen haben.

In den Wochen der Auseinandersetzungen hatten auch progressive soziale Bewegungen immer wieder zu Aktionen und Demonstrationen aufgerufen. Beispielsweise demonstrierten anlässlich eines geplanten Besuches von Seehofer in Frankfurt am Main im September 2018 rund 8000 Menschen gegen die »menschenfeindliche Flüchtlingspolitik« der Regierung (FNP 2018). Sie waren dem Aufruf des bundesweit agierenden Seebrücke-Bündnisses gefolgt, das sich für sichere Fluchtwege und ein Ende des Sterbens im Mittelmeer einsetzte. Keinen Monat später folgte eine Viertelmillion Menschen dem Kundgebungsaufruf von Unteilbar, einer ebenfalls breit aufgestellten links-grünen Koalition, die sich gegen Rassismus und für das Einhalten der Menschenrechte aussprach (dw 2018). Trotz dieser Mobilisierungen kam bei vielen Progressiven der Eindruck auf, mit ihren Forderungen auf verlorenem Posten zu stehen und vor allem damit beschäftigt zu sein, die heraufziehende neue Kälte abzuwehren.

Eine Ausnahme markierte in diesem Gefüge der aufkommende Protest für das Klima. Es waren vor allem junge Menschen und Schüler:innen, die sich global nach dem Vorbild von Greta Thunberg bei Fridays for Future organisierten und im Frühjahr 2019 auch in Deutschland jeweils freitags die Schule bestreikten (Haunss/Sommer 2020). Ihnen vorausgegangen waren Aktionen von Ende Gelände, die ein- bis zweimal im Jahr in den Braunkohlerevieren durch Aktionen des zivilen Ungehorsams den Kohleabbau blockierten (Ende Gelände 2022). In den sich zuspitzenden Auseinandersetzungen erhielten auch die Besetzungen des Hambacher Forstes (Nordrhein-Westfalen) zwischen 2012 und 2018 sowie des Dorfes Lützerath zwischen 2020 und 2023, die jeweils dem Tagebau weichen sollten, Zulauf und Aufmerksamkeit. Gemeinsam betonten all die verschiedenen Akteur:innen auf den Straßen, in den Gruben und Wäldern laut und wahrnehmbar die Dringlichkeit, den Klimawandel effektiv zu bekämpfen. Ausdruck der gesellschaftlichen Zustimmung war der starke Zulauf zum ersten globalen Klimastreik von Fridays for Future, an dem sich am 15. März 2019 nach eigenen Angaben mehr als zwei Millionen Menschen in hundertdreißig Ländern beteiligten. Die Mobilisierung wurde von jener im Herbst desselben Jahres noch übertroffen, als rund vier Millionen weltweit demonstrierten. Einschränkend gilt, dass, wenn auch diese Zahlen hoch sind, sie angesichts der zu erwartenden katastrophalen Auswirkungen der Klimakrise nicht überragend waren. Im Vergleich: Mitte Februar 2003 demonstrierten weltweit je nach Schätzungen zwischen sechs und zehn Millionen Menschen gegen den drohenden Einmarsch der USA und ihrer Alliierten in den Irak, allein in Berlin versammelte sich rund eine halbe Million (FAZ 2003) – es war die größte Friedensdemonstration aller Zeiten.

Eine Stimmung der Gewalt

Der Widerstand gegen die Migrationspolitik der Bundespolitik war, anders als heute, durchaus auf der Straße präsent, und aus der Klimabewegung kam ein Angebot der Zivilgesellschaft an die Politik, einen gemeinsamen progressiven Weg zu gehen. Die Bundesregierung ging darauf, wie schon auf die Krisenproteste zur Schaffung eines solidarischen Europas, nicht ein, sondern beschritt auch in der Migrationspolitik weiter den Weg der Abschottung, während auf der Straße die rassistische Gewalt und in den sozialen Medien der Hass eskalierten.

Im August 2018 war es am Rande des Chemnitzer Stadtfestes in der Nacht vom 25. auf den 26. August zu einer Auseinandersetzung zweier Gruppen gekommen, in deren Folge ein Mann tödlich und zwei weitere schwer verletzt wurden. Im Kontext jenes Geschehens fielen die bereits oben von Seehofer, Kretschmer und Maaßen zitierten Aussagen. Bereits am Abend des 26. August sammelten sich knapp 1000 Personen aus dem Umfeld rechter Hooligangruppen im Zentrum der Stadt. Unter den

Rufen »Wir sind das Volk« und »Ausländer raus« durchbrachen sie die eher spärlich besetzten Polizeiketten und zogen durch das Stadtzentrum. Dem Marsch schlossen sich Bürger:innen der Stadt spontan an, obwohl Teilnehmer:innen des Umzugs mehrfach schwere Übergriffe auf Passant:innen verübten. In den folgenden Tagen kam es zu weiteren Demonstrationen. So folgten am 1. September rund 8000 Menschen einem Aufruf von AfD und Pegida. Unter den Teilnehmenden waren bekannte Persönlichkeiten der Neuen Rechten, Kader neonazistischer Kleinstparteien und AfD-Funktionäre (Intelmann 2019, S. 190 f.). Die rechte Mobilisierung in der Stadt hielt bis Mitte September an, wobei es immer wieder zu Übergriffen auf People of Color, Angehörige der Polizei sowie der Presse kam. Betroffen war auch ein jüdisches Restaurant. Juristisch sind die Ereignisse selbst fünf Jahre danach kaum aufgearbeitet, und die wenigen Gerichtsverfahren ziehen sich über Herbst 2023 hinaus (Tornau 2023). Es gab dennoch Gegenprotest, insbesondere das von über 60 000 Menschen besuchte Konzert *Rock gegen Rechts* machte Schlagzeilen. In seiner kontinuierlichen Mobilisierungskraft blieb er jedoch weit hinter jener der Rechten zurück, und die Tage in Chemnitz waren für die bundesweite radikale Rechte ein »Erwachungserlebnis«. Sie gewann den Eindruck, »jetzt beginnt der nationale Aufbruch, das war, was die Menschen nicht nur im Internet geschrieben, sondern auch was sie dort gefühlt und nach außen getragen haben«, so Quent (zit. nach ARD 2023a, 2:40 min).

Chemnitz war ein zentrales Ereignis, aber kein Einzelfall. An vielen Orten Deutschlands, mit Schwerpunkt in Ostdeutschland, war es bereits 2015/16 zu wochenlangen Mobilisierungen gegen Flüchtlingsunterkünfte gekommen. Dabei war die rechte Gewalt eskaliert, während sich viele in Deutschland noch fragten, wie der Nationalsozialistische Untergrund (NSU), der sich am 4. November 2011 selbst enttarnt hatte, zwischen 2000 und 2007 neun Migrant:innen sowie eine Polizistin ›unerkannt‹ ermorden konnte (Steinhagen 2021, S. 160–181). Die Zahlen des Innenministeriums zur politisch motivierten Kriminalität

»rechts« dokumentieren die Eskalation in bedrückender Weise (BMI 2016; 2017). So stiegen sie 2015 sprunghaft um fast ein Drittel auf 23 000 erfasste Taten an, und 2016 nahmen sie nochmals leicht zu. Wurden 2014 nach offiziellen Statistiken noch weniger als 200 Straf- und Gewalttaten gegen Asylunterkünfte gezählt, waren es 2015 und 2016 jeweils fast 1000. In den beiden Jahren verloren zudem 13 Menschen ihr Leben durch rechte Gewalttaten (Amadeu-Antonio-Stiftung 2023). Insgesamt, darauf verwies das Innenministerium damals, sind seit Beginn der Datenerfassung 2001 noch nie so viele rechte Straftaten gezählt worden wie in diesen Jahren.

Anstatt die Gewalt und die Stimmung, aus der sie hervorging, klar zu verurteilen, zeigten nicht wenige lokale Amtsträger:innen, aber auch Politiker:innen auf Landesebene, Verständnis und unterstützten die Versuche, Geflüchtete fernzuhalten, bisweilen mit eigenen parlamentarischen Initiativen (Zschocke/Mullis 2022, S. 45 f.). Auch die Bundespolitik sowie die EU machten letztlich Zugeständnisse an die Abschottungswünsche vor Ort. Das Recht auf Asyl wurde erneut eingeschränkt und zugleich die Migrationskontrolle etwa über das EU-Türkei-Abkommen (2016), die Vereinbarungen mit Libyen (2017) sowie mit weiteren Transitländern südlich der Sahara, wie etwa dem Niger[7], jenseits der europäischen Außengrenze verlagert (Horváth/Schwab 2023). Wer dennoch kam, musste damit rechnen, an der EU-Grenze völkerrechtswidrig zurückgedrängt oder unter schwierigen Bedingungen in Lagern interniert zu werden (Buckel u. a. 2021, S. 12–19; Marquardt 2022). Personen, die sich mit den Menschen auf der Flucht solidarisierten und sie unterstützten, waren und sind der Kriminalisierung ausgesetzt: Ein bekannter Fall ist die Anklage gegen die Kapitänin Carola Rackete von der Seenotrettungsorganisation Sea-Watch.

Das von ihr gesteuerte Schiff war 2019 trotz eines Verbotes in den Hafen von Lampedusa eingelaufen, wo es ein Schiff der italienischen Marine gerammt haben soll. An Bord waren rund 40 aus Seenot gerettete Migrant:innen. Rackete wurde daraufhin wegen »Widerstands gegen ein Kriegsschiff« festgenommen, später jedoch freigesprochen. Ein anderes Beispiel ist der Fall von Sarah Mardini, der 2022 verfilmt wurde (*The Swimmers*, 2022). Sie war zusammen mit ihrer Schwester aus Syrien über Lesvos, Griechenland, nach Deutschland geflohen. Nach einem positiven Asylbescheid kehrte sie auf die Insel zurück, um neu Ankommende zu unterstützen. 2018 wurde sie mit weiteren Aktivist:innen festgenommen und von den griechischen Behörden wegen Menschenschmuggels, Spionage und der Mitgliedschaft in einer kriminellen Vereinigung angeklagt. Im Januar 2023 wurden die letzten beiden Anklagepunkte fallengelassen, der erste besteht jedoch fort; somit drohen ihr und weiteren zwei Dutzend Personen weiterhin bis zu zwanzig Jahre Haft (Feldman 2023). Sicherlich wurden diese Verfahren nicht in Deutschland vorangetrieben und können daher nicht als Beleg für die Stimmung in Deutschland dienen. Gleichwohl wurde auch hier kein Protest dagegen laut, und die Angeklagten oder gar die Seenotrettung an sich erhielten kaum offizielle Unterstützung.

Aus den flüchtlingsfeindlichen Protesten entstanden mitunter rechtsterroristische Gruppen wie die Gruppe Freital, Revolution Chemnitz oder die Gruppe S. Ihr Ziel: »Anschläge auf Moscheen, Politiker und Migranten in Deutschland, um so ›bürgerkriegsähnliche Zustände‹ herbeizuführen« (Fuchs u. a. 2020). Im Friedensgutachten 2020 heißt es dazu: »Wir haben es gegenwärtig qualitativ und quantitativ mit einer neuen Dimension rechten Terrors zu tun, in der sich ein altes Phänomen in neuem Gewand zeigt« (Ahmed u. a. 2020, S. 143). Dabei sei eine ideologische Verschiebung zu beobachten. Zunehmend dominiere die Auffassung, »dass die Macht im Staat in die Hände der Feinde gefallen sei – und dass nun staatliche Repräsentanten, weil sie Zuwanderung und damit den angeblich drohenden ›Volkstod‹ ermöglichen, ein legitimes Ziel für politische Gewalt darstellen« (ebd., S. 148). Vorstellungen eines *Tag X*, an dem für Chaos gesorgt und der Umsturz vollzogen wird, sind in der radikalen Rechten weit verbreitet, so der langjährige Beobachter der Szene, Martin Steinhagen (2021, S. 61–70). Besonders besorgniserregend: Die umsturzorientierten Netzwerke reichen bis tief in den Sicherheitsapparat von Polizei, Militär und Geheimdiensten (vgl. Kempen 2021; Meisner/Kleffner 2019).

1990er reloaded?

Die Geschehnisse 2015 erinnern deutlich an die Zustände der späten 1980er und der 1990er Jahre, als Migration schon einmal zu heftigen Kontroversen geführt hatte (Steinhagen 2021, S. 109–114). Mit der Wiedervereinigung eskalierte die rechte Gewalt in ganz Deutschland, insbesondere in den neuen Bundesländern. Bis heute gelten die Pogrome von Hoyerswerda (1991), Rostock-Lichtenhagen und Mannheim-Schönau (beide 1992) sowie die tödlichen Anschläge von Mölln (1992) und Solingen (1993) als Mahnmale der Zeit (Kössler/Steuwer 2023). Angesichts der Gewalt, die sich im wiedervereinigten Deutschland gegen Geflüchtete, People of Color sowie Linke Bahn brach, spricht der Journalist Christian Bangel (2019) von »Baseballschlägerjahren«. Insgesamt zählt die Amadeu-Antonio-Stiftung (2023) seit 1990 mindestens 219 Tote sowie 16 Verdachtsfälle von Opfern rechter Gewalt. Auf die gestiegenen Flüchtlingszahlen, in deren Kontext die Gewalt eskalierte, reagierte die Bundespolitik damals wie heute immer wieder mit neuen Maßnahmen zur Abschottung: 1993 stimmten CDU, CSU und FDP gemeinsam mit der oppositionellen SPD für den Asylkompromiss, der das Recht auf Asyl drastisch einschränkte.[8] Zumindest implizit wurde den Forderungen der Gewalttäter:innen, die auf den Straßen »Ausländer raus« und das »Boot ist voll« riefen, damit Genüge getan (Buckel u. a. 2021, S. 17). Damals wie heute drehte die Kontroverse sich nicht primär um reale Konflikte wie etwa die Versorgung mit Wohnraum oder Arbeitsplätzen, sondern um deutsche Befindlichkeiten: Wer ist deutsch, was ist Heimat, wer kann dazugehören und wer nicht? Es ging und geht vornehmlich um die deutsche Identität, die als bedroht erachtet wird. Und auch damals hatten Spitzenpolitiker der Konservativen trotz der Gewalt keine Hemmungen, Ressentiments für ihre Zwecke zu nutzen.

In den 1980ern der BRD war es etwa Walter Wallmann (CDU), der als Oberbürgermeister von Frankfurt am Main »einen spektakulären Aufnahmestopp […] für Asylbewerber« verhängte und im Jahr darauf einen »generellen Zuwanderungsstopp für das Gebiet der Stadt« in Aussicht stellte, sollte der Anteil an Ausländer:innen über 30 Prozent steigen (Schacht 1986, S. 143). In Hessen initiierte der künftige Ministerpräsident Roland Koch (CDU), unterstützt von Wolfgang Schäuble (CDU) und Edmund Stoiber (CSU), im Wahlkampf 1999 eine Unterschriftenkampagne gegen die von der rot-grünen Bundesregierung angestrebte Novellierung des Staatsbürgerschaftsrechts und setzte auf die verbreiteten rassistischen Ressentiments als Wahlkampfthema (Bojadžijev 2012, S. 250 f.). In Berlin polterte 1997 der CDU-Fraktionsvorsitzende Klaus Landowsky (zit. nach Böcker/Steinhoff 1997) gegen den »Abschaum an Kriminalität«, der »von China, über Russland, Rumänien und so weiter« nach Deutschland komme. Sein Parteikollege Michel Friedman (zit. nach ebd.) kritisierte ihn dafür: »Mit Sicherheit erleben wir in den letzten Jahren eine Enthemmung der Sprache, der Inhalte in der Politik. Diese Enthemmung geht um so mehr weiter, als sie nicht sanktioniert wird.«

Rassismus wird anerkannt – Dämme brechen dennoch

Die erfassten rechten Gewalttaten nahmen ab 2017 wieder leicht ab, die Mobilisierung hielt indes an. Dies gilt insbesondere für die sozialen Medien, wo Hassrede, Shitstorms und persönliche Angriffe bis hin zu Morddrohungen verstärkt zum Problem wurden. Digitale Verbreitung fanden auch globale Ereignisse wie die rechtsextremen Terroranschläge von Charleston (USA, 2015) oder Christchurch (Neuseeland, 2019). Von den globalen Taten sowie der Stimmung im Land motiviert, begingen alsbald auch Täter in Deutschland neue Akte des Terrors: In der Nacht vom 1. auf den 2. Juni 2019 erschoss ein Rechtsradikaler, der als Gewalttäter bekannt und auch in Chemnitz gewesen war, Walter Lübcke (CDU) auf der Veranda seines Hauses in Nordhessen. Der Kasseler Regierungspräsident wurde ermordet, weil er sich für Geflüchtete eingesetzt hatte. Am 9. Oktober desselben Jahres wurden bei einem antisemitischen Anschlag in Halle, Sachsen-Anhalt, zwei Menschen erschossen. Nur wenige Monate später, am Abend des 19. Februar 2020, kamen im hessischen Hanau neun Menschen bei einer weiteren rassistisch motivierten Tat ums Leben. Anschließend ermordete der Täter seine Mutter, bevor er sich selbst das Leben nahm (Amadeu-Antonio-Stiftung 2023).

Nach Hanau konnte die Politik nicht mehr wegschauen. So direkt wie kaum je zuvor wurde Rassismus benannt und verurteilt. Angela Merkel sagte: »Rassismus ist ein Gift, Hass ist ein Gift« (zit. nach Schmidt-Mattern 2020). Bundespräsident Frank-Walter Steinmeier rief bei der zentralen Mahnwache in Hanau am Abend des 20. Februar zur Solidarität mit den Opfern und deren Familien auf; der hessische Ministerpräsident der CDU Volker Bouffier (zit. nach Mullis 2020b) versprach: »Wir werden keinen Millimeter der freiheitlichen Demokratie preisgeben«; auch Seehofer (zit. nach DLF 2020) benannte die Tat als »eindeutig rassistisch motivierten Terroranschlag« und stellte klar, dass die Gefahr, die von Rechtsextremismus, Antisemitismus und Rassismus ausgehe, sehr hoch sei. Am Samstag nach der Tat zogen Tausende durch Hanau und bekundeten ihre Bestürzung, Wut und Solidarität. Seither fordern die Familien der Opfer mit viel Engagement lückenlose Aufklärung und leisten Erinnerungsarbeit.[9] Anders als versprochen gingen die Untersuchungen jedoch nur schleppend voran, vieles bleibt bis heute im Dunkeln – was aus der Aufarbeitung der NSU-Affäre nur allzu bekannt ist.

Dass der offensive Rassismus klar und deutlich verurteilt wurde, war und ist in Deutschland keine Selbstverständlichkeit. Noch bei den Morden des NSU war dies zunächst nicht der Fall gewesen. Auch nach Hanau blieb es jedoch schwierig, den Rassismus in Behörden und Polizei zu thematisieren. Der CSU-Innenminister verweigerte in einer tagelangen öffentlich geführten Auseinandersetzung die Beauftragung eines Gutachtens, um Licht ins Dunkelfeld zu bringen (Bullion 2020). Strikt wandte er sich gegen den Vorwurf einer strukturellen Problematik bei den Sicherheitsbehörden, während sich die sogenannten Einzelfälle von rechten Chatgruppen, Netzwerken und rassistischen Verfehlungen bei der Polizei zu häufen begannen.[10]

Die regressiven Potentiale in der Gesellschaft wurden im Laufe der Zeit klar sichtbar. Gerade die ostdeutschen Bundesländer Sachsen, Sachsen-Anhalt und Thüringen dienten Rechtsaußen wie schon in den 1990er Jahren als politische Laboratorien. Dort war und ist die AfD in vielen Landtagen stark vertreten, und die CDU ist traditionell konservativer aufgestellt. Im Osten waren Kooperationen der CDU mit der AfD in Sachfragen gerade auf kommunaler Ebene immer wieder möglich (für Sachsen siehe Hummel 2023). Offensichtlich begannen trotz bundespolitisch anderslautender Vorgaben die Berührungsängste zwischen Rechtsaußen und Teilen der Konservativen zu schwinden. Zu einem ersten großen Eklat kam es am 5. Februar 2020 in Thüringen, keine zwei Wochen vor dem Anschlag in Hanau. Die Landtagswahl 2019 hatte dem amtierenden Ministerpräsidenten Bodo Ramelow zwar ein gutes Resultat beschert; seine Linkspartei wurde stärkste Kraft. Für eine Fortsetzung der rot-rot-grünen Koalition reichte es jedoch nicht (Richter u. a. 2019). Nach wochenlangem Tauziehen wählten schließlich CDU und FDP gemeinsam mit den Stimmen der AfD Thomas Kemmerich (FDP) zum neuen Ministerpräsidenten. Wie sich bald herausstellte, war die Wahl keineswegs zufällig, sondern politisch »eingefädelt« worden (Meisner 2020; vgl. auch Bahners 2023, S. 263–322). Nach Machtworten aus den Berliner Parteizentren der CDU und FDP sowie heftigen Streitereien musste Kemmerich zurücktreten, und Ramelow kehrte mit einer Minderheitsregierung zurück ins Amt. Zehn Tage nach der Wahl protestierten in Erfurt nach einem Aufruf des Unteilbar-Bündnisses rund 20 000 Menschen gegen Rassismus und Aufstieg der Rechten (Schindler 2020). Die erste De-facto-Koalition aus CDU, FDP und AfD war schnell Geschichte, das Signal war aber gegeben und es sollte nicht dabei bleiben. Am rechten Rand der CDU, organisiert etwa in der inoffiziellen Gruppierung der Werte-Union, verschwammen die Grenzen zusehends.

Ausbruch der Pandemie im Frühjahr 2020: Gesteigerte Verunsicherung

Nur wenige Wochen nach dem Anschlag von Hanau und der Wahl Kemmerichs stand ab März 2020 die Welt für eine Weile still: Die Coronapandemie war ausgebrochen und sollte fast zwei Jahre das dominierende Thema bleiben. Die Krisenerfahrung betraf alle, wenn auch auf unterschiedliche Weise. Die plötzliche Präsenz des (noch) nicht einschätzbaren Virus verdeutlichte sowohl soziale als auch körperliche Verwundbarkeiten. Sie stellte etablierte soziale Beziehungen, Arrangements der Sorgearbeit sowie Arbeitsrhythmen auf die Probe. In diesem Gefüge sind Ohnmachtserfahrungen sowie Hilflosigkeit und Wut »zu universellen Erfahrungen geworden« (Kleffner/Meisner 2021b, S. 13).

Zunächst war Corona ein mediales Ereignis. Die Fernsehbilder aus Wuhan, China um die Jahreswende 2019/20, in denen weiß eingehüllte Arbeiter:innen eine leergefegte Stadt desinfizierten, oder die Bilder aus Bergamo (Italien) im März 2020, die nächtliche Kolonnen von Militärfahrzeugen beladen mit Särgen zeigten, gingen unter die Haut. Noch Mitte Februar 2020 schätzte das Robert-Koch-Institut (RKI) aber die Lage so ein, dass es »derzeit sehr unwahrscheinlich [ist], dass Menschen in Deutschland auf jemanden treffen, der mit dem neuartigen Coronavirus infiziert ist« (RKI 2020, S. 5). Es war überraschend, aufwühlend, verunsichernd, als Bund und Länder einen Monat später am 16. März 2020 den ersten Lockdown und am 27. die »epidemische Lage von nationaler Tragweite« beschlossen. Die Exekutiven von Bund und Ländern erhielten umfangreiche Befugnisse, die sie auch nutzten: Kitas, Schulen und Spielplätze wurden geschlossen. Menschen mussten, wenn immer möglich, von zuhause aus arbeiten. Private Kontakte wurden behördlich reguliert, Veranstaltungen abgesagt, Restaurants und Bars geschlossen und Grenzen zum Ausland dichtgemacht. Auch das Versammlungsrecht und andere Grundrechte waren von den Einschränkungen betroffen. Wer erkrankte, musste mitsamt Angehörigen in Quarantäne. Der im Mai 2021 veröffentlichte Grundrechte-Report folgerte, dass die Bekämpfung der Pandemie die »umfangreichsten Grundrechtseinschränkungen in der Geschichte der Bundesrepublik« (Hollo 2021, S. 201) zur Folge gehabt habe.

Von März 2020 bis Februar 2022, als die Pandemie noch keineswegs vorbei war, aber eindeutig vom Beginn des Angriffskriegs Russlands gegen die Ukraine sowie der Klimakrise überschattet wurde, fegte Corona in insgesamt fünf Wellen über Deutschland. In diesem Zeitraum starben gemäß Robert-Koch-Institut (2022) über 120 000 Menschen an oder mit Corona. Wie hoch diese Zahlen sind, wird dadurch verdeutlicht, dass in den Staaten der OECD die durchschnittliche Lebenserwartung in den ersten zwei Jahren der Pandemie um mehr als ein Jahr sank. In den allermeisten Ländern bedeutete dies den höchsten Rückgang seit Ende des Zweiten Weltkriegs (OECD 2022, S. 13). Die verhängten Maßnahmen veränderten sich im Lauf der Zeit. Manche, wie die Einschränkungen im Bereich des Versammlungsrechts, wurden von Gerichten gekippt, andere, wie Grenzschließungen oder dauerhafte Kita- und Schulschließungen, hielten länger an. Außerdem kamen neue Maßnahmen hinzu, etwa im April 2020 die Maskenpflicht oder im Mai 2022 eine partielle Impfpflicht im Gesundheits- und Pflegesektor. Die Regelungen wurden von Bund, Ländern und Kommunen in rasantem Tempo angepasst. Sie waren regional unterschiedlich, und selbst geübten Mediennutzer:innen fiel es schwer, mit den Veränderungen Schritt zu halten. Deutlich wurde dabei, dass alles getan wurde, um die Wirtschaft am Laufen zu halten. Daten belegen dies für Februar 2021: Auf dem Höhepunkt der zweiten Welle, als die Kultur brachlag und viele Kinder zu Hause betreut wurden, waren nur die Bereiche Erziehung und Unterricht, Einzelhandel, Gastgewerbe, Kfz-Handel, Reisebüros und Kultur, die zusammen rund zwölf Prozent der Bruttowertschöpfung ausmachten, direkt von Einschränkungen betroffen. Alle anderen Bereiche konnten ziemlich ungestört weiterarbeiten (Janson 2021).

Anders als in anderen europäischen Ländern und insbesondere in China mit seiner Zero-Covid-Strategie gab es in Deutschland nie einen vollen Lockdown mit strikten Ausgangssperren. Dennoch brach das Bruttoinlandsprodukt 2020, nach einer Phase des Wachstums ab 2010, um 4,1 Prozent ein (Sachverständigenrat 2022, S. 48). Die Pandemie entwickelte sich global und setzte internationale Lieferketten weit über 2020 hinaus unter Druck: »Materialengpässe historischen Ausmaßes« beeinträchtigten die Produktion trotz voller Auftragsbücher (Projektgruppe Gemeinschaftsdiagnose 2022, S. 37). Für den Zeitraum 2021 bis Jahresmitte 2022 wurde ein Wertschöpfungsverlust von insgesamt fast 64 Milliarden Euro errechnet (Theobald/Hohlfeld 2022). Der konjunkturelle Tiefpunkt lag im zweiten Quartal 2020. Im Vergleich zum Crash von 2009 war der Einbruch etwas geringer, dafür fiel die Erholung weniger deutlich aus. Vor dem Angriff Russlands auf die Ukraine am 24. Februar 2022 erreichte das Bruttoinlandsprodukt jedoch wieder das Niveau von vor der Pandemie (Sachverständigenrat 2022, S. 48 f.).

All dies war auch – wie schon in der Finanzkrise – staatlichen Unterstützungsprogrammen geschuldet. Die Hans-Böckler-Stiftung berechnete, dass mittels Kurzarbeit »über zwei Millionen Jobs« gerettet werden konnten (HBS 2021). Olaf Scholz (SPD) hatte im März 2020, damals noch als Finanzminister unter Angela Merkel, versprochen, die »Bazooka« auszupacken, um Konsum und Unternehmen zu stützen. 2020 nahm der Bund dafür

Kredite im Umfang von 130,5 Milliarden Euro und im Jahr darauf von 215,4 Milliarden auf. So umfangreiche Schulden hatte Deutschland seit Jahrzehnten nicht mehr gemacht. Seit 2014 waren im Zuge der Einführung der Schuldenbremse 2009 und des damit einhergehenden faktischen Verbots der strukturellen Neuverschuldung von Bund und Ländern sogar überhaupt keine strukturellen Schulden mehr hinzugekommen.

Im Folgenden werde ich darlegen, dass die Erfahrungen mit der Pandemie sehr unterschiedlich waren und nicht alle gleichermaßen von den Folgen betroffen waren. Es stimmt also keineswegs, dass die Pandemie alle gleichmachte. Sehen werden wir auch, dass es für die AfD zumindest auf den ersten Blick keine gute Zeit war. Ihr Hauptthema Migration rückte in den Hintergrund, sie sank in der Gunst der Wähler:innen. Bei der Bundestagswahl 2021, als die Ampelregierung die Ära Merkel beendete, musste die Rechtsaußenpartei sogar deutliche Verluste hinnehmen. Der wiederum auf den Protest gerichtete Blick macht jedoch deutlich: Auf der Straße sowie in den sozialen Medien und Chatgruppen gärte es. Zehntausende demonstrierten gegen die Coronapolitik oder leugneten die Pandemie gleich ganz und verhalfen Verschwörungstheorien zum Durchbruch. Was sich formierte, kann als eine »Misstrauensgemeinschaft« (Reichardt 2021) bezeichnet werden, als deren politischer Arm sich die AfD inszenierte. Sicherlich waren nicht alle, die an den Protesten beteiligt waren, Rechte, aber es mangelte eindeutig an Abgrenzung gegenüber Rechts. Auch von dieser Bewegung ging, so werden wir sehen, erneut eine Vielzahl von Gewalttaten aus (BMI 2021, 2022). Diese Jahre der Pandemie können also mit gutem Recht als eine Zeit der fortschreitenden Entzivilisierung betrachtet werden. In der Gesellschaft wuchsen Verunsicherung und Sorge um den sozialen Zusammenhalt, der Streit um den richtigen Umgang mit der Pandemie spaltete Familien und Freundschaften. Die Proteste progressiver sozialer Bewegungen gingen in diesem Gefüge fast völlig unter.

Soziale Ungleichheit in der Pandemie

In seiner Ansprache im März 2020 zur Lage in der Coronapandemie schwor Bundespräsident Frank-Walter Steinmeier die Menschen darauf ein, zusammenzuhalten und solidarisch zu sein – die Pandemie betreffe schließlich alle. Solidarität war das Wort der Stunde. Sehr bald jedoch wurde deutlich, dass Corona die weniger Privilegierten und Marginalisierten weit stärker traf als die Gutsituierten. Global wie auch in Deutschland nahm die Pandemie in eher gut vernetzten, mobilen und wohlhabenden Teilen der Gesellschaft ihren Ausgangspunkt, bevor sie mit tödlicher Wucht in weniger wohlhabendere Schichten vordrang (Plümper/Neumayer 2020; Wachtler u. a. 2020). Die Analyse im Frühjahr 2021 vorliegender Daten zeigt, dass Frauen schwerer betroffen waren als Männer, weniger Wohlhabende stärker als Wohlhabende und von Rassismus Betroffene stärker als Weiße (Mullis 2021a, S. 304–310).

In Deutschland wurde, anders als etwa in Großbritannien oder den USA, die soziale Ungleichheit als Treiberin der Pandemie erst spät diskutiert. Auslöser waren Befunde der Stadt Köln, die Ende April 2021 zeigten, dass im Villenviertel Köln-Hahnwald offiziell keine einzige Person infiziert war, während die Inzidenz in der Großwohnsiedlung Köln-Chorweiler bei über 500 Fällen je 100 000 Einwohner:innen lag. Daten aus anderen Großstädten legten nahe, dass Stadtteile mit hoher Bevölkerungsdichte, niedrigerem Durchschnittseinkommen, geringerer Kaufkraft und höherer Armutsquote deutlich stärker betroffen waren als ihre jeweiligen Konterparts. Die höheren Inzidenzen waren jedoch nicht der einzige Faktor, der für eine stärkere Belastung sprach. Für die weniger Privilegierten stellte die Aufgabe, ihre Kinder bei Schulschließungen selbst zu unterrichten oder deren Teilnahme am virtuellen Unterricht zu ermöglichen, aufgrund von Platzmangel, fehlender Infrastruktur und der eigenen Berufstätigkeit eine große Herausforderung dar. Häusliche Gewalt gegen Frauen und Kinder nahm stark zu. Zudem waren es gerade die unteren Einkommensgruppen, die finanzielle Einbußen hinnehmen mussten, nicht zuletzt Migrant:innen verloren ihre Anstellungen überproportional oft, während Besserverdienende kaum Einbrüche verzeichneten und Superreiche ihre Vermögen gar mehren konnten (DGB 2021, S. 9): So stieg die Zahl der Milliardär:innen im ersten Pandemiejahr global um 700 auf über 2700, und auch in Deutschland nahm ihre Zahl um knapp 30 auf über 130 zu, während weltweit mehr als 100 Millionen Menschen in die absolute Armut abrutschten (Fratzscher 2023).

Hohe Inzidenzen und rechte Einstellungen

Neben der sozialen Polarisierung brachte die Pandemie auch eine geographische Differenzierung. Wissenschaftler:innen des Forschungsinstituts Gesellschaftlicher Zusammenhalt (FGZ) um Christoph Richter errechneten anhand von einerseits Corona-Fallzahlen und andererseits den Bundestagswahlergebnissen der AfD, dass hohe Inzidenzen räumlich betrachtet mit einem hohen Stimmenanteil für die Rechtsaußenpartei einhergehen (Richter u. a. 2021) – zu einem ähnlichen Befund kam der Soziologe Karl-Heinz Reuband 2021 mit Blick auf Sachsen. Richter und Kolleg:innen betonen dabei, dass die Wahlpräferenz und die Fallzahlen einander nicht bedingen, sondern beide aus denselben Ursachen hervorgehen. Dazu zählten antidemokratische Haltungen, die Ablehnung von Eliten sowie die Ausprägung von Verschwörungsdenken, die allesamt dazu führten, dass rechte Alternativen gewählt und eben auch behördliche Anordnungen – selbst wenn sie dem eigenen Schutz dienen – nicht befolgt werden. Auf den Zusammenhang wurde auch international hingewiesen (Mullis 2021b, S. 4; Richter u. a. 2021, S. 8). Für die Autor:innen um Richter (2021, S. 21), ist klar, dass Unterschiede in der lokalen politischen Kultur »maßgeblich zur Erklärung der unterschiedlichen regionalen Verläufe der Coronapandemie« beitragen. Damit verdeutlichen die Studien zu Corona wie andere schon zuvor, dass regressive lokale Ordnungen sich überlagern und lange Vorgeschichten haben. Der langjährige Studienleiter der *Mitte-Studie* der Friedrich-Ebert-Stiftung, Andreas Zick (2022), bringt es wie folgt auf den Punkt: Rechte Einstellungen formieren sich besonders dort, »wo sich eine radikalisierte rechte Kultur gebildet hat«, und dort ist es besonders wahrscheinlich, dass sich Kontinuitäten vertiefen.

Was ist in die Krise geraten?

In der Pandemie war »das Gefühl des Notstands« spürbar und real, schreibt der Soziologe Benjamin Bratton (2021, S. 18; eigene Übersetzung). Doch anstatt »diesen Moment als ›Ausnahmezustand‹ zu bezeichnen, sollten wir ihn eher als Offenlegung bereits bestehender Bedingungen betrachten«. Die Frage ist, was genau offengelegt wurde. Zu keinem Zeitpunkt gab es einen gesellschaftlichen Konsens darüber, was genau die Krise ausmacht. Progressive Bewegungen und kritische Wissenschaftler:innen argumentierten, dass die Pandemie in der kapitalistischen Funktionsweise und den damit einhergehenden Ausbeutungs- sowie Mensch-Natur-Verhältnissen wurzele (Füller/Dzudzek 2020, S. 172). Hervorgehoben wurde, dass in einer globalisierten Welt Viren in hohem Maße mobil sind, da sie schnell große Distanzen überwinden und die globalen Knotenpunkte für die Verbreitung zentral sind (Ali/Keil 2008); dass die Genese neuer Viren sowie Zoonosen aufs Engste mit der menschlichen Zerstörung von Lebensräumen von Tieren zusammenhängen; dass die Massentierhaltung die Ausbreitung von Viren wesentlich beschleunigt (Davis 2020 [2005]); und dass die kapitalgetriebene Bodennutzung und Urbanisierung wichtige Treiber darstellen (Connolly u. a. 2021). Diese Sicht der Dinge wurde in der Öffentlichkeit kaum diskutiert.

Allerdings wurden zunehmend Verschiebungen dessen spürbar, was als normal galt. Neue prekäre Alltäglichkeiten wurden sukzessive eingeübt. Auch als die Pandemie die Phase der unmittelbaren Krisenhaftigkeit überwunden hatte, war sie weiter belastend und hinterließ individuelle wie kollektive Spuren. In einer Studie im April 2020 gaben sieben von zehn der Befragten an, verunsichert zu sein; neun von ihnen betonten, dass sie anderen nicht mehr die Hand geben würden; mehr als drei Viertel wollten auf private Treffen verzichten; etwa die Hälfte kündigte an, öffentliche Verkehrsmittel meiden zu wollen (Goersch 2020). Das Gefühl der Isolation erfasste jüngere und ältere Menschen besonders stark. Im Sommer 2020 gaben ein Viertel der Befragten in Deutschland an, einsam zu sein – vor der Pandemie war es weniger als ein Zehntel gewesen (Baarck u. a. 2021, S. 65). Die Einsamkeit nahm mit der Zeit wieder ab, verfestigte sich aber auf höherem Niveau als vor der Pandemie, legt Manfred Beutel (zit. nach Balser 2021), Co-Autor einer internationalen Metastudie, dar. In Deutschland verdoppelte sich der Anteil an Kindern und Jugendlichen mit Angstsymptomen im Vergleich zu vor der Pandemie auf fast 30 Prozent (OECD 2022, S. 22), was die psychosozialen Dienste bis heute vor kaum zu bewältigende Aufgaben stellt.

Auch veränderte sich im Laufe der Pandemie die Haltung zum gesellschaftlichen Zusammenhalt. 2020 veröffentlichte die Bertelsmann-Stiftung einen Bericht, in dem die Autor:innen – fast schon euphorisch – folgerten, dass der Zusammenhalt nicht gelitten, sondern im Gegenteil zugenommen habe. Sie schlossen dies daraus, dass im Verlauf der Pandemie zwischen Februar und Mai/Juni 2020 das Vertrauen in die Bundesregierung deutlich gestiegen sei, während sich die Zahl jener, die denken, dass sich Menschen nicht um Mitmenschen kümmerten, fast halbiert habe (Brand u. a. 2020, S. 56). Die Sorge um den Zusammenhalt insgesamt hatte im gleichen Zeitraum deutlich abgenommen, wurde aber noch immer von rund 70 Prozent der Befragten empfunden (Unzicker 2022, S. 5). Bei genauer Betrachtung waren die Risse jedoch schon 2020 klar sichtbar. Gerade in Ostdeutschland wurde der Zusammenhalt weniger gut bewertet als im Westen (Brand u. a. 2020, S. 29 f.). Auch weniger Wohlhabende, Menschen mit tieferem Bildungsabschluss sowie Migrant:innen, Alleinerziehende oder Menschen mit Behinderung bewerteten den gesellschaftlichen Zusammenhalt in der Pandemie deutlich schlechter als die Mitte der Gesellschaft (ebd., S. 10).

Die warnenden Stimmen mehrten sich. Im Dezember 2020 belegte die Hans-Böckler-Stiftung, dass der Anteil an Menschen, die sich Sorgen machten, sowie die soziale Spaltung insgesamt zugenommen habe. Nach zwei Jahren Pandemie musste die Bertelsmann-Stiftung ihr positives Bild von 2020 revidieren (Unzicker 2022). Das Vertrauen in die Bundesregierung sackte in den zwei Jahren Pandemie auf 18 Prozent ab und lag damit niedriger als Anfang 2020 (24 Prozent). Die Zustimmung zu der Aussage, dass sich Menschen nicht um andere kümmerten, war im selben Zeitraum um fast das Dreifache auf fast 60 Prozent gestiegen. Sorgen um den Zusammenhalt machten sich nun acht von zehn Personen, was im Vergleich zum Sommer 2020, aber auch im Vergleich zu vorpandemischen Zeiten ebenfalls eine Zunahme bedeutet. Deutlich abgenommen hingegen hatte die Lebenszufriedenheit. Gaben 2017 noch mehr als 84 Prozent an, zufrieden zu sein, waren es 2022 nur noch 67 Prozent. Zugenommen haben dagegen die Zukunftssorgen, aber auch das Gefühl, sich auf niemanden verlassen zu können. Der Bericht schließt mit der Einschätzung, dass die Gesellschaft offensichtlich von der Pandemie »gezeichnet« sei (Unzicker 2022, S. 13).

Der Politikwissenschaftler Michael Petersen (16. 2. 2023, Twitter), der die sozialen Auswirkungen der Pandemie mit Kolleg:innen intensiv erforscht hatte, stellte heraus, dass bereits vor der Pandemie viel Unruhe und Sorge zu beobachten gewesen sei, diese dann aber gänzlich neue Maßstäbe erreicht habe. Mitverantwortlich war dafür die wachsende Erschöpfung in weiten Teilen der Gesellschaft, gepaart mit Erfahrungen ungleicher Betroffenheit (Jørgensen u. a. 2022). Gelitten habe vor allem das Vertrauen in das politische System, und zwar weit mehr als das Vertrauen in das soziale Miteinander (Bor u. a. 2021). In der Pandemie ist die Welt für viele Menschen kleiner geworden: weniger soziale Kontakte, weniger Reisen, weniger Vertrauen, während umgekehrt die Kleinfamilie mitsamt traditionellen Rollenbildern als Rückzugsort, der politisch zum sicheren Hafen stilisiert wurde, an Bedeutung gewann (Hörter 2020, S. 37). Gerade Letzteres zeigt sich mittlerweile auch in den Befunden der Autoritarismus-Studie (Kalkstein u. a. 2022). »Plötzlich wächst der Wunsch wieder, Frauen mögen doch zu Hause am Herd bleiben und dem Mann den Rücken freihalten«, resümiert Studienleiter Oliver Decker (2022).

Coronaproteste und Verschwörungsdenken

Die Zustimmung zu den Corona-Schutzmaßnahmen war in der Bevölkerung trotz des Hin und Her vorhanden. Jeweils zwischen 40 und 60 Prozent hielten sie gemäß dem DeutschlandTrend von Januar 2021 bis August 2022 für angemessen. Umgekehrt bewerteten in den langen Monaten der Pandemie 20 bis 30 Prozent die Maßnahmen als nicht ausreichend, während 17 bis 30 Prozent alles zu weit ging. Gerade unter Letzteren war der Anteil an Wähler:innen der AfD sehr hoch und jener der FDP-Anhänger:innen hoch. Was die Umfragen aber auch zeigten: Wirklich zufrieden mit dem Corona-Management von Bund und Ländern war kaum jemand. Die ersten Proteste gegen die Corona-Maßnahmen in Berlin Ende März 2020 kamen insofern nicht gänzlich überraschend. Organisiert wurden sie zunächst von eher linken Künstler:innen (Amlinger/Nachtwey 2022, S. 252), griffen dann schnell auf das ganze Bundesgebiet über und entwickelten dabei einen deutlichen Drall nach Rechts. Es entstand eine veritable Massenbewegung einer »Misstrauensgemeinschaft« (Reichardt 2021) mit eigenen Organisationen wie etwa Querdenken, den Parteien Die Basis oder die Freien Sachsen sowie eigenen Medien, insbesondere digitalen.

Zentrale Ereignisse der Coronaproteste waren die Großdemonstrationen ab Frühjahr 2020 (Hippert/Saul 2021): In Stuttgart kamen am 9. Mai 2020 rund 10 000 Menschen zusammen. Fast 40 000 gingen am 29. August in Berlin auf die Straße. Im Anschluss stürmten rund 300 Personen die Treppe des Reichstags. Am 7. November kam es in Leipzig zu schweren Zusammenstößen zwischen Demonstrant:innen und der Polizei, als Erstere, angeführt von rechtsradikalen Gruppen, unter Missachtung der Auflagen – dazu zählten das Tragen von Masken und das Abstandhalten – die Polizeireihen überwanden und sich in Anspielung an die friedliche Revolution gegen die DDR von 1989 zum Marsch auf den städtischen Ring aufmachten. Knapp zehn Tage später war Berlin erneut Schauplatz eines Protests. Am 18. November 2020 wurde die Neufassung des Infektionsschutzgesetzes im Bundestag verabschiedet. Das Gesetzesvorhaben wurde seitens der Protestierenden in überzogener Weise mit dem »Ermächtigungsgesetz« gleichgesetzt, mit dem 1933 das Parlament des Deutschen Reiches dem NS-Reichskanzler Hitler »nahezu unbeschränkte Befugnisse zum Erlass von Gesetzen ohne parlamentarische Zustimmung, Kontrolle oder Einspruchsmöglichkeit« übertrug (Lenz 2023). AfD-Abgeordnete ließen Demonstrant:innen in den Reichstag, wo sie Abgeordnete anderer Parteien bedrängten. Am 20. März 2021 kam es in Kassel zu einer letzten großen Demonstration mit rund 20 000 Teilnehmenden aus dem Umfeld von Querdenken, bevor die zentral organisierte Bewegung zersplitterte.

Die Proteste hatten klare regionale Zentren: Berlin, Baden-Württemberg, Thüringen und allen voran Sachsen (Teidelbaum u.a. 2022). Der Zulauf war in den Regionen stark, in denen rechtsradikale Einstellungen, Impfskepsis, Freikirchen und esoterische Milieus historisch verankert sind. Berlin hingegen war vor allem als Hauptstadt relevant. Die Bewegung war eigentümlich disparat: Auf den Demonstrationen wehten die Flaggen des Deutschen Reichs neben den Regenbogenfahnen der Friedensbewegung. Es mischten sich linke Friedensaktivist:innen, Ehemalige der DDR-Bürgerrechtsbewegung, Esoteriker:innen, Hippies und Ökos mit Reichsbürger:innen, militanten Neonazis und besorgten Kleinunternehmer:innen. Der gemeinsame Nenner, so arbeiten Amlinger und Nachtwey (2022, S. 252 f.) heraus, lag in der Verharmlosung des Virus und der Zurückweisung der Maßnahmen, die einem Freiheit raubten. In den Protesten sei ein »libertäres Freiheitsverständnis sichtbar« geworden, was sich darin ausdrücke, dass die staatlichen Einschränkungen vor allem als Restriktion der »eigenen Selbstverwirklichung« betrachtet worden seien, ihr solidarischer Nutzen sei ausgeblendet worden (Amlinger/Nachtwey 2022, S. 12). Die Pandemie wurde geleugnet, die Gefahr des Virus heruntergespielt. Die Maßnahmen galten den Demonstrant:innen als überzogen und autoritär. Sie inszenierten sich folglich als eine die Demokratie schützende Kraft, wobei Demokratie stark individualistisch als Abwesenheit einer regulierenden Instanz gedeutet wurde. Es handelt sich daher um ein von kollektiven und egalitären Prinzipien entleertes Demokratieverständnis, das allein Freiheit und Eigenverantwortung in den Mittelpunkt stellt.

Protestiert wurde gegen die »Volksverräter«, die die »Diktatur Merkels« duldeten sowie das neue »Notstandsregime« stützten, und gegen die »gleichgeschaltete Presse«, die die Augen vor dem heraufziehenden »Faschismus« verschließe (Rucht 2020). Der Schulterschluss der Bewegung gelang »über das Feindbild ›Regierung‹ oder ›Staat‹ und im Kern antisemitische Verschwörungsnarrative« (Kleffner/Meisner 2021b, S. 16). Mehrere Studien zeigen, dass viele der Protestierende glaubten, dass in Wahrheit dunkle Kräfte hinter dem Virus steckten.[11] Für die beiden Journalist:innen Heike Kleffner und Matthias Meisner (2021b, S. 26) war eindeutig, dass bei den Protesten insgesamt »die bürgerliche Mitte den notwendigen Mindestabstand« nach Rechtsaußen »nicht einhielt«. Eine Umfrage aus dem Frühjahr 2022 belegt zudem, wie weit verbreitet die Teilnahme und Zustimmung zu den regressiven Protesten war. Rund vier Prozent gaben an, mindestens einmal an Protesten teilgenommen zu haben, weitere rund 18 Prozent bekundeten zumindest ihr Interesse an ihnen (Lamberty u. a. 2022). Damit war die Mobilisierungskraft der Coronaproteste größer als die von früheren rechten Bewegungen. In Ostdeutschland war sie insofern stärker, als dort die Netzwerke von 2015/16 reaktiviert werden konnten und die Ereignisse schon in der Frühphase von Rechtsaußen dominiert wurden (Hummel/Zschocke 2021). Die Bewegungen profitierten von dort langgehegten regressiven Ressentiments, die sie wiederum für ihre Zwecke nutzten. Insgesamt wurde im Verlauf der Pandemie der politische Möglichkeitsraum merklich nach Rechts geöffnet und mancherorts dauerhaft verschoben. So erweisen sich die Proteste als ein weiteres »Konjunkturprogramm« (Meisner 2022) für die Rechte. All dies hinderte Spitzenpolitiker:innen nicht daran, erneut die Erzählung vom *besorgten Bürger* zu bedienen. Das Gros der Menschen auf der Straße sei nicht Rechts, hieß es immer wieder, und deren Sorgen und Wünsche müssten Gehör finden.

Wieder Gewalt von Rechts

Ab Herbst 2021 weiteten sich die Proteste in der Fläche aus. Bei Hunderten sogenannten Spaziergängen demonstrierten im Winter 2021/22 jeweils montags bundesweit mehr als eine Viertelmillion Menschen (Teidelbaum u. a. 2022, S. 12). Wesentlich profitierten diese Proteste davon, dass wie schon 2015/16 Teile lokaler Verwaltung und Behörden mit den Aktionen sympathisierten (Zschocke/Mullis 2022, S. 47). Hinzu kam, dass die Polizei vielfach sehr zurückhaltend agierte. So blieb »die polizeiliche Einsatztaktik gegenüber den Coronaprotesten« eindeutig hinter ihren operativen Handlungsmöglichkeiten, bilanziert David Begrich (2022), ein Kenner der Szene. Dies habe die Menschen auf der Straße dazu motiviert, mit Regelüberschreitungen bis hin zur Gewalt gegen Menschen weiterzumachen. Im Verlauf der Proteste wurden immer wieder auch Politiker:innen an ihren Wohnorten aufgesucht und bedrängt (Imbusch/Steg 2022). In der bereits zitierten Studie zeigten sich mehr als vier Prozent der

Befragten willens, »auch an illegalen Aktionen teilzunehmen«, wobei gesagt werden muss, dass zum Zeitpunkt der Befragung in den allermeisten Fällen schon die gewählte Form der Straßenproteste als illegal galt. Dennoch stimmten auch der Aussage »Die Zeit des friedlichen Widerstandes gegen die Maßnahmen ist vorbei« beinahe 14 Prozent zu (Lamberty u. a. 2022).

Es blieb erneut nicht bei Willensbekundungen zur Gewalt, wie die Statistiken der politisch motivierten Straftaten klar zeigen. Das Allzeithoch an rechten Straftaten von 2016 wurde bereits 2020 wiederum übertroffen (BMI 2022). Hinzu kam die starke Zunahme von politisch motivierten Straftaten, die keiner politischen Orientierung zugeordnet wurden, darunter Delikte von Reichsbürger:innen sowie aus dem Umfeld der Coronaproteste. 2020 wurden noch etwas über 8500 Fälle gezählt, die politisch als »nicht zuzuordnen« galten, 2021 waren es bereits über 21 000. 2022 stiegen sie auf den bisherigen Höchststand von 24 000 Fällen (BMI 2022, S. 4, 2023b, S. 4). Dass so viele Fälle »keiner politischen Orientierung zuzuordnen« seien, hat viel Kritik hervorgerufen, zumal in vielen Fällen eine Zuordnung als »politisch Rechts« nahegelegen hätte (Flade 2022). Nach Ansicht der Bundestagsabgeordneten und innenpolitischen Sprecherin von Die Linke Martina Renner (23. 6. 2023, Twitter) gehört die Zählweise der Bundesstatistik »auf den Prüfstand«.

Von der Gewalt betroffen waren vor allem Menschen, die im Alltag Schutzmaßnahmen durchsetzen mussten, wie etwa Angestellte im öffentlichen Verkehr und im Handel sowie Sicherheitspersonal. Allein für 2021 wurden rund 300 Fälle mit Verletzungsfolgen dokumentiert (Bangel u. a. 2022). In Idar-Oberstein, Rheinland-Pfalz, wurde am 18. September 2021 ein 20-jähriger Tankstellenmitarbeiter erschossen. Der Täter gab an, er habe ein Exempel gegen die Corona-Maßnahmen statuieren wollen (SZ 2022b). Hinzu kamen die konstanten Übergriffe auf Medienschaffende und den Gegenprotest bei den Coronaspaziergängen. Reporter ohne Grenzen zählte drei Jahre in Folge einen Zuwachs an Übergriffen auf Journalist:innen. Waren es 2019 etwas mehr als zehn Fälle, wurden 2022 schon mehr als 100 gezählt. So rutschte Deutschland im globalen Ranking der Pressefreiheit um acht Plätze auf Rang 21 ab (RSF 2022, 2023).

Eklatant war 2020 – im Jahr des Anschlags von Hanau – auch die erneute Zunahme von ausländerfeindlichen Straftaten (BMI 2021, S. 7). Dies knüpfte unmittelbar an die Stimmung der Jahre der rassistischen Mobilisierung ab 2015 an, war aber auch Resultat eines in der Pandemie grassierenden anti-asiatischen Rassismus. Menschen, die als asiatisch aussehend eingestuft wurden, wurden aufgrund des Ursprungs des Virus stigmatisiert und angefeindet (Le 2021). Parallel dazu nahm im Zuge der rasanten Verbreitung von Verschwörungsideologien auch die Zahl an antisemitischen Straftaten deutlich zu (BMI 2021, S. 7, 2022, S. 9). Am 4. Dezember 2021 führte dies in Königs Wusterhausen, Brandenburg, zu einer weiteren Bluttat. Ein Familienvater tötete seine drei Kinder, seine Frau und schließlich sich selbst, um einer angeblichen Verhaftung zu entgehen, weil »er das Impfzertifikat seiner Frau habe fälschen lassen« und nun glaubte, er habe den Zorn einer »jüdischen Weltverschwörung« auf sich gezogen (RND 2022). Und wie schon 2016 begannen manche, die in Chatgruppen von Coronaprotesten aktiv waren, ihre gemeinsamen Ideen für den *Tag X* und den Sturz der Regierung konkret zu planen, was im April 2022 zu Festnahmen führte (Speit 2022, S. 6).

Ein weiterer Schlag gegen die sich radikalisierende Szene, diesmal zusammen mit dem Milieu der *Reichsbürger:innen*,[12] erfolgte am frühen Morgen des 7. Dezember 2022. Bundesweit waren beim Vollzug von 25 Haftbefehlen und mehreren Hausdurchsuchungen an die 3000 Beamt:innen im Einsatz. Ermittelt wird gegen zumindest 50 Personen, die eine terroristische Vereinigung gegründet haben sollen. Die Gruppe soll Pläne entwickelt haben, den Reichstag zu stürmen, die Stromversorgung anzugreifen und die Regierung zu stürzen (Götschenberg u. a. 2022). Bereits angefertigt waren Feindeslisten, und die entsprechenden »Säuberungen« waren geplant. Dafür seien Schusswaffen besorgt, Geld und eine größere Menge Gold beiseitegelegt und Überlegungen für eine Regierung nach dem Sturz angestellt worden.

Die Beschuldigten kamen aus der Mitte der Gesellschaft: Unter ihnen waren eine Berliner Richterin und ehemaliges Mitglied des Bundestages sowie Lokalpolitiker der AfD und ein Mitglied der CDU. Sie haben akademische Abschlüsse in Jura sowie Medizin oder führen Adelstitel. Manche hatten in Eliteeinheiten der Bundeswehr sowie der Nationalen Volksarmee der DDR gedient, andere hatten im Berufsleben höhere Ämter in der Polizei inne (Götschenberg u. a. 2022; Grunert/Becker 2022). Die Spirale der Eskalation von Demonstrationen, über Straßengewalt bis hin zu terroristischen Zusammenschlüssen, die schon von Pegida bekannt war, drehte sich offensichtlich erneut. Im politischen Berlin zeigte man sich empört und betonte, dass man die Gefahr, die von Rechtsterrorismus ausgehe, weiter ernst nehme. Laut war hingegen das Schweigen des Friedrich Merz. Der ansonsten in den sozialen Medien schnell und spitz kommentierende neue Vorsitzende der CDU, der die Partei aus der Ära Merkel führen wollte, äußerte sich selbst nach Tagen nicht dazu (Vilentchik 2022), wie überhaupt die offizielle Kommunikation der Unionsparteien eher spärlich ausfiel. Der nach Hanau gefundene Konsens, dass Rechtsextremismus die bedeutsamste Gefahr für die Demokratie darstelle, wurde an diesem Punkt, so gilt es festzustellen, wieder in Frage gestellt.

Die AfD und ihr Versuch, politisch Kapital zu schlagen

Eine Umfrage unter Pandemieleugner:innen in der frühen Phase der Proteste zeigt, dass besonders die AfD unter ihnen an Zuspruch gewann. Bei der Bundestagswahl 2017 hätten 15 Prozent von ihnen sie gewählt, 2020 würden ihr 27 Prozent die Stimme geben (Nachtwey u. a. 2020, S. 10). Für die Partei kam dies wie gerufen. Zerrissen von Flügelkämpfen, in denen wichtige Akteur:innen um den Thüringer Parteichef Höcke weiter nach

Rechtsaußen drängten, war sie konfrontiert mit der Einstufung als »rechtsextremistischer« Verdachtsfall durch den Verfassungsschutz (BMI 2023c, S. 88) und dem zwischenzeitlichen Verlust des Kernthemas Migration. Zu Beginn der Pandemie war die Partei angeschlagen. Im Dezember 2019 lag sie in den Umfragen noch bei 15 Prozent, sank dann aber im Frühjahr 2020 auf zehn bis zwölf Prozent ab, wo sie verharrte, bis sie im Sommer 2022 zum deutlichen Aufstieg ansetzte.[13]

Als größte Oppositionspartei kritisierte sie zunächst harsch das Fehlen eines klaren Vorgehens gegen die Pandemie und begrüßte die vollzogenen Grenzschließungen. Mit dem Aufkommen der Straßenproteste inszenierte sich die Partei zusehends als ihr »parlamentarischer Arm« (Steffen 2021). Eindeutig vollzog sie diese Positionierung Ende November 2020, als sie sich mit den Protesten gegen die Neufassung des Infektionsschutzgesetzes solidarisierte und die Aktionen unterstützte. Gleichzeitig war die Partei gespalten: Die einen suchten die explizite Nähe zum verschwörungsideologischen Milieu der Pandemieleugner:innen, die anderen sahen ihre Basis eher im wirtschaftlich angeschlagenen Mittelstand, der zum Teil mit den Protesten nichts zu tun haben wollte. Auch die Wähler:innen der Partei standen laut Umfragen nicht so geschlossen hinter den Protesten, wie das Anbiedern der Parteispitze vermuten ließ (Quent u. a. 2022, S. 103).

Eindeutig schien aber die AfD über das Thema Corona ihre Beziehung zur Straße erneut stärken zu wollen (Steffen 2021, S. 177) und sich so als Anti-Establishment-Partei zu profilieren (Hillje 2021). Parteitage wurden ab Herbst 2020 demonstrativ in Präsenz abgehalten. Übernommen wurde auch das Wording der Pandemieleugner:innen wie »Corona-Diktatur« oder »Ermächtigungsgesetz« (Steffen 2021, S. 179). Die AfD vermochte damit zwar nicht mehr Menschen an sich zu binden, hatte jedoch wieder ein Thema gefunden, mit dem sie in Ost und West mobilisieren konnte. Mit dem Slogan »Deutschland. Aber normal.« zog sie 2021 in den Bundestagswahlkampf. Bei der Wahl Ende September verlor sie mehr als zwei Prozentpunkte und erreichte nurmehr 10,3 Prozent der Zweitstimmen. Die Ost-West-Polarisierung trat aufgrund von Stimmverlusten im Westen noch akzentuierter hervor als 2017. Dennoch, ohne die Stimmen aus Westdeutschland wäre das Resultat deutlich schlechter ausgefallen. Selbst in der prosperierenden Metropole Frankfurt am Main wurde die Fünf-Prozent-Hürde – wenn auch mit 5,1 Prozent nur knapp – überschritten.

In der Autoritarismus-Studie von 2020 wird deutlich, dass die Partei weiterhin eher weiße Männer im mittleren Alter zwischen 30 und 60 Jahren ansprach (Celik u. a. 2020, S. 158 f.), zugleich erreichte sie vom ökonomischen Standpunkt her betrachtet nun wieder »die, auch gehobene, Mitte der Gesellschaft« (ebd., S. 170). Politisch hingegen war ihre Basis im Laufe der Zeit weiter nach Rechts gewandert. Aufgrund des Wahldebakels der CDU, des starken Abschneidens der SPD sowie der Grünen vermochte die AfD ihre Position als drittstärkste Kraft nicht zu halten.[14] Die Regierungsbildung übernahm die SPD, die unter Kanzler Olaf Scholz ein Dreierbündnis aus Grünen und FDP schmiedete. Die sogenannte »Ampel« verwies die Union in die Opposition. Für die AfD war die Situation am Ende der Ära Merkel ambivalent: Sie hatte auf der einen Seite ihre Basis gerade in Ostdeutschland gefestigt und die Verluste im Westen in Grenzen zu halten vermocht, andererseits schien sie zumindest auf den ersten Blick abgeschlagen und isoliert. Letzteres sollte insgesamt aber nicht darüber hinwegtäuschen, dass der Partei der Wiedereinzug und damit die Konsolidierung gelungen war.

Progressive Stimmen in der Defensive

Keinesfalls waren progressive Bewegungen während der Pandemie verschwunden. Im Gegenteil, im Rahmen des Möglichen waren sie aktiv. Wirklich Gehör zu verschaffen vermochten sie sich allerdings kaum. Zu beobachten war vor allem im Frühjahr 2020 eine Flut von Online-Initiativen und Unterschriftensammlungen.[15] Pflegekräfte etwa forderten besseren Arbeitsschutz sowie finanzielle Anerkennung ihrer Arbeit; Freischaffende im Kultur- und Kunstbetrieb kämpften für ihre soziale Sicherung, da sie bisweilen ihr ganzes Einkommen verloren hatten. Mit Blick auf das Engagement progressiver Bewegungen waren über die Pandemie hinweg drei Aspekte auffällig:

Erstens waren sie über die ganze Zeit bemüht, die Schutzmaßnahmen zu respektieren. Das hinderte Polizeikräfte in den ersten Wochen das Jahres 2020, als die Versammlungsverbote noch galten, nicht daran, rigoros gegen sie vorzugehen (Mullis 2020a, S. 529–531). Zweitens zogen progressive soziale Bewegungen lange Zeit keine inhaltliche Konsequenz aus der Pandemie. Die vielen Gruppen und Initiativen blieben bei den Themen, die sie auch schon zuvor bearbeitet hatten: Flucht und Migration, Wohnen oder Klimapolitik. Unter den erschwerten Bedingungen der medialen Fokussierung auf Corona wurden fast ausschließlich die Aktivitäten von großen Akteur:innen wie Fridays for Future oder den Gewerkschaften wahrgenommen. Letztlich gelang es der Presse nicht, sich an die veränderte Situation anzupassen und auch kleineren, künstlerischen oder digitalen Interventionen Raum zu bieten. Stattdessen wurde weiter auf bekannte Formen und Routinen wie Demonstrationen geachtet. Daher wurden die zunächst noch kleineren Coronaproteste überproportional stark ins Rampenlicht gestellt, was womöglich auch zu deren Erstarken beitrug. Drittens blieben pandemiebezogene Arbeitskämpfe fast gänzlich aus. Dies gilt auch für die in hohem Maße gefährdeten und prekarisierten Sparten der Krankenpflege, Logistik und Lieferdienste. Die Arbeitskampfbilanz 2020 belegt, dass die Zahl der Streiktage im ersten Jahr der Pandemie niedriger war als im Vorjahr – gesunken war auch die Zahl an Arbeitskonflikten insgesamt (Frindert u. a. 2021).

Lediglich die antirassistischen Proteste von *Black Lives Matter* erhielten auch in Deutschland große Aufmerksamkeit und sind daher eine Ausnahme. Die globale Mobilisierung entbrannte, nachdem sich im Netz Bilder von der Ermordung des Afroamerikaners George Floyd in den USA durch eine Gruppe von Polizisten verbreitet hatten. In Deutschland knüpften die Mobilisierungen Anfang Juni 2020, als in fast 40 Städten bundesweit fast 200 000 Menschen auf die Straßen gingen, unmittelbar an die Debatten nach Hanau an und betonten die rassistischen Kontinuitäten hierzulande (Mullis 2020a, S. 534).

Versuche, die Pandemie selbst zu thematisieren, gab es seitens progressiver sozialer Bewegungen verschiedene. Zu nennen sind etwa Krisenbündnisse, die die soziale Frage betonten. Beispielsweise propagierte das »Wer hat, der gibt«-Bündnis: »Wir können uns die Reichen nicht mehr leisten« und betonte, dass Umverteilung von oben nach unten nötiger sei denn je. Bei einem ersten bundesweiten Aktionstag demonstrierten in Hamburg und Berlin einige Tausend Menschen (Wer hat der gibt 2020). Ein anderer Versuch, mit der Pandemie umzugehen, bestand in Initiativen, die versuchten, direkt in der Nachbarschaft Hilfe für Einkäufe oder Krankentransporte zu organisieren. In ihrer Betrachtung von solidarischen Strukturen in Leipzig arbeiten Micha Fiedlschuster und Leon Reichle (2020) heraus, dass die Initiativen von politischen Gruppen, Fußballfans, Kirchen oder organisierten Nachbarschaften getragen wurden. Die Initiativen, die vor allem in der ersten Infektionswelle im Frühjahr 2020 aktiv waren, nahmen ihre Arbeit in den folgenden Wellen der Pandemie aber nicht wieder auf. Die Gründe dafür dürften in der aufwändigen Organisation, aber auch in der Enttäuschung darüber liegen, dass ihre Reichweite eher begrenzt blieb (Fiedlschuster/Reichle 2020, S. 7). Damit verschwand der einzige dezidiert progressive Versuch, die vertiefte soziale Vereinzelung und Isolierung zu durchbrechen. Abschließend ist der ZeroCovid-Aufruf von Januar 2021 zu nennen, der in sozialen Medien kursierte und innerhalb kurzer Zeit an die 100 000 Unterschriften erhielt. Über einen »solidarischen europäischen Shutdown« sollten die Infektionszahlen auf Null gedrückt werden. Die soziale Ungleichheit der Belastung wurde hervorgehoben. Betont wurde zudem, dass niemand zurückgelassen werden dürfe sowie Gesundheitsstrukturen nachhaltig und sozial aufgestellt werden müssten. Medial war die Intervention ein Erfolg, mehr aber auch nicht, denn sie kam zu spät. Für viele waren die Belastungen längst zu viel, der Ruf nach einem längeren Lockdown konnte nicht mehr verfangen.

Die Rückkehr von Krieg und Klimakrise: Fehlende Atempause

Die verschiedenen Krisen seit 2008 hatten Politik und Gesellschaft durchgeschüttelt. Die eigentlich nötige Atempause blieb jedoch aus: Am 24. Februar 2022 überfiel Russland die Ukraine und marschierte in Richtung Kiew. Der Krieg in Europa löste die Pandemie als wichtigstes politisches und mediales Thema abrupt ab. Es folgten lange und blutige Kampfhandlungen, die Hunderttausende das Leben kosteten und Millionen in die Flucht trieben. Ein konventioneller Krieg mitten in Europa schien noch am Vorabend des Einmarschs undenkbar. In den Regierungszeiten von Gerhard Schröder sowie Angela Merkel waren die Beziehungen zu Russland und die deutsche Abhängigkeit vom günstigen russischen Gas stetig ausgebaut worden. Es dominierte der Glaube, das unter Wladimir Putin autokratischer und autoritärer werdende Russland durch gute Beziehungen einhegen zu können. Beziehungsweise war das billige Gas für die deutsche Wirtschaft auch nach der Annexion der Krim durch Russland und des De-facto-Krieges im Donbas ab 2014 so wichtig, dass man die Augen vor den Entwicklungen verschloss. Keine Konsequenzen wurden gezogen, selbst als die vorgetragenen völkisch-imperialen Großmachtphantasien immer expliziter wurden (vgl. Reuber 2022), als Russland offensichtlich in westliche Wahlkämpfe intervenierte, allen voran 2016 in den USA, als

Donald Trump ins Weiße Haus einzog (Select Committee on Intelligence 2020), und als Russland seine Unterstützung für Parteien Rechtsaußen in Europa ausbaute (Blum u. a. 2022). Dies änderte sich mit Ausbruch des Krieges schlagartig.

Am Sonntag, dem 27. Februar 2022, gab Bundeskanzler Scholz im Bundestag eine Regierungserklärung ab. Der Krieg markiere eine »Zeitenwende«, sagte er:

> »Die Welt danach ist nicht mehr dieselbe wie die Welt davor. Im Kern geht es um die Frage, ob Macht das Recht brechen darf, ob wir es Putin gestatten, die Uhren zurückzudrehen in die Zeit der Großmächte des 19. Jahrhunderts, oder ob wir die Kraft aufbringen, Kriegstreibern wie Putin Grenzen zu setzen.« (Scholz 2022)

Seine Antwort auf die von ihm selbst gestellte Frage hieß vor allem: Aufrüsten. Zusammen mit den Staaten der EU sowie den USA wurden alsbald nicht nur wirtschaftliche Sanktionen gegen Russland, sondern auch Waffenlieferungen an die Ukraine beschlossen. In seiner Rede erklärte Scholz, Deutschland werde »nun Jahr für Jahr mehr als zwei Prozent des Bruttoinlandsprodukts in unsere Verteidigung investieren« und damit die von der NATO und den USA geforderten Investitionsziele künftig erreichen. Zusätzlich kündigte er an, dass für Investitionen in die Bundeswehr ein Sondervermögen von 100 Milliarden Euro geschaffen werde. Der Kanzler hatte den Zuspruch der Bevölkerung auf seiner Seite (Bundeswehr 2022). Gleichzeitig war die Sorge groß, in den Konflikt involviert zu werden, und so lehnte im Frühjahr 2022 eine große Mehrheit Waffenlieferungen an die Ukraine ab (DeutschlandTrend, Feb. 22). Dies änderte sich allerdings mit der Zeit, wenn auch, wie Umfragen zeigen, die Skepsis weit verbreitet blieb. Im Zuge der Sanktionspolitik gegen Russland wurde alsbald auch der Import von Gas und Öl reduziert. Russland seinerseits wusste um die Abhängigkeit manch europäischer Staaten, insbesondere Deutschlands, und setzte diese als Druckmittel ein, indem es die Lieferungen seinerseits drosselte. Folglich begannen die Energiepreise drastisch zu steigen, was sich bald in rasant steigenden Inflationsraten niederschlug.

Weniger abrupt, aber wahrnehmbar kehrte ab Frühjahr und insbesondere ab Sommer 2022 die Klimakrise zurück in den Fokus von Politik und Gesellschaft. In den Jahren der Pandemie war der Protest fürs Klima spürbar abgeflaut – erst im März 2022 beteiligten sich wieder mehr Menschen an Aktionen von Fridays for Future. Gleichwohl deutete das zwischenzeitlich starke Abschneiden der Grünen in unterschiedlichen Landtagswahlen sowie bei der Bundestagswahl 2021 auf ein verändertes Bewusstsein hin. Verantwortlich dafür waren neben den neu entflammten Protesten zwei Faktoren: Erstens die Extremwettererfahrungen der Flutkatastrophe im Ahrtal im Juli 2021 und der Dürresommer in ganz Europa 2022, zweitens die verstärkten Warnungen vor dem Scheitern der Klimaschutzbestrebungen. Der Appell von UN-Generalsekretär António Guterres (zit. nach tagesschau 2022b) zum Auftakt der 27. UN-Klimakonferenz in Sharm El-Sheikh, Ägypten, war dringlich: »Wir kämpfen den Kampf unseres Lebens – und sind dabei zu verlieren«, sagte er und ergänzte: Als Menschheit sind wir auf »einem Highway in die Klimahölle und haben den Fuß auf dem Gaspedal«.

Bundespräsident Frank-Walter Steinmeier brachte in seiner Rede Ende Oktober 2022 beide Aspekte – Krieg und Klimakrise – zusammen und sprach explizit von einem »Epochenbruch«. Deutschland blicke auf »Jahre, geprägt vom Glücksmoment der Deutschen Einheit« zurück, doch nun folgten schwierigere Zeiten, schloss er. In diesem letzten Abschnitt betrachte ich nun diese beiden Entwicklungen. Corona trat mit Ausbruch des Krieges im Februar 2022 als gesellschaftlicher Erfahrungshorizont deutlich in den Hintergrund, wenn auch die letzten Schutzmaßnahmen erst ein Jahr später, am 8. April 2023, ausliefen. Die nun aufbrechenden Konflikte strukturierten den politischen Streitraum zusehends neu, und die Gesellschaft rückte, vermittelt über Kulturkämpfe um Wohlstand, Privilegien und Klimapolitik, weiter nach Rechts. Zu dieser Verschiebung trug auch bei, dass die Unionsparteien auf Bundesebene mit der Bildung der Ampelregierung 2021 in die Opposition gedrängt wurden.

Unter der Führung von Friedrich Merz entwickelte die CDU zunehmend ein kulturkämpferisches Profil. Grüne und Linke sahen sich immer wieder dem Vorwurf ausgesetzt, den hart arbeitenden Menschen in der Mitte der Gesellschaft etwas wegzunehmen, sie mit ökologischem Umbau, Antirassismus, Gender- und Queerpolitik zu überfordern und die deutsche Normalität unangemessen zu untergraben. Einflussreich war aber auch der anhaltende Protest auf der Straße, wobei gerade im Osten des Landes die Menschen fast nahtlos von den Coronaprotesten dazu übergingen, gegen Krieg, NATO und Anpassungen an die Energiekrise zu demonstrieren. Gleichzeitig eskalierte die Zuwanderungsdebatte erneut, in deren Zuge die AfD zu neuen Höhenflügen ansetzte. Parallel dazu, so werde ich zeigen, kehrte der Protest fürs Klima laut und deutlich zurück. Die Vehemenz, mit der er von Rechts bis in die SPD hinein kritisiert und diffamiert sowie von Behörden juristisch verfolgt wurde, macht deutlich, dass von nun an mit harten Bandagen um die Gesellschaft und die Bedingungen der sozial-ökologischen Transformation gerungen wird. Im Gesamtgefüge erwies sich die Brandmauer der Konservativen nach Rechtsaußen zuletzt als faktisch nicht mehr existent, obschon sie im Diskurs weiter beschworen wurde.

Energiekrise, Armut und Verunsicherung

Die deutsche Wirtschaft war vor Beginn des russischen Angriffskriegs noch auf Erholungskurs, Krieg, Sanktionen und anhaltende Schwierigkeiten in den Lieferketten sorgten jedoch für einen neuerlichen Dämpfer. Die Inflation war bereits seit Frühjahr 2021 von Monat zu Monat gestiegen, bis sie im Oktober 2022 mit über zehn Prozent ihren Höhepunkt erreichte. Danach ging sie leicht zurück, verharrte im Sommer 2023 bei rund sechs und sank im Herbst auf unter vier Prozent.[16] 2021 lag die Inflationsrate insgesamt bei 3,1 Prozent, 2022 bei 6,9 Prozent, und 2023 bei rund sechs Prozent.[17] Die Werte übertrafen die Spitzenwerte der Krisenjahre der 1970er und knüpften an die hohen westdeutschen Raten der unmittelbaren Nachkriegszeit an. Zunächst war der Anstieg ab Januar 2021 unter anderem auf das Auslaufen der befristeten Mehrwertsteuersenkung zur Förderung von Wirtschaft und Konsum während der Pandemie zurückzuführen, ab Frühjahr 2022 wurde aber die Energiekrise, ausgelöst durch den tiefgreifenden Konflikt mit Russland, zum zentralen Faktor. So stiegen die Preise für Energieprodukte und Nahrungsmittel in der ganzen Zeit besonders stark.

Die Entwicklung befeuerte die soziale Ungleichheit spürbar: Familien mit geringem Einkommen und Alleinstehende rangen und ringen wie schon in der Pandemie am stärksten mit den Entwicklungen (HBS 2022). Der Präsident des Deutschen Instituts für Wirtschaftsforschung (DIW), Marcel Fratzscher, zeigte sich im Juli 2022 besorgt (zit. nach Kersting/Neuerer 2022): »Explodierende Mieten und ein steigendes Armutsrisiko in den letzten zehn Jahren, eine Spaltung bei Bildung und Gesundheit in der Pandemie und nun bei der Inflation könnte Deutschland vor eine soziale Zerreißprobe stellen.« Es räche sich nun, dass gerade »einkommensschwächere Menschen [...] nicht oder nur wenig« (Fratzscher 2022b) vom Boom der vergangenen Jahre profitieren konnten. 2022 waren 60 Prozent der Deutschen nicht mehr in der Lage, etwas anzusparen, und rund 40 Prozent konnten auf kein nennenswertes Vermögen zurückgreifen, um die Mehrbelastungen zu kompensieren, so Fratzscher (2022a) an anderer Stelle.

Die soziale Spaltung war allerdings nicht neu. Zwischen 1995 und 2020 stiegen die Reallöhne, Renten und Haushaltseinkommen der Mittel- und Oberschicht insgesamt kontinuierlich an, während die Einkommen im unteren Bereich und insbesondere jene von Migrant:innen stagnierten (Grabka 2022). Zwar minderte der Sozialtransfer, wie etwa Leistungen zur Grundsicherung des Lebensunterhalts, Familienleistungen sowie Wohngeld, die Armut. Insgesamt sanken die Reallöhne seit 1993, wenn es auch Phasen der gleichförmigen Entwicklung oder gar leichter Zugewinne gab (Nachtwey 2016, S. 129). Pandemie und Inflation verschärften diese Entwicklung. Erneut kamen die Reallöhne und damit auch die Kaufkraft der Haushalte unter Druck. Ende 2020 hatten sie nochmals das Niveau von vor der Pandemie erreicht, schmolzen dann aber 2022 aufgrund der Preissteigerungen förmlich dahin. Hinzu kommt, dass Deutschland im europäischen Vergleich eine stark ausgeprägte Vermögensungleichheit aufweist und Löhne in Relation zu Vermögen hoch besteuert werden: 2017 vereinte in Deutschland das reichste Zehntel mehr als die Hälfte des gesamten Vermögens auf sich (Grabka/Halbmeier 2021, S. 255), wohingegen der Anteil an armen Menschen schon kurz vor Ausbruch der Pandemie einen neuen Höchststand erreicht hatte und über den Werten zu Zeiten der Wiedervereinigung oder der Finanzkrise lag (Spannagel/Zucco 2022, S. 9). Der Anteil der von Armut betroffenen Personen in Deutschland ist zwischen 2006 und 2021 relativ konstant um drei Punkte auf rund 17 Prozent gestiegen (Pieper u. a. 2023, S. 7). Vor dem Hintergrund dieser Daten bewertet die Soziologin Silke van Dyk (2021) die lange etablierte Ungleichheit in Deutschland auf einer Skala von eins bis zehn mit einer Acht.

Um die Energiekrise zu entschärfen, griff die Bundesregierung, wie schon in der Pandemie und Finanzkrise, mit Hilfsprogrammen und Direktzahlungen ein. Nach einigem Zögern und Abwägen entschied die Ampel, neue Kredite im Umfang von 200 Milliarden Euro als »Abwehrschirm« aufzunehmen und die Energiepreise für Verbraucher:innen zu deckeln (Kammer 2022). Wie bereits in den Jahren zuvor ermöglichte dies eine Ausnahmeklausel innerhalb der Schuldenbremse. Der Finanzminister, Christian Lindner (FDP), stellte diesbezüglich klar, dass ab 2024 die Schuldenbremse wieder eingehalten werden müsse und sich alle Ministerien auf Sparmaßnahmen einstellen sollten (Brost 2023). Die Situation spitzte sich im Herbst 2023 deutlich zu, nachdem das Bundesverfassungsgericht entschied, dass der Bundeshaushalt gegen die Vorgaben der Schuldenbremse verstößt und die Bundesregierung damit in eine tiefe Haushaltskrise stürzte. Wie auch immer die Regierung die Krise bewältigt, mit Sicherheit wird damit der eklatante Investitionsstau im öffentlichen Sektor weiter verschärft werden: Er beläuft sich bei der Bahn auf 60 Milliarden (FAZ 2022), auf 45 Milliarden in Schulen (KfW 2022) sowie auf 30 Milliarden alleine in Krankenhäusern (DKG 2019). Hinzu kommen notwendige Investitionen für den anstehenden ökologischen Umbau und seine soziale Abfederung, die Fridays for Future auf 100 Milliarden beziffert (tagesschau 2022a). Um die Krise auf dem Wohnungsmarkt und die rasant steigenden Mieten zu beschränken, werden von einem Bündnis um den Deutschen Mieterbund wiederum 50 Milliarden gefordert (Die Zeit 2023).

Die Krisen haben Verunsicherung und Ängste spürbar geschürt. Zwei Jahre Corona, die Inflation und die Invasion in die Ukraine durch Russland haben »die Menschen so pessimistisch wie nie zuvor« (Kröger 2022) gestimmt. 2019 befürchteten sechs von zehn Befragten eine wachsende Kluft zwischen Arm und Reich, 2022 waren es bereits neun von ihnen; der Anteil derer, die davon ausgingen, keine bezahlbare Wohnung zu finden, verdoppelte sich fast auf über 80 Prozent; und gerade ältere Menschen fürchteten die Ausbreitung von Hass und Gewaltbereitschaft (Schulze 2022). Im Herbst 2023 verdeutlichte die Mitte-Studie, dass, nach den multiplen Krisen der Zeit gefragt, sich die Mehrheit von über 40 Prozent verunsichert und gerade mal 25 Prozent sicher fühlt (Zick/Sandal-Önal 2023, S. 227). Die veränderte gesamtgesellschaftliche Krisenwahrnehmung in Deutschland wird auch im Eurobarometer sichtbar: Wurden im Sommer 2020 noch der Klimawandel und die wirtschaftliche Lage von jeweils rund einem Viertel und an dritter Stelle die Zuwanderung als wichtigste Herausforderungen für Deutschland genannt, verschob sich dies ab dem Winter 2020 deutlich hin zu pandemiebedingten Faktoren. Kurzfristig wurden die Themen Gesundheit und Bildung deutlich häufiger genannt, der Klimawandel blieb jedoch nach wie vor weit oben auf der Agenda. Im Jahr darauf dominierte bei fast der Hälfte der Befragten die Sorge vor steigenden Lebenshaltungskosten; die Aufmerksamkeit für den Klimawandel war zwar mit fast 30 Prozent weiter hoch, rutschte im Gesamtbild dennoch nach unten. Im Sommer 2022 war das Ergebnis noch deutlicher: Sechs von zehn Personen gaben nun an, dass die steigenden Lebenshaltungskosten zu den drängendsten Themen gehörten, während nur noch zwei von zehn den Klimawandel nannten. In der jüngsten Umfrage aus dem Frühjahr 2023 dominierten die Themen Preissteigerungen, Klimawandel und wiederum Migration (EU 2023b).

Wird jedoch ausschließlich nach dem Klimawandel gefragt, bewerten ihn in Deutschland fast acht von zehn Personen als »ein ernstes Problem«, und Menschen wünschen sich deutlich mehr Maßnahmen von Regierung und Wirtschaft sowie die Bereitstellung finanzieller Mittel, um die Anpassungen zu meistern (EU 2023a). Immer schlechter jedoch fiel laut dem DeutschlandTrend die Bewertung der wirtschaftlichen Lage Deutschlands aus: Fast 80 Prozent erachten diese im Oktober 2022 als »weniger gut« oder »schlecht«, womit die Werte an die Tiefstwerte der frühen und späten 2000er anschlossen. Auffallend war zudem, als wie unsicher die Weltlage empfunden wurde. Fast zwei Drittel sahen in China und eine überwältigende Mehrheit in Russland zumindest tendenziell eine Gefahr für die globale Sicherheit. Die verbreiteten Ängste vor dem Abstieg Deutschlands im Kontext der geopolitischen Verschiebungen, insbesondere im Zuge des Aufstiegs von Brasilien und China sowie Russlands, Indiens und Südafrikas wurden nun sehr explizit. In der Zeitschrift einer großen gesetzlichen Krankenversicherung wird die Gesamtstimmung pointiert zusammengefasst:

> »Jeder Blick in die Nachrichten zeigt es uns: Die Welt ist in Unordnung. Eine Krise folgt der anderen. Auch in unserem Kopf geht es drunter und drüber. Entsetzen, Wut und Angst vor den Folgen von Krieg und Klimawandel, der Verlust von Wohlstand, vor Blackout und Kälte versetzen uns ins Grübeln und in Sorge.« (Frobbeen 2022, S. 8)

Dass der pessimistische Blick nicht nur eine subjektive Wahrnehmung ist, verdeutlichen die Konjunkturdaten. Bereits Ende 2022 war das deutsche Bruttoinlandprodukt ins Minus gerutscht. Der Trend setzte sich auch im ersten Quartal 2023 fort, und Deutschland rutschte in die Rezession (Schreiber 2023). Auch im weiteren Verlauf des Jahres stagnierten die Konjunkturdaten; insbesondere aus Industrie und Baugewerbe kamen eher düstere Prognosen. Für Unruhe sorgte auch, dass China dank Innovationen in der Elektromobilität 2023 erstmals mehr Autos exportierte als jedes andere Land der Welt und damit auch die deutsche Autoindustrie in den Schatten stellte (Seidel 2023). Das Minus der ersten beiden Quartale war mit jeweils weniger als einem halben Prozent nicht besonders hoch, so die Analyst:innen des DIW (2023), dennoch raten sie zu gedämpften Erwartungen. Eine Einschätzung, die auch der Internationale Währungsfonds teilte, der für Deutschland 2023 ein Schrumpfen der Wirtschaft um 0,3 Prozent voraussagte (Poelchau 2023). Dabei hieß es seitens Expert:innen immer wieder, dass die Lage nicht dramatisch sei. Die deutsche Industrie habe aber zu lange auf das nun weggefallene billige Gas aus Russland gebaut und leide als Exportwirtschaft unter der schwachen internationalen Konjunktur vor allem in China. Die Aufgabe bestehe vor allem darin, die in der Ära Merkel zu lange verschlafene ökologische und digitale Transformation mit umfangreichen privaten und öffentlichen Investitionen grundlegend anzugehen (BBC 2023).

Klimakrise

Die Klimakrise war und ist ein Thema, das den Menschen in Deutschland Sorgen bereitet und das polarisiert. Letzteres ist u. a. der nur langsam voranschreitenden ökologischen Transformation von Gesellschaft und Wirtschaft anzulasten. Deutschland hielt seine Klimaziele 2020 nur aufgrund des coronabedingten wirtschaftlichen Einbruchs ein, die Ziele für 2030 droht die

Bundesregierung deutlich zu verfehlen (Expertenrat für Klimafragen 2022, S. 15). Währenddessen schreitet der Klimawandel, so zeigt der Bericht des IPCC (2022a), rasanter voran als noch vor einigen Jahren erwartet. Um das Wissen darüber und über dessen Konsequenzen evidenzbasiert zu bündeln, war der Zwischenstaatliche Ausschuss für Klimaänderungen (IPCC) der Vereinten Nationen (UN) bereits 1988 gegründet worden (IPCC 2022b). Der erste von mittlerweile sechs Sachstandsberichten (Stand 2023) wurde 1990 veröffentlicht. Auf der Grundlage der Erhebungen des IPCC wurden internationale Verhandlungen eingeleitet, die 1997 zur Verabschiedung des Kyoto-Protokolls und damit zur Einführung eines Emissionshandels sowie zum Abkommen von Paris 2015 führten. In der französischen Hauptstadt wurde von insgesamt 196 Staaten der Welt gemeinsam beschlossen, dass der globale Temperaturanstieg auf deutlich unter 2 Grad, möglichst auf 1,5 Grad, gegenüber vorindustriellem Niveau begrenzt werden solle (UNFCCC 2015).

Für die Zukunft wird errechnet, dass bei gleichbleibenden Emissionen bis Ende des Jahrhunderts »die Erwärmung im weltweiten Durchschnitt mehr als 4 Grad betragen« könnte. Bliebe es bei den aktuell vereinbarten Maßnahmen, sind 3 Grad Erwärmung wahrscheinlich, und würde alles, was versprochen ist, tatsächlich umgesetzt, wären es 2,1 Grad (Deutsches Klima-Konsortium u. a. 2022, S. 23). Wichtig aber: Es handelt sich um globale Mittelwerte. Steigen die Temperaturen global um 3 Grad, folgt daraus in Deutschland aufgrund der stärkeren Erwärmung von Landmassen etwa ein Plus von 6 Grad (Rahmstorf 2022, S. 14). Die Unterschiede zwischen 1,5 und 4 Grad scheinen gering, ihre Auswirkungen sind jedoch gewaltig. Bedeutet ein Plus von 1,5 Grad eine Vervierfachung des globalen Risikos für extreme Hitze, bringen 4 Grad eine Verneunfachung; das Risiko für Dürren verdoppelt sich von einem Faktor zwei auf vier – ganze Landstriche würden unbewohnbar werden (Edwards 2022, S. 132). Jedes Zehntelgrad Erwärmung erhöht zudem das Risiko, dass klimatische Kipppunkte überschritten werden, die dann über Rückkopplungsschleifen die Erwärmung irreversibel beschleunigen (Rockström 2022, S. 37).

Der Klimakrise schafft neue und vertieft bestehende globale Ungleichheiten, die wiederum stärker Frauen als Männer, stärker Ärmere als Wohlhabende, People of Color stärker als Weiße sowie Menschen im Globalen Süden eher als Menschen im Globalen Norden betreffen.[18] Weltweit gesehen sind die reichsten zehn Prozent für rund die Hälfte des Kohlendioxidausstoßes verantwortlich, während die ärmere Hälfte gerade mal zwölf Prozent emittiert (Chancel u. a. 2023, S. 24). Zu diesen zehn Prozent gehört jede erwachsene Person, die im Jahr knapp 90 000 Euro oder mehr verdient (Herrmann 2022), was in Deutschland in etwa die oberen fünf Prozent der Einkommenspyramide umfasst. Aber auch innerhalb dieser globalen zehn Prozent gibt es erhebliche Unterschiede: 125 ausgewählte Milliardär:innen emittieren mit ihren Investitionen eine Million Mal mehr Kohlendioxid pro Person und Jahr als der Durchschnitt der unteren 90 Prozent insgesamt (Oxfam 2022).

Die Geographin Farhana Sultana (2022) betont daher auch unablässig die kolonialen Kontinuitäten der Klimakrise. Zum einen sei sie stets schon ein Ergebnis von Ausbeutung, da die Emissionen und der Raubbau an der Natur im Globalen Süden über Jahrzehnte durch Staaten und Konzerne des Globalen Nordens vorangetrieben worden seien. Zum anderen würden noch heute die Bürden zur Bewältigung der Klimakrise in den Globalen Süden ausgelagert, insofern die Krise den Globalen Süden bereits jetzt schon ungleich härter treffe als den Globalen Norden, was die Strukturen der Ausbeutung aufrechthalte, wenn nicht gar vertiefe. Dieses Verhältnis haben die Politikwissenschaftler Ulrich Brand und Markus Wissen 2017 treffend als »imperiale Lebensweise« der Menschen im Globalen Norden beschrieben. Die Verheerungen der Klimakrise führen zudem zu neuen Migrationsbewegungen, wie eine Studie der Weltbank verdeutlicht; bis 2050 werden zwischen 125 und 216 Millionen Menschen auf der Flucht sein (Clement u. a. 2021, S. 80). Viele werden innerhalb ihrer Region migrieren, so manche aber auch den Weg nach Europa antreten.

Der Klimawissenschaftler Saleemul Huq (2022, S. 172 f.) stellt klar: Klimawandel möge im Globalen Norden noch immer als etwas gedeutet werden, das in der Zukunft Konsequenzen haben könnte, im Globalen Süden indes seien die Herausforderungen heute schon real. Er gibt den Menschen im Norden zu bedenken, dass es für viele der durch die Klimakrise gestellten Herausforderungen Lösungen gibt, aber »alles Geld und Technologie der Welt« nicht ausreichen werde, um den Folgen zu entrinnen, und dass es letztlich auf den solidarischen Zusammenhalt und die Bereitschaft ankomme, einander zu helfen.

Eine aktive Klimapolitik wurde in Deutschland jahrzehntelang vernachlässigt. Gute Ansätze in grüner Technologie etwa im Bereich Solarwirtschaft wurden gar willentlich ausgebremst. Die Warnungen vor den Auswirkungen der Klimakrise waren schon lange bekannt, aber entweder wollte man die kommende Krise nicht sehen oder man hat sie bewusst geleugnet, um profitable Geschäfte und den eigenen Lebensstil nicht antasten zu müssen. Erst das Pariser Abkommen hat Bewegung gebracht. Wie das 1,5 Grad-Ziel konkret umgesetzt werden soll, darüber wird bei der Weltklimakonferenz oder im Rahmen von EU- oder G20-Treffen allerdings weiter intensiv gerungen. Im Kern geht es dabei immer auch um Fragen der globalen Gerechtigkeit. Aber selbst in Bezug auf Deutschland hat das Bundesverfassungsgericht im März 2021 in einem wegweisenden Urteil entschieden, dass das Klimaschutzgesetz der damaligen schwarz-roten Bundesregierung von 2019 nicht mit den in der Verfassung garantierten Grundrechten vereinbar ist: Die Last der Klimaanpassung werde in unzulässiger Weise in die Zukunft und damit auf die jüngere Generation übertragen, wodurch »praktisch jegliche Freiheit potenziell betroffen« sei (BvR 2021).

Mit dem Gesetz, das nach dem Urteil im Sommer 2021 novelliert wurde, hat die Bundesregierung verbindliche Klimaschutzziele für einzelne Sektoren festgelegt. Insgesamt sollen die Treibhausgasemissionen bis 2030 um mindestens 65 Prozent gegenüber 1990 gesenkt und bis 2045 die Klimaneutralität erreicht werden. Überwacht wird dies vom Expertenrat für Klimafragen (2022, S. 39 f.). In seinem Zweijahresgutachten vom Herbst 2022 stellt der Rat heraus, dass die Sektoren Energiewirtschaft, Industrie, Gebäude und Verkehr im Jahr 2021 rund 90 Prozent der Treibhausgasemissionen Deutschlands verursachten, die restlichen 10 Prozent auf die Landwirtschaft und die Abfallwirtschaft entfielen. Sie belegen, dass die Emissionen in allen Bereichen langfristig sinken, mit den gewichtigen Ausnahmen von Industrie und Verkehr. Dort würden die Emissionen bei einer Fortschreibung der Trends von vor der Pandemie sogar weiter ansteigen (ebd., S. 15). Ebenso wenig eingehalten werden die Vorgaben zur Reduktion vom Gebäudesektor (Expertenrat für Klimafragen 2023a, S. 15). Statt nun, wie im Klimaschutzgesetz vorgesehen, direkt in den einzelnen Sektoren ihre Aufgaben zu erfüllen, hat sich die Bundesregierung 2023 für eine weitere Novellierung des Gesetzes entschieden. Die Ziele sollen zwar weiterhin in Sektoren unterteilt bleiben, deren Nichteinhaltung in einem Sektor darf nun aber durch Übererfüllung in einem anderen kompensiert werden, sodass nur noch das Gesamtziel als verbindlich gilt. Parallel zur erneuten Novellierung des Gesetzes hat die Bundesregierung im Juni ein Klimaschutzprogramm vorgelegt, dem der Sachverständigenrat zwar einen wichtigen Beitrag zur Schließung der Lücke zwischen Anspruch und Wirklichkeit des 2030-Ziels bescheinigt. Er hält es aber für noch nicht ausreichend, um die Ziele auch wirklich einzuhalten (Expertenrat für Klimafragen 2023b, S. 5 f.).

Derweil stellten 2023 weltweit führende Meteorolog:innen zum Auftakt ihres Kongresses in Hamburg fest, dass die Chance bereits verpasst worden sei, »mit relativ wenig Aufwand das Klimasystem zu stabilisieren«. Der Klimawandel werde »nun in großen Teilen ungebremst erfolgen, womit nicht mehr abwendbare massive Veränderungen auf unserem Planeten zu erwarten sind«. Faktisch ist das 1,5-Grad-Ziel kaum noch erreichbar, und es darf keine Zeit mehr verloren werden, um die Erwärmung zumindest auf 2 Grad zu begrenzen und wo nötig in Anpassung zu investieren (Deutscher Wetterdienst 2023; vgl. Gebhard u. a. 2023).

Klimaproteste und ihre Delegitimierung

Nicht nur das Ausbleiben klarer politischer Antworten auf die Klimakrise, sondern auch die globale Ungerechtigkeit brachte Fridays for Future mit ihrem Ruf »Was wollen wir? Klimagerechtigkeit! – Wann wollen wir sie? Jetzt!« erneut auf die Straßen. Der progressive Aktivismus fürs Klima wurde nach der Pandemie diverser und intensivier. Die Auseinandersetzungen um Lützerath, den kleinen Weiler am Rande des Tagebaus Garzweiler II in Nordrhein-Westfalen, im Januar 2023 war für Brand und Wissen (2023, S. 89) ein »Fanal« der Klimabewegung. Tausende protestierten vor dem Dorf und rund 300 Aktivist:innen hatten sich darin, auf Bäumen und in einem eigens gebauten Tunnel verbarrikadiert (SZ 2023). Mit dem Protest sollte verhindert werden, dass die Kohle unter dem Dorf abgebaggert wird. Lützerath war mehr als ein Symbol, denn, so betonten die Aktivist:innen, genau vor dem Weiler verlaufe die 1,5-Grad-Grenze. Werde Lützerath abgebaggert, sei das Ziel nicht mehr einzuhalten. Es half nichts, das Dorf wurde letztlich geräumt und ist mittlerweile verschwunden.

Dem Protest hat die Räumung keinen Abbruch getan. Die Botschaft an die politischen Repräsentant:innen war klar: ›Handelt jetzt gegen die Klimakatastrophe, ihr spielt mit unserem Leben und unserer Zukunft‹. Besonders heftige Kontroversen lösten die Aktionen der Gruppe Letzte Generation aus. Ab 2022 klebten sich Aktivist:innen wiederholt auf Straßen, an Bilder in Museen oder auf die Startbahnen von Flughäfen, oder sie drehten Ventile einer Pipeline zu. Seitdem ist eine verbale Eskalation seitens politischer Schwergewichte in Regierung und Opposition sowie der juristische Druck gegen diese Art Klimaprotest zu beobachten. Nach einem tödlichen Unfall Ende Oktober 2022 in Berlin schienen die Dämme zu brechen. Während einer Blockade der A 100 wurde im Stadtgebiet eine Fahrradfahrerin von einem Lastwagen überrollt und erlag später ihren Verletzungen. Die Feuerwehr teilte am Tag des Unfalls mit, dass die Rettung durch festgeklebte Aktivist:innen verzögert worden sei. Der Beleg, dass die die Vorwürfe haltlos waren, wurde zwar schnell erbracht (Berlin 2023; Cleven 2022). Der Schaden jedoch war angerichtet, die Empörung war da.

Nun war die Rede von »Klimaterroristen« – später zum Unwort des Jahres 2022 auserkoren (Sprachkritische Aktion 2023). Andere sprachen von einer »Klima-RAF« (Alexander Dobrindt 6.11.2022, Twitter-Account der CSU im Bundestag), in sozialen Medien und Kommentarspalten wurden Gewalt- und Mordfantasien gegen die Aktivist:innen geteilt, und selbst aus dem FDP-geführten Justizministerium kam der Ruf nach drastischeren Strafen (Thorwarth 2023). Die Aktivist:innen seien ein »ernstzunehmendes Sicherheitsrisiko«, fand der ehemalige CDU-Generalsekretär Paul Ziemiak (24.11.2022, Twitter). »Sperrt diese Klima-Kriminellen einfach weg!«, polterte Andreas Scheuer (25.11.2022, Twitter); und Friedrich Merz (26.11.2022, Twitter) schrieb in Rage: »Das sind keine Klimaaktivisten, sondern Straftäter. Für diese Chaoten darf es null Toleranz geben. Ich weiß, die meisten werden im Gefängnis nicht besser. Aber solange sie sitzen, ist draußen Ruhe.« Für Bundeskanzler Scholz waren die Proteste schlicht »hochgefährlich«. Den Aktivist:innen empfahl er, anstatt zu protestieren, eine Karriere in der Verwaltung anzustreben, dort könne ganz direkt an der Transformation gearbeitet werden (zit. nach Peter 2022).

In München blieb es nicht bei der harten Rhetorik. Um weitere Aktionen zu verhindern, wurde Aktivist:innen auf Grundlage des Polizeiaufgabengesetzes bereits Ende 2022 und erneut 2023, um Proteste bei der Internationalen Automobil-Ausstellung in München zu verhindern, tagelang in Präventivhaft genommen. Kurz vor Jahresende 2022 waren bereits Hausdurchsuchungen erfolgt. Die Staatsanwaltschaft in Brandenburg hatte Ermittlungen wegen »Bildung einer kriminellen Vereinigung« eingeleitet (Schwartz 2022). Im Mai 2023 eröffnete die Generalstaatsanwaltschaft München ebenfalls ein Verfahren und ließ weitere 15 Wohnungen durchsuchen (Litschko 2023b). Das Vorgehen wurde deutlich als unverhältnismäßig kritisiert, zumal die Gruppe stets offen und transparent agiert habe und selbst der Verfassungsschutz noch im März 2023 erklärt hatte, keine Anzeichen für eine extremistische Haltung feststellen zu können (Küstner 2023). Für besondere Empörung sorgte der Umstand, dass, wie alsbald bekannt wurde, die Staatsanwaltschaft in München monatelang auch Gespräche mit Journalist:innen abgehört hatte (Steinke 2023). Die Menschenrechtsorganisation Amnesty International hat im September 2023 einen Bericht über die weltweite Tendenz zur Unterdrückung von Protesten veröffentlicht. Unter den gelisteten Staaten befindet sich erstmals auch Deutschland, das gerade wegen seines Vorgehens gegen die Klimaproteste, das von übertriebener polizeilicher Härte, unrechtmäßiger Vorbeugehaft und Versammlungsverboten geprägt sei, negativ bewertet wird.

Die Proteste der Letzten Generation waren stets umstritten und wurden in weiten Teilen der Bevölkerung sehr kritisch betrachtet; daher wurden die Aktivist:innen bei ihren Klebeaktionen auf der Straße immer häufiger auch mit Gewalt konfrontiert. Die steigende Zahl von Gewalttaten ging einher mit einer deutlichen Zunahme von Drohungen und gewalttätigen Angriffen gegen Aktive in sozialen Medien, wobei junge Frauen, die die Bewegung prominent repräsentieren, besonders hart angegangen werden (Quent u. a. 2022, S. 83–87). Die Proteste für das Klima gingen auch abgesehen von Aktionen der Letzten Generation weiter, aber das verbreitete Gefühl, auf dem Terrain der Politik bereits verloren zu haben, und auch die lange Zeit, in der beispielsweise Fridays for Future nun mobilisierte, hinterließen ihre Spuren. Bei den großen Klimaprotesten der Bewegung blieb daher die Zahl der Teilnehmer:innen 2023 weit hinter denen früherer Phasen zurück (Guyton/Schöneberg 2023).

Dass die Akzeptanz der »Klima- und Umweltbewegung in Deutschland« deutlich gesunken ist, wie eine Studie zeigt (More in Common 2023), hat aber nicht nur mit den Protesten zu tun. Eine wichtige Rolle spielte auch die konfrontative Rhetorik des politischen Personals und die Tatsache, dass die Klimakrise in der Gesellschaft zunehmend zu einem Thema wurde, zu dem man auch je individuell eine Haltung zu entwickeln begann. Die Frage der ökologischen Transformation ist längst keine mehr, die vornehmlich von Expert:innen beantwortet wird, sie betrifft heute alle, sie wühlt auf und wird emotional verarbeitet. An der Tatsache, dass wir Menschen das Klima verändern, zweifelt zwar öffentlich heute kaum noch jemand im politischen Betrieb, stark umstritten ist jedoch, wie man mit der Krise umgehen soll: progressiv als Weltgemeinschaft oder regressiv über Mechanismen des Ausschlusses und der stark selektiven Teilhabe? Während der Klimaprotest für Ersteres plädiert, werden die Rufe nach Letzterem lauter.

Die Chefreporterin bei der *Welt*, Anna Schneider, ist eine solche Stimme. In einer Talkshow stellte sie die These auf, dass es womöglich »die falsche Herangehensweise« sei, den Klimawandel zu bekämpfen, stattdessen solle besser in Anpassungen investiert werden (22. 11. 2022, ARD). Ein anderes Beispiel liefert Springer-Chef Mathias Döpfner, der sich in geleakten Chatnachrichten auch zum Klimawandel äußerte (Gilbert/Stark 2023): »Zivilisationsphasen der Wärme waren immer erfolgreicher als solche der Kälte. Wir sollten den Klimawandel nicht bekämpfen, sondern uns darauf einstellen.« Was die beiden so wie alle anderen, die diese Haltung vertreten, allerdings nicht sagen, ist: Für substanzielle Teile der Menschheit gibt es keine Aussicht auf Anpassung. Wenn der Ort, an dem man lebt, überflutet, zu trocken oder zu heiß ist, dann fehlt es an allen Lebensgrundlagen. Anpassung in Deutschland und Europa, so viel sollte dann auch gesagt werden, bedeutet globale Unsicherheit, erhöhte Risiken von Kriegen und Konflikten, gesteigerte soziale Ungleichheit und damit global gesehen mehr Exklusion, Tod und Elend.

Bereits im Sommer 2022 hatten Außenministerin Annalena Baerbock (Grüne) und Sicherheitsbehörden angesichts steigender Energie- und Lebenshaltungskosten vor einem heißen Herbst, möglichen »Volksaufständen« (zit. nach SZ 2022a) sowie »Massenprotesten und Krawallen« (mdr 2022) gewarnt. Protestiert wurde dann auch, und zwischenzeitlich war die Mobilisierungskraft beträchtlich, zu den befürchteten Unruhen kam es indes nicht. In den Wochen um den 3. Oktober 2022 demonstrierten erneut (mit Schwerpunkten in Sachsen, Sachsen-Anhalt und Thüringen) mehr als 100 000 Menschen auf bis zu 270 Kundgebungen. Im November ebbten die Proteste ab, ohne ganz zu verstummen (Böckmann/Grothe 2022). Im August 2023 zählte das Nachrichtenmagazin *Monitor* in den drei genannten Ländern zusammen noch immer 195 Montagskundgebungen. Michael Nattke (zit. nach ARD 2023a) vom Kulturbüro Sachsen stellt dabei heraus, dass »diejenigen, die damals [2018 in Chemnitz] die Protagonisten waren«, sich weiter radikalisiert hätten »und ein großer Teil der damals Demonstrierenden« ihnen gefolgt sei.

Wie 2018 in Chemnitz und 2020 bei den Coronaprotesten setzte sich die AfD auch 2023 erneut an die Spitze der Bewegungen. Inhaltlich wurde dabei Altbekanntes bearbeitet. Aufschlussreich ist ein von Höcke (2022) in Thüringen verbreitetes Zehn-Punkte-Programm. Gefordert wurde darin ein Ende der verhängten Sanktionen gegen Russland, die Wiederaufnahme der Gasimporte, dass die Zensur in sozialen Medien aufgehoben werde und dass die Ausgrenzung von Nicht-Geimpften enden müsse; die Rundfunkgebühren sollten abgeschafft und der »Massenzuwanderung in das Sozialsystem« ein Riegel geschoben werden.

Wie wenig es den AfD-Spitzen um die sozialen Nöte ging, wurde in der Rede (zit. nach Ayyadi 2022) deutlich, die Höcke am Tag der Deutschen Einheit 2022 in Gera vor rund 10 000 Menschen hielt. Er pries den Osten sowie Putin und behauptete, dass »die Deutschen und die Russen eine ähnliche seelische Prägung« hätten. Er plädierte für klassische Familienrollen, hetzte gegen das »Regenbogenimperium«, das er in rechtsradikaler Tonalität mit dem dekadenten Westen gleichsetzte, und bediente Sehnsüchte nach einem völkischen Nationalismus. Ihre Intervention im heißen Herbst hatte die AfD bereits im Sommer geplant. Eine erste Demonstration mit der Parole »Preisexplosion stoppen« wurde strategisch gezielt im September in Magdeburg abgehalten, wo 2004 die Sozialproteste gegen die Einführung der Hartz-Reformen ihren Ausgang genommen hatten (Budler 2022). Einige Wochen später, Anfang Oktober in Berlin, schaffte es die Partei, unter dem Motto »Unser Land zuerst!« an die 10 000 Menschen zu versammeln. Mitte Oktober bestätigte Quent (2022) die Einschätzung des thüringischen Ministerpräsidenten Bodo Ramelow (Die Linke), wonach es Anzeichen für eine »Formierung einer faschistischen Bewegung auf der Straße« gebe.

Trotz alledem eskalierte die Lage nicht so sehr wie befürchtet. Weiterhin fehlte aber eine eindeutige Abgrenzung vom rechten Protest in der konservativen Mitte. Wie in den Jahren zuvor lavierten lokale Politiker:innen gerade in den am meisten betroffenen Regionen in Ostdeutschland immer wieder zwischen Verharmlosung, Kritik und Teilnahme (Böckmann/Grothe 2022). Versuche, die Energiekrise mit Blick auf die soziale Spaltung von links zu thematisieren, gab es – progressiv waren sie aber nicht immer. Demonstrationen wurden etwa von der bezüglich ihrer Position zu Russland tief zerstrittenen Linkspartei organisiert, aber auch Gewerkschaften, Sozialverbände und linke Krisenbündnisse riefen zum Sozialprotest auf. Die Mobilisierungen fielen mit jeweils einigen tausend Teilnehmer:innen eher bescheiden aus. Niederlagen musste allerdings auch die organisierte radikale Rechte hinnehmen. Insbesondere wenn sie allzu deutlich als Organisatorin auftrat und offensiv ihre Themen zu setzen versuchte, verweigerte ihr die Masse den Zulauf (chronik.LE 2022) – Erfolg hatte die radikale Rechte mit Themen, die in der Mitte ohnehin gärten. Es gelang ihr, die vorhandenen Sorgen und Ressentiments anzusprechen und sich als Stimme des Widerspruchs und als Alternative zu positionieren.

Im Sommer 2022 kehrten Migration und Flucht zurück auf die politische Tagesordnung. Zum einen war da die anhaltende Debatte um die Zuwanderung von Fachkräften sowie eine Novellierung des Staatsbürgerschaftsrechts (BMI 2023a). Insbesondere Letzteres löste bei den Unionsparteien heftige Reaktionen aus. Einmal mehr wurde in AfD-Tonalität vor der »Einwanderung in die Sozialsysteme« (Merz, zit. nach Maier 2022) gewarnt und der Integrationswille von Ausländer:innen in Frage gestellt. Ukrainer:innen hatte der CDU-Vorsitzende bereits zuvor unterstellt, »Sozialtourismus« zu betreiben (zit. nach Böger 2022). Zum anderen sorgte die anhaltend hohe Zahl an Menschen, die auf der Flucht nach Europa und Deutschland kamen, für Unmut, wenn auch die Zahlen weit unter dem Niveau von 2015/16 blieben (Mediendienst Integration 2023). Dennoch begannen Kommunen ab Ende 2022 darauf hinzuweisen, dass sie bei der Unterbringung und Versorgung der Geflüchteten an ihre Grenzen kämen. Im Mai 2023 lud das Kanzleramt zum Migrationsgipfel, auf dem über finanzielle Soforthilfen sowie weitere Maßnahmen zur Einschränkung der Zuwanderung gesprochen wurde (Merz 2023). In welcher Stimmung der Gipfel stattfand, verdeutlicht die Forderung Christian Lindners (9. 5. 2023, Twitter), es müssten »alle Maßnahmen, die dazu beitragen, die Kontrolle des Zugangs zu verbessern«, eingehalten werden. Es gelte die »Quelle des Problems« anzugehen: die »irreguläre Migration«.

Bei Markus Lanz stellte Jens Spahn Anfang Mai 2023 dann die Genfer Flüchtlingskonvention und die Europäische Menschenrechtskonvention gleich ganz in Frage. Einige Wochen später legte er nach und forderte eine »Pause von dieser völlig ungesteuerten Asyl-Migration« (zit nach. DLF 2023b) und plädierte kurz darauf gar dafür, falls nötig die »irreguläre Migrationsbewegungen« auch »mit physischer Gewalt« zu stoppen (zit. nach ZDF 2023). Dazwischen hatte Thorsten Frei (2023), erster Parlamentarischer Geschäftsführer der Unions-Bundestagsfraktion, in einem Gastbeitrag für die *Frankfurter Allgemeine* für die Abschaffung des »individuellen Rechtes auf Asyl« und die Einführung von Kontingenten plädiert, wobei Menschen vor Ort in ihren Herkunftsländern ausgesucht werden sollten. Bundeskanzler Scholz seinerseits warb in einem prominent geführten Interview mit dem *Spiegel* 2023 dafür, »endlich im großen Stil« abzuschieben. Wie sehr sich der Diskurs mittlerweile verschoben hat, verdeutlicht, dass die Forderung nach Waffengewalt an der Grenze, die 2016 von der AfD wiederholt erhoben worden war und damals noch für Kritik gesorgt hatte (Töpper 2016), nun faktisch im Mainstream der politischen Mitte angelangt war.

Solch harte Töne kamen immer öfter nicht mehr nur von der Rechten, sondern auch aus den Reihen der SPD, der Grünen sowie aus kirchlichen Kreisen. So sprach sich im Herbst 2023 der ehemalige Bundespräsident und evangelische Theologe Joachim Gauck (zit. nach Reulmann 2023) offen dafür aus, dass die Mitte die »Furcht vor einer brutal klingenden Politik, etwa der Abschottung oder Eingrenzung«, ablegen müsse, und erteilte einer harten Begrenzung die Absolution als moralisch »nicht verwerflich«. Aufseiten der SPD plädierte unter anderem die Parteivorsitzende Saskia Esken 2023 für eine verschärfte Rückführungspraxis, und bei den Grünen war es ebenfalls u. a. der Parteivorsitzende Omid Nouripour (zit. nach Rzepka 2023) selbst, der sich klar für eine Begrenzung der Zuwanderung aussprach. Und schließlich verwies auch der amtierende Bundespräsident Steinmeier (zit. nach taz 2023) am Tag der Deutschen Einheit auf »Überlastungssignale« aus der Bevölkerung, aufgrund derer es notwendig sei, die »sogenannte illegale Migration« zu begrenzen.

Julian Pahlke (10. 5. 2023, Twitter), Mitglied des Bundestages für die Grünen, konstatierte im Verlauf der Debatte: »Der Diskurs um Flucht und Aufnahme ist völlig entgleist, mit Grenzzäunen als Antwort auf herausgeforderte Kommunen.« Wie recht er damit hatte, zeigte der Umstand, dass selbst belegbare schwerste Menschenrechtsverletzungen durch Grenzschutzeinheiten von EU-Staaten kaum noch Empörung auslösten und auch seitens der Entscheidungsträger:innen keine Konsequenzen nach sich zogen. Besonders offensichtlich war dies, als es der *New York Times* im Mai 2023 zum ersten Mal gelang, einen Pushback durch griechische Grenzschützer zu dokumentieren, bei dem Geflüchtete an Land aufgegriffen und im Meer illegal ausgesetzt wurden. Oder als im Juni rund 500 Menschen im Meer vor Griechenland ertranken, nachdem ihr Boot im Beisein der Küstenwache gesunken war. Überlebende berichteten, dass die Wache selbst das Kentern verursacht habe, als sie versucht habe, das vollbesetzte Boot zu manövrieren (ARD 2023b). Keine zehn Jahre zuvor hatte der Tod des kleinen syrischen Jungen Alan Kurdi, der leblos an den Strand von Bodrum in der Türkei gespült worden war, noch Empörung und eine Debatte über Seenotrettung, Grenzen und Migration ausgelöst (Höhler 2020).

Anders heute: Mit den Stimmen der Ampel und unter Applaus der AfD wurde nur wenige Tage vor der neuerlichen Katastrophe im Mittelmeer auf europäischer Ebene vom Rat der Innenminister:innen das Gemeinsame Europäische Asylsystem (GEAS) beschlossen, und im Dezember folgte die Einigung mit dem Europäischen Parlament. Sie bewirkte die umfassendsten Verschärfungen des Asylrechts seit 30 Jahren (Geuter u. a. 2023). Ziel ist eine Angleichung der Asylverfahren in Europa. Neben einem Schlüssel zur Verteilung von Geflüchteten auf alle Staaten der Union sieht das Abkommen vor, einen Großteil der Asylverfahren an die EU-Außengrenzen in gefängnisähnliche Lager zu verlegen. Hinzu kommen eine Verschärfung der Drittstaatenregelung sowie eine Krisenverordnung, um in Ausnahmesituationen noch schärfere Maßnahmen ergreifen zu können.

Die Kritik am GEAS von Menschenrechtsorganisationen und aus der Zivilgesellschaft fiel deutlich aus (Rat für Migration 2023). In der Bevölkerung jedoch kochte die flüchtlingsfeindliche Stimmung erneut hoch, und der harte Kurs von EU und Bundesregierung erhielt Zustimmung. Im Frühsommer 2023 betonten acht von zehn Person, dass politische Parteien »sich viel zu wenig um die Probleme, die durch Zuwanderung von Geflüchteten entstehen«, kümmerten, und die Hälfte gab an, dass es ihnen Angst mache, »dass so viele Geflüchtete zu uns kommen« (DeutschlandTrend, Mai 23). Fünf Monate später gab eine große Mehrheit zu Protokoll, dass Unterbringung, Integration sowie Abschiebepraxis schlecht seien, was mit starker Zustimmung zu deutlichen Verschärfungen im Asylbereich einherging (DeutschlandTrend, Okt. 23).

Bereits im Frühjahr 2023 war es in Loitz und Grevesmühlen, beide Mecklenburg-Vorpommern, sowie in Zapfendorf, Bayern, zu tagelangem Protest gegen geplante Sammelunterkünfte für Geflüchtete gekommen (Speit 2023). Wo Debatten entgleisen und klare Feindbilder angeboten werden, ist Gewalt gegen die als Problem identifizierte Gruppe nie weit, und so nahm sie auf der Straße erneut zu (BMI 2023b). Begleitet wurde all dies von wiederkehrenden rassistisch konnotierten Debatten. Paradigmatisch war jene um die Silvesternacht 2022 in Berlin. Obwohl es vielerorts zu Ausschreitungen gekommen war, wurde seitens Polizei und Presse der Fokus sehr schnell auf den Stadtteil Neukölln und dort insbesondere auf junge männliche Migranten als Haupttäter gelegt, was sich im Nachhinein als falsch herausstellte (Jeske 2023). Ein anderes Beispiel stammt aus dem Sommer 2023, als nach einer Eskalation in einem Neuköllner Freibad erneut pauschal migrantische Jugendliche als Ausgangspunkt der Probleme markiert wurden. Eine Zunahme der Gewalt konnte jedoch statistisch nicht belegt werden (Wess 2023). In beiden Fällen überboten die Beiträge in den sozialen Medien einander förmlich in ihrer Menschenfeindlichkeit.

In Umfragen legte die AfD ab Sommer 2022 erstmals seit Ausbruch der Pandemie wieder zu. Ihre Zustimmungswerte kletterten kontinuierlich nach oben und überschritten im Juli 2023 erstmals die 20-Prozent-Marke; damit lagen sie doppelt so hoch wie bei der Wahl im September 2021.[19] In den ostdeutschen Bundesländern lagen die Zustimmungswerte bei über 30 Prozent.[20] Gleichzeitig hatte sich die Partei im Laufe der Jahre weiter nach Rechtsaußen radikalisiert. Bereits Ende 2019 war Tino Chrupalla, der dem völkisch-nationalen Spektrum der Partei nahesteht, für Gauland an die Seite von Meuthen in die Parteispitze aufgerückt. Nach dem Bundeswahlkampf 2021 übernahm Alice Weidel die Position von Meuthen. Weidel gehöre zwar nicht zu den Radikalen innerhalb der AfD, schreibt der langjährige Beobachter Gerd Wiegel (2023, S. 9), das Spektrum habe sich jedoch derart »durchgesetzt und eine solche Stärke gewonnen«, dass Weidel »vollkommen von diesem abhängig« sei. Die Partei zeigt sich folglich alles andere als gemäßigt, und das rechtsradikale Spektrum um Höcke ist so stark wie nie.

Befragt nach den Gründen, warum sie die Rechtsaußenpartei wählen würden, nannten im Sommer 2023 fast zwei Drittel jener, die der Partei ihre Stimme geben wollten, Zuwanderung und Migration, sowie rund die Hälfte jeweils Energie- und Klimapolitik und Wirtschaft (DeutschlandTrend, Jun. 23). Gleichzeitig stieg auch die Union seit 2021 wieder in der Gunst der Wähler:innen. Die Ampel verlor zusehends an Rückhalt in der Bevölkerung. Die Grünen mussten ebenso wie SPD drastische Rückschläge hinnehmen und verloren in der Regierung innerhalb von zwei Jahren jeweils um die zehn Prozentpunkte. Der FDP erging es nicht viel besser, und sie musste mittlerweile gar um den Wiedereinzug in den Bundestag bangen.[21] Interne Querelen, Uneinigkeit in zentralen Fragen des ökologischen Umbaus, die Zustimmung zu harten Asylrechtsverschärfungen auf europäischer Ebene und eine FDP, die sich in der Regierung vor allem als ein Korrektiv gegen Links sah und sieht (Thorwarth 2022), sorgten für ein zumindest durchwachsenes Bild der Regierungsführung, die weder der links-grünen noch der konservativen Klientel wirklich gerecht wurde.

Noch im Mai 2022 war die AfD zwar in Schleswig-Holstein am Wiedereinzug in den Landtag gescheitert und damit erstmals seit Jahren aus einem Parlament ausgeschieden. Im gleichen Monat hatte sie in Nordrhein-Westfalen zwei Prozent verloren. Im Oktober 2022 jedoch konnte sie in Niedersachsen ihr Ergebnis überraschend fast verdoppeln und wurde mit elf Prozent viertstärkste Kraft. Aus dem Bremer Landtag fiel sie im Mai 2023, weil sie über interne Streitereien gestolpert war und keine gültige Wahlliste eingereicht hatte. Stattdessen zogen die »Bürger in Wut« mit knapp zehn Prozent der Stimmen in den Landtag ein.

Einen symbolisch großen Erfolg konnte die AfD im Sommer 2023 verbuchen, als sich im thüringischen Sonneberg ihr Kandidat fürs Landratsamt deutlich gegen jenen der CDU durchsetzte. Zum ersten Mal war ihr damit die Wahl in ein Exekutivamt gelungen (Wiemann 2023). Und dies ausgerechnet in Thüringen, wo Höcke einen Landesverband leitet, der vom Verfassungsschutz als »erwiesen rechtsextrem« eingestuft wird (Balser 2021). Nur wenige Tage später gewann in Raguhn-Jeßnitz, Sachsen-Anhalt, der AfD-Kandidat das Rennen ums Bürgermeisteramt (Spiegel 2023b). Begrich (25. 6. 2023, Twitter) ist der Ansicht, dass die Partei nach Sonneberg versuchen werde, aus dem Ergebnis mehr zu machen, indem sie die Wahl als »Beginn eines blauen Domino-Effekts in Ostdeutschland« zu deuten versuche. Einen Dämpfer erhielt dieser Enthusiasmus Rechtsaußen, als die Oberbürgermeisterwahl in der thüringischen Kleinstadt Nordhausen Ende September eher überraschend der parteilose Amtsinhaber gewann (Sternberg 2023). Aber auch dort erreichte die Partei 45 Prozent, und so muss diese Wahl trotz der Niederlage als weiterer Schritt zur Normalisierung der AfD gesehen werden.[22] Deutlich wurde dies im Dezember, als im sächsischen Pirna dann doch noch ein Kandidat der AfD erstmals die Wahl zum Oberbürgermeister gewann, was jedoch kaum noch Aufsehen erregte.

Bei den Landtagswahlen in Hessen und Bayern konnte sie zudem erneut sehr starke Ergebnisse erzielen. Dort legte die AfD mit plus 5,3 beziehungsweise plus 4,4 Prozent deutlich zu und liegt nun bei 18,4, beziehungsweise 14,6 Prozent. In Hessen erzielte die Rechtsaußenpartei damit ihr bislang bestes Ergebnis in Westdeutschland und wurde hinter der CDU, die 34,6 Prozent (+7,6) erzielte, zweitstärkste Kraft.[23] Im Freistaat liegt die Rechtsaußenpartei hinter der CSU mit 37 Prozent (– 0,2) und den Freien Wählern mit 15,8 Prozent (+ 4,2) auf Platz drei.[24] Unmissverständlich deutlich machen die Wahlen, dass das Erstarken der Rechten nicht (mehr) auf den Osten beschränkt ist, sondern ein Thema ist, das den Westen gleichermaßen betrifft. Anfang 2024 schien die AfD noch ungebremst auf Erfolgskurs zu sein, doch dann deckte das Recherchenetzwerk Correctiv (2024) Mitte Januar ein Geheimtreffen auf, bei dem Parteimitglieder im November des Vorjahres auch mit anderen radikalen Rechten über einen »Masterplan« diskutierten, der nichts anderes als die massenhafte Vertreibung von Menschen aus Deutschland zum Ziel hatte. Die Enthüllungen machten einer breiten Öffentlichkeit deutlich, wie weit die Partei inzwischen im völkisch-nationalen Spektrum verankert war. Weit über eine Million Menschen gingen in den folgenden Tagen bundesweit auf die Straße, um in unzähligen großen und kleinen Demonstrationen und Kundgebungen, in Stadt und Land, in Ost und West gegen die AfD und das Erstarken der Rechten zu protestieren. Es waren die größten Demonstrationen gegen Rechts seit Jahrzehnten, und erstmals wurde die Möglichkeit eines Parteiverbotsverfahrens ebenso intensiv – wenn auch noch überwiegend skeptisch – diskutiert wie andere Möglichkeiten, die Partei einzuschränken.

Der Weg in den Kulturkampf

In den Jahren zuvor war die demokratische Widerständigkeit gegen Rechtsaußen allerdings eher im Begriff zu schwinden als zu erstarken – prominent, wie bei der Wahl Kemmerichs in Thüringen 2020, aber auch weniger auffällig, nicht zuletzt auf kommunaler Ebene in Ostdeutschland und vereinzelt auch im Westen. Bei entsprechenden Absprachen gingen Abgeordnete der CDU gemeinsam mit der AfD, wie der Politikwissenschaftler Steven Hummel (2023, S. 113) für Sachsen auswertet, nicht zuletzt gegen unliebsame antirassistische und kritische zivilgesellschaftliche Projekte vor, was deren Handlungsfähigkeit gegen Rechts erheblich einschränkte. Aber auch auf Landesebene, wiederum nicht zuletzt in Thüringen, waren immer wieder Kooperationen zu beobachten (vgl. Riese/Ballweber 2023; Spiegel 2023c; SZ 2022c). Auf Bundesebene gab es zwar auch in der gemeinsamen Opposition seit 2021 keine faktische Zusammenarbeit, was aber nicht über eine deutliche stilistische und inhaltliche Annäherung der Unionsparteien an den rechten Rand hinwegtäuschen konnte. Der neue Vorsitzende der Union Merz gab jenen Kräften in der Partei Auftrieb, die den Kurs Angela Merkels immer schon zu liberal und konsensorientiert, wenn nicht gar als zu progressiv empfanden. Immer deutlicher wurde der Kurs der Partei auf einen Kulturkampf um Themen wie Migration, Armut, Leistung und Geschlechterpolitik ausgerichtet. Dabei wurden die Grünen inklusive der links-grünen Lebensstile als Hauptgegner markiert. Insgesamt lässt sich aus all diesen Gründen schlussfolgern, dass im Herbst 2023 die Brandmauer nach Rechts bei den Konservativen de facto hinfällig geworden war, obschon führende Unionspolitiker:innen weiterhin ihre Existenz beteuerten.

Auch in Deutschland zeigte sich zunehmend jenes Phänomen, das die Politikwissenschaftlerin Natascha Strobl (2021b) für Österreich und die USA als »radikalisierten Konservatismus« beschrieben hat und das sie unter anderem daran festmacht, dass Konservative den immer schon prekären Konsens des gemeinsamen Eintretens für pluralistische und gesellschaftsliberale Werte aufgekündigt hätten. Dabei hatte es Mahnungen aus Zivilgesellschaft und Wissenschaft gegeben, die Politik solle aus den Ereignissen der 1990er Jahre lernen, statt zu versuchen, die Rechten durch die Übernahme ihrer Diskurse, Ressentiments und kulturkämpferischen Praktiken einzudämmen, zumal dies immer nur zu einer Stärkung von Rechtsaußen führe. Die dazugehörigen empirischen Belege habe ich im Rahmen der dargelegten Ereignisse der vergangenen Jahre erbracht, sie sind aber auch durch Studien belegt (Debus 2023).

Doch der Reihe nach: Die starken Verluste der CDU bei der Bundestagswahl 2021 hatten die Partei erschüttert. In den großen Koalitionen mit der SPD sowie in den Bündnissen auf Landesebene mit Sozialdemokraten und Grünen habe man zu viel Profil verloren, sei zu weit nach links gerutscht, lautete die vor allem in der Parteirechten verbreitete Analyse. Friedrich Merz war im Januar 2022 als neuer Parteivorsitzender der Christdemokraten mit dem Ziel angetreten, dem entgegenzuwirken, soziale Fragen wieder stärker in den Mittelpunkt zu rücken und die Zahl der AfD-Wählenden zu halbieren (Pausch 2022). Offenbar war man der Ansicht, dass dies durch eine stärkere Abgrenzung zu Links-Grün geschehen müsse, und so führte Merz die Partei Schritt für Schritt in eine polarisierende Auseinandersetzung.

Im Kern wurde ein Kulturkampf forciert. Das heißt, es setzte sich ein Politikstil durch, der sich an einem »streng dichotomen und manichäischen Weltbild« (Strobl 2021b, S. 54) orientiert. Kulturkampf ist ein Modus der Politik, eine Art, Dinge zu verhandeln. Es geht immer um mediale Aufmerksamkeit, man will Menschen emotional erreichen und sie über *ihre* vermeintliche Identität ansprechen. Sachfragen spielen dabei eine untergeordnete Rolle, vielmehr geht es darum, ob sich Politik gut anfühlt. Das bedeutet keineswegs, dass kulturelle und/oder identitätspolitische Fragen wichtiger sind als soziale, zumal Letztere immer mitverhandelt werden (Hillje 2022, S. 84). Es werden aber Sachfragen, Aspekte der sozialen Versorgung und der politischen Handlungsfähigkeit nicht als solche thematisiert, sondern als Bedrohung der eigenen Identität dargestellt, in diesem Fall einer weißen, deutschen Identität der Mitte. Beziehungsweise wird eine Politik gemacht, die eben diese Identitäten ins Zentrum stellt und ihren spezifischen Begehrlichkeiten Zugeständnisse macht. Ist in der Union davon die Rede, dass sich die Menschen in diesem Land dies oder jenes wünschen, dann handelt es sich bei »die Menschen« immer schon um eine hochselektive Auswahl, die im Wesentlichen aus der deutschen Mitte besteht. Die Gefahren des Kulturkampfs benennt die Historikerin Annika Brockschmidt (2023b) deutlich, wenn sie darauf hinweist, dass die Konservativen historisch durch solche Strategien praktisch immer zu »Steigbügelhaltern« der radikalen Rechten geworden seien.

Die rasche Abfolge regressiver Debatten seit Herbst 2021 über Migration, Armut und Geschlecht ist Ausdruck und Resultat der Diskursverschiebungen nach Rechts. Die heftige Polemik gegen Migration, die einen integralen Bestandteil dieser politischen Kommunikation bildet, ist uns oben bereits mehrfach begegnet. Zentral ist dabei, dass die Rechte nicht mehr alleine Ressentiments gegen Zuwanderung an sich bestärkt, sondern über den Vorwurf, es gebe eine woke linksliberale Kultur, eine Opfer-Täter-Umkehr vollzieht, wobei jene, die sich rassistisch äußern, zu Opfern von übertriebenen antirassistischen Kampagnen erklärt werden. Im eigentlichen affirmativen Sinne, so die Soziologin Veronika Kracher (2022), beschreibe der englische Begriff *woke* zunächst »eine Bewusstseinsentwicklung bezüglich der Omnipräsenz und systematischen Natur rassistischer Gewalt«, die Menschen progressiv durchlaufen. Wer sich als woke verstehe, erkenne »einen real existenten Unterdrückungsmechanismus und sieht die Notwendigkeit, diesen durch antirassistische Kämpfe aufzuheben«. In den aktuellen Diskussionen wird der Begriff hingegen negativ von Rechts besetzt; die Kritik an Rassismus und Ungleichheit wird zum eigentlichen Problem stilisiert. Von nun an scheinen nämlich die Kritiker:innen die vermeintlich normalen Menschen in ihrer demokratischen Meinungsfreiheit zu beschneiden, wenn sie sie für ihren Rassismus kritisieren.

Die radikale Rechte bedient sich dieser Strategie der Schuldumkehr seit Langem und treibt sie auf die Spitze, indem sie behauptet, die Weißen seien zu einer Minderheit geworden und verlören ihre Kultur. Sie wähnen sich »in der Position ›kolonisierter Ureinwohner‹ und führen daher einen ›antikolonialen Befreiungskampf‹« (Strick 2021, S. 111). Ihr Kampf richtet sich gegen angeblich linksliberale Eliten, die einen geheimen Plan der ›Umvolkung‹ oder des ›Großen Austauschs‹ verfolgen würden, um die einheimische Bevölkerung durch Zuwanderung zu dezimieren. Wie weit selbst solche radikalisierten Narrative bereits in bürgerliche Kreise vorgedrungen sind, zeigen zwei Beispiele: Zum einen prophezeite Thilo Sarrazin aufgrund der Zuwanderung und des Geburtenrückgangs unter weißen Deutschen den Untergang Deutschlands. Zum anderen sind die Äußerungen von Hans-Georg Maaßen (13. 1. 2023, Twitter) zu nennen. Der ehemalige Präsident des Bundesamtes für Verfassungsschutz, inzwischen weit nach Rechtsaußen gerückt, und noch bis Ende Januar 2024 CDU-Mitglied, spricht offen von »treibenden Kräften im politischen-medialen Raum«, die einen »eliminatorischen Rassismus gegen Weiße« vorantreiben und den »brennenden Wunsch« hegen würden, dass »Deutschland verrecken möge«.[25]

Kulturkämpferisch wurde als zweites Thema auch die Frage nach Sozialleistungen aufgegriffen. Beispielhaft ist die Debatte um die Reform von Sozialleistungen (»Hartz IV«) zum Bürgergeld im Herbst 2022. Darin richtete sich die identitätspolitische Ansprache direkt an die ›hart arbeitende Mitte‹, die von den Armen übervorteilt zu werden drohe. Mit einer reißerischen Kampagne »auf Stammtischniveau« (Butterwegge 2022) sorgten CDU und CSU gemeinsam mit der Regierungspartei FDP dafür, dass von der Reform nicht viel mehr als ein »besseres Hartz IV« (Gutensohn 2022) übrigblieb. Alexander Dobrindt (CSU, zit. nach Pausch 2022) frohlockte: »Opposition wirkt«. Markus Söder (21. 11. 2022, Twitter) legte nach: »Die CSU ist der Anwalt der Fleißigen. Leistung muss sich weiterhin lohnen.« Leistungsempfänger:innen wurde einmal mehr pauschal vorgeworfen, faul zu sein und der Mehrheit auf der Tasche zu liegen – ein Ton, den Gerhard Schröder (SPD) bereits bei der Durchführung der Hartz-Reformen angeschlagen hatte (Butterwegge 2015). Im Sommer 2023 wiederholte sich das Ganze in ähnlich gehässiger Weise, als es um den Inflationsausgleich um rund zwölf Prozent beim Bürgergeld ging. Die Unionsparteien prangerten diesen als ungerecht an, da sich Arbeit aus ihrer Sicht im Vergleich zum Bürgergeld dann nicht mehr lohne, weil der Staat falsche Anreize setze, was gerade Menschen im Niedriglohnsektor frustrieren müsse – den Mindestlohn deutlich anheben wollten sie aber auch nicht. Das gewerkschaftsnahe Wirtschafts- und Sozialwissenschaftliche Institut (WSI) wies den Vorwurf jedoch klar zurück und belegte, dass Menschen in Arbeit weiter bessergestellt waren (Polanz/Spinrath 2023).

Das dritte Dauerthema des regressiven Stakkatos war die anhaltende Kritik an Geschlechterpolitiken. Exemplarisch dafür steht der Parteitag der CDU im September 2022: Inmitten der sich zuspitzenden Klima- und Energiekrise sowie eines anhaltenden Krieges in Europa entschied sich der Parteichef (zit. nach Kathe 2022), seine Redezeit für einen Rundumschlag gegen gendergerechte Sprache zu nutzen. Er verkündete, Rundfunkanstalten und Universitäten seien keine »Volkserziehungsanstalten«. Alle müssten sich an die Regeln halten, »die wir uns alle in diesem Land gegeben haben – auch für die Verwendung der deutschen Sprache«. Diese Rhetorik fand Widerhall und ermöglichte immer wieder Kooperationen zwischen CDU und AfD. So setzten die beiden Parteien im Thüringer Landtag Ende 2022 zusammen den CDU-Antrag »Gendern? Nein Danke!« durch (Opitz 2022). Gleiches geschah unter zusätzlicher Beteiligung der FDP in Zwickau im Juni 2023 (Johannes Grunert, 30. 6. 2023, Twitter). Vordergründig wurde die deutsche Sprache verteidigt, doch mir scheint, dass im antifeministischen Kampf auch um deutsche Identität insgesamt gerungen wird. Auf dem Feld sind zudem Kooperationen innerhalb der Rechten naheliegend. So haben vielfältige Studien gezeigt, dass Antifeminismus, also »die politisch ausgerichtete organisierte Gegnerschaft gegenüber feministischen Emanzipationsbestrebungen« (Kalkstein u. a. 2022, S. 247), ein wichtiges Bindeglied zwischen der konservativen und der radikalen Rechten ist.[26]

Letztlich geht es dabei immer um die Sicherung von Macht und Privilegien einer heteronormativen Gesellschaft und männlichen Normalität. Besonders deutlich wird dies in den regelmäßig aufflammenden queerfeindlichen Kampagnen, an denen sich auch Konservative an vorderster Front beteiligen. So etwa im Mai 2023, als eine Dragqueen-Lesung für Kinder in der Münchner Stadtbibliothek von CSU und Freien Wählern heftig angegriffen wurde. Der bayerische Wirtschaftsminister Hubert Aiwanger (Freie Wähler) wetterte beispielsweise von »Kindeswohlgefährdung«, und CSU-Generalsekretär Martin Huber riet: »Vierjährige sollten mit Bauklötzen oder Knete spielen und nicht mit woker Frühsexualisierung indoktriniert werden« (beide zit. nach Wolf/Steinbacher 2023). Ähnliche Auseinandersetzungen hatte es zuvor bereits in Wien sowie in Zürich gegeben. Kritische Kommentator:innen wie Brockschmidt oder Kracher dokumentieren in ihrer Arbeit ohnehin seit Jahren die Zunahme homophober und antifeministischer Politiken und Gewalt – das gilt für Europa und die USA ebenso wie für Russland oder die Türkei. Die Rechte scheint sich bei diesem Thema global einig zu sein. Und so brach sich auch hier die Gewalt bald Bahn und homophobe sowie queerfeindliche Gewalttaten nahmen im Jahr 2022 deutlich zu (Litschko 2023a).

Allen drei genannten Themenfeldern gemeinsam ist das Narrativ, wonach den Menschen aus der vermeintlich normalen Mitte von links-grüner Seite etwas weggenommen werde, sodass sie in ihren Rechten beschnitten würden und nicht mehr sagen dürften, was sie denken. Grüne und Linke werden so kurzerhand als Antidemokrat:innen dargestellt, die die Demokratie mittels Denkverboten und Gesetzen einschränken. Markus Söder (5. 3. 2023, Twitter) brachte die Denkweise auf den Punkt: »Die Grünen leben in einer Fantasie- und Verbotswelt. Sie wollen letztlich eine andere Republik und die Deutschen umerziehen. Die Mehrzahl der Deutschen sorgt sich aber weniger um Wokeness und Genderpflicht, sondern um Inflation, Heizkosten und Strompreise.« Ähnlich klingt Merz 2022, wenn er sagt: »Die größte Bedrohung für die Meinungsfreiheit ist aus meiner Sicht inzwischen die Zensurkultur, die man im angelsächsischen Sprachgebrauch auch ›Cancel Culture‹ nennt.« Der »Kampf gegen Rechts« werde missbraucht, um gegen »völlig legitime Meinungen des demokratischen Spektrums oder sogar wissenschaftliche Erkenntnisse vorzugehen«.

Der Literaturwissenschaftler Adrian Daub hat sich intensiv mit dem Narrativ zur Auslöschung von Positionen aus dem demokratischen Diskurs auseinandergesetzt. Er stellt klar, dass es keine wissenschaftlichen Belege dafür gibt, dass eine links-grüne Macht in der Lage wäre, den Diskurs zu bestimmen oder gar Denkverbote zu verhängen (Daub 2022a, S. 64). Letzteres schon deshalb nicht, weil die Rechte die ganze Zeit ja sage, was sie angeblich nicht sagen dürfe. Politisch sei der Vorwurf der Cancel Culture dennoch hoch wirksam und erfolgreich, zumal er »eine bestimmte Interpretation der Wirklichkeit« (ebd., S. 230) anbiete und plausibel mache. Für Daub erfüllt die Rede vom Canceln primär den Zweck, »einmal wirklich rechts klingen, einmal ganz scharfe Töne spucken zu dürfen«, ohne sich als Rechts zu fühlen, zumal »alles im Dienst« des Kampfes für die Demokratie geschehe (ebd., S. 238). Am Ende »dieses Kampfes für Meinungsfreiheit« und gegen Cancel Culture sowie Wokeness stehe, so stellt Daub (2022b) an anderer Stelle fest, »für die rechten und konservativen Meinungsfreiheitskämpfer eigentlich immer eine Beschneidung der Meinungsfreiheit von anderen«.

Das Versagen der Union

Inzwischen haben die Konservativen ihre Angriffe ausgeweitet und gehen aufs Ganze, indem sie behaupten, eine links-grüne Politik gefährde die deutsche Identität insgesamt. »Die Ampel stellt die Lebensentwürfe von zig Millionen Menschen infrage«, behauptete etwa Jens Spahn 2023 und folgerte daraus, dass die CDU den Fehdehandschuh aufheben müsse. Das Ganze erinnert an Alexander Dobrindt (zit. nach Meyer 2018), der bereits 2018 in Anspielung auf radikal rechte Narrative den Wunsch nach einer »konservativen Revolution der Bürger« als Antwort auf die »linke Revolution der Eliten« formuliert hatte. Seitdem ist diese Programmatik in der Union offensichtlich mehrheitsfähig geworden. Allenthalben, auf den Social-Media-Kanälen der Parteiprominenz, auf Parteitagen, in Talkshows und Zeitungsinterviews, war zu hören, dass die Ampelregierung mit ihrem falsch konzipierten ökologischen Umbau Unsicherheiten und Ängste schaffe, die letztlich der AfD zugutekämen.

In dieses Bild passt, dass im Sommer 2023 eine altbekannte Figur erneut die Bühne betrat: der *besorgte Bürger*. Als Anfang Juni in Erding bei München mehr als 10 000 Menschen gegen die Pläne der Bundesregierung für ein ökologisches Wärmegesetz demonstrierten, waren offensichtlich auch Sympathisant:innen der AfD sowie Personen aus dem Umfeld der vergangenen Coronaproteste vor Ort. Auf der Kundgebung sprachen Söder sowie Aiwanger. Ersterer wurde ausgebuht, betonte aber dennoch, dass sich hier die »Bürgerliche Mitte« treffe. Letzterer hingegen wurde gefeiert, als er in die Menge rief: »Ihr seid dabei, Deutschland zu retten«. Nun sei der Punkt erreicht, »wo die große schweigende Mehrheit sich die Demokratie zurückholen muss und denen in Berlin sagen: ›Ihr habt ja wohl den Arsch offen da oben‹« (beide zit. nach Wengert u. a. 2023). Eine Folgeveranstaltung floppte; stattdessen gingen in München rund 10 000 Menschen unter dem Motto »Ausgetrumpt« gegen den »Rechtsruck« und für gesellschaftlichen Zusammenhalt auf die Straße (DLF 2023c). Kurz vor den Landtagswahlen demonstrierten erneut mehr als 30 000 Menschen »gegen Ausgrenzung, Rassismus und Antisemitismus« (Schröter u. a. 2023).

Ein Grund für den starken Zulauf der letztgenannten Demonstration war mit Sicherheit, dass Aiwanger und Söder Ende August und damit nur wenige Wochen nach dem ersten Vorfall erneut im Rampenlicht standen. Diesmal ging es um ein antisemitisches Flugblatt, das Aiwanger in seiner Schulzeit verfasst haben soll, sowie um Vorwürfe rechter Umtriebe zur gleichen Zeit (Bergholz 2023). Trotz erheblicher Erinnerungslücken, widersprüchlicher Angaben zu den Vorwürfen, scharfer Angriffe auf die Presse, die die Affäre ins Rollen gebracht hatte, und halbherziger Entschuldigungen konnte Aiwanger mit Söders Unterstützung die Affäre aussitzen und im Wahlkampf seinen Erfolg im Bierzelt feiern (Brockschmidt 2023a). Politisch hatte die Episode für ihn keine Konsequenzen, wie der Ausgang der Bayernwahl Anfang Oktober desselben Jahres zeigte: Seine Freien Wähler legten um über vier Prozent zu. Für den Historiker Jürgen Zimmerer (zit. nach Jüdische Allgemeine 2023) wie für viele andere Kommentator:innen war die Affäre Aiwanger ein »Tiefpunkt in der Geschichte der deutschen Erinnerungskultur«, sie müsse als »Wendepunkt« verstanden werden. Mit Aiwanger sei der von Rechtsaußen geäußerte und zunehmend in der Mitte der Gesellschaft verankerte Wunsch nach einem Schlussstrich unter die deutsche NS-Geschichte samt Verantwortung für die Shoah endgültig »salonfähig« geworden.

Der Wandel, den die CDU unter Merz vollzogen hat, wird auch von führenden Parteimitgliedern als Abkehr von der Mitte und als Versuch bewertet, »einen neuen Sound« zu etablieren (Hans 2023). Der CDU-nahe Politikwissenschaftler Andreas Püttmann (2023) wirft der über Jahrzehnte staatstragend und sachlich auftretenden Partei vor, sie wirke »unter Merz nun wie eine Tanzbärin der feixenden deutschen Rechten«. Zudem sei das Christliche sträflich vernachlässigt worden: Die Partei fokussiere sich zu einseitig auf »Wohlstandsbürger« und die »Besserverdienenden«; dabei kappe man die Verbindungen zu den einst prägenden christlichen Grundwerten, ohne dies klar zu benennen, weil man »zu feige« sei. Es ist wichtig anzuerkennen, dass es durchaus Widerspruch innerhalb der CDU gab. Bereits im Winter 2022, als die Entscheidung über die Ampelpläne zur Novellierung des Bleiberechts im Bundestag anstand, enthielten sich 20 Abgeordnete der Unionsfraktion der Stimme (Schwietzer 2022) und signalisierten damit, dass sie mit dem polarisierenden Kurs nicht einverstanden waren.

Noch deutlicher wurde die Kritik im Streit um die Zukunft der Brandmauer. Im Sommerinterview hatte der Parteichef wenige Tage nach der Wahl in Sonneberg erklärt, dass eine Zusammenarbeit mit der AfD auf kommunaler Ebene künftig nicht mehr ausgeschlossen sei (Heescher 2023). Daraufhin meldeten sich unter anderem die Bundestagsvizepräsidentin Yvonne Magwas, die Vorsitzende der Frauen-Union Annette Widmann-Mauz, mehrere Landesvorsitzende und diverse Bürgermeister:innen empört zu Wort (Heescher 2023). Selbst dem konservativen hessischen Ministerpräsidenten Boris Rhein (zit. nach Voigts 2023) gingen die Äußerungen von Merz zu weit. Mit einer vom Verfassungsschutz beobachteten Partei könne es keine Zusammenarbeit geben, stellte er klar.

So laut der innerparteiliche Widerspruch war: Merz hatte mit seinen Äußerungen letztlich *nur* versucht, die faktisch gerade im Osten bereits bestehende Situation zu normalisieren und nicht, wie viele es darstellen, eine neue Option zu schaffen. Der Widerspruch und die Tatsache, dass Merz zurückrudern musste, haben also nicht die Brandmauer nach Rechtsaußen wiederhergestellt, sondern nur den Diskurs darüber, den Anschein, dass es sie noch gäbe. Offensichtlich wurde dies, als zwei Monate später CDU, FDP und AfD im Erfurter Landtag gemeinsam, wie schon bei der Wahl Kemmerichs, und mutmaßlich nach Absprachen, die Senkung der Grunderwerbsteuer gegen den Willen der rot-rot-grünen Minderheitsregierung im Land durchsetzten (Riese/Ballweber 2023). Erneut ließen Union und Liberale zu, dass die Rechtsaußenpartei Gestaltungsmacht demonstrierte und ihre Oppositionsrolle verlassen konnte. Aus Thüringen hieß es nach heftiger Kritik an dem neuerlichen Vorgehen seitens der CDU: »Die Leute haben die Schnauze voll von diesen parteitaktischen Spielen« (Voigt in Tagesthemen 14. 9. 2023, Twitter), die Partei müsse eigene Politik machen können, unabhängig davon, was andere denken und wie sie dann abstimmen.

In der CDU begannen nun einige an zentraler Stelle, ihr Verständnis von Kooperation und Zusammenarbeit grundlegend zu überdenken, was die Aussagen von Andreas Rödder (2023) belegen. Der Historiker und ehemalige Leiter der CDU-Grundwertekommission, ein Merz-Vertrauter, zog die »rote Linie« nun, anders, als die Partei es früher getan hatte, erst sehr spät und stellte klar, dass es erst dann problematisch würde, wenn sich eine mögliche CDU-Minderheitsregierung »offiziell von der AfD tolerieren ließe und dafür Absprachen eingehen« würde. Eine Regierung, die »ihre Mehrheit immer wieder neu suchen« müsse, finde er indes akzeptabel. Inhaltlich war die Annäherung ohnehin schon weit fortgeschritten, wie eine Auswertung der Wahl-O-Mat-Antworten[27] zeigte (Gschoßmann 2023): Auf Bundesebene stimmten demnach 55 Prozent der Positionen von CDU und AfD überein, in Thüringen und Bayern gar 74 Prozent und in Hessen 66 Prozent, wobei die Überschneidungen in den Bereichen Umwelt und Klima sowie Wirtschaft und Finanzen am größten ausfielen.

Kulturkampf um Privilegien

Die Krisen der vergangenen Jahre und ihre politische Bewältigung haben die Gesellschaft verändert. Sie waren wichtige Katalysatoren für den Protest, der aber nicht nur auf die Geschehnisse reagierte. Er war auch ein krisenformierendes Element, insofern er Erzählungen und Deutungen anbot, wie die Krisen zu verstehen und zu bewältigen seien, und damit ein Verständnis der Krisen selbst mit hervorbrachte. Offensichtlich haben die Krisen zunehmend auch jene Milieus erreicht, die sich lange Zeit qua ihrer Position in der Mitte gegen Ungemach gefeit glaubten. Sie waren auf die Verwerfungen der vergangenen Jahre nicht gut vorbereitet. Die Mechanismen der politischen Krisenbewältigung und die Gesellschaft, in der sie sich entfalteten, förderten die Ungleichheit. Es war die Rechte, die am deutlichsten von diesen Erfahrungen und Verunsicherungen profitierte. Es gelang ihr, auf der Straße zu mobilisieren, gesellschaftliche Stimmungen zu vervielfältigen und teilweise zu prägen. Das Umfragehoch der AfD, die starken Ergebnisse in Hessen und Bayern sowie die kommunalen Erfolge bei Wahlen zu Exekutivämtern belegen zudem, dass die Rechtsaußenpartei insbesondere in Ostdeutschland mehrheitsfähig und im Westen endgültig fest in der Fläche verankert ist.

Mit ihren permanenten Grenzüberschreitungen und Provokationen hat die AfD den Raum des Sag- und Denkbaren sukzessive nach Rechts geöffnet. Dass die Unionsparteien diesen allzu leichtfertig und bereitwillig betraten, hat zu seiner Normalisierung beigetragen. Die zu beobachtenden Verschiebungen nach Rechts sind somit auch das Ergebnis eines sich radikalisierenden Konservatismus, der sich die Narrative und Praktiken von Rechtsaußen zu eigen macht. Damit verleiht er ihnen eine entscheidende Dynamik, ohne aber selbst von ihr zu profitieren, da sie eher die Partei Rechtsaußen stärkt. Verstärkt und untermalt wurden die Entwicklungen nach Rechts durch die Eskalation der physischen Gewalt auf der Straße und der verbalen Gewalt in den sozialen Medien. Sie richtete sich insbesondere gegen Migrant:innen, People of Color, Menschen jüdischen und muslimischen Glaubens, Frauen sowie queere, linke Menschen sowie politische Repräsentant:innen.

All dies ist nicht neu. Die Übergriffe, die rechten Diskurse, die Anknüpfungspunkte in der Mitte der Gesellschaft gab es schon früher. Aber heute, so haben Maximilian Pichl, Vanessa Thompson und ich (2023) argumentiert, erleben wir eine gleichzeitige Beschleunigung rechter und autoritärer Entwicklungen in ganz unterschiedlichen Bereichen. Wir sehen, dass Grund- und Menschenrechte immer wieder zur Disposition stehen und dass mit der AfD heute eine Partei existiert, die diese Entzivilisierung nicht nur forciert, sondern auch in der Lage ist, die Menschen darin zu beheimaten und politisches Kapital daraus zu schlagen. Das Erstarken von Rechtsaußen ist somit eindeutig nicht nur ein Krisensymptom, sondern auch ein krisentreibender Faktor. Aus den Ereignissen ziehe ich drei Schlüsse, die für die These einer *Regression der Mitte* sprechen.

I. Besorgte Bürger überall

Protest war allgegenwärtig in den vergangenen Krisenjahren. Progressive Bewegungen vermochten durchaus Erfolge zu verbuchen, wenn auch nur langsam und mit vielen Widersprüchen. Nach Jahren der politischen Auseinandersetzungen um Rassismus und rechte Gewalt, geführt von Betroffenen sowie der Zivilgesellschaft, war es der Gesellschaft nach dem Anschlag von Hanau möglich, Rassismus und Rechtsradikalismus unmissverständlich als die zentralen Gefahren für Demokratie anzuerkennen. Auch der Aktivismus fürs Klima war insofern erfolgreich, als er ein Thema, das lange Zeit in den Schubladen der Verwaltungen zu verstauben drohte, auf die Tagesordnung setzte. Er machte darauf aufmerksam, dass sofort gehandelt werden muss, soll das Abkommen von Paris noch eingehalten werden. Kaum Gehör fand hingegen der mannigfache Protest, der auf die wachsende soziale Ungleichheit sowie den Mangel an politischer Partizipation hinwies. Die Art und Weise, wie die progressiven Bewegungen politisch konfrontiert und medial angegangen wurden, zeigte deutlich: Sie werden vornehmlich als Störung empfunden. Ihr Aktivismus gilt als Intervention von außen, ihre Forderungen wurden in der Tendenz als irrational und überzogen bewertet. Anders erging es den Menschen, die mit Pegida und anderen rassistischen Initiativen auf die Straße gingen, die sich an den Coronaprotesten oder jenen im Zuge der Energiekrise beteiligten. Ihre Belange wurden als legitime Sorgen von *besorgten Bürgern* dargestellt, die es politisch ernstzunehmen gelte.

In diesem Gefüge war es hochproblematisch, dass angesichts des Hasses, des Rassismus und des Willens, sich egoistisch durchzusetzen, politisch Verantwortliche immer wieder von legitimen Anliegen sprachen. So wurde und wird die regressive Stimmung sukzessive normalisiert. Verschlimmert wurde die Situation dadurch, dass manch lokale Politiker:in an den Protesten selbst teilnahm, dass die eine oder andere Kommunalverwaltung selbst an flüchtlingsfeindlichen Initiativen und dem

Unterlaufen von Corona-Schutzmaßnahmen beteiligt war und dass innerhalb der Unionsparteien politische Schwergewichte immer wieder den Boden für rechte Narrative bereiteten, wenn sie gegen Arme, Geflüchtete, Ausländer:innen und den Protest von Klimaaktivist:innen wetterten. Dieses Versagen der politischen Mitte in den vergangenen Jahren hat zum Aufstieg der Rechten mit beigetragen. In der Gesellschaft verbreiteten sich regressive Neigungen, und schlimmer noch: Unter den Augen der Sicherheitsbehörden und Politik entstand so jenes Gefüge, in dem sich in der vermeintlichen Zone der gesellschaftlichen Stabilität terroristische Zellen etablierten. Über die Jahre hinweg verdichtete sich eine radikal rechte Bewegung, die immer selbstbewusster auftrat.

II. Polarisierung im Kulturkampf

In den Auseinandersetzungen um die verschiedenen Krisen wurde mehr als deutlich, dass nicht allein die radikale Rechte sich zunehmend der Mittel des Kulturkampfes bediente. Das Schüren migrationsfeindlicher Ressentiments und von Rassismus, die laute Kritik an der »Gendersprache«, der Vorwurf einer Cancel Culture, das latente Treten nach unten, das Betonen von Freiheit und Eigenverantwortung, all dies war in der Rhetorik der Unionsparteien, aber auch der FDP in unterschiedlicher Gewichtung und mit variierenden Nuancen zu vernehmen. Sie bedienten sich der Methoden von Rechtsaußen und beschritten damit einen spezifischen Pfad der regressiven Identitätspolitik. Zum Vorschein kam in all seiner Rohheit der »radikalisierte Konservatismus« (Strobl 2021a, 2022).

Überschneidungen zwischen Konservativen und Rechtsaußen sind nichts Neues: Sie reichen zurück bis zur autoritär-nationalen und antidemokratischen »Konservativen Revolution« der Weimarer Republik (Salzborn 2017; Weiß 2017); sie ziehen sich durch die NS-Zeit bis in die Nachkriegszeit, als die Entnazifizierung von

Wirtschaft und Politik gerade in der BRD eher schlecht als recht vollzogen wurde; sie finden sich in den Debatten um Zuwanderung und Migration der 1980er und 1990er sowie in der Unfähigkeit, die blutige Spur der Morde des NSU rechtsradikalen Täter:innen zuzuordnen; und sie finden sich in der ressentimentgeladenen Abwehr von Migration in den Jahren nach 2015. Christoph Butterwegge und Kolleg:innen stellten schon 2002 heraus, dass »Themen der Rechten« auch »Themen der Mitte« sind. Weiß (2017, S. 64) macht darüber hinaus deutlich, dass die radikale Rechte in den 1980er Jahren personell »noch wesentlich enger mit der bürgerlichen Rechten verbandelt« war als heute. Heute geht es folglich eher um geteilte Diskursstrategien, mit denen gemeinsam, aber personell und organisatorisch getrennt, Ressentiments befeuert werden. Abwehren soll das eine weitere politische Liberalisierung sowie Pluralisierung, verteidigt werden Wohlstand und Macht.

Die Strategie des Kulturkampfs, wie ihn der radikalisierte Konservatismus betreibt, ist gefährlich, weil er unausweichlich demokratische Normen aushöhlt. Es gibt keinen Kulturkampf *light*. Er basiert immer darauf, emotionale Widerstände gegen progressive Errungenschaften zu erzeugen und sie letztlich politisch zu bearbeiten. Sind die regressiven Emotionen erst entfesselt, drohen sie immer weiter zu eskalieren. Ihnen dann Einhalt zu gebieten ist weit schwerer, als sie freizulassen. Der Kulturkampf richtet sich in jeder Form, ob gewollt oder nicht, letztlich gegen das oben bereits im Anschluss an Balibar (2012) eingeführte demokratische Prinzip der Gleichfreiheit. Dieses Prinzip ermöglicht es allen und insbesondere auch den Ausgeschlossenen, sich die Idee der Demokratie anzueignen und gegenüber der Mehrheitsgesellschaft das Recht einzufordern, als Gruppe mit den eigenen Körpern, Wünschen und Sehnsüchten Teil der demokratischen Gesellschaft zu sein. Wird dies mit Verweis auf etablierte Normalitätsvorstellungen verweigert, wird nicht nur die geforderte Teilhabe, sondern auch die Logik des Demokratischen insgesamt zurückgewiesen. Progressive und regressive Politiken markieren also nicht lediglich Pole des Politischen innerhalb der Demokratie, vielmehr wird zwischen beiden der Konflikt um den Gehalt der Demokratie und die Allgemeingültigkeit demokratischer Normen ausgehandelt. Der Kulturkampf dreht sich um die Frage, ob das Recht auf Teilhabe tatsächlich für alle gelten soll oder ob Ausgrenzung und Marginalisierung fortbestehen, beziehungsweise gar vertieft werden.

Eine weitere reale Gefahr des entfesselten Kulturkampfes liegt in seiner Tendenz, die Gesellschaft effektiv zu polarisieren. Den beliebten Begriff Polarisierung benutze ich nicht leichtfertig. Kern einer polarisierten Gesellschaft ist, dass sich die Konfliktlinien verschiedener Auseinandersetzungen, die an sich nichts miteinander zu tun haben müssen, überlagern. Das heißt, dass die Fronten politischer Auseinandersetzungen etwa um Migration sowie um Geschlechter-, Klima- oder Sozialpolitik immer entlang der gleichen Gruppengrenzen verlaufen, obwohl dies thematisch nicht zwingend ist. Polarisierung führt also dazu, dass die Gesellschaft sich zunehmend entlang *eines* dominanten Grabens spaltet, der zum bestimmenden Faktor der Freund-Feind-Differenzierung wird (Kühn/Rehse-Knauf 2022).

Mau und Kolleg:innen (2023) haben dieser Diagnose für Deutschland klar widersprochen. Anders als etwa in den Vereinigten Staaten gelte für Deutschland, dass, obwohl es Konflikte gebe, »die soziale und politische Geographie […] sich jedenfalls nicht entlang zweier mehr oder weniger klar umrissener Lager kartieren« lasse (Mau 2022b, S. 17): »Die Pufferzone der Gesellschaft – man könnte auch sagen: die Welt des Dazwischen – ist weitaus größer als die polarisierten Fraktionen.« (ebd.)[28] Eine grundlegende Polarisierung können auch die Wissenschaftler:innen des Forschungsinstitutes gesellschaftlicher Zusammenhalt nicht feststellen; dennoch finden sie Anzeichen dafür, dass »die deutsche Bevölkerung in gesellschaftspolitisch bedeutsamen Einstellungen und Orientierungen« in systematischer Weise auseinandergehe (FGZ 2022, S. 64). Sie beschreiben drei Konfliktachsen, die jeweils nicht als Pole der jeweils anderen gelten und bisweilen quer zueinander liegen. Und zwar sind das

Fragen der Migration und kulturellen Vielfalt, des Konventionalismus und Autoritarismus sowie die »Sensibilität gegenüber sozialen Ungleichheiten«. Der von Parteien der konservativen Mitte an der Seite von Rechtsaußen forcierte Kulturkampf dürfte jedoch zumindest mittelfristig die Konfliktachsen parallelisieren und damit ihre Widersprüche verschärfen. Jetzt schon zu beobachten ist, dass einzelne Konfliktachsen in der Gesellschaft wie der Streit um Migration oder Gender besonders bespielt werden, was ihnen im Gesamtgefüge mehr Gewicht gibt als anderen.

Die rhetorisch noch immer bemühte Brandmauer gegen Rechtsaußen wird in einem solchen, tendenziell polarisierten Gefüge faktisch hinfällig, weil der CDU gerade in den ostdeutschen Ländern angesichts der erstarkenden AfD dereinst nur noch in einer Kooperation mit Rechtsaußen eine Option auf Regierungsverantwortung bleiben könnte. Nach Monaten der Polarisierung gegen links-grüne Positionen wäre einerseits der eigenen Klientel eine Regierungsbildung unter Beteiligung der Grünen kaum noch zu erklären. Andererseits sind angesichts von 30 Prozent und mehr für die AfD laut Prognosen primär Konstellationen zu erwarten, in denen ohne die Grünen keine demokratische Koalition denkbar ist und folglich nur Schwarz-Blau oder gar Blau-Schwarz als Option bliebe. Bald könnten sich die Unionsparteien bewusst in eine Situation manövriert haben, in der sie sich zwischen der Realisierung ihres Machtanspruchs *mit* der AfD *oder* der Opposition gegenüber einer Minderheitsregierung, wie bereits 2020–2024 in Thüringen, entscheiden müssen. Die Mauern nach Rechtsaußen zerbröseln seit längerem durch schleichende Prozesse der Normalisierung, ausgehend von einzelnen Experimenten hier und da in Kommunen und auf Landesebene; sie werden nicht mit einem Rumms zusammenbrechen. Dieses Bröseln ist sehr weit fortgeschritten – »wehret den Anfängen« liegt weit hinter uns. Es stellt sich nun eher die Frage, wie damit umzugehen wäre, sollte eine schwarz-blaue Regierung in Form einer Koalition oder als von der AfD geduldete schwarze Minderheitsregierung auf Landesebene Realität werden. Beispiele, wie ein solches Rechtsbündnis aussehen könnte, gibt es in Europa von Schweden und Finnland über Österreich, die Schweiz und Ungarn bis nach Italien mittlerweile zur Genüge.

III. Verteidigung von Privilegien

Die Polarisierung der Gesellschaft vollzieht sich zwischen der Regression und dem Progressiven, wobei es immer um die Frage des Erhalts von Privilegien und Macht, beziehungsweise deren Aufhebung und Veränderung geht, wie die Beobachtung der Konflikte der vergangenen Jahre zeigt. Da war die Ablehnung der Zuwanderung, die als Bedrohung des Eigenen zurückgewiesen wurde. Dies hat mit dem tradierten Rassismus und mit in der Gesellschaft weit verbreiteten Ungleichwertigkeitsvorstellungen zu tun, aber auch mit Privilegien beim Zugang zum Arbeits- und Wohnungsmarkt, zu öffentlichen Räumen oder staatlichen Leistungen, die die Alteingesessenen für sich beanspruchen, weil sie über Generationen Nation und Volk aufgebaut hätten (vgl. Elias/Scotson 1993 [1965]; Gest 2016). Dabei geht es immer auch um den Vorrang weißer Gruppen vor den anderen, beziehungsweise um deren Machterhalt. Dann gab es den Konflikt um die Coronaregeln, die nebst Verschwörungen zentral um den Topos der Freiheit kreisten. Sie waren auf das Privileg gerichtet, tun und lassen zu können, was man will, unbehelligt von Staat und Gesellschaft.

Am deutlichsten jedoch tritt die Frage der Privilegien im Kontext der Klimakrise hervor, die die etablierten und von Rechts politisierten Lebensstile in grundlegender Weise in Frage stellt. Der Konflikt, der sich in der Mitte der Gesellschaft ausbreitet, betrifft weniger die Frage, ob es den Klimawandel gibt, als die nach dem Umgang damit. Sollen die, die heute schon besser gestellt sind, ihre Privilegien behalten, während die weniger Wohlhabenden – im Globalen Süden schon heute, und in

Deutschland sehr bald ebenfalls – das Gros der Last tragen müssen? Oder wird eine globale und soziale Antwort auf die Krise gefunden? Die bereits jetzt spürbare Klimakrise wird unsere Welt verändern, ob wir wollen oder nicht. Wir befinden uns insofern tatsächlich mitten in tiefgreifenden gesellschaftlichen Umbrüchen, die als Epochenbruch gedeutet werden können. Die Frage, welchen Ausgang die Entwicklungen nehmen werden, ist noch nicht beantwortet. Entscheidend wird sein, ob wir es als Gesellschaft schaffen, einen Weg aus den regressiven Mustern und deren Politisierung zu finden oder nicht.

Eng verbunden mit den Vorstellungen von legitimen Privilegien, die es zu erhalten gelte, die letztlich aber die regressiven Muster verstärken, sind Wünsche nach Normalität und Stabilität (Lessenich 2022). Besitzstandswahrung und Statussicherung gepaart mit dem Glauben an den Aufstieg sind die Werte, auf denen die Mittelschicht beruht (Mau 2012, S. 190). In wachsender Unsicherheit geraten althergebrachte Normalitätsvorstellungen unter Druck. In einem solchen Gefüge haben es progressive Antworten schwer, durchzudringen. Der Verlust der Fähigkeit, Utopien und Visionen zu entwickeln, macht sich nun bemerkbar. Ohne politisch formulierte – auch von Parteien getragene – sozial-ökologische Visionen, die den Menschen ein normatives und praktisches Angebot für die Zukunft machen, dürften regressive Elemente weiter erstarken.

Teil II
Im Wohnzimmer

Im vorherigen Teil standen die gesellschaftlichen Krisenentwicklungen der Jahre seit 2008 sowie die damit verbundenen Proteste im Mittelpunkt. Nun möchte ich die Perspektive wechseln und die Stimmungslagen der Menschen ergründen, die als Mitte der Gesellschaft gelten können. Im Zentrum stehen die Fragen danach, was die Menschen als Krisen wahrnehmen, wie es ihnen geht, was sie sich wünschen. Dadurch möchte ich mehr über die Prozesse herausfinden, die der Mitte der Gesellschaft eingeschrieben sind und die Rechte dort anschlussfähig und ihre Erzählungen plausibel machen. Im Rahmen meines Forschungsprojektes wurden seit 2019 insgesamt knapp fünfzig wissenschaftliche Interviews mit Bewohner:innen von zwei Stadtteilen aus Frankfurt am Main sowie einem in Leipzig geführt.[1] Die Projektmitarbeiter:innen waren längere Zeit in den Stadtteilen unterwegs und haben dort auch das Alltagsleben erkundet.[2]

Erforscht wurden in Frankfurt die Stadtteile Riederwald und Nied sowie in Leipzig Grünau. Ausschlaggebend für die Auswahl war, dass die AfD in allen Stadtteilen seit 2017 erfolgreich ist und diese jeweils an den Rändern der Städte liegen. Gesprochen haben wir mit Menschen, die in Deutschland wahlberechtigt sind. Da es uns darum ging, die Stimmung in den Stadtteilen insgesamt einzufangen, haben wir Menschen aus allen politischen Lagern befragt. Geachtet haben wir darauf, mit Menschen unterschiedlichen Alters sowie zu gleichen Anteilen mit Männern und Frauen zu sprechen. Die allermeisten unserer Gesprächspartner:innen waren weiß und hatten keinen Migrationshintergrund. Dies hinterlässt in einer postmigrantischen Gesellschaft gewichtige Leerstellen, war aber zwecks Erforschung der Stimmung in den Milieus der deutschen Mitte durchaus gewollt. Klar wird dadurch aber, dass der Befund einer *Regression der Mitte* seine Grenzen hat. Ich spreche bewusst nicht von einer ganzen Regressionsgesellschaft; dies wäre mit der vorliegenden Empirie nicht zu begründen.

Die Fokussierung auf drei periphere Stadtteile ist auf der Suche nach regressiven Prozessen in der Mitte, die womöglich den Aufstieg der Rechten begünstigen, vor allem deshalb sinnvoll, weil alle drei von ihrer Sozialstruktur her Orte sind, an denen die Mittelschicht unmittelbar mit Abstiegserfahrungen und deren Folgen konfrontiert ist. Riederwald, Nied und Grünau sind Stadtteile, in denen einst Facharbeiter:innen und Angestellte der Aufstiegsgesellschaft ein Zuhause hatten und sich als Mehrheit empfanden, wo jedoch auf Grund von Strukturwandel, Neoliberalisierung und Migration im Verlauf der vergangenen Jahrzehnte grundlegende Verschiebungen zu beobachten waren, die Statusängste und Abwehrreflexe auslösten.

Der Vergleich der Stadtteile von Frankfurt und Leipzig dient über die Kontrastierung der Fallbeispiele der Präzisierung der Argumentation. So können lokale Spezifika von verallgemeinerbaren Tendenzen unterschieden werden. Riederwald und Nied sind nicht gleich Frankfurt und schon gar nicht gleich Westdeutschland, auch wenn ihre Lage in einer westdeutschen Metropole eine Rolle spielt. Gleiches gilt für Grünau, allerdings für Ostdeutschland. Ich bin mir bewusst, dass man bei Ost-West-Vergleichen oftmals dazu tendiert, Ostdeutschland als Abweichung und Westdeutschland als die Norm zu beschreiben (Quent 2016). Ich werde versuchen, nicht in diese Falle zu tappen.

Was ich im Folgenden darlege, basiert auf den Erzählungen vor Ort und deren strukturierter Auswertung. Gesucht habe ich dabei nach Gründen für den oben bereits beschriebenen Aufstieg der Rechten.[3] Die Ursachen sind komplex. Der Forschungsstand zeigt, dass eine Vielzahl unterschiedlicher Faktoren zusammenwirkt, wobei Erfahrungen von Krisen, des Abstiegs und der Verunsicherung, Entdemokratisierung sowie rassistische Einstellungen besonders ins Gewicht fallen (Mullis/Zschocke

2019, S. 26–29). Stets geht es aber auch um Normvorstellungen und die damit verbundenen Glückserwartungen und Gerechtigkeitsvorstellungen (Dubiel 1994, S. 200 f.). Darauf aufbauend fokussiere ich in den Gesprächen auf genau diese Aspekte und werde herausarbeiten, wie sich die *Regression der Mitte* vollzieht und welche Konturen sie annimmt. Ich werde zeigen, dass die für die Bewegung nach Rechts als ursächlich identifizierten Erfahrungen keineswegs nur solche Menschen machen, die dann auch eine Rechtsaußen-Partei wählen, sondern dass sie in der Gesellschaft insgesamt zumindest graduell wirksam sind. So nimmt bei sehr vielen Menschen die Verunsicherung und Unruhe zu, was aktuell offenkundig die regressive Sehnsucht nach einer homogeneren, sichereren und übersichtlicheren Welt wachsen lässt. Dies ist selbstverständlich nicht die einzige mögliche Folgerung, es wären auch progressive Reaktionen möglich, in den Gesprächen spielen diese allerdings kaum eine Rolle.

Deutlich wird, dass die Vergangenheit mitsamt ihrer immanenten Ungleichheit zum Glückshorizont für die Zukunft wird. Verstärkt wird dieser Blick zurück dadurch, dass die Menschen angesichts von Pandemie, Krieg und Klimakrise heute erstmals im vereinten Deutschland umfassende Krisenerfahrungen durchleben. Die gesellschaftliche Dynamik mindert die Fähigkeit, individuelle Unsicherheiten auszuhalten, erheblich. Gleiches gilt für die Zuversicht auf eine zufriedene Zukunft. Und da in der Mitte kaum progressive oder gar utopische Visionen für Gesellschaft kursieren, hat die Rechte leichtes Spiel dabei, die regressive Stimmung für ihre Zwecke zu nutzen. Bevor wir uns jedoch den Erzählungen von Krise und Abstieg, den verbreiteten Einstellungen zur Demokratie und den Ressentiments zuwenden, müssen wir uns zunächst noch einmal vergegenwärtigen, wo wir stehen.

Der Riederwald und Nied in Frankfurt am Main haben genauso wie Grünau in Leipzig eine Geschichte als Arbeiterviertel; sie galten einst als respektable Orte, wo die Mitte der Gesellschaft ein Zuhause fand. Heute haben sie jeweils ein negatives Image, dafür werden Verarmung, Zuwanderung und mangelnde Infrastruktur verantwortlich gemacht. Im Riederwald, der im Wesentlichen von zwei Siedlungen aus den 1920er und 1930er Jahren geprägt ist, wohnen rund 5000 Menschen. Er wird aufgrund seiner jahrzehntelangen Tradition als SPD-Hochburg auch als »Roter Riederwald« bezeichnet. Die Tradition ist bis heute spürbar, daher ist die Zivilgesellschaft dort noch immer vergleichsweise stark organisiert.

In Nied hingegen leben rund 20 000 Menschen, der Stadtteil besteht aus einem Altstadtkern, einer Siedlung aus den 1930ern und diversen Neubausiedlungen der Nachkriegszeit. Historisch war der Stadtteil zwischen CDU und SPD geteilt. In jüngerer Zeit haben diese jedoch merklich an Zuspruch verloren, während neben der AfD auch Grüne und Linke an Rückhalt gewonnen haben. Engagierte Menschen trifft man dort weit seltener als im Riederwald, und so ist auch deutlich weniger an sozialen Aktivitäten zu beobachten. Grünau in Leipzig seinerseits ist eine der größten Großwohnsiedlungen der späten DDR, darin leben heute in mehreren Bezirken über 50 000 Menschen. Der Stadtteil, der einst für 100 000 Menschen geplant worden war, gilt als ein typisches Plattenbauviertel. Nach 1990 war dort Die Linke (im Osten zunächst Partei des Demokratischen Sozialismus, PDS) noch lange stark, heute ist in Grünau jedoch zunehmend die AfD präsent.

Für alle drei Stadtteile gilt, dass der Anteil an Menschen, die bedarfsorientierte Sozialleistungen beziehen oder arbeitslos sind, im städtischen Vergleich jeweils im obersten Viertel liegt. Armut und Prekarisierung sind folglich prägende soziale Realitäten. Dennoch finden sich überall, gerade unter den Alteingesessenen, weiterhin Menschen, die sozioökonomisch zur Mitte der Gesellschaft gehören und sich auch als Teil der Mitte verstehen. Die Altersstruktur in den beiden Frankfurter Stadtteilen liegt nur minimal über dem städtischen Schnitt, wohingegen Grünau deutlich überaltert ist. Allen gemein hingegen ist die hohe Wahlenthaltung von zwischen 30 und 40 Prozent selbst bei Bundestagswahlen, was in Frankfurt zusammen mit dem hohen Anteil nicht wahlberechtigter Ausländer:innen in den jeweiligen Stadtteilen besonders ins Gewicht fällt.[4]

Sowohl Frankfurt als auch Leipzig waren einst starke Industriestandorte, noch heute eint sie ihre Funktion als wichtige Handels- und Messestädte. In Frankfurt dominierte die chemische Industrie, in Leipzig der Berg- und Maschinenbau. Bereits vor der Wende verband die beiden Städte eine Städtepartnerschaft, und auch die beiden Fanlager der Fußballvereine Eintracht Frankfurt und Chemie Leipzig verbindet seit zwanzig Jahren eine enge Freundschaft, die aus der Teilnahme an einem antirassistischen Fußballturnier in Italien hervorging. Der Strukturwandel verlief in beiden Städten rasant und abrupt: in Frankfurt aufgrund der Transformation zum Dienstleistungszentrum ab den 1970er Jahren (Keil/Lehrer 1995) und in Leipzig infolge des Zusammenbruchs der DDR (Doehler/Rink 1996). In den vergangenen fünfzehn Jahren sind beide Städte gewachsen und gelten mittlerweile als prosperierende Metropolen.

Die Unterschiede liegen jedoch auf der Hand. Frankfurt ist bestens eingebettet in die wirtschaftlich starke Rhein-Main-Region, ist ein internationaler Bankenplatz und Standort der Europäischen Zentralbank. Das Mietniveau gehört schon lange zu den höchsten in Deutschland, und der wirtschaftliche Boom basiert wesentlich auf der kapitalorientierten Bodenbewirtschaftung (Betz u. a. 2021). In Leipzig hingegen war in den 1990ern die Jahrzehnte lange Desinvestition überall sichtbar. Zunächst fehlte es der DDR am Willen und den Mitteln, um in die Innenstädte zu investieren, anschließend sorgte ihr Ende für eine Phase der Stagnation. Dies änderte sich ab den 2000ern im Gefolge des

Bund-Länder-Programms Stadtumbau Ost, das viel Geld in die Sanierung leitete. Das heutige Wachstum führt indes zu zunehmenden Spannungen, da auch in Leipzig die Mieten steigen, was zu Verdrängungsprozessen führt (Eckardt u. a. 2015). Heute sind beide Städte Zentren des politischen Aktivismus und Kristallisationspunkte progressiver Proteste, wie etwa der Krisenproteste, antirassistischer Mobilisierungen sowie Auseinandersetzungen um Wohnraum. Insbesondere Leipzig ist seit den 1990ern zugleich ein Aufmarschgebiet der radikalen Rechten. 2001 erklärte sie etwa der Neonazi Christian Worch zur »Frontstadt« im vereinigten Deutschland. Dort waren Ableger von Pegida sowie die Proteste in Zeiten von Corona sowie im sogenannten Heißen Herbst stark, erfuhren stets aber auch Gegenwehr.

Ein wichtiger Unterschied liegt in der Migrationsgeschichte der beiden Städte. So ist Zuwanderung in Frankfurt schon lange ein Fakt. 1990 betrug der Anteil an Ausländer:innen dort um die 25 Prozent (Stadt Frankfurt 2004, S. 161). Heute liegt er stadtweit bei über 30 Prozent, wobei er in Nied mit 38 Prozent deutlich höher, im Riederwald mit 29 Prozent etwas niedriger ist. Ein weiteres Viertel der deutschen Stadtbevölkerung hat zudem einen Migrationshintergrund,[5] wobei die Anteile in Nied und im Riederwald jeweils etwas höher liegen als im städtischen Mittel.

In Leipzig hingegen ist Zuwanderung, abgesehen vom Zuzug von Spätaussiedler:innen aus der ehemaligen Sowjetunion in den 1990er Jahren sowie der kleinen Zahl an Vertragsarbeiter:innen, die aus verbündeten sozialistischen Staaten im Globalen Süden in die DDR kamen, eine eher neue Erfahrung. Noch 1990 waren gerade mal zwei Prozent der Menschen in Leipzig Ausländer:innen, und die Zuwanderung nahm erst in den 2010er Jahren zu (Krahmer u. a. 2020, S. 185). Heute liegt der Anteil der Ausländer:innen bei rund elf Prozent, hinzu kommen weitere sechs Prozent Deutsche mit Migrationshintergrund. In den Großwohnsiedlungen von Grünau liegt der Anteil an Ausländer:innen heute im Schnitt bei 16 Prozent, beziehungsweise bei fünf Prozent Deutscher mit Migrationshintergrund.[6] Indes gab es auch im Osten bereits zu Zeiten der DDR etablierte Migrant:innen; und gerade sie wurden vielfach zur Zielscheibe der massiven rechten Gewalt nach 1989. Der sich manifestierende Rassismus kann daher nicht auf die gestiegene Zahl Zugewanderter zurückgeführt werden, er war zuvor schon da.

In Grünau gehörte rechte Gewalt in den Nachwendejahren zum Alltag. Zschocke (2022, S. 151–157) schildert, dass sich die Stimmung auf der Straße bereits während der wöchentlichen Montagsdemonstrationen 1989 zu wandeln begann; zunehmend habe sich Nationalismus breitgemacht. Erste Angriffe auf Ausländer:innen und alternative Jugendliche seien die Folge gewesen. In Grünau bildeten sich dann bereits 1990 erste rechtsradikale Strukturen heraus, und gerade die Jugendclubs wurden zu Zentren der radikal Rechten. Antifaschistische Gegenwehr hatte es schwer: zum einen aufgrund der mit den Rechten sympathisierenden Bevölkerung, zum anderen, weil Proteste bereits damals seitens der Behörden eher als Störung erachtet wurden. Im Laufe der Jahre sind gerade Alternative und Andersdenkende weggezogen, was wiederum die rechten Strukturen stärkte. Die damalige »rechte Raumnahme wirkt […] auf den Stadtteil zurück« (Zschocke 2022, S. 158), was bis heute spürbare Folgen hat. So haben rechte Strukturen und rassistische Denkmuster Eingang in die Mitte der Gesellschaft gefunden und bilden bis heute eine wichtige Grundlage für das starke Abschneiden der AfD.

In Frankfurt hingegen hat die Rechtsaußen-Partei insgesamt keinen durchschlagenden Erfolg, auch wenn sie seit der Kommunalwahl 2016 stets die Fünf-Prozent-Hürde überspringen und zuletzt bei den Landtagswahlen 2023 gar ein zweistelliges Resultat erzielen konnte. Rechtsradikale Strukturen spielen in der Stadt heute kaum noch eine Rolle, so dass der in manchen Stadtteilen doch sichtbare Erfolg der AfD nicht auf einer öffentlich wahrnehmbaren Mobilisierung beruht. Anders als in Grünau gibt es weder in Nied noch im Riederwald lokal verwurzelte Politiker:innen der Partei. Auch führt sie dort keinen offenen Wahlkampf, weder auf der Straße noch mittels Veranstaltungen.

Dabei war die radikale Rechte früher in der Metropolregion durchaus aktiv. Sowohl in den 1960ern als auch in den späten 1980ern konnten die Nationaldemokratische Partei Deutschlands (NPD) und in den 1990er Jahren die Republikaner Erfolge verbuchen. Die Stadt am Main war in den 1960er und 1970er Jahren ein wichtiger Ort für rechte Aufmärsche, in deren Verlauf es immer wieder zu heftigen Auseinandersetzungen mit antifaschistischen Gruppen kam. Ende der 1980er Jahre versuchte der bundesweit agierende Neonazi Michael Kühnen, die Kleinstadt Langen im Umland als »Hauptstadt der Bewegung« und »erste ausländerfreie Stadt Deutschlands« zu etablieren (zit. nach Klingelschmitt 1988). Auch waren rechte Gewalt und Sprengstoffanschläge Teil der damaligen hessischen Realität (Schmidt/Weyrauch 2023, S. 58–60, 75–82).

Mit Blick auf die aktuellen Entwicklungen Rechtsaußen gilt es festzuhalten, dass die Erfolge der AfD im westdeutschen Frankfurt und im ostdeutschen Leipzig sich unterscheiden. In Frankfurt sprechen wir für die jeweiligen Stadtteile von einem seit 2017 etwas schwankenden Anteil an Zweitstimmen bei Bundestags- und Landtagswahlen, der von acht Prozent bis jüngst bei der Landtagswahl 2023 auf ganze 18 Prozent anstieg, während er in Leipzig zwischen 20 und 25 Prozent liegt. Als die AfD 2017 zum ersten Mal in den Bundestag einzog, waren die beiden sächsischen Metropolen Leipzig (18,3 Prozent) und Dresden (22,5 Prozent) die einzigen Großstädte, in denen die Rechtsaußen-Partei besser abschnitt als im Bundesschnitt (Bernet u. a. 2019, S. 13). Aber die Werte lagen unter dem für Sachsen insgesamt, wo 2017 die AfD 27 Prozent erreichte und stärkste Kraft wurde. Auch in Leipzig zeigt sich also der Trend, dass die Partei im Schnitt in Großstädten weniger gute Ergebnisse erzielt als in der Fläche. Bei der Bundestagswahl 2021 änderte sich das Bild nicht grundlegend, wobei die AfD in Sachsen an Zuspruch einbüßte (24,6 Prozent). Stärkste Kraft blieb sie dennoch, weil die CDU ebenfalls starke Verluste hinnehmen musste. Mittlerweile steht sie in Wahlumfragen bei um die 32 Prozent.[7] Diese Spezifika Sachsens, wo seit den 1990er Jahren durchgehend eine konservative CDU (mit)regiert, wurden jüngst im Kontext des Erstarkens der Rechten immer wieder kontrovers diskutiert (vgl. Kleffner/Meisner 2017; Steinhaus u. a. 2017).

»Schwere Zeiten«: Die neue Erfahrung von Krisen

Die Atmosphäre ist freundlich und offen. Das Gespräch im Frühjahr 2022 dauert etwas über eine Stunde. Herr Oppermann (G01/22) ist Anfang 40 und arbeitet im Schichtdienst im Gesundheitswesen. Er ist in Grünau aufgewachsen. Als junger Mann war er fast zehn Jahre weg, erst bei der Bundeswehr, später aus familiären Gründen. Jetzt wohne er gerne wieder hier. Es sei schön zu sehen, was aus dem Stadtteil geworden sei. Im Gegensatz zu seiner Kindheit Ende der 1980er Jahre, als die Siedlung in den Außenbereichen noch eine Baustelle war, findet Oppermann es heute grün, die Spielplätze seien saniert, und auch die Schulen würden besser aussehen. Grünau sei »lebenswerter und offener geworden«.

Verändert habe sich indes die Struktur der Bewohner:innen. Es sei heute weniger deutsch. Die zugezogenen Ausländer:innen stören ihn nicht, sie gehören für ihn dazu. Mit den Alteingesessenen, die nur meckerten und keine Veränderung wollten, will er sich nicht gemein machen. Die seien »schlimm«, stellt er fest. Mit Blick auf Deutschland sagt Herr Oppermann, dass er nicht verstehen könne, warum das Land 30 Jahre nach der Wiedervereinigung nicht besser zusammengewachsen sei. Die Probleme seien doch mittlerweile überall die gleichen. Als Beispiel nennt er den Mangel an Investitionen in öffentliche Infrastruktur, aber auch migrantische Familien-Clans, die es in Leipzig genauso wie in Berlin und Frankfurt am Main gebe. Das Problem liege weniger bei den Menschen als bei den politischen Verantwortlichen, die verpasst hätten, für eine bessere Durchmischung zu sorgen.

»Ich liebe mein Vaterland, keine Frage«, sagt er. Aber das bedeute für ihn nicht, Rechts zu sein. Im Gegenteil, er versuche »die Neutralität zu bewahren«, tendiere gar nach Links. Im Gespräch wird deutlich, dass er diese etwas widersprüchliche Haltung schon als Jugendlicher im Viertel eingeübt hat. Die Wendezeit habe für ihn vor allem bedeutet, dass plötzlich über Nacht die vom autoritären Staat betriebenen Einrichtungen für Kinder und Jugendliche verschwunden seien. Was folgte, war ein »großes schwarzes Loch« fehlender Angebote, während manche Eltern sehr lange in der »Findungsphase« steckengeblieben seien. Dann hätten rechtsradikale Jugendgruppen die Straße und Jugendclubs übernommen. Viele seiner damaligen Freunde seien Rechts geworden und er auch. Für ihn habe es aber immer klare Grenzen gegeben, er habe nicht alles mitgemacht und auch immer versucht, ein offenes Ohr für die anderen zu haben. So sei er nicht abgerutscht, habe sich raushalten können, sei zwischen den Welten gependelt. Deshalb habe er aber die subtilen Codes der Jugendkultur lernen müssen, um auf keiner Seite anzuecken. Bomberjacke und gefärbte Haare seien damals nicht gegangen, Chucks schon. Das sei nicht einfach gewesen. Herr Oppermann (G01/22) klagt nicht, dennoch betont er gegen Ende des Gesprächs ziemlich unvermittelt: »Es ist eine schwere Zeit heute.« Dies leitet er aus den Erfahrungen der Pandemie, dem aktuellen Krieg Russlands in der Ukraine und der damit einhergehenden Inflation ab.

In diesem ersten Kapitel gehe ich nun der Wahrnehmung der Krisen nach. Was waren die für die Befragten relevanten Brüche und Veränderungen? Alles in allem spielen, wenn nach Erfahrungen von Ungemach gefragt wird, im Rückblick, wie dies auch bei Herrn Oppermann deutlich wird, individuelle Herausforderungen in den Gesprächen eine größere Rolle als gesellschaftliche Krisen. Erst die Pandemie, der Krieg und die Klimakrise haben Krisen deutlich in den Wahrnehmungsbereich der Menschen gerückt. Die gemachten Erfahrungen sind allerdings sehr unterschiedlich und wurden dementsprechend emotional ungleich verarbeitet.

Eine gewichtige Ausnahme ist die Wende 1989/90. Sie ist gerade für diejenigen ein anhaltend wichtiges Ereignis, die in der DDR mitten im Berufsleben standen. Sie habe »alles verändert«, sagt Herr Uhlig (G08/22), dem wir bereits in der Einleitung begegnet sind. Gewiss hat die verstärkte Krisenwahrnehmung der jüngeren Ereignisse auch etwas mit ihrer Unmittelbarkeit zu tun, zugleich zeigt das Beispiel der Wende, dass Brüche auch rückblickend nicht einfach verblassen müssen. Ich vertrete die These, dass wir heute aus Gründen, die ich in diesem zweiten Teil darlegen werde, in einer Situation sind, die auch künftig noch lange als krisenhaft beschrieben werden wird.

Oft gehen Krisen mit Erfahrungen eines Bruchs und/oder eines Ereignisses einher. Hierzu zählen die Coronapandemie, Krieg sowie die Klimakrise und bei manchen auch Migration. Daneben finden sich aber in den Schilderungen eine ganze Reihe von Hinweisen auf schleichende Veränderungen, die für die Menschen von Relevanz sind, aber nicht an bruchhaften Ereignissen festgemacht werden. Dazu gehören Erzählungen des Abstiegs, der Erfahrung eigener politischer Bedeutungslosigkeit sowie des Verlustes von Kollektivität. Während die langsamen Veränderungen eher als gesellschaftliche Rahmenbedingungen beschrieben werden, gegen die nichts Wirksames getan werden könne, sind es gerade die bruchhaften Ereignisse, die stark aufwühlen und politisiert werden. Bevor wir uns genauer mit den unterschiedlichen Krisendeutungen der Gesprächspartner:innen befassen, möchte ich erst noch einige grundlegende Gedanken über Krisen anstellen.

Was heißt Krise?

Der Begriff der Krise wird aktuell fast schon inflationär verwendet. In gewisser Weise habe ich diese Wahrnehmung mit Teil I selbst befördert, da ich die Ereignisse eher von der politischen Bearbeitung als von den gesellschaftlichen Erfahrungen aus gedeutet habe. Die Betrachtung der Erfahrungen der Menschen werde ich nun nachholen. In den meisten Fällen bezeichnet der Begriff *Krise* eine Reihe miteinander verbundener politischer, wirtschaftlicher und sozialer Prozesse (Graf/Jarausch 2017). Genaugenommen geht es weniger um die Kontinuität der Entwicklungen als um die Schwierigkeiten politischer Institutionen dabei, die etablierten Wechselwirkungen zwischen ihnen aufrechtzuhalten, argumentiert der Kulturwissenschaftler John Clarke (2010, S. 339). Krisen werden gerade in medialen Auseinandersetzungen nicht selten als etwas gerahmt, das *an sich* und quasi natürlich existiere, während die Gesellschaft, die darauf reagiere, nicht selbst Teil der Krise sei. Diese Vorstellung ist aus zumindest zwei Gründen falsch:

Als Ereignis verdeutlichen Krisen erstens, so der Philosoph Slavoj Žižek (2014, S. 8), »etwas Schockierendes, aus den Fugen Geratenes, etwas, das plötzlich zu geschehen scheint und den herkömmlichen Lauf der Dinge unterbricht; etwas, das anscheinend von nirgendwo kommt, ohne erkennbare Gründe, eine Erscheinung ohne feste Gestalt als Basis«. Das heißt aber nicht, dass die Krise, ihre Ursachen und Deutungen außerhalb der Gesellschaft liegen. Vielmehr macht ein Krisenereignis in den meisten Fällen bereits vorhandene, tieferliegende Problematiken erfahrbar. Dinge, die bislang als unmöglich galten, werden im Bruch möglich. Dies eröffnet gesellschaftliche Aushandlungsprozesse, die unter den Bedingungen des ungestörten Laufs undenkbar gewesen wären. Was aufbricht, sind die Machtverhältnisse. Die herrschende Norm versagt, die Wiederholung gewohnter Abläufe und Strukturen gelingt nicht mehr und an ihre Stelle tritt Bewegung. Was wir als Krise erleben, ist jedoch immer menschengemacht. Sie resultiert aus Vorgängen, in die Menschen zumindest verwickelt sind, und basieren auf gesellschaftlichen Deutungen, die gesellschaftlich sind. Das gilt für alle Krisen, die oben in Teil 1 diskutiert wurden, auch für die Klimakrise.

Zweitens ist die Gegenüberstellung von Krise und Gesellschaft deshalb falsch, weil die Reaktion auf das Ereignis, wie schon angedeutet, politisch und somit Teil der Krise ist. Was Menschen als krisenhaft erkennen, umfasst also nicht nur das Ereignis, sondern auch die Reaktion darauf (Clarke 2010, S. 338). Als Bruch haben Krisen eine Faktizität, aber es gibt stets eine Vielzahl von Möglichkeiten, wie auf sie reagiert werden kann. Die Machtverteilung ist dabei zentral, sie entscheidet mit darüber, welche Deutungen sich durchsetzen, was als ursächlich für die Krise und was als nebensächlich bestimmt wird. Nehmen wir Migration als Beispiel. Wer die Macht hat, hat wesentlichen Einfluss darauf, ob die Ankunft von Menschen in Europa als Krise bestimmt wird oder ob das Grenzregime selbst, das die Flucht von Millionen illegal macht, zur Krise erklärt wird. Wer die Macht hat, kann darauf hinarbeiten, dass das Narrativ von der überforderten Kommune das Narrativ des bedingungslosen Schutzes von Menschen in Not übertönt. Die im Ereignis vollzogene Aushandlung ist fundamental und geht weit über die unmittelbare Zeit hinaus. Ein Ereignis führe, so Žižek (2014, S. 16, vgl. auch 30), stets »eine Veränderung des Rahmens, durch den wir die Welt wahrnehmen und uns in ihr bewegen«, herbei. Verändert werden nicht allein die Gegenwart und Zukunft, sondern auch die Art und Weise, wie wir auf Vergangenheit blicken (ebd., S. 144). Allerdings sind solche Ereignisse nie total, sie führen womöglich zu grundlegenden Veränderungen in einem Bereich, beispielsweise der politischen Ordnung, während andere, etwa die soziale oder rechtliche Ordnung, kaum betroffen sein mögen (Mullis 2017, S. 180–182).

Der Blick auf die wissenschaftlichen und politischen Debatten macht indes deutlich, dass Krise neben diesem ereignisbezogenen Krisenbegriff auch verwendet wird, um Kontinuitäten der Ungleichheit und Ausbeutung zu benennen. »In diesem Verständnis sind Krisen ein strukturelles Merkmal kapitalistischer Verhältnisse« (Naumann 2023, S. 323). Beispielsweise wird über Prekarisierung der Arbeit, die Erosion des Demokratischen, Geschlechterverhältnisse und Sorgearbeit oder über das Fortbestehen kolonialer und rassistischer Denkweisen diskutiert. Hervorgehoben wird jeweils, dass das Bestehende unter der scheinbar heilen Oberfläche von tiefen Brüchen durchzogen ist und nur notdürftig zusammengehalten wird. Diese instabilen Gefüge werden aber (noch) nicht als Bruch erfahren. In solchen Konstellationen, die durch latente Unruhe gekennzeichnet sind, können vermeintlich kleine Ereignisse sehr große Auswirkungen haben und sich zu Krisenerfahrungen ausweiten. Ein Beispiel dafür ist der Polizeimord an George Floyd im Jahr 2020, der die globale antirassistische Revolte von Black Lives Matter auslöste. Die etablierten Formen sozialer Ungleichheit, die sich eher schleichend als schlagartig verändern, sind also eng mit Krisen verbunden, zumal sich gerade dort immer wieder Krisen aus den latenten Erfahrungen formieren können. Diese krisenanfälligen Strukturen werde ich im Folgenden allerdings nicht als Krise bezeichnen, insofern ich den Begriff nur für Ereignisse des Bruchs verwende. Wie sich dies in den Erzählungen von Frankfurt und Leipzig manifestiert, zeichne ich nun nach.

Kontinuitäten …

Werden die Interviews über den Zeithorizont der geschilderten Erfahrungen hinweg betrachtet, so zeigt sich, dass eine ganze Reihe von kontinuierlichen Veränderungen geschildert werden. Meist handelt es sich um Erzählungen des Verlustes. Dazu gehören Abstiegserfahrungen, Beschreibungen der Dysfunktionalität der Demokratie sowie der Verlust des Kollektiven. Allesamt sind sie für das, was ich als Regression der Mitte beschreibe, von großer Bedeutung, indem sie Ungleichheit erfahrbar machen und zu ihrer Legitimation beitragen. Daher werde ich alle drei Prozesse im Detail diskutieren: die ersten beiden im Anschluss an diesen ersten Abschnitt, den dritten mit Blick auf die langen historischen Linien ausführlich in Teil III.

An dieser Stelle gehe ich in Vorbereitung auf Teil III vornehmlich auf die Befunde aus meiner Empirie zum Verlust des Kollektiven ein. Auffällig häufig wiederholt sich die Aussage, dass das Zusammenleben früher besser gewesen sei. Damals hätten die Bewohner:innen der Viertel, anders als heute, noch aufeinander geachtet. Gleichzeitig scheinen sich aber viele in der Anonymität heute ganz wohl zu fühlen und ein Mehr an Zusammenleben gar nicht zu wünschen. Diese Erzählung zieht sich durch alle Altersgruppen und wird von Menschen aller politischen Couleur geteilt.

Frau Köhler (R01/19) beispielsweise ist Mitte 40, lebt allein mit ihren Kindern und gibt an, AfD zu wählen. Mit ihr habe ich im Riederwald zweimal gesprochen, einmal 2019 und einmal 2022. Im ersten Gespräch erzählt sie, dass sie als Kind im Stadtteil eine große Gemeinschaft erlebt habe. Heute achteten die Menschen nicht mehr so aufeinander, es sei eine »Ellenbogengesellschaft« geworden. Sie sehe es bei sich selbst, alle müssten arbeiten und stünden unter Druck, so gehe man nur noch »aneinander vorbei«, sage »guten Tag und auf Wiedersehen«, und das sei alles. In Grünau schildet Herr Oppermann die Situation fast wortgleich:

> »Als ich jünger war, gab es eine Hausgemeinschaft. Da hat sich die Dame aus dem ersten Stock um die Kinder aus dem achten Stock gekümmert, wenn die Eltern arbeiten waren. Das gibt es alles nicht mehr. Also jeder macht seine Tür auf, geht rein, Tür zu.« (G01/22)

Gerade die Älteren erinnern sich in Frankfurt noch an kollektive Momente wie ausgelassene Stadtteilfeste, bei denen wirklich alle auf den Beinen gewesen seien. Oder an das gemeinsame Mitfiebern bei Fußballspielen, weil es im Viertel nur wenige Fernseher gegeben habe. Aber dies sei schon lange her, darin sind sich praktisch alle einig.

Wie eng das Sozialleben einst war, verdeutlicht die Rentnerin Frau Koch (N17/22) in ihrem Bericht. Sie ist in Nied aufgewachsen, die ganze Verwandtschaft sei nach dem Krieg aus dem Umland in dieselbe Straße gezogen, und gemeinsam habe man die Geschäfte der Großfamilie aufgebaut. Ihre Kindheit hat sie als schön in Erinnerung, sie vermisst die Zeit des Zusammenseins. Heute beobachtet sie einen Wertewandel. Es gehe nur noch um Job und Geld, nicht mehr »um das Leben«. Was sie damit meint, wird in anderen Gesprächen mit jüngeren Anwohner:innen deutlich, die Gemeinschaft im Viertel nicht mehr selbst erlebt haben, sondern eher mit dem Leben der Elterngeneration verbinden. Bisweilen ist die Einsamkeit der Menschen greifbar, insbesondere wenn sie allein leben. Ihnen fehlt nicht nur die Nachbarschaft als kollektiver Horizont, sondern auch die Einbettung in ein familiäres oder freundschaftliches Netzwerk; auch andere Formen wie beispielsweise der digitalen Vernetzung finden kaum statt. Besonders auffällig ist dies in Grünau. Alle seien höflich, sagt die alleinstehende Frau Dietz (G05/22), es fühle sich jedoch so an, als würden die Menschen dasitzen »wie die Kaninchen vor der Schlange«. Es tue einem niemand was, es komme aber auch niemand auf einen zu.

Der Wunsch, wieder mehr zusammenzurücken, ist da, wird aber nur von einer Minderheit aktiv formuliert. In Frankfurt etwa dann, wenn die Hoffnung geäußert wird, die Vereine im Viertel mögen wieder mehr Zulauf erhalten. Die meisten haben sich indes mit der Individualisierung arrangiert oder sehen darin gar einen Gewinn, weil man sich mit der Nachbarschaft nicht beschäftigen muss. Andere wiederum geben offen den Ausländer:innen die Schuld daran, dass ihnen der Wunsch nach Gemeinschaft verwehrt bleibt, weil sie das soziale Gefüge veränderten und so den Zugang zu Nachbar:innen erschwerten. Üblich ist der Rückzug in die Kleinfamilie. Deutlich spricht es Herr Albrecht (N15/22) aus. Er ist wohlhabend, wohnt mit Lebenspartnerin und Kindern in Nied und fühlt sich der CDU sowie den Grünen verbunden. Grundsätzlich wünscht er sich mehr Geselligkeit und Gemeinsinn, spricht jedoch auch aus, was viele andere zwischen den Zeilen vermitteln: Der Hauptbezugspunkt im Leben ist für ihn die Familie. Dazu gehören die eigenen Kinder, Lebenspartner:innen, die eigenen Eltern und die eigenen Geschwister. Der Radius, innerhalb dessen er solidarisch sein mag, ist sehr eng, und damit ist er nicht allein. Vor der Außenwelt möchte Herr Albrecht keine Rechenschaft ablegen müssen. Außerhalb der Familie gelte es, die Menschen so zu nehmen, wie sie sind, »da wird niemand verbessert, da ist einfach jeder anders«. Daher wünscht er sich vor allem Austausch mit seinesgleichen, womit er ein gehobeneres und deutsches Milieu meint.

Aus dem Wunsch, einander in Ruhe zu lassen, spricht eine Tendenz, sich aktiv von der Gesellschaft zu entkoppeln. Viele sehen sich eher als Zuschauer:innen denn als aktive Gestalter:innen der Welt. Das Gefühl der Gestaltungsmacht wird dabei, wenn es denn da ist, gerade von den jüngeren Menschen, mit denen ich gesprochen habe, individuell gedeutet. Das heißt, sie betonen vor allem *ihre* Möglichkeiten und Potentiale und setzen diese kaum in Beziehung zur gesellschaftlichen Situation. So taucht ein Muster immer wieder auf: Die sozialen und wirtschaftlichen Aussichten für Deutschland werden eher schlecht bewertet, für ihre eigenen Kinder, die sie sich wünschen oder bereits haben, sehen sie die Zukunft jedoch positiv. Frau Sommer (R11/19) etwa begründet die Einschätzung damit, dass die negative Bewertung Deutschlands eine generelle sei, die positive für ihrer einstigen Kinder hingegen eine individuelle – und ihre Kinder würden »nicht Durchschnitt« sein. Sie sei überzeugt, dass sie selbst den Weg des Aufstiegs gehen werde, »weil ich meine Ziele habe, die ich umsetzen will und werde, die Einstellung will ich mir beibehalten«. Aufgrund ihres Studiums und des jetzt schon guten Gehalts hat sie zumindest statistisch gesehen tatsächlich gute Chancen auf Erfolg.

… und Krisen

In den Interviews spielen Krisenerfahrungen, wie angedeutet, im zeitlichen Verlauf zunächst eine eher untergeordnete Rolle. Dies ändert sich für einige bereits mit der Zuwanderung von Geflüchteten ab Sommer 2015. In der Pandemie, verstärkt durch den Krieg in der Ukraine und die eskalierenden Auseinandersetzungen um die Bewältigung der Klimakrise ist eine plötzliche, aber grundlegende Veränderung zu beobachten: Krisenerfahrungen werden nun quer durch alle Gruppen und politischen Lager offen und mit großer Sorge artikuliert. Die Welt gerät wahrnehmbar in Unruhe, und Verunsicherung macht sich breit. Gerade die einst sicher geglaubte Zukunft wird nun in Frage gestellt. Vielen dämmert, dass die Gewissheit, dass man in der weißen deutschen Mitte von gesellschaftlichem Ungemach verschont bleiben werde, nicht mehr trägt. Die Menschen ahnen, dass die jüngsten Krisen die Gesellschaft verändert haben und weiter verändern werden.

Ein großer Unterschied zwischen den Erzählungen in Frankfurt und Leipzig besteht in der Erfahrung der Wende 1989/90. Gerade in den Gesprächen mit älteren Bewohner:innen von Grünau spielt sie eine wichtige Rolle. Die Menschen waren gezwungen, sich die Welt um sich herum und vielfach auch ihre persönliche Stellung in Gesellschaft und Arbeitswelt neu zu sortieren. Manchen gelang das gut, für andere geriet das Leben in Unordnung und konnte nie wieder in ruhigere Bahnen gelenkt werden. Aber auch wenn die Menschen nicht dauerhaft in Hartz IV hängen blieben, schildern viele für die Zeit nach 1990 prekäre Erwerbsbiographien, die sie der stabilen Perspektive zu Zeiten der DDR gegenüberstellen.

Herr Borowski (G06/22) etwa ging nach der Lehre zur Armee, weil ihm der Betrieb ein anschließendes Studium ermöglichen wollte. Die NVA, in der er die Ereignisse um 1989 erlebt hatte, sei dann »wie alles andere auch« dem Westen einverleibt worden, und seine Pläne hätten sich »zerschlagen«. Heute betreibt er ein kleines Gewerbe und arbeitet nach eigener Aussage eigentlich immer, fragt sich jedoch angesichts von Inflation und Armut, ob er die knapp 15 Jahre bis zur Rente noch überstehen werde. Er komme durch, sagt er, rosig sei es aber nicht. Mit Blick auf das soziale Gefüge im Stadtteil, das sein Leben grundlegend prägt, wird er deutlich: »Im Prinzip geht es seit der Wende stetig bergab.« Für die jüngeren Menschen, die im geeinten Deutschland aufgewachsen sind und versucht haben, die Chancen zu nutzen, die ihnen dies bot, spielt die Wende eine weniger gewichtige Rolle. Dennoch bleibt sie gerade auch aufgrund der Erfahrung der Eltern eine bedeutsame Referenz.

Wie unterschiedlich die kollektive Erfahrung in Ost und West noch immer ist, zeigt der Vergleich der Gespräche aus dem Riederwald, die 2019 noch vor Ausbruch von Corona geführt wurden, mit jenen aus Grünau 2022. Im Riederwald fehlen Berichte von grundlegenden gesellschaftlichen Brüchen fast gänzlich. Schicksalsschläge gibt es, etwa wenn das Geschäft aufgegeben werden muss oder die Firma, für die man arbeitete, in Konkurs ging oder Beziehungen zerbrechen. Angesprochen wird auch die Situation auf dem Wohnungsmarkt. Die Angst, sich die Mieten nicht mehr leisten zu können, ist spürbar, bleibt aber auf der Ebene des Städtischen und wird nicht als allgemeines Phänomen gedeutet, das auch andere Menschen in Deutschland oder gar weltweit betrifft. Dies legt nahe, dass selbst Krisen, die als kollektive Erfahrung gedeutet werden könnten, eher als individuelles Schicksal empfunden werden.

Zwei Beispiele aus der Finanzkrise untermauern diese Interpretation: Weil er von der Bank falsch beraten worden sei, habe Herr Ziegler (R13/19) eine beträchtliche Summe Geld verloren. Er deutet dies als individuelles Missgeschick, und obwohl es für ihn als Angestellter im Pflegebereich, zehn Jahre vor Erreichen des Rentenalters, schmerzhaft gewesen sein muss, trägt er es mit Fassung. Geld verloren hat Herr Vogel (R10/19) hingegen nicht. Für den Mittvierziger, der mit seiner Familie im Viertel lebt, war die Finanzkrise hingegen eine willkommene Pause. Er habe damals, wie noch heute, im Industriesektor gearbeitet. Die Auftragsbücher seien so voll gewesen, dass die Kurzarbeit gutgetan habe. Es ist eine große Sicherheit, die aus dieser Einschätzung spricht. Auf die Idee, dass er seine Arbeit hätte verlieren können, kommt er erst gar nicht.

Die Zuwanderung ab 2015 wird von einigen als Krisenerfahrung beschrieben, wobei dies in Grünau deutlich häufiger der Fall ist als in Frankfurt. In der Mainmetropole befürchten im Riederwald wie in Nied zwar manche angesichts der Zuwanderung mehr Konkurrenz auf dem Wohnungsmarkt, oder sie ärgern sich über den angeblichen mangelnden Willen zur Integration der neu Ankommenden. Eine grundlegende Ablehnung von Migration finde ich dort jedoch nicht. Die verbreitete Einschätzung formuliert Frau Becker (N06/22): »Mitbekommen habe ich die Flüchtlingskrisen sowie auch die Finanzkrise schon, sie haben für uns jedoch keine Auswirkungen gehabt.« Das heißt nicht, dass Rassismus in Frankfurt keine Rolle spielen würde – ich komme weiter unten darauf zurück –, aber die Zuwanderung wird nicht als Bruch empfunden.

Auch in Grünau gibt es Gesprächspartner:innen, die das so sehen. Immer wieder lässt die Wucht der Wortmeldungen in Bezug auf Zuwanderung aber aufhorchen. Es sind Aussagen, die Migration eindeutig als Krise beschreiben. »Als noch keine Ausländer da waren«, sagt Frau Meisner (G03/22), die wir unten noch genauer kennenlernen werden, habe sie sich noch wohlgefühlt im Viertel, heute sei das anders. Aber auch Menschen wie Herr Uhlig (G08/22), der Zuwanderung nicht grundsätzlich ablehnt, sagt, dass er sich in seinem Wohnblock noch wohl fühle, weil er »noch deutsch besiedelt« sei. Dann lacht er und schiebt nach, dass das natürlich eine »Quatschbegründung« sei, wirkmächtig ist sie für ihn dennoch.

In der Pandemie durchlebten die Menschen in West und Ost seit 1990 – in Westdeutschland wahrscheinlich gar noch länger – eine erste wirklich tiefgreifende kollektive Krise, die auch im Alltagsleben Relevanz hatte. Dies war der Fall egal, ob die staatlichen Schutzmaßnahmen nun befürwortet oder zurückgewiesen wurden. Aus den Interviews spricht zwar größtenteils Zustimmung zu den staatlichen Schutzmaßnahmen. Dennoch wird Kritik in unterschiedlicher Intensität vorgetragen, wobei die Position der Pandemieleugner:innen nicht das Andere der Mehrheitsmeinung ist. Diese Gruppe ist also nicht durch einen klaren Graben vom Rest der Bevölkerung getrennt, sondern die Haltungen zur Pandemie weisen regressive Übergänge und Abstufungen auf. In Nied wird dies besonders deutlich. Fast alle kennen dort Menschen, die in der Pandemie Verschwörungen verbreitet oder gar an den Coronaprotesten teilgenommen haben. Aber wirklich problematisch findet das kaum jemand. Er habe sich an die Regeln gehalten, sagt Herr Hofer (N01/22). Jedoch gelte auch: »Jeder macht seins.« Wenn sich jemand nicht an die Regeln halte, störe ihn das nicht, solange sie ihm nicht zu nahekämen. Nur wenige formulieren einen klaren Widerspruch und ärgern sich ob der Verweigerung, für andere Sorge zu tragen. Es sind aber gerade sie, die von zerbrochenen Freundschaften berichten.

So sehr die Pandemie eine allgemeine Krisenerfahrung darstellt, so unterschiedlich waren die Erfahrungen. Am härtesten getroffen hat es Familien mit kleinen Kindern. Die Überlastung, mit der gerungen wurde, ist in den Berichten greifbar. Zwei Mütter schildern noch immer aufgewühlt, wie sie zum ersten Mal im Leben Panikattacken gehabt hätten, weil es an Unterstützung gemangelt habe und sie mit der Last nicht mehr zurechtgekommen seien. Menschen ohne Kinder berichten hingegen, dass die Zeit zwar nicht einfach, aber gut auszuhalten gewesen sei. Einige blicken fast wehmütig auf die Monate zurück, in denen man in leeren Zügen Ausflüge machen konnte oder in denen der ausbleibende »Sozialstress« Zeit für Studium und Weiterbildung freigeräumt habe. Allgemein scheint es viele nicht sonderlich gestört zu haben, ihre Kontakte einzuschränken und den sozialen Radius zu verkleinern. Auch dies zeigt, dass die Menschen sich offensichtlich nicht unbedingt mehr soziale Nähe wünschen, sondern die Individualisierung akzeptiert wird. Gesellschaftlich habe die Pandemie aber eindeutig Spuren hinterlassen, berichten viele: Das Miteinander sei aggressiver und der Egoismus allgegenwärtig geworden.

Mit dem Coronavirus brachen schwierigere Zeiten an, die kein Ende nehmen wollen. Inflation, Krieg und Klimakrise lösten die Pandemie als Treiber der Verunsicherung ab. Das zeigen die Diskussionen, aber auch die in Teil I erwähnten Montagsdemonstrationen vor allem in Ostdeutschland. Obwohl in den Gesprächen in Nied und dem Riederwald immer wieder Menschen wie Frau Werner (N05/22) angeben, vor einem neuen Krieg »schreckliche Angst« zu haben, ist die große Mehrheit auf der Linie der Bundesregierung und unterstützt ihren Kurs innerhalb der NATO. In Grünau indes bewertet eine Mehrheit die Sanktionen gegen Russland sehr kritisch und erachtet die Waffenlieferungen an die Ukraine als falsch. Die Skepsis gegenüber dem westlichen Militärbündnis und die Kritik an einer vermeintlichen antirussischen Politik sind weit verbreitet. Dabei vermengen sich in Ost und West die Sorge vor Energieknappheit und steigenden Preise mit Ängsten vor einer zu schnellen ökologischen Transformation. Die Klimakrise wird meist anerkannt, doch darüber, wie mit ihr umzugehen ist, gibt es keine Einigkeit.

Insgesamt haben Krieg und Klimakrise die durch die Pandemie hervorgerufene Verunsicherung und Unruhe zusehends verstärkt. Die negativen Emotionen haben sich verfestigt und auch die wirtschaftlich Bessergestellten erfasst. Frau Voigt bringt es auf den Punkt. Sie ist Ende 50, wählt meist grün und arbeitet im mittleren Management eines ehemaligen Staatsbetriebes:

> »Ich glaube, dass mehr Bewusstsein dafür entstanden ist, dass es tatsächlich auch in unserer Welt Krisen gibt. Bisher gehörten sie zum Leben der Generation meiner Eltern oder gar Großeltern. Da gab es halt Kriege und im Mittelalter gab es Seuchen, ja, aber in unserer Zeit schien irgendwie alles sicherer. Corona hat das verändert, glaube ich. Die Pandemie trifft alle Menschen. Aber noch stärker ist das jetzt im Ukrainekrieg. Der ist stärker in die Mitte getreten.« (N13/22)

Angesichts der »nochmals gestiegenen Zeichen des Klimawandels« fragt sie sich auch, »wie unsere Welt in zehn oder zwanzig Jahren aussehen wird«. Diese Sorge teilt sie mit anderen, wobei die skizzierten Szenarien vom Weltuntergang über die Hoffnung, dass technische Innovationen das Problem lösen werden, bis hin zu gleichgültigem Schweigen reichen. Kaum jemand spricht die möglichen Konsequenzen so deutlich an wie Frau Dietz (G05/22) in Grünau. Ausgehend von ihrer, wie sie sagt, christlich-sozialen Grundhaltung, sei sie überzeugt, dass die Vorstellungen von Wohlstand sich ändern müssten: Eigenheim, eigener Pool, zwei Gefriertruhen und zweimal im Jahr Auslandurlaub, das gehe »einfach nicht mehr«. Aber dazu seien die Menschen wahrscheinlich nicht bereit.

»Entweder man hat es geschafft, oder man rutscht ab«: Die Gegenwart der Abstiegsgesellschaft

Frau und Herr Böhm (R06/19) sitzen im Wohnzimmer. Es ist Sommer 2019 im Riederwald. Sie hat mir gegenüber am Tisch Platz genommen, er auf dem Sofa ums Eck. Erst hört er unserem Gespräch nur zu, später setzt er sich dazu. Im Wohnzimmer hängen Bilder ihrer Kinder. Beide sind Mitte 70 und seit jeher der SPD verbunden. Beide haben sie fast ihr ganzes Leben im Riederwald verbracht. Ihre Kinder stehen mitten im Berufsleben und haben inzwischen selbst Kinder. Ihre Rente bessern sie auf 450-Euro-Basis auf und arbeiten noch in ihren erlernten Berufen. Das Geld bräuchten sie, kürzlich seien einige Investitionen angefallen, die mit der Rente nicht zu decken seien.

Drei Jahre nach dem ersten Gespräch treffe ich sie 2022 erneut, um zu hören, wie es ihnen in der Pandemie ergangen ist und wie sie nun auf die Welt blicken. Die Zeit der Pandemie sei einsam gewesen. Alter, Krankheiten und Kontaktbeschränkungen hätten ihnen zu schaffen gemacht. Insgesamt seien sie jedoch gut durch die Jahre gekommen. Als Corona sich auszubreiten begann, gaben beide ihre Arbeit auf, zu groß schien ihnen das Infektionsrisiko. Das Geld reiche nun, »obwohl mich der Staat beschissen hat«, sagt er wütend (R06/22). Die Rente ist eines der großen Themen in beiden Gesprächen, vor allem für ihn. Er habe sein Leben lang hart gearbeitet und trotzdem sei das Geld knapp.

Beide Böhms sind von ihrer Partei enttäuscht. In den Verhandlungen zur Regierungsbildung nach der Bundestagswahl 2017 habe sie sich aktiv gegen eine Neuauflage der Großen Koalition aus CDU und SPD eingesetzt – mal wieder vergeblich, sagt Frau Böhm. Bereits im Gespräch 2019 bewerteten die beiden den Zustand der Demokratie als kritisch. Mit der Pandemie hat dies noch zugenommen. Die Situation sei »erschreckend«, sagt er. Der Staat habe eine »Fürsorgepflicht für sein Volk«, doch anstatt diese wahrzunehmen, dominierten parteipolitische Ränkespiele (R06/22). Trotzdem bleiben sie SPD und Demokratie treu.

Im Stadtteil sind sie engagiert, seit 2015 setzen sie sich etwa für die ankommenden Geflüchteten ein. Mit Sorge bewerten sie das starke Abschneiden der AfD bei den Wahlen 2017. Rechte habe es im »Roten Riederwald« immer schon gegeben, der Erfolg der AfD sei also nicht wirklich neu. Dennoch habe sich die Stimmung verändert, Neid und Rassismus der »Braunen bis braun Angehauchten« seien spürbarer als früher (R06/19). Beim Wiedertreffen 2022 zeigen sie sich zufrieden, dass der Stimmenanteil der Rechtsaußen-Partei bei der Bundestagswahl im Vorjahr zurückgegangen ist. Das sei aber nicht aus dem Nichts gekommen, sondern basiere auf der Arbeit des »Demokratiestammtischs«, der Kirche sowie des Quartiermanagements. Die Initiativen hätten offensichtlich »gefruchtet« (R06/22). Bei den Landtagswahlen schlug das Pendel indes wie überall in Hessen wieder um, und die AfD konnte im Riederwald wie auch in Nied mit knapp 18 Prozent das beste Ergebnis aller Zeiten einfahren.

Im Stadtteil fühlen sie sich wohl, sagen die Böhms 2019 übereinstimmend. Gleichzeitig beschreiben sie eine Geschichte des

Verlustes: Das Bürgerhaus, abgerissen. Die städtische Bibliothek, geschlossen. Auch sei inzwischen die Nahversorgung mit Gütern des täglichen Bedarfs eher schlecht. Wir kennen diese Erzählung bereits von Frau Köhler, und ich höre sie auch von anderen im Viertel. Früher sei es möglich gewesen, vor Ort alles zu erledigen: Friseure, Kleidergeschäfte, Lebensmittelhandel, Bank- und Postfilialen, alles sei da gewesen. Inzwischen habe nun auch die letzte Bank geschlossen. Im Riederwald »fühlt man sich abgehängt«, sagt Frau Böhm, und die Armut sei mit Händen zu greifen. »Das war früher guter Mittelstand hier. Mit Anwälten und so. Dann ist es von den Bewohnern her immer weiter runtergegangen. Die Struktur des Stadtteils hat sich verändert.«

Ihnen selbst gehe es heute trotz allem noch gut. Ihre Kinder hingegen, sagt sie, würden alle hart arbeiten, finanziell aber keine großen Sprünge machen. Als sie selbst noch junge Eltern gewesen seien, sei es für sie auch nicht einfach gewesen, man habe stets schauen müssen, dass das Geld reiche, aber »das Gefühl war da, dass es aufwärts geht«. Das sei heute nicht mehr so. Deutschland gehe es wirtschaftlich immer noch sehr gut, das Land sei schließlich »ein Global Player«. Jedoch fehle der politische Wille, den Wohlstand auch gerechter zu verteilen.

Die von Frau und Herrn Böhm geschilderten Abstiegserfahrungen sind kein Einzelfall, sondern ziehen sich, wie ich im Folgenden zeigen werde, in beiden Städten wie ein roter Faden durch die Berichte. Erzählt wird eine Geschichte des kollektiven, sozialen und materiellen Aufstiegs in der Nachkriegszeit, den die Menschen entweder selbst erlebt haben oder in der Biographie ihrer Eltern beobachten. Die eigene Situation bewerten die Befragten unterschiedlich. Viele bezeichnen sie als gut, obwohl sie mit Sorge in die Zukunft blicken, wenn auch nicht unbedingt für sich, auf jeden Fall aber für ihre Kinder und die Gesellschaft als Ganzes. Weit verbreitet ist zudem die Einschätzung, dass Deutschland im globalen Gefüge absteige. Die Menschen machen sich Sorgen, dass das erreichte Wohlstands- und Sicherheitsniveau nicht zu halten sein wird. In den Gesprächen scheinen insgesamt Glück, Stabilität und Aufstiegschancen in der Vergangenheit verortet zu werden, während die Zukunft in der Tendenz als unsicher, wenig planbar und mit großen Veränderungen verbunden wird. Die damit einhergehende Imagination des Glücks als etwas Gestriges gibt den oben skizzierten Krisenwahrnehmungen eine entscheidende regressive Wendung.

Abstiegsgesellschaft

Soziale Desintegrationsprozesse, ausgelöst durch Abstiegserfahrungen und die Angst davor, werden seit den späten 1990er Jahren als wichtige Faktoren für das Erstarken rechter Einstellungen intensiv diskutiert (Heitmeyer 1994, 2018).[8] Die Debatten um die politischen Konsequenzen der Desintegration sind folglich so alt wie jene zu den Prozessen des Abstiegs und der sozialen Exklusion selbst. Der Soziologe Pierre Bourdieu führte den Begriff der Prekarität erstmals 1997 in einem Vortrag ein (Marchart 2013, S. 13), um Veränderungen der Arbeitswelt im Gefüge von Neoliberalisierung und Globalisierung zu beschreiben (siehe Teil III).[9] Die beiden Soziologen Robert Castel und Klaus Dörre (2009) bezeichneten mit dem Begriff eine Dreiteilung der Arbeitswelt und vertieften ihn damit maßgeblich.

Dörre (2005, S. 57) formuliert es so: Zu den etablierten Zonen der *Integration* und der *Entkoppelung* komme jene der *Prekarität* hinzu. Die Letztgenannte schiebe sich zwischen die beiden Erstgenannten und wachse. In der Zone der Integration fänden sich (noch) jene Menschen, die vom Normalarbeitsverhältnis und vom Sozialstaat geschützt den kollektiven Aufstieg erlebten. Historisch waren vor allem weiße Männer und ihre Familien in dieser Zone zu finden, weshalb die anderen immer schon Erfahrungen mit Exklusion gemacht haben. Unten in der Zone der Entkopplung finden sich dann jene Menschen, »die mehr oder minder dauerhaft von regulärer Erwerbsarbeit ausgeschlossen« sind. Die wachsende Zone der Prekarität dazwischen umfasst heute »ein heterogenes Sammelsurium« aus »verwundbaren«, weil unsicheren und flexibilisierten Arbeitsverhältnissen. Die institutionelle Festigung des Niedriglohnsektors in Deutschland durch die rot-grünen Hartz-Reformen beschleunigte diese Tendenzen deutlich (Butterwegge 2015). Aufgrund der Gleichzeitigkeit von Wiedervereinigung und neoliberalen Marktreformen auf Bundesebene war die Prekarisierung im Osten stärker ausgeprägt als im Westen. Dies hat zur Konsequenz, dass sich im Osten das durch beide Dynamiken ausgelöste »Trauma mangelnder Wertschätzung« (Mau 2019, S. 233) deutlich tiefer festgesetzt hat als im Westen und bis heute einen Faktor kollektiver Verunsicherung darstellt.

Die Prekarisierung hat die Grenzen der Arbeitswelt mittlerweile überschritten, das ist nicht zuletzt aus den Überlegungen von Nachtwey zu schließen. Seiner Argumentation folgend ist »aus der Gesellschaft des Aufstiegs und der sozialen Integration […] eine Gesellschaft des sozialen Abstiegs, der Prekarität und Polarisierung geworden« (Nachtwey 2016, S. 8). Das Bild des Fahrstuhls nach oben, das Ulrich Beck Ende der 1980er Jahre für die soziale Bewegung der Gesellschaft gezeichnet hatte, sei nicht mehr zutreffend, zumal der Aufstieg nicht mehr kollektiv vollzogen werde. Beck (1986, S. 124 f.) war davon ausgegangen, dass Klassenunterschiede künftig zwar bestehen blieben, aber alle von Wohlstandsgewinnen profitieren würden, sodass die Unterschiede an Relevanz verlören. Heute, so Nachtwey, sei hingegen das Bild der Rolltreppe angemessener. Menschen müssten mitunter gegen die Fahrtrichtung anrennen, um auf demselben Niveau zu bleiben, während es für so manche eindeutig abwärts gehe und nur noch die Oberschicht sich darauf verlassen könne, nach oben zu fahren (Nachtwey 2016, S. 126–136). Er schließt:

> »*Individuelle* Abstiege oder Abstürze sind bislang kein Massenphänomen, es ist auch nicht unmöglich geworden aufzusteigen. *Kollektiv* betrachtet, geht es für die Arbeitnehmer jedoch wieder abwärts, und die Abstände zwischen oben und unten vergrößern sich.« (Nachtwey 2016, S. 127; Herv. i. O.)

Die Krisenerfahrungen der vergangenen Jahre haben diese Gewissheit sukzessive gerade auch in die Milieus der deutschen Mitte getragen, denen man einst versprochen hatte, sie müssten sich keine Sorgen machen.

Ähnlich wie Prekarisierung beschreibt auch Abstiegsgesellschaft nicht primär eine absolute Verarmung, sondern eher eine relative Entwicklung, und zwar in zweifacher Hinsicht: Zum einen kann die Angst vor dem Abstieg Menschen aus ganz unterschiedlichen sozialen Lagen erfassen. Abstiegsängste breiten sich schließlich auch in gehobeneren sozialen Schichten aus. Zum anderen geht es immer auch um die Orientierung an einer Norm, einem etablierten Glücksversprechen, an dem die eigene Situation bemessen wird. Damit ist auch der Bezugspunkt, anhand dessen der Abstieg bewertet wird, nicht klar bestimmt. Daher können Abstiegsängste in großen Teilen der Gesellschaft eine desintegrative Kraft entfalten, selbst wenn der Abstieg noch gar nicht vollzogen wurde. Es genügt, dass die Erfüllung der Norm des Aufstiegs nicht mehr erreichbar scheint. Besonders ausgeprägt ist diese Empfindung in der Mitte der Gesellschaft, weil dort die ökonomischen Möglichkeiten schwinden und gleichzeitig die Gewissheit fehlt, den eigenen Status halten zu können. Viele wenden sich daher rechten Einstellungen zu; das ist aber längst nicht die einzige politische Reaktion. Andere engagieren sich in sozialen Bewegungen, ziehen sich enttäuscht zurück oder suchen das individuelle Glück.

Die Lage in Deutschland

Langzeitbetrachtungen zur kollektiven Einschätzung der wirtschaftlichen Lage zeigen, dass in der zweiten Hälfte der 1990er Jahre der Anteil derjenigen, die die Lage in Deutschland als mindestens gut einschätzen, zunächst zunimmt und um das Jahr 2000 sogar den Anteil derer übertrifft, die die Entwicklung negativ bewerten. Die positive Stimmung war jedoch nur von kurzer Dauer. Mit Beginn des dritten Jahrtausends sanken die Werte schlagartig und erreichten um 2004 einen neuen Tiefpunkt, als fast 90 Prozent die wirtschaftliche Lage Deutschlands als weniger gut oder schlecht bewerteten. Unmittelbar vor der Finanzkrise keimte wieder Hoffnung auf, und der Anteil der positiv Eingestellten überstieg Anfang 2007 wieder den Anteil derer, die die Entwicklung negativ bewerteten. Die Finanzkrise führte zu einem erneuten starken Einbruch, der diesmal aber nur von kurzer Dauer war.

Ab 2010 folgte fast ein ganzes Jahrzehnt der Zuversicht. Jahrelang bewerteten 70 bis 80 Prozent die Lage zumindest als gut. Noch nie seit Beginn der Messungen 1997 war die Stimmung so anhaltend positiv gewesen. Im Sommer 2019, also noch vor Ausbruch der Pandemie, kippte die Stimmung jedoch wieder abrupt, als sich die ersten Anzeichen für eine konjunkturelle Eintrübung bemerkbar machten. Analog zu den oben bereits zitierten Befunden der Bertelsmann-Stiftung schlug das Pendel mitten in der Pandemie 2021 nochmals kurz ins Positive, um dann mit Ausbruch des Kriegs und dem verstärkten Erleben der Klimakrise umso deutlicher negativ auszuschlagen. Im Juni 2023 bewerteten rund 70 Prozent die allgemeine Wirtschaftslage als eher schlecht und nur mehr rund 30 Prozent als gut (DeutschlandTrend, Okt. 22; Jun. 23).

Individuell sieht das Bild anders aus. Im Juni 2023 erachteten zwar noch 57 Prozent ihre eigene wirtschaftliche Lage als gut und weitere rund acht Prozent als sehr gut, womit die Stimmung im Vergleich zur Bewertung der Lage Deutschlands deutlich positiver ausfiel. Dies verweist nochmals darauf, dass Abstieg objektiv gesehen noch kein Massenphänomen in Deutschland ist. Gleichwohl schätzte ein Drittel ihre Lage als weniger gut bis schlecht ein; damit wurde der negativste Wert seit Beginn der Erhebungen verzeichnet (DeutschlandTrend, Jun. 23). Deutlich eingetrübt hatten sich indes die Zukunftsaussichten. Pendelte der Anteil an Menschen, die negative Erwartungen äußerten, in den 2000ern noch zwischen 25 und 45 Prozent (Heitmeyer 2018,

S. 151), gab im Sommer 2023 schon die Hälfte an, dass es künftigen Generationen »etwas schlechter« gehen werde, und ein weiteres Drittel bewertet deren Situation in der Zukunft als »wesentlich schlechter« (Best u. a. 2023, S. 15). Die Gründe dafür sind vielfältig, nicht nur Angst vor ökonomischem Abstieg spielt eine Rolle. So belegen die Sorge um Wohlstandsverluste sowie um Verluste an sozialer Sicherheit in einer Studie der Friedrich-Ebert-Stiftung von 2023 die Ränge sieben beziehungsweise vier unter den insgesamt neun abgefragten Faktoren, wobei Migration am wenigsten ins Gewicht fällt, Klimawandel hingegen am stärksten (ebd., S. 16).[10]

Wie es geht?

In unseren Interviews haben wir die Menschen jeweils gefragt, wie sie ihre wirtschaftliche Situation und die ihrer Angehörigen heute, in der Vergangenheit und in der Zukunft einschätzen. Die Antworten fielen im Detail sehr unterschiedlich aus und gingen oft erstaunlich weit weg von ökonomischen Fragen. Es sind subjektive Einschätzungen, die die Menschen abgeben, und die Mehrheit schätzt die eigene Lage zumindest als gut ein, mutmaßlich zu Recht: Sie wohnen im Eigentum oder können sich eine gute Mietwohnung leisten, besitzen oftmals ein Auto, fahren in Urlaub und können ihre Kinder und Enkel finanziell unterstützen. Umgekehrt haben jene, die ihre Lage als schlecht einschätzen, auch Grund dazu. Sie haben entweder einen faktischen Abstieg hinter sich, fühlen sich in Hartz IV gefangen oder am Stadtrand geparkt, sind alleinerziehend, haben aus unterschiedlichen Gründen nie den Sprung ins Berufsleben geschafft oder müssen mit einer zu knappen Rente auskommen. Es gibt aber auch Menschen, die ökonomisch gesehen viele Gründe hätten, ihre Lage als schlecht zu bewerten, und es dennoch nicht tun.

So etwa Herr Brandt (N03/22) in Nied, der seine Lage als gut einstuft, aber in sehr bescheidenen Verhältnissen lebt. Relevant ist für ihn, dass er Schicksalsschläge gemeistert, sich von der Alkoholsucht befreit und Sozialhilfe überwunden hat. Heute arbeitet er wieder und sagt, er verdiene damit ausreichend. Aufgewachsen ist er in bildungsbürgerlichen Verhältnissen einer Post-68er-Patchwork-Familie, das Leben sei frei und wechselhaft gewesen. Bildung gilt ihm bis heute als hohes Gut, und er ist stolz auf sein Studium, mit dem er sich einem gehobenen Milieu zugehörig fühlt. Vereinzelt höre ich in Frankfurt wie auch in Leipzig also auch von Menschen, die sich dazu entschieden haben, ein sparsames Leben zu führen, und aus dieser Grundhaltung heraus Zufriedenheit gewinnen.

Abstiegserfahrungen sind in den Interviews insgesamt dennoch oft Thema. Sie werden zumeist nicht mit krisenhaften Ereignissen in Verbindung gebracht, sondern erscheinen eher als Hintergrundrauschen gesellschaftlicher Veränderungen, die als relevant für einen selbst erlebt werden. Soziale Veränderungen müssen aber nicht zwangsläufig schlecht sein, sie könnten auch begrüßt werden. Häufig wird in den Gesprächen jedoch Veränderung ausschließlich negativ bewertet. Allen Befragten gemeinsam ist ein skeptischer Blick in die Zukunft, der sich aus der Einschätzung der aktuellen Krisen, der wirtschaftlichen Entwicklung Deutschlands insbesondere vor dem Hintergrund der Klimakrise sowie des globalen Machtverlusts Deutschlands ergibt. Aber auch das schwindende kulturelle Bewusstsein der Deutschen, so wird in einigen Gesprächen angemerkt, trage zum Niedergang bei. Wie genau die genannten Aspekte wirksam werden, das zeige ich nun.

Herr Franke im Riederwald hat einen differenzierten Blick auf die Welt (R12/19). Er engagiert sich in einem Verein und packt im Stadtteil gerne mit an. Zum Zeitpunkt des ersten Interviews 2019 steht er kurz vor der Verrentung, beim zweiten Gespräch 2022 ist er im Ruhestand. Er sagt, er wähle aus Überzeugung, mache sich aber seine eigenen Gedanken, weshalb er in der Kommune schon mal die Linke wähle, auf Landesebene aber die Grünen und im Bund die CDU. Beim zweiten Gespräch macht er sich deutlich mehr Sorgen (R12/22). Die kommende Generation werde aller Voraussicht nach ein »eingeschränktes Leben« führen müssen, »diese Freiheiten, die wir jetzt in den letzten 50 Jahren in Europa gewonnen haben, sind weg«. Die Menschen müssten sich neu »orientieren«, die Arbeitswelt, das Sozialgefüge, das Familienleben, alles sei im Umbruch. Werte, die Deutschland einmal ausgemacht hätten, würden heute nicht mehr gelten. Als Beispiel führt er an, dass man als Familie mit einem Gehalt kaum noch über die Runden komme, während in der Politik viel zu oft nur polemisiert und »dumm geredet« werde. Er sei aber optimistisch, dass die junge Generation die Dinge konsequenter angehen und es daher Lösungen geben werde.

Frau Dietz, der wir nun schon einige Male begegnet sind, bewertet die Herausforderungen ähnlich, ist jedoch deutlich skeptischer und befürchtet, dass die Menschen in Ostdeutschland, die schon so viele Brüche hätten wegstecken müssen, diese neue Herausforderung nicht verkraften würden. Sie fügt aber hinzu, dass es die Menschen in Westdeutschland, wo sie lange gearbeitet habe, »noch härter treffen« werde, weil dort »die Fallhöhe höher« sei.

Ein weiterer Grund für den skeptischen Blick in die Zukunft ergibt sich aus der Einschätzung der wirtschaftlichen Entwicklung Deutschlands. Die »fetten Jahre« seien vorbei, sagt Herr Vogel (R10/19) bereits 2019, nun pessimistischer als in seiner Retroperspektive auf die Finanzkrise 2008. Es sei »Jammern auf hohem Niveau, in anderen Ländern herrscht Krieg oder die Menschen haben nichts zum Essen«, aber die Situation verändere sich auch hier zusehends. Festgemacht wird diese Veränderung an so unterschiedlichen Aspekten wie dem eigenen Jobverlust, nachdem das Unternehmen den Standort geschlossen hat, der maroden Infrastruktur sowie dem veralteten Bildungssystem, in das seit Jahren zu wenig investiert werde. Immer wieder wird die Deutsche Bahn genannt, die einst für Pünktlichkeit und Zuverlässigkeit gestanden habe und heute zum Gegenteil verkommen sei.

Sich »nicht auf Deutschland zu verlassen«, das rate er allen, sagt Herr Conrad (N09/22) im Sommer 2022. Die Wirtschaft werde einbrechen, dafür sorge die Regierung mit ihrer verfehlten Energiewende und ihrer Anti-Auto-Politik. Die ökologische Transformation an sich findet er richtig, den Klimawandel erkennt er an, aber die Art und Weise der Anpassung hält er für nicht zukunftsfähig: »Wir sind ganz nah am Abgrund und morgen sind wir einen Schritt weiter«, und wenn es so weitergehe, werde Deutschland wieder zum »Entwicklungsland«. Herr Conrad wohnt in Nied und vertritt generell eher konservative Positionen. An manchen Stellen bewegt er sich nah an der Schwelle zu Verschwörungserzählungen und schwankt beständig zwischen eher rechten und linken Weltdeutungen. Er versteht sich als Demokrat und geht wählen. Zuletzt habe er wohl CDU gewählt, sei sich aber nicht mehr ganz sicher.

Die soziale Spaltung im Land nehmen die Menschen wahr und erachten sie durchaus als problematisch. Ohne Nachtwey gelesen zu haben, argumentiert etwa Herr Hofer nahe an dessen Analyse:

> »Wirtschaftlich haben wir in Deutschland ein Riesenproblem. Es bildet sich aktuell eine Schere zwischen Arm und Reich, die auseinandergeht. Die Mittelschicht wird immer mehr zerrissen. Entweder man hat es geschafft, sich in der Mittelschicht auf die obere Ebene zu retten, oder man rutscht ab.« (N01/22)

Herr Hofer ist Gewerkschafter, aber kein Linker. Er ist Ende 30, arbeitet im Schichtdienst in der Chemiebranche und hat gerade ein Haus gekauft. Da auch seine Frau gut verdiene und sie keine Kinder hätten, brauche er sich um seine Zukunft nicht zu sorgen. Die soziale Polarisierung berge dennoch Unsicherheiten, auch für ihn. Gewählt habe er immer CDU, da er mit ihrer »Normalpolitik« sehr zufrieden sei. Unter ihr hätte es »nie wirklich eine Zweiklassengesellschaft« gegeben, sie habe »immer alles relativ zusammengehalten«, und niemand sei »irgendwo zu kurz gekommen«. Von der Politik erwartet er, dass sie sich an diesen Maßstäben orientiere, damit es ihm langfristig gut gehe.

Die in den Gesprächen präsenten Beschreibungen des Abstiegs – das wird besonders deutlich, wenn, wie so oft, der Vergleich mit anderen Ländern herangezogen wird – wurzeln zwar in jeweils individuellen Erfahrungen, sind aber gerade deshalb so wirkmächtig, weil sie auch eine kollektive Dimension haben, für die der Vergleich mit anderen und die relationale Einordnung der eigenen Situation zentral sind. In einer global wachsenden Konkurrenz um Standorte büße Deutschland an Wettbewerbsfähigkeit ein und werde von anderen Staaten überholt. Deutschland mangle es an Rohstoffen, die der Globale Süden hingegen habe, heißt es wiederholt. So seien diese Länder nun im Begriff aufzusteigen, während Deutschland und Europa aufpassen müssten, wo sie blieben. Als zentrale Herausforderung wird immer wieder der Machtzuwachs Chinas genannt, dem sich die Menschen einerseits ausgeliefert fühlen, den sie andererseits aber auch mit Bewunderung kommentieren.

Neben diesen bisher diskutierten eher wirtschaftlichen und ökonomischen Aspekten hat die Erfahrung des Abstiegs auch eine identitätspolitische Dimension, wenn die Gesellschaft und die eigene Kultur in Begriffen des Niedergangs beschrieben und als Verluste bedauert werden. Solche Narrative, die Zuwanderung, den Verlust eigener Kultur und Wertewandel problematisieren, finden sich in den Gesprächen gerade bei jenen Menschen, die zur Rechten tendieren, sind aber nicht auf dieses Spektrum beschränkt. Dabei schwingt immer die Einschätzung mit, dass die deutsche Gemeinschaft und Kultur, auf die man einst habe stolz sein können und die einen individuell, aber auch als Nation weitergebracht habe, nun im Begriff sei zu zerfallen. So beklagen verschiedene Gesprächspartner:innen in allen Stadtteilen das Schwinden von Werten wie Fleiß, Anstand und Gewissenhaftigkeit. Sie machen das dann nicht zuletzt an der mangelnden Erziehungsarbeit der Eltern fest. Noch einen Schritt weiter geht Herr Conrad (N09/22), der mit Bedauern feststellt, dass es spätestens seit den 1970er Jahren in Deutschland an Kultur mangle. Wie es anders gehen könne, sei von Polen oder Ungarn zu lernen, die hätten noch einen »gesunden Geschichtssinn« und wollten diesen bewahren. Dass er damit offen rechtsnationale politische Projekte preist, scheint ihm in dem Moment nicht bewusst zu sein.

Gestern, das Glück

Der Subtext fast aller Erzählungen lautet: Früher war es besser. Manchmal wird es offen ausgesprochen, oft steht es zwischen den Zeilen. Das gilt gleichermaßen für den ost- und den westdeutschen Erfahrungshorizont. Im Kontext der ostdeutschen Geschichte wurde der nostalgische Blick in den vergangenen Jahren ab und zu reflektiert und zu Recht kritisiert, weil er den autoritären Charakter der DDR verkennt, wenn nicht gar im allzu starken Fokus auf die Alltagswelt beschönigt. Zugleich findet diese Rückschau auch in Frankfurt statt, und auch dort hat sie, wie wir weiter unten noch genauer sehen werden, regressive Dimensionen: Im Wesentlichen drückt der Blick zurück in West wie Ost die Sehnsucht nach einem harmonischen Ort mit weniger Konflikten, weniger Pluralität, klareren Ordnungen und vor allem Sicherheit und Normalität aus. Das muss freilich nicht so sein. Die Vergangenheit könnte auch etwas sein, von dem man sich progressiv absetzen möchte, oder aus dem man Kraft zieht, um gemeinsam Neues zu gestalten. In den geführten Gesprächen hat das Zurückschauen allerdings eine andere Wirkung. Angesichts der Krisenerfahrungen im Jetzt tendieren die Menschen dazu, ihr Heil in der vermeintlich bekannten und sicheren Vergangenheit zu suchen. Bewahren und Konservieren wird zum leitenden Prinzip: Es solle bitte nicht noch schlimmer werden, heißt es immer wieder. Die Vorstellung, dass das Glück im Gestern und nicht im Morgen liegt, verschärft die Krisenwahrnehmungen und gibt ihnen eine entscheidend regressive Neigung.

Auffällig ist, dass der Blick zurück nicht nur von jenen gepflegt wird, die das vermeintlich Gute tatsächlich erlebt haben, sondern auch von denjenigen, die die Verheißungen nur aus Erzählungen kennen. In Frankfurt dominieren rückblickend eindeutig Geschichten des kollektiven Aufstiegs. Man habe sich im Betrieb hochgearbeitet, dadurch Wohlstand geschaffen und der Familie materielle Möglichkeiten eröffnet. Erwerbsbiografien seien im Gegensatz zu heute berechenbarer gewesen; man habe sich noch aufeinander verlassen und einander vertrauen können. Gleichzeitig, so wird immer wieder berichtet, sei früher auch mit wenig Geld mehr möglich gewesen. Das kleine Häuschen, in dem Frau Keller (N02/22) aufgewachsen ist, hätten sich ihre Eltern nur leisten können, weil die sozial ausgerichtete Wohnbaugesellschaft es für Angestellte erschwinglich gemacht habe. Andere berichten ebenfalls, dass der Aufstieg der Eltern dem funktionierenden Sozialstaat, der Bildung und günstiges Wohnen ermöglicht habe, zu verdanken sei. Aufstieg und Sozialstaat gaben den Menschen Sicherheiten, sie schufen eine Gewissheit, die über die durchaus vorhandenen Krisenereignisse der Zeit hinwegtrug.

Weit verbreitet ist die Erzählung, dass die Menschen damals noch genügsamer gewesen seien, dass die Armut leichter zu ertragen gewesen sei, weil es keine allzu großen sozialen Unterschiede gegeben habe und der Fahrstuhl tatsächlich nach oben gefahren sei. Damals wurde Zukunft, so wird berichtet, mit etwas verbunden, wohin man gerne wollte. Beispielhaft ist die Schilderung von Frau Sanchez (N20/22). Die Tochter einer alteingesessenen Niederin und eines Gastarbeiters zeigt sich davon überzeugt, dass die Generation ihrer Eltern »es leichter hatte«. Sie hätten das Privileg gehabt, ihr Berufsleben in »dieser glücklichen Phase« der Nachkriegszeit bis Mitte der 1980er Jahre zu verbringen, »als man das Gefühl hatte, es geht immer nur aufwärts, es wird immer nur besser«. Die Dinge seien damals »sehr geordnet und einfach« gewesen, dafür aber »auch ein bisschen schwarzweiß«. Sie hingegen habe in ihrem Leben die Erfahrung machen müssen, dass das Aufstiegsversprechen eine Illusion und das Leben so komplex wie anspruchsvoll geworden sei. Einzuordnen, ab wann der Aufstieg nicht mehr selbstverständlich war, fällt den Menschen schwer. Diejenigen, die in Nied und dem Riederwald antworten, nennen oft die Einführung des Euros oder manchmal auch die Hartz-Reformen.

In Grünau sind die Bezugspunkte indes andere, die Menschen blicken auf einen anderen Staat zurück als in Westdeutschland. Aber die Sehnsucht nach Ruhe, Stabilität und Sicherheit ist die gleiche wie in Frankfurt. Die Wende, beziehungsweise die Jahre danach, sind bis heute bedeutsame Ankerpunkte der Erzählungen. Fast alle berichten von Unruhen und Zeiten der Arbeitslosigkeit, doch die meisten konnten wieder Fuß fassen. Wie umfassend die Umwälzungen im Bereich der Arbeit insgesamt waren, zeigen Daten des Historikers Ilko-Sascha Kowalczuk (2019, S. 149): Von den Personen, die 1989 in der DDR erwerbstätig waren, waren im November 1994 nur noch 25 Prozent »in der gleichen Institution« beschäftigt, und nur 18 Prozent waren »trotz Betriebswechsel ununterbrochen erwerbstätig« gewesen.[11] Gesamtgesellschaftlich konnten die Menschen in Ostdeutschland im Laufe der Zeit zwar wirtschaftliche Zugewinne verzeichnen, die Aufstiegschancen blieben aber im Vergleich zum Westen eher gering, was bis heute auch auf fehlenden ererbten Besitz in der jüngeren Generation zurückzuführen ist (Mau 2019, S. 169–174).

Aus den Interviews geht hervor, dass auch diejenigen, für die es nach 1990 tatsächlich aufwärts ging, dies nicht unbedingt mit Glück verbanden. Von einem ständigen »Überlebenskampf« spricht beispielsweise Herr Uhlig (G08/22). Die neue Arbeit habe zwar Geld eingebracht, sei aber nicht das Seine gewesen. Deutlich wird auch Herr Oertel (G11/22). Er ist heute um die 80 Jahre alt und war als DDR-Funktionär viel in der Welt herumgekommen. Nach der Wende sei er nie arbeitslos gewesen, weil er »jeden Mist« gemacht habe, vom Tankwart über den Transportarbeiter bis zum Filialleiter einer Warenhauskette. Es ist eine Mischung aus tiefgreifender Verunsicherung und Stolz darüber, es geschafft zu haben, die aus diesen Erzählungen spricht.

Zwei Merkmale unterscheiden die Zurückblickenden in Frankfurt und Leipzig hingegen deutlich: Zum einen wird zwar in den Interviews die Sehnsucht nach gesicherten und überschaubaren Arbeitsverhältnissen durchweg deutlich. Aus den Schilderungen in Grünau spricht aber eine Art der vergangenen sozialen Sicherheit sowie der positiven Erfahrung von Kollektivität, die in den Frankfurter Gesprächen nicht vorkommt. Sicherlich, auch im Riederwald und in Nied wird von Festen, gemeinsam getragener Sorgearbeit und von geteilten Alltagsrhythmen im Stadtteil berichtet, aber die Qualität der Gemeinschaft im Alltag ist in den Schilderungen von Grünau doch nochmals eine andere. In der Diktatur durften an der Gemeinschaft jedoch längst nicht alle teilhaben und sie war nur um den Preis der Anpassung und der Akzeptanz des Möglichen zu haben. Frau Meisner (G03/22) erinnert sich dennoch glücklich zurück: »Die schönsten sieben Jahre waren die Jahre beim Volkseigenen Betrieb.[12] Da gab es einen Hof, und wir spielten in der Pause immer Federball, das war herrlich.« Die Arbeit sei insgesamt weniger durchgetaktet gewesen, berichtet sie des Weiteren. So konnte man zum Beispiel auch während der Arbeitszeit gegenüber im Delikat[13] einkaufen gehen, wenn dort gerade etwas Besonderes erhältlich war. Diese positive Erinnerung steht heute in ausgeprägtem Widerspruch dazu, dass die ostdeutsche Herkunftskultur »als Quelle der Anerkennung« im vereinten Deutschland kaum mehr »zur Verfügung« steht (Mau 2019, S. 205), was die einzelnen als fundamentalen Bruch mit der Welt empfinden.

Zum anderen impliziert die Sehnsucht nach Übersichtlichkeit und Homogenität in Grünau anders als in Nied oder dem Riederwald vor allem deutsche Homogenität. Zu Zeiten der DDR war Grünau in der Erinnerung der Menschen weiß, alle hätten Deutsch gesprochen und ein freundliches Miteinander gepflegt. Geflüchtete gab es nicht, und die wenigen Vertragsarbeiter:innen (ebd., S. 95) tauchen in den Erzählungen nicht auf.

Nur Herr Oppermann (G01/22) berichtet von den Vietnames:innen im Viertel, nennt diese aber lediglich als Opfer rechter Gewalt nach 1990. Ihnen hätte man die Schuld an »weiß ich was allem« gegeben, und bereits damals habe der Neid dominiert, weil sie angeblich anders als die Deutschen »immer das Beste« gehabt hätten. Solche ressentimentgeladenen Erzählungen finden sich in Frankfurt auch, anders ist dort aber die generelle Wahrnehmung der Viertel. In Frankfurt kamen ab Ende der 1950er Jahre Gastarbeiter:innen aus Südeuropa in großer Zahl an (Stadt Frankfurt 2004, S. 161). Sie veränderten das soziale Gefüge, machten internationale Migration schon bald zur allgemeinen Erfahrung, und kaum jemand kann sich heute noch an eine deutsche Homogenität erinnern. Die Zuwanderung verlief alles andere als konfliktfrei (Bojadžijev 2012), aber Migration ist heute bei den allermeisten als Fakt anerkannt.

»Außer wählen geht nichts«: Postdemokratie und politische Apathie

Frau Nowak (G07/22) spricht ruhig und wägt ab, anders als viele Befragte in Grünau. Es ist ein sonniger Herbsttag. Wut oder Frust sind im Gespräch kaum zu spüren. Sie erzählt von ihrem Leben im Viertel seit Ende der 1980er Jahre. Anders als viele, die gerne ins Neubauviertel gezogen seien, sei sie nur widerwillig hergekommen. Sie sei glücklich gewesen mit ihrer Familie in der Wohnung im Stadtzentrum, aber der Umzug sei vom Staat aus baulichen Gründen angeordnet worden. Heute ist sie Ende 60, hat erwachsene Kinder und lebt allein. Mittlerweile gefalle es ihr gut in Grünau, und das gelte für viele, die hier leben. »Die Grünauer sind eigentlich in vielerlei Hinsicht glücklich«, sagt Frau Nowak. Sie ist sozial engagiert im Stadtteil und hat deshalb einen guten Einblick ins Leben der Menschen. Mit ihrer Einschätzung zu Grünau widerspricht sie Herrn Borowski (G06/22) dennoch grundlegend, der niemand im Stadtteil mit »Zufriedenheit« in Verbindung bringen mag. Die unterschiedliche Einschätzung dürfte aus den jeweiligen Milieus resultieren, in denen sich die beiden bewegen. Während Herr Borowski darum ringen muss, nicht abzusteigen, gehört Frau Nowak zur arrivierten Mittelschicht.

Die Veränderungen im Viertel, gerade den Zuzug von Ausländer:innen, hat Frau Nowak (G07/22) zur Kenntnis genommen, Sorgen bereiten sie ihr nicht. Immer wieder würden jedoch Alteingesessene aus Grünau wegziehen, um den Neuankommenden aus dem Weg zu gehen, das sei offensichtlich. Sie stellt dann fest, dass politisch Fehler gemacht worden seien: Der Zuzug sei zu schnell und zu konzentriert erfolgt. Das Erstarken der AfD im Stadtteil und die verbreitete Politikverdrossenheit sieht sie mit Sorge, aber die Gründe lägen nicht vor Ort, schließlich seien es in ganz Deutschland die Gleichen, die Menschen nach Rechts drängten. Damit argumentiert sie ähnlich wie oben schon Herr Oppermann (G01/22). Als im Viertel drängende Themen nennt Frau Nowak (G07/22) die steigenden Lebenshaltungskosten, die die Menschen stark belasteten. Hinzu komme der Krieg, wobei auch sie sich, wie in Grünau fast alle, skeptisch gegenüber dem Handeln der Bundesregierung zeigt, die viel zu einseitig aufseiten der Ukraine stehe. Die Pandemie habe des Weiteren im Viertel vieles an kollektivem Leben kaputtgemacht, was nun mühsam wiederaufgebaut werden müsse. Dabei sei noch ein »weiter Weg« zu gehen.

Sie versteht sich als Demokratin. Ihre Stimme gebe sie der CDU, weshalb sie sich mit der Regierung Merkel wohler gefühlt habe als jener von Scholz. Die Möglichkeiten, sich im Stadtteil zu beteiligen, seien da, aber man müsse es auch wollen. Solange die Angebote, die von der Stadt kämen, nicht angenommen würden, brauche sich niemand zu wundern, dass sich nichts ändere. Auch in den Parteien wolle heute niemand mehr mitmachen, die Wahlbeteiligung sei gerade in Grünau erschreckend niedrig.

Gleichzeitig stellt sie aber auch fest, dass Menschen selbst bei Dingen, die sie unmittelbar beträfen, vor vollendete Tatsachen gestellt würden. Zu oft werde »mit den Bürgern nicht ehrlich umgegangen« (G07/22). Problematisch sei zudem, dass die zivilgesellschaftlichen Strukturen, die zumeist auf dem Ehrenamt basieren, deutlich überaltert seien und es am Nachwuchs fehle.

Die Schilderungen von Frau Nowak belegen, dass auch Menschen, die sich der Demokratie zugewandt fühlen und sie leben wollen, an ihrem Funktionieren zweifeln und sich wünschen, mehr gehört zu werden. Das Gefühl, selbst keine Handlungsmacht zu haben, ist in den Gesprächen insgesamt sehr präsent und wird immer wieder auch in weitaus drastischeren Tönen vorgetragen. Typisch ist die Aussage von Frau Nowak zum Engagement. In allen drei Stadtteilen berichten die Menschen vom hohen Altersschnitt der Engagierten, die zudem eher weiß und deutsch seien und primär aus der Mittel- und Oberschicht, jedoch kaum aus der Unterschicht kämen. Manche formulieren dies als Vorwurf an Migrant:innen und Arme, die sich keine Mühe gäben, andere sind selbstkritischer und erkennen an, dass das Angebot und die Strukturen womöglich nicht unbedingt offen für Ankommende seien.

Auffällig ist, dass die Einschätzungen zur Demokratie im Gegensatz zu Nied gerade zwischen dem Riederwald und Grünau starke Parallelen aufweisen. In den beiden letztgenannten Stadtteilen dominieren Empörung, Frust und der Vorwurf politischer Ausgrenzung, was mit Heitmeyer als *wutgetränkte Apathie* beschrieben werden kann. In Nied hingegen ist ein Gefühl prägend, das ich als *konforme Apathie* bezeichnen möchte. Ein Grund für den Unterschied zwischen den Stadtteilen könnte sein, dass Nied, wie sich während der Recherche vor Ort herausgestellt hat, sozial etwas anders strukturiert ist. Dort sind die alteingesessenen Deutschen meist verhältnismäßig gut situiert. Ihre Eltern haben als Facharbeiter:innen Karriere gemacht und gut verdient. Zudem war Nied offensichtlich ein Ort, wo Menschen in Frankfurt auch mit mittleren Einkommen noch Wohneigentum erwerben konnten, als es andernorts schon zu teuer war. Viele besitzen daher ein eigenes Häuschen oder eine Wohnung und geben an, recht gut zu leben. Hinzu kommt, dass die angrenzenden Chemiewerke noch bestehen, weshalb auch industrielle Facharbeiter:innen noch in großer Zahl dort wohnen. So unterscheidet sich im Stadtteil die deutsche Mitte von den migrantischen Mitbewohner:innen nicht nur durch die Identitätszuschreibungen und kulturellen Vorstellungen, sondern auch durch den sozioökonomischen Status. In Grünau und dem Riederwald sind hingegen praktisch alle Mieter:innen, und Armut betrifft dort auch weit mehr Weiße.

Unter Apathie versteht Heitmeyer (2018, S. 186) »ein Gefühl der Entfremdung vom demokratischen System«. Damit einher geht das Empfinden, »macht- und einflusslos« zu sein. Das senke die Bereitschaft, sich politisch einzubringen, und zugleich wachse die Skepsis gegenüber den »herrschenden politischen Eliten«, die die Menschen weder repräsentierten noch anhören würden. Mit Apathie ist daher eine Tendenz zur Teilnahmslosigkeit gemeint, die auch resignative Züge haben kann und eine Abkehr von der Welt zum Ausdruck bringt. Wie ich zeigen werde, kann sie aber unterschiedliche Ausprägungen haben. In der sozialwissenschaftlichen Debatte wurde die These aufgestellt, dass Apathie auch als Ausdruck einer stillen Zustimmung zur Ordnung bewertet werden kann, was als *stabilisierende Apathie* bezeichnet wurde (ebd., S. 188). Zeigen werde ich, die Argumentation von Heitmeyer unterstützend, dass auch im Bereich der Konformität für die Demokratie kritische Prozesse ablaufen. Die in Frankfurt und Leipzig geführten Interviews machen auf einer allgemeinen Ebene deutlich, dass die Prozesse, die seit den 1990er Jahren als *Krise der Demokratie* diskutiert werden, Teil der Lebenswirklichkeit der Menschen sind.

Demokratie ist ein weiter Begriff mit vielen Facetten, unter dem sich Menschen sehr unterschiedliche Dinge vorstellen. Im Großen und Ganzen werden unter Demokratie jedoch zwei Aspekte diskutiert, die durchaus in Konflikt geraten können. So ist Demokratie zum einen die Bezeichnung für einen formalen Prozess und eine staatliche Organisationsweise. Für liberale Demokratien ist die Gewaltentrennung konstitutiv, Entscheidungen werden in Parlamenten getroffen, die aus freien Wahlen hervorgehen. Als Staatsform basiert sie auf tendenziell autonomen Verwaltungsapparaten sowie auf Gesetzen, die institutionelle Abläufe, Grundrechte und insbesondere Minderheiten schützen. Mit Rechtsstaat ist dabei nicht ein Staat gemeint, der Gesetze hart durchsetzt, sondern einer, der sich an das selbstgesetzte Recht hält und Bürger:innen vor illegitimem Zugriff durch den Staat schützt (Pichl 2019).

Zum anderen hat Demokratie aber auch einen normativen Kern. Bedeutsam ist dabei das stets vorhandene Versprechen, Menschen aus politischer Unterdrückung zu befreien sowie ihnen Selbstbestimmung zu ermöglichen. Mit Balibar (2012) habe ich gezeigt, dass die demokratische Erfahrung, die in den großen Revolutionen des späten 18. Jahrhunderts zum Ausdruck kam (vgl. auch Arendt 2011 [1936]), das allgemeine Streben nach Gleichheit und Freiheit – die *Gleichfreiheit* – freisetzte, die sie bis heute ermöglicht und vorantreibt. Als normativer Horizont ermöglicht Demokratie den ausgeschlossenen sozialen Klassen, Identitäten oder Geschlechtern den Anspruch auf Partizipation und Anerkennung zu erheben. Sie ist darüber hinaus eng mit Werten wie Menschenrechte, Inklusion und Gerechtigkeit verbunden.

Die beiden Seiten, die normative und die formale, geraten dann in Konflikt, wenn Gruppen oder Individuen gegenüber der formalen Ordnung die Ausweitung demokratischer Rechte einfordern, die ihnen (noch) nicht zugestanden werden, aber auch, wenn sich die formale Ordnung zunehmend vom normativen Anspruch entfernt. Gerade Letzteres ist heute im Zuge des Aufstiegs der Rechten immer öfter zu beobachten, wobei der Verlust des normativen Anspruchs zur Herausbildung defizitärer oder gar illiberaler Demokratien führt (Schäfer/Zürn 2021). Form und Norm stehen in jeder praktischen Organisation in einem Spannungsverhältnis, aber wenn die Kluft dazwischen zu groß wird, dann kann die Form allein früher oder später nicht mehr als Demokratie gelten, selbst wenn deren Prozesse noch intakt scheinen. Die Debatten um Demokratie in den vergangenen Jahr(zehnt)en legen nahe, dass es um die formale Demokratie heute nicht zum Besten bestellt ist.

Der Konflikt zwischen der normativen und der funktionalen Seite klingt abstrakter, als er ist. Denn die Auseinandersetzungen betreffen immer konkrete Aspekte. Es geht um Repräsentation. Wer darf an Wahlen teilnehmen und wer nicht? Wer wird überhaupt im Parlament repräsentiert und wer nicht? Dazu gehört aber auch die Frage der Partizipation: Wie schafft ein Staat Angebote und stellt sicher, dass Menschen auch jenseits parlamentarischer Prozesse an politischen Entscheidungen teilhaben können? Und schließlich geht es um zivilgesellschaftliches Engagement. Ist die Demokratie in der Lage, Initiativen aus der Gesellschaft aufzunehmen und damit einen Resonanzraum für Bestrebungen zu schaffen, die nicht unmittelbar aus den Institutionen kommen? Über diese innerstaatlichen Dimensionen hinaus führt die Frage, wo in einer sich globalisierenden Welt Entscheidungen getroffen werden und welches Gewicht nationale Repräsentant:innen in der globalen Machtarchitektur haben.

Postdemokratische Tendenzen nehmen gerade auch deshalb zu, weil Demokratie vom neoliberalen Projekt zumindest im Stich gelassen, wenn nicht gar explizit unter Druck gesetzt wird, so die Diagnose.[14] Für die Politologin Wendy Brown (2018, S. 7) ist klar, dass »der Neoliberalismus die Prinzipien, Praktiken, Kulturen, Subjekte und Institutionen der Demokratie« insgesamt angreife und langsam aber sicher auflöse. Prominent hatte ihr Kollege Colin Crouch (2008) bereits Mitte der 2000er Jahre die These von der Postdemokratie formuliert. Demokratie leide an »Langeweile, Frustration und Desillusionierung« (ebd., S. 30), schreibt er. Die formalen Verfahren und Institutionen, die eine repräsentative Demokratie ausmachten, würden zwar weiter praktiziert oder seien in Gestalt von Partizipationsverfahren gar weiterentwickelt worden, dennoch seien der Einfluss der Parlamente sowie der Bevölkerung insgesamt eingeschränkt worden, weil zugleich die Macht der Wirtschaft und damit der Oberschicht zugenommen habe. Demokratie falle zunehmend in feudale und damit vordemokratische Muster zurück, folgert Crouch (2008, S. 13, 69 f.). Diese Entwicklung führt er auf die Finanzwirtschaft und das entstandene Ungleichgewicht zwischen den Interessen der global agierenden Unternehmen einerseits und jenen der übrigen gesellschaftlichen Gruppen andererseits zurück (ebd., S. 19).

Die Entwicklung hat politische Sprengkraft. Die Forschung belegt, dass die Erfahrungen, nicht gehört zu werden, das Gefühl, selbst keine Handlungsmacht zu haben, sowie die daraus resultierende Unzufriedenheit mit den etablierten Prozessen und Institutionen zum Erstarken rechter Einstellungen wesentlich beitragen (Decker u. a. 2022a; Heitmeyer 2018). Mir ist wichtig zu betonen, dass Frustration über die demokratische Form nicht im Rückzug aus der Demokratie an sich und in der Hinwendung zu rechten Parteien münden muss. So belegen die in Teil 1 angesprochenen progressiven sozialen Bewegungen, dass vielfach versucht wird, Demokratie als gelebte Praxis auch formal neu zu bestimmen und einen Ausweg aus der Krise der Demokratie zu finden. Gleichwohl haben die von Crouch beschriebenen Tendenzen in den vergangenen zwanzig Jahren eher zu- als abgenommen, und es ist die Rechte, die davon profitiert.

Die Krise der Demokratie hat daher mittlerweile weitere Facetten: Belegt ist, dass demokratische Prozesse, selbst wenn sie formal gut funktionieren, dazu tendieren, marginalisierte und weniger wohlhabende Menschen strukturell auszuschließen. Beispielsweise können weiße Menschen ihre Privilegien besser durchsetzen und absichern als People of Color. Deren Ausschluss ist kein unglücklicher Zufall, der mittels Inklusion in die bestehenden Strukturen behoben werden kann, sondern hat für die Privilegierten einen Nutzen und müsste daher mit strukturellen Anpassungen konfrontiert werden (Olson 2004). Ähnliches lässt sich mit Blick auf die soziale Dimension der Exklusion aus demokratischen Prozessen nachweisen. Bis Anfang der 1980er Jahre waren bei Wahlen in Deutschland hinsichtlich der sozialen Schichtung der Teilnehmenden kaum Unterschiede auszumachen. Doch mittlerweile bleiben die mittleren und vor allem die unteren Einkommensgruppen Wahlen überproportional häufig fern, während die Wahlbeteiligung unter den Wohlhabenden nur geringfügig gesunken ist (Schäfer 2015, S. 97). So können sich die Wohlhabenderen mit ihren Anliegen deutlich öfter durchsetzen als weniger Privilegierte (Schäfer/Zürn 2021, S. 96–101). Mit der Zeit verändert sich dadurch auch die Zusammensetzung der Parlamente: Immer seltener werden Menschen als Abgeordnete berufen, die nicht studiert haben, und gerade das Spitzenpersonal hat zumeist keinen anderen Beruf ausgeübt als den des Politikers (Bovens/Wille 2017).

In Ostdeutschland spielen weitere Effekte eine zentrale Rolle. Seit 1990 wird dort die Politik wie auch die Wirtschaft stark von Männern aus dem Westen dominiert. Mau (2019, S. 182–184) gibt einen Überblick über die Lage, wie sie sich 2019 darstellte: Maximal drei Prozent der in Deutschland »herausgehobenen Spitzenpositionen« sind mit Ostdeutschen besetzt, von den knapp zweihundert DAX-Vorständen haben gerade vier eine Ostbiographie, keine einzige staatliche Universität wird von einer Person mit einer ostdeutschen Biographie geleitet, unter den 100 einflussreichsten Intellektuellen im deutschen Sprachraum stammen gerade mal fünf aus dem Osten Deutschlands. Lediglich im Bereich Sport und Kultur sehe es etwas besser aus. So resümiert der Soziologe, »dass es in Ostdeutschland nur ein sehr loses Band zwischen dem Spitzenpersonal und dem Rest der Bevölkerung« gebe, weshalb die Spaltung zwischen einem vermeintlichen Volk ›hier unten‹ und den Eliten ›da oben‹ besonders stark empfunden werde (ebd., S. 182).

Datenlage zur Demokratie

Empirische Studien haben den Zustand der Demokratie in den vergangenen Jahrzehnten gut ausgeleuchtet. Grundsätzlich genießt das Prinzip Demokratie in Deutschland eine hohe Zustimmung, gleichzeitig nehmen aber Politikverdrossenheit und Wahlenthaltung zu. Gingen bei der Bundestagswahl 1972 noch neun von zehn Wahlberechtigten an die Urnen, sank diese Zahl trotz Ausreißern nach oben kontinuierlich bis 2009, als nur noch sieben von zehn Wahlberechtigten ihre Stimme abgaben (Heitmeyer 2018, S. 188). Seitdem stieg die Wahlbeteiligung auf Bundesebene wieder leicht, was auf eine verstärkte Politisierung der Gesellschaft hindeutet. Bei Landes- oder Kommunalwahlen ist der Anteil indes oftmals deutlich geringer als auf Bundesebene. An der jeweils jüngsten Landtagswahl beteiligten sich in Bayern (2023) immerhin rund 73 Prozent, während es in Nordrhein-Westfalen (2022) weniger als 56 Prozent waren. Bayern ist damit im Ländervergleich Spitzenreiter, NRW das Schlusslicht (statista 2023). Neben der sinkenden Wahlbeteiligung stellt sich auch das Problem, dass Parteien und Gewerkschaften einen erheblichen Mitgliederschwund hinnehmen müssen – allein SPD und CDU schrumpften zwischen 1990 und 2021 um jeweils mehr als die Hälfte. Das erschwert es den Organisationen, sich über interne demokratische Prozesse an der bundespolitischen Willensbildung zu beteiligen, was in Deutschland eigentlich Teil des repräsentativen Prinzipes darstellt (Niedermayer 2022).

Langzeitstudien wie die Autoritarismus-Studie verdeutlichen (Decker u. a. 2022b, S. 62–67), dass in Ost- und Westdeutschland eine sehr große Mehrheit von über 90 Prozent Demokratie prinzipiell befürwortet. Fragt man nach der Zufriedenheit mit der Demokratie, wie sie »in der Verfassung festgelegt« ist, liegt die Zustimmung aber nur noch bei rund 80 Prozent. Während die Werte in Westdeutschland konstant bleiben, steigen sie in Ostdeutschland indes deutlich. Fragt man schließlich nach dem faktischen Funktionieren der Demokratie, so sind nur noch knapp 60 Prozent zufrieden. Aber auch diesbezüglich verbessert sich die Situation, insbesondere in Ostdeutschland. Allerdings interpretieren die Menschen die Fragen jeweils für sich und lassen damit auch ihre individuellen Vorstellungen von Demokratie einfließen. Die gestiegene Zustimmung in Zeiten der Pandemie gerade in Ostdeutschland kann also auch ein Ergebnis davon sein, dass Demokratie bei den regressiven Protesten, die dort sehr stark waren, oft beschworen wurde, wenn auch auf eine krude und individualistische Weise. Die gewachsene Zustimmung sollte folglich nicht vorschnell als Garantin der real existierenden politischen Ordnung gedeutet werden. Vor diesem Hintergrund lässt sich die scheinbar paradoxe Situation einer steigenden Wertschätzung der Demokratie bei gleichzeitiger Überzeugung von der eigenen politischen Bedeutungslosigkeit besser verstehen. So geben etwa drei Viertel der Befragten an, dass »Leute wie ich« keinen Einfluss darauf haben, »was die Regierung tut« (ebd., S. 66), und zwei Drittel halten es für sinnlos, sich politisch zu engagieren. Diese Werte sind im Osten durchweg schlechter als im Westen.

Dabei waren in Ostdeutschland in den frühen 1990er Jahren die Hoffnungen, die in Demokratie und insbesondere die Marktwirtschaft gesetzt wurden, hoch. Umso stärker war dann die Enttäuschung, als sie nicht erwartungsgemäß erfüllt wurden. Sehr schnell sackten die Zustimmungswerte ab, während parallel dazu die rechtsradikalen Einstellungen rasant zunahmen. Noch zu Beginn der 1990er lagen die rechten Einstellungspotentiale im Osten deutlich unterhalb jener im Westen, bereits Ende der 1990er aber nicht mehr (Stöss 2000, S. 28–31). Die heute noch präsente Frustration ist daher in demokratischen Zeiten entstanden und somit, anders als oft unterstellt wird, kein kulturelles Relikt einer noch stärker in der DDR-Autorität verankerten Gesellschaft. Ungeachtet dessen konnten sich rechte Strukturen in Ostdeutschland schon zu Zeiten der DDR formieren, auf die die kommenden Bewegungen aufbauten (Wagner 2014). Die Kader aus dem Westen, die nach 1989 nach Ostdeutschland gingen, um ihre Kamerad:innen zu organisieren, trafen auf etablierte Gruppen und einen Staat, der die Gefahr von Rechts ignorierte und so ein fruchtbares Biotop für die Szenen bot (Quent 2016).

Wie tief die Krise der Demokratie heute mehr als 30 Jahre nach der Wende in Ost und West reicht, darüber gibt eine aktuelle Studie der Friedrich-Ebert-Stiftung Auskunft. Insgesamt zeichnen die Autor:innen die Situation in reichlich düsteren Farben.[15] Nur etwas mehr als 40 Prozent geben an, Vertrauen in die Bundesregierung beziehungsweise den Bundestag zu haben, wobei den Repräsentant:innen unterstellt wird, wichtige Wahlversprechen nicht einzuhalten (Best u. a. 2023, S. 26, 32). In dieser Studie zeigt sich etwas mehr als die Hälfte als mit der Demokratie unzufrieden. Ebenso viele geben an, dass diese sich in den vergangenen Jahren eher verschlechtert als verbessert habe, nur eine Minderheit von knapp zehn Prozent sieht eine Verbesserung. Am skeptischsten sind Menschen aus den unteren Schichten. Unter ihnen sind zwei Drittel unzufrieden mit der Demokratie, wohingegen es in der Mittelschicht ungefähr die Hälfte und in der Oberschicht etwas mehr als ein Drittel sind (ebd., S. 17–19). Eine Alternative zur repräsentativen Demokratie, die nur gerade von einem Viertel als »bestes Regierungsmodell« bewertet wird, sehen rund 40 Prozent in der direkten Demokratie und ein Drittel in einer Regierung von Expert:innen (ebd., S. 22). Einst eine Forderung linker Bewegungen, ist die direkte Demokratie heute unter Rechten sehr populär.[16] Letztere hoffen, nach dem Vorbild etwa der schweizerischen SVP die Referenden zur eigenen Mobilisierung zu nutzen (Skenderovic/D'Amato 2008), zumal sie das Volk insbesondere in Konflikten um Migration auf ihrer Seite wähnen.

An den Befunden der Friedrich-Ebert-Stiftung erstaunte der sehr geringe Zuspruch zu einer autokratischen Herrschaft. Nur ein Prozent gibt an, darin das beste Modell zu sehen (Best u. a. 2023, S. 22). Diesbezüglich kommt die Autoritarismus-Studie zu deutlich alarmierenden Befunden. Ihr zufolge wünschen sich in Deutschland insgesamt fast 15 Prozent »eine einzige starke Partei, die die Volksgemeinschaft insgesamt verkörpert« und sieben Prozent einen Führer, »der Deutschland zum Wohle aller mit starker Hand regiert« (Decker u. a. 2022b, S. 41). Eine allein auf Ostdeutschland gerichtete Befragung derselben Wissenschaftler:innen ergab weit ausgeprägtere Werte. Die Zustimmung zu einer starken Partei liegt im Osten bei über 25 Prozent; einen Führer, der zum Wohle aller regiert, wünschen sich 14 Prozent (Decker u. a. 2023, S. 6).[17]

Insgesamt sind antidemokratische und autoritäre Positionen in der Gesellschaft also weit verbreitet, trotz der hohen Zustimmung zur Idee der Demokratie an sich. Das Prinzip der Repräsentation ist angeschlagen, Partizipationsverfahren werden zwar angeboten, greifen aber oft zu kurz, und mit Engagement ist es ebenfalls schwer durchzudringen. Alles in allem erkennen die Politologen Armin Schäfer und Michael Zürn (2021, S. 11) in der Verbindung aus »abstrakter Entfremdung der Praxis vom demokratischen Ideal« mit »konkreter Entfremdung der Bürgerinnen von den demokratischen Institutionen« eine der Demokratie innewohnende Tendenz zur Regression.

Politisch machtlos

Kehren wir zurück in die Stadtteile von Frankfurt und Leipzig. Die Menschen, mit denen gesprochen wurde, sind der Demokratie im Großen und Ganzen zugewandt. An Wahlen teilzunehmen ist für viele eine Selbstverständlichkeit. Gleichzeitig ziehen sich Bekundungen der politischen Ohnmacht wie ein roter Faden durch die Gespräche, unabhängig davon, ob sich die Menschen ansonsten eher wütend oder konform zeigen. Immer wieder heißt es, wie etwa bei Herrn Ludwig: »Wir können nur wählen. Was haben wir denn? Außer die Parteien wählen wie immer, Jahr für Jahr, geht nichts« (R09/19). Auf die Frage, ob die politische Machtlosigkeit auf allen politischen Ebenen gleich stark ausgeprägt sei, antworten viele, dass man im Stadtteil anders als auf Bundesebene mit Engagement etwas erreichen könne.

Allerdings gibt es deutliche Unterschiede. Im Riederwald sind viele der Interviewten selbst aktiv oder haben Kontakt zu Engagierten. Dort gibt es Initiativen vom Stadtteilfrühstück über den Nähtreff bis hin zum Stammtisch gegen Rechts. Als im Frühjahr 2023 eine Gruppe von Reichsbürger:innen versuchte, im Viertel ein Lokal zu eröffnen, waren Menschen aus dem Stadtteil am erfolgreichen Protest beteiligt. Sehr präsent ist zudem seit Jahren eine Bürgerinitiative gegen den Bau eines Autobahntunnels auf der Hauptstraße vor dem Stadtteil. Anders in Nied. Dort beschränkt sich das Engagement auf etablierte Parteistrukturen, vor allem der CDU sowie der SPD, und die Gremien des Städtebauförderprogramms Sozialer Zusammenhalt von Bund und Stadt,[18] das seit Ende 2016 läuft und das Viertel baulich aufwerten soll. In Grünau hingehen spielt zivilgesellschaftliches Engagement kaum eine Rolle. Nur eine Minderheit gibt an, von Initiativen gehört zu haben oder gar selbst aktiv zu sein. Anders als in den Frankfurter Stadtteilen spielt auch die Kirche dort keine integrative Rolle.

Etwas überraschend heißt es dann immer wieder, dass es wichtig sei, sich zusammenzuschließen, wenn man etwas politisch erreichen wolle. Nur gemeinsam und mit lautem Protest seien Dinge zu verändern. Manche verweisen in diesem Zusammenhang sehnsüchtig auf Frankreich, wo die Menschen im Vergleich zu Deutschland noch zu protestieren wüssten und in der Lage seien, ihrer Regierung ordentlich Dampf zu machen. Man wünscht sich also Veränderung, ist aber nicht bereit, sich dafür zu engagieren. Beispielsweise sagt Herr Uhlig (G08/22), dass, solange es der Mehrheit noch »gut geht«, sich nichts ändern werde, aber Protest das Einzige sei, was helfen könne – um dann anzufügen, dass er selbst auch nicht auf die Straße gehe. Bekommen die Menschen wie Herr Uhlig beispielsweise etwas von den Protesten gegen die steigenden Energiepreise mit, bleiben sie dennoch skeptisch und wollen sich mit keiner Organisation gemein machen. Andere haben schlicht andere Prioritäten, es mangelt an Zeit und Kapazitäten: Arbeit, Familie, Freundschaften und Sport füllen das Leben der allermeisten aus. Für manche, die im Schichtdienst arbeiten oder neben dem Beruf allein für Kinder oder die Pflege von Angehörigen zuständig sind, ist das sicher unvermeidlich, für andere ist es auch eine Entscheidung. Frau Sommer, die sich oben so sicher zeigte, dass sie ihren Weg machen werde, ist auch in dieser Hinsicht sehr ehrlich:

> »Man denkt immer, der Alltag gibt nichts her. Das ist dann die Ausrede, um sich nicht zu engagieren. Aber man hat die Zeit, wenn man sich die Zeit nehmen will. Ich gebe ehrlich zu, ich habe andere Prioritäten.« (R11/19)

Die Schilderungen aus dem Riederwald machen deutlich, dass Engagement nicht zwangsläufig mit Vertrauen in Staat und Demokratie einhergeht oder daraus folgt. Engagement kann sogar politische Ohnmachtserfahrungen noch verstärken. Berichtet wird sodann von vielen Initiativen. Erfolge hätten diese aber selten, meist renne man gegen eine Wand oder werde, wie es Frau Köhler (R01/19) formuliert, wie eine »Ameise zerquetscht«. Egal ob versucht werde, die Autobahn vor der Haustür zu verhindern oder zumindest die Rodung der Bäume, ob es darum gehe, die Sparkasse vor Ort zu behalten oder günstigen Wohnraum zu erhalten, es dominieren Erfahrungen der Niederlage. Dies ist besonders problematisch, weil es gerade jene Menschen von der Demokratie entfremdet, die eigentlich noch willens wären, sich einzubringen. Die Erfahrung, nicht gehört zu werden, die engagierte Menschen allzu oft machen, wirkt wie ein Gift, das zermürbt und zersetzt.

In ihrer Haltung zur Demokratie unterscheiden sich die Menschen nur graduell, und Personen, die ihre aktuelle Funktionsweise grundlegend kritisieren, stehen mit ihren Ansichten nicht weit von der Mehrheit entfernt. Eher markieren sie einen Punkt am unteren Ende der Rutschbahn der Regression. Deutlich unterscheiden sich die Gespräche jedoch in den Reaktionen auf den Zustand der Demokratie. In Grünau und dem Riederwald dominiert Empörung bis hin zu Wut über die politischen Strukturen. In Nied ist die Stimmung eher gedeckt, und die Skepsis wird konformer geäußert, Apathie wird aber in allen dreien deutlich.

Wutgetränkte Apathie

Was die *wutgetränkte Apathie* ausmacht, wird bei Frau Köhler (R01/19) sehr deutlich. Sie ist alleinerziehend und gibt an, AfD zu wählen. Dabei engagiert sie sich im Stadtteil und in der Schule ihrer Kinder, dies aber nicht mit einer rechten politischen Agenda. Es ergebe keinen Sinn, »mit Kanonen auf Spatzen zu schießen«, sagt sie, die Probleme, die es gebe, müssten im Alltag angegangen werden. Es sei »wichtig, dass man etwas Positives erreicht, nicht nur für sich selbst, sondern auch für andere«. Gleichzeitig ist sie sehr skeptisch gegenüber der formalen Ordnung der Demokratie. Es habe sie sehr ernüchtert, wie wenig es gebracht habe, gegen die Autobahn zu demonstrieren, sagt sie 2019. Eine Demokratie sei das auf jeden Fall nicht mehr:

> »Das ist eine Diktokratie. Wenn man hier seine Meinung sagt oder versucht, was zu verändern, wird man in eine Schublade gesteckt und mundtot gemacht. Man wird unmotiviert, weil man denkt, man erreicht halt irgendwie nichts.« (R01/19)

Die Gründe für ihre Hinwendung zur AfD sind vielfältig. Da ist die Skepsis gegenüber der etablierten Ordnung, ein Misstrauen, ob »die da oben« einem wirklich die Wahrheit sagen, und – das ist wohl der wichtigste Grund – die starke Ablehnung der Zuwanderung, insbesondere jene von muslimischen Männern. Im Sommer 2022 hat sich ihre Skepsis verfestigt. Sie engagiert sich zwar weiterhin vor Ort, möchte aber nicht mehr wählen gehen. In der Pandemie habe die Demokratie für sie »den letzten Lack verloren« (R01/22). Damit sagt sie wütend, was der SPD-Wähler Herr Lutz (N07/22) in Nied zwar ruhig, aber auf die gleiche Weise formuliert: In der Pandemie habe er Vertrauen in den Staat verloren, er hinterfrage nun kritischer, und seine »Institutionenhörigkeit« habe stark nachgelassen. Er mache es nun wie seine Kinder, die besser in der Lage seien, die Ellbogen auszufahren und die Dinge für sich zu regeln.

Frau Köhler (R01/22) ist wichtig, dass sie keine Querdenkerin sei. Sie habe sich an alle Infektionsschutzregeln gehalten, aber wie die Polizei gegen Menschen vorgegangen sei, die sich für Grundrechte eingesetzt hätten, das habe ihr Angst gemacht. Es sei versucht worden, »uns klein zu halten«. Wer »uns« ist, bleibt unklar, zeigt aber, dass sie sich den protestierenden Menschen nahe fühlt. Zumindest näher als den Politiker:innen, denen es nur »um sich selbst« und ihre Interessen gehe. In der Pandemie sei sie genau sowie damals, als die Flüchtlinge gekommen seien, mit den Herausforderungen »alleingelassen« worden, stets heiße es: »friss oder stirb«.

Sie formuliert damit eine Einschätzung, die Herr Borowski (G06/22) in Grünau teilen dürfte. Seit dem Zusammenbruch der DDR habe er an keiner Wahl mehr teilgenommen, zuletzt aber darüber nachgedacht, der AfD seine Stimme zu geben. Den Gedanken habe er dann jedoch wieder verworfen, weil auch das nichts helfe. Mit Parteien wolle er nichts zu tun haben. Demokratie sei »auf jeden Fall« etwas Gutes, aber »die da oben« hätten »kein Interesse an uns hier unten«. Ständig versprächen Politiker:innen Dinge, die sie dann nicht hielten.

Aus den Interviews in Grünau sowie im Riederwald geht insgesamt ein weitverbreitetes Misstrauen gegenüber den Parteien hervor. Zu oft drehe es sich nur um Personen und Posten, wirkliche Politik werde nicht gemacht. Und das sagen nicht nur diejenigen, die sich deutlich distanziert haben, sondern auch diejenigen, die sich engagiert und politisch interessiert zeigen. Viel zu viel werde von der Politik sehenden Auges kaputt gemacht. Als Beispiele werden das Gesundheitswesen, das Unternehmertum, die Bahn, aber auch die Umwelt genannt. Von der Politik sei wenig zu erwarten, man könne sich nur selbst helfen, höre ich immer wieder. Empörung herrscht auch darüber, dass in der Politik kaum jemand für Fehler geradestehen müsse. Bundeskanzler Scholz wird dabei als Beispiel genannt, er sei trotz seiner mutmaßlichen Verwicklung in die CumEx-Affäre ins Amt gekommen. Das trifft die Menschen tief in ihrem Gerechtigkeitsempfinden.

Die *wutgetränkte Apathie* zieht sich folglich in beiden Stadtteilen, zwar in Abstufungen, aber dennoch spürbar durch alle Schichten und politischen Orientierungen. Im Wesentlichen ist sie Ausdruck der starken Frustration über die bestehende demokratische Form, des Glaubens, dass Wahlen nichts ändern, sowie umgekehrt einer durchaus verbreiteten Vorstellung davon, dass Demokratie auch inklusiver und aktiver sein könnte. Sie wendet sich gegen die etablierten Parteien und Institutionen, die ihr Vertrauen verspielt haben. Zwar gibt es Menschen, die seit Jahren ihren Parteien treu geblieben sind, die auch Positives sehen und Verständnis dafür zeigen, dass demokratische Prozesse Zeit brauchen. Doch auch bei ihnen finden sich ausgeprägte Muster der wutgetränkten Apathie, weil sie ebenfalls der Meinung sind, dass Wahlen zwar wichtig, aber letztlich wirkungslos seien.

Allerdings ist die Empörung wenig produktiv. Bei den meisten bleibt es bei enttäuschtem Widerspruch oder der Resignation innerhalb des Demokratischen. Diese Menschen wählen weiter demokratische Parteien oder eben gar nicht mehr. Nur für eine Minderheit ist die Wahl der AfD eine tatsächliche Option, jedoch geben deutlich mehr Befragte an, an der Partei Interesse zu haben, und scheinen für ihre Ansprache empfänglich zu sein. Auf keinen Fall haben die Wütenden nur darauf gewartet, von einer rechten Partei eingesammelt zu werden (Heitmeyer 2018, S. 188 f.). In der Wut ist kritische Selbstreflexion durchaus möglich. Das macht das Problem aber nicht kleiner, denn die Wut zersetzt das Vertrauen in Demokratie und Gesellschaft, sie ist ein fruchtbarer Nährboden für die Herausbildung von Ressentiments, auch wenn sie (noch) nicht nach Rechtsaußen führt. Sie tendiert in ihrer apathischen Ausprägung dazu, Erfahrungen der politischen Selbstermächtigung zu verhindern, die aber nötig wären, um das Gefühl der Machtlosigkeit zu überwinden.

Konformistische Apathie

In Nied ist die Situation eine andere. Auch dort treffe ich auf wütende Aussagen, auf Pandemieleugner:innen und Menschen, die der AfD nahestehen. Aber insgesamt ist die Stimmung versöhnlicher. Das zeigt sich vor allem daran, dass viele glauben, mittels Wahlen etwas verändern zu können. Bei genauerer Betrachtung wird jedoch ersichtlich, dass die zur Schau gestellte Zuversicht in so manchem Fall letztlich nur ein anderer Weg in die Apathie ist. Politik ist etwas für andere, wird gemacht von anderen, deren Aufgabe es ist, die Herausforderungen der Welt zu bewältigen. Im vordergründigen Zuspruch zur Demokratie, wie sie ist, stecken oftmals Gleichgültigkeit und Desinteresse. Immer wieder schlägt dies in autoritäre Vorstellungen um, da demokratische Prozesse Entscheidungen verlangsamen und den Einzelnen zu viel Beteiligung abverlangen.

Die Kritik in Nied bezieht sich häufig auf die mangelnde Weitsicht und Geradlinigkeit des politischen Personals. Es fehle an Visionen, nichts werde zu Ende gedacht, kritisiert der CDU-Wähler Herr Hofer (N01/22). Für die links-grüne Frau Keller (N02/22) war die Corona-Politik zwar richtig, aber zu »chaotisch«. Allgemein findet sie die politische Kommunikation in Deutschland »sehr veraltet, verstaubt und nicht modern«. In Nied sind sich fast alle einig, dass es um die Demokratie ganz gut bestellt sei. Mit der Ampelregierung hadern einige, die nächsten Wahlen werden als Möglichkeit zur Korrektur betrachtet. Eine gute Zusammenfassung der Stimmung findet sich in den Schilderungen von Frau Vogt:

»Ich bin mit unserer Demokratie zufrieden. Ich finde, dass wir als Bürger gerade durch unser Wahlrecht sehr gute Mitsprachemöglichkeiten haben. Und dass jeder von uns die Freiheit hat, sich zu engagieren. Es gibt kein ›die da oben‹, das sind wir selbst.« (N13/22)

Auf den ersten Blick klingt all dies beruhigend. Werden die Gespräche aber im Gesamtzusammenhang betrachtet, zeigt sich die *konforme Apathie* deutlich, denn die formulierten Krisendiagnosen und die zur Schau gestellte Zufriedenheit mit der Demokratie passen nicht zusammen. Benannt werden unter anderem die etablierte soziale Ungleichheit, die sich tendenziell verschärft, die selektiven Belastungen der Coronapolitik sowie dass in Sachen Klimapolitik zu wenig passiere. Es besteht also eine Dissonanz zwischen den benannten Problemen, ihrer Tragweite und dem geäußerten Vertrauen. Gegen Vertrauen in die Demokratie ist nichts einzuwenden, im Gegenteil. Aber was in den Gesprächen von Nied mitschwingt, ist kein echtes Vertrauen in Lösungen, sondern Vertrauen als Selbstschutz, als Abgrenzung von der Politik, die die Dinge für einen lösen und einen im Privaten in Ruhe lassen soll.

Damit taucht eine Grundproblematik der repräsentativen Demokratie auf, die sich als eine weitere Dimension der demokratischen Regression (Schäfer/Zürn 2021) erweist: Einerseits ist eine gewisse Zurückhaltung und das Delegieren politischer Entscheidungsmacht erwünscht, weil Politik von Repräsentant:innen in Parlamenten gemacht werden soll, andererseits braucht es aktive und engagierte Bürger:innen, um Demokratie als Prinzip auch in einem alltäglichen Wahrnehmungshorizont zu vermitteln. Der in Nied beobachtete Rückzug geht weiter, als es Verfechter:innen einer klar auf Repräsentation ausgerichteten Ordnung lieb sein kann. Vielmehr ist eine Abkehr von demokratischen Alltagserfahrungen insgesamt zu beobachten.

Aufschlussreich ist das Gespräch mit Herrn Albrecht (N15/22), der angibt, zwischen CDU und Grünen zu schwanken, und den ich oben ausführlicher vorgestellt habe. Er lasse keine Wahl aus, sagt er, würde sich aber keinesfalls als engagierte Person bezeichnen. Damit er aktiv werde, müsse etwas ihn sehr direkt betreffen, zum Beispiel, wenn geplant sei, »die eigene Haustür zuzumauern, weil da eine Bushaltestelle hin soll«, dann würde er was tun. Vielsagend sind in diesem Kontext auch die Ausführungen von Frau Lang (N16/22). Sie wählt links, ist reflektiert, sehr gut ausgebildet und verdient gut. Sie war während ihres Studiums politisch aktiv und sieht sich auch heute noch als politische Person. Gleichzeitig hat sie sich entschieden, nicht mehr im Bereich Ökologie zu arbeiten, weil es sie deprimiere, immer nur das Desaster zu sehen. Individuell mag das verständlich und vielleicht sogar gesund sein, gesellschaftlich ist es aber problematisch, wenn Menschen sich dazu entscheiden – gegebenenfalls entscheiden müssen, weil sie sich in ihrem Engagement zu wenig unterstützt fühlen –, wegzuschauen.

Die Menschen wissen, dass die Probleme nicht verschwinden, wenn man ihnen den Rücken kehrt. Daher wird immer wieder der Wunsch geäußert, dass diese für sie gelöst werden sollen. Weil dies nicht geschieht und die Krisen einen immer wieder einholen, kippt diese Haltung bisweilen ins Autoritäre. Herr Albrecht (N15/22) etwa kann sich für Deutschland eine Expertokratie, in der Fachkundige die Geschäfte jenseits von Parteipolitik übernehmen, gut vorstellen. So könne ohne lästige demokratische Prozesse eine »gute Wirtschaftspolitik« gemacht und der omnipräsente Lobbyismus zurückgedrängt werden. »Wir haben im Moment eine absolute Politiklücke«, analysiert auch Herr Conrad (N09/22) die Situation. Es fehle an fähigen Persönlichkeiten, die das Land steuern würden. Er kenne »die Politiker überhaupt nicht« und wolle sie auch nicht kennen, sie seien heute einfach »beschämend«.

Früher sei das anders gewesen, da habe Politik im »Unsichtbaren« agiert, und die Dinge hätten funktioniert: Kein zermürbender öffentlicher Streit in langatmigen Fernsehdebatten und vor allem keine Politik, die in die Privatsphäre der Menschen eingreife und mit Verboten regiere. Heute sei dies alles ein Unding; Politik sollte mit klarer Kante und Führungsstärke die Herausforderungen lösen. Gemäßigter zeigen sich Herr und Frau Werner (N05/22), aber auch bei ihnen schwingen autoritäre Vorstellungen mit. Die repräsentative Demokratie finden sie gerade deshalb gut, weil sie verhindere, dass alle mitreden könnten. Denn die Herausforderungen der Zukunft seien nicht zu bewältigen, wenn immer alle gefragt würden. Aus diesen Gründen finden sie auch den Föderalismus problematisch. Ein Vorbild sieht Herr Werner im System Chinas, dort werde regiert und auch Verzicht geübt. Ganz so diktatorisch müsse es nicht sein, aber Wahlperioden von zwölf Jahren würde er auch in Deutschland befürworten.

»Sie können Koffer schleppen«: Rassismus und die Schuld der Anderen

Einige Tage, nachdem ich im Viertel Interviewanfragen in den Briefkästen verteilt hatte, meldete sich Herr Conrad (N09/22). Von ihm wissen wir bereits, dass er sich von der Politik mehr stille Autorität wünscht. Erfahren haben wir auch schon, dass er insgesamt eher konservative Positionen vertritt und Verschwörungsdenken in seinen Erzählungen immer wieder anklingen. Er lebt allein und hat während der Pandemie sehr lange im Homeoffice gearbeitet, was ihn aber nicht gestört habe. Was wir auch schon wissen, ist, dass er den Verlust einer deutschen Identität bedauert und die Politik Orbáns als positive Alternative sieht. Aufgewachsen ist er im Umland von Frankfurt, aber den Stadtteil, in dem er heute lebt, kenne er von klein auf, sagt er. Das Leben dort sei in Ordnung. So richtig zufrieden ist er aber nicht, ein großes Manko seien die fehlenden Geschäfte und Cafés. Nachbarschaft heißt für ihn, »ein bisschen aufeinander zugehen, Zugehörigkeit zeigen, vielleicht auch ein gewisser Stolz, dass man etwas aufgebaut« habe. Das erlebe er im Viertel, auch gerade deshalb sei es ihm manchmal zu eng. Wenn er abends von der Arbeit nach Hause komme, wolle er seine Ruhe.

Bei unserem Treffen empfängt er mich freundlich und führt mich ins Wohnzimmer. Draußen ist es drückend heiß, daher sind die Jalousien geschlossen. Ein Thema, das sich durch das ganze Gespräch im schummrigen Zwielicht zieht, ist die Frage der Integration von Menschen, die er als Ausländer:innen betrachtet. Dabei schwankt er zwischen positiven Bezügen auf ein multikulturelles Leben sowie der Angst vor Parallelgesellschaften. Ausländerfeindlich oder rassistisch seien seine Äußerungen nicht, da ist er sich sicher. Seine ausländischen Freund:innen und auch der Wirt des migrantischen Restaurants, in das er gerne gehe, sähen die Dinge schließlich genauso wie er. Herr Conrad hält wie sehr viele meiner Gesprächspartner:innen die Aufnahme von Geflüchteten in Deutschland grundsätzlich zwar für richtig, denkt aber auch, dass die Möglichkeiten zur Aufnahme begrenzt seien und man sich zuerst um die Deutschen zu kümmern habe.

Widersprüche zeigen sich schon zu Beginn des Gesprächs, als er sich zunächst darüber beklagt, dass die Siedlung zu deutsch sei. Die Eigentümergesellschaft sei dafür verantwortlich, die bei der Vermietung offensichtlich auf deutsche Namen achte. Davon berichten auch andere in der Siedlung. Kurz darauf sagt Herr Conrad jedoch auch, dass er in einem »homogenen« Umfeld leben möchte, »nicht wie hier, wo Clans und Parallelgesellschaften« dominierten. Homogen bedeutet für ihn nicht per se deutsch und weiß, sondern dass sich die fremde Identität auf ein folkloristisches und vorzugsweise konsumierbares Gut reduzieren lässt. Integration heißt für ihn, dass die Menschen samt und sonders deutsch werden müssen und es nicht ausreicht, sich als Bürger:in eines Landes zu verstehen, an dessen Demokratie man teilhat.

Sobald etwas schiefläuft, sucht Herr Conrad die Schuld bei den Ausländer:innen, etwa wenn in den völlig überfüllten Straßen kein Parkplatz zu finden ist. Dann sind es die ausländischen Lieferwagen, die alles zustellen. Aber auch dann, wenn die Billighose vom Onlinehändler zu groß ist und er sie in der migrantisch geführten Änderungsschneiderei im Viertel kürzen lassen will. Dort empfindet er die zehn Euro, die er bezahlen musste, als Abzocke der Deutschen und vermutet, für die *eigenen* Landsleute gebe es eine günstigere Preisliste. Das Gleiche gelte für manch migrantisch geführtes Restaurant, da habe er schon oft erlebt, dass es zwei Karten mit unterschiedlichen Preisen gebe und die für die Deutschen eben höher seien. Ausländer:innen sind für ihn aber auch die Schuldigen, wenn die »dreifache Mutter, die heute mit 75 Sozialhilfe beantragen muss«, keine Wohnung findet, die Geflüchteten hingegen sofort versorgt würden. Schließlich beginnt er, die Konfliktzone genauer zu verorten: Schaut er auf der Rückseite seiner Wohnung aus dem Fenster, sieht er die dort beginnende andere Siedlung und damit die Parallelgesellschaft, dort verortet er die Clans, dort sei niemandem zu trauen, und dort lauere beständig die Gefahr. Auf der Frontseite, wo der Blick auf seine Siedlung und die Gärten geht, könne man nachts die Haustür offenlassen, dort passiere einem nichts. So wird seine Wohnung zur Pufferzone zwischen den Welten, zum Bollwerk gegen den Angstraum da hinten. Und ich frage mich, ob die Jalousie wirklich nur wegen der Hitze geschlossen ist.

Rassismus ist, wie ich nun abschließend zeigen werde, über Milieugrenzen und Parteizugehörigkeiten hinweg ein insgesamt relevanter Faktor in den Interviews. In Grünau ist der Ton auffällig rau, und es wird offen Stimmung gemacht. Das darf aber nicht darüber hinwegtäuschen, dass der Boden auch in Frankfurt oft sehr brüchig ist und selbst bei Menschen, die sich für Geflüchtete engagieren und sich als weltoffen zeigen, rassistische Gedanken mitunter nicht fern sind. Zwar wird einhellig betont, dass Menschen in Not geholfen werden muss, gleichzeitig wird aber auch auf die Grenzen der Aufnahmefähigkeit hingewiesen und damit Abschottung zur Verteidigung eigener Privilegien in

Kauf genommen. Den Neuankommenden werden klare Plätze am unteren Ende der sozialen Hierarchie, auf jeden Fall aber unterhalb der eigenen Person, zugewiesen. Sie sollen sich einordnen, den Regeln folgen und, wenn das nicht klappt, wieder gehen. Die gerade auch am Bankenplatz Frankfurt starke Zuwanderung in die Oberschicht spielt in den Gesprächen keine Rolle, sie findet schlicht abseits der Lebenserfahrungen der Menschen vor Ort statt. Wie sich zeigt, hat Rassismus in den Erzählungen der Befragten zwei Funktionen: Er strukturiert erstens die Welt, schafft Ordnung und legitimiert Hierarchien. Zweitens dient er gerade in Krisenzeiten auch der Externalisierung von Problemlagen, indem Ausländer:innen für fast jeden erdenklichen Missstand die Schuld zugeschoben wird.

Ressentiments und Rassismus

Im Zusammenhang mit dem Erstarken der Rechten habe ich einleitend dafür plädiert, auf die Bedeutung negativer Gefühle und damit auch auf Ressentiments zu fokussieren. Beim Ressentiment handelt es sich um ein Gefühl, das sich aus einer chronischen Erfahrung von Unrecht und/oder Unterwerfung ergibt, gegen die man sich auflehnen möchte – man fühlt sich aber zu schwach dafür. Besonders wirkmächtig wird das Gefühl dann, wenn es so viele ähnliche Prozesse betrifft, dass es sich faktisch um ein strukturelles Phänomen handelt (Meltzer/Musolf 2002, S. 243 f.). Da keine offene Gegenwehr möglich scheint, verwandelt sich das Ressentiment in ein »obsessives, schwelendes, brodelndes und triefendes Gefühl des verletzten Selbstwerts und dem Wunsch nach Rache« (ebd., S. 245, eigene Übersetzung). Das Gefühl macht sich laut Mishra (2017a, S. 366) vornehmlich in Gesellschaften breit, »in denen formal soziale Gleichheit zwischen den Menschen herrscht, zugleich aber massive Unterschiede der Macht, der Bildung, des sozialen Status und des Vermögens« bestünden. Ressentiments haben gesellschaftlich beschreibbare Ursachen etwa im demokratischen System oder der sozialen Ungleichheit, entwickeln sich darüber aber zu einem allgemeinen »Gefühl der Missgunst, das keinen konkreten Gegner hat« (Amlinger/Nachtwey 2022, S. 143). Ressentiment ist folglich stets eine Reaktion, ihm geht eine Verletzung von Normvorstellungen oder Glückserwartungen voraus. Ressentiment ist dabei nicht zwangsläufig gegen unten gerichtet, die Wut kann sich auch gegen die effektiven Machthaber:innen und/oder die ökonomisch Mächtigen richten. Allzu oft geschieht das aber nicht, weil das Gefühl der Machtlosigkeit die bestehende Ordnung schützt (Meltzer/Musolf 2002, S. 248–251). Also tendiert das Ressentiment dazu, die Schuld am Ungemach bestimmten Gruppen zuzuweisen. Dabei richtet sich die Aggression auf jene, die einen scheinbar daran hindern, das eigene Glück zu erreichen (Decker 2018, S. 39).

Die Schuld wird willkürlich, aber nicht zufällig zugewiesen. Betroffen sind meist Gruppen, die in der Gesellschaft stigmatisiert und ausgeschlossen sind oder denen misstraut wird. Als Schuldige können ›oben‹ die Eliten, die Juden, die Politik oder auch ›unten‹ die Armen, Ausländer:innen sowie People of Color dienen (Amlinger/Nachtwey 2022, S. 143–146). Das Ressentiment ist eng verbunden mit dem Prozess der Regression, da es die Exklusion von Gruppen nahelegt und ihm der Wunsch innewohnt, eigene soziale und politische Privilegien zu erhalten. In den Interviews finden sich unterschiedliche Ressentiments. Immer wieder klingen Antisemitismus sowie klassistische Vorstellungen gegen Arme durch. Besonders stark ausgeprägt ist aber der Rassismus, nicht nur als offener Hass, sondern auch als Mittel der Externalisierung von Krisen, mit dem man deren Herausforderungen einem der deutschen Gesellschaft Äußeren anlasten kann.

Rassismus bestimmt die Politikwissenschaftlerin Naika Foroutan (2020, S. 13) »als eine hierarchisierende Bewertung sozialer Gruppen«, die für die Betroffenen »nicht nur affektive, sondern auch politische, gesellschaftliche, gesundheitliche und wirtschaftliche Konsequenzen« hat. Er schafft »systematische Ausschlüsse aus Positionen, die gesellschaftliche Strukturen verändern könnten«. Es handelt sich bei Rassismus folglich um eine »Dominanzstruktur«, in der Menschen für sich als Gruppe in Anspruch nehmen, dass sie der herabgesetzten Gruppe biologisch oder kulturell überlegen sind, und dies auch akzeptiert wird. Diese Struktur legitimiert und befördert dann die Ungleichbehandlung der Gruppen. Rassismus wird über drei Schritte praktisch wirksam (ebd., S. 14): Zunächst werden Menschen aufgrund von Merkmalen, die ihnen von der dominanten Gruppe zugeschrieben werden, individuell aber nicht vorliegen müssen, zu homogenen Gruppen zusammengeführt. Dann werden die Merkmale, die zumeist negativ bewertet werden, *rassifiziert*, d.h. als biologisch oder kulturell unveränderbar dargestellt. Dies erlaubt abschließend, die Gruppen zu hierarchisieren.

Die über Rassismus erzeugte Ordnung ist für Balibar ein »totales soziales Phänomen« aus unterschiedlichen Praktiken, Diskursen sowie Normvorstellungen (Balibar/Wallerstein 1990 [1988], S. 23). Die »historisch wirksamen rassistischen Ideologien« hätten sich immer an die Massen der weißen Gesellschaft gerichtet, um den Individuen »einen Schlüssel« in die Hand zu geben, mit dem sie nicht nur ihre Erfahrungen auf eine spezifische Weise interpretieren, sondern auch verstehen könnten, »was sie innerhalb der gesellschaftlichen Welt *sind*« (ebd., S. 26, Herv. i. O.). Rassismus ist folglich nicht nur eine Einstellung, sondern eine gesellschaftliche Struktur, die aus etablierten Beziehungen der Macht und Herrschaft hervorgeht und diese stützt (Foroutan 2020, S. 12–15). Daher profitieren weiße Menschen unausweichlich von Rassismus, wie etwa der Fall des selektiven Zugangs zur Demokratie zeigt (siehe oben). Weiße Menschen profitieren auch dann von der strukturellen Ungleichheit, wenn sie sich Mühe geben, als Individuen nicht rassistisch zu handeln, und ihre Einstellungen reflektieren, da die Strukturen, ob gewollt oder nicht, ihnen Vorteile verschaffen.

Historisch gesehen hat Rassismus unterschiedliche Formen angenommen (Espahangizi u.a. 2016, S. 11). Eine sehr frühe Form liegt etwa in den aristokratischen Vorstellungen vom blauen Blut, das die Eliten vom Volk trennt. Er prägte und legitimierte aber auch den Kolonialismus, die Versklavung Schwarzer Menschen auf dem afrikanischen Kontinent sowie dem antisemitischen Rassenwahn des Nationalsozialismus (Hund 2006). Im Zuge der antikolonialen Befreiungsbewegungen sowie der sich in den 1970er Jahren durchsetzenden wissenschaftlichen Erkenntnis, dass es biologisch eindeutig keine menschlichen Rassen gibt (Foroutan 2020, S. 12), bildete sich ein »Rassismus ohne Rassen« heraus (Balibar/Wallerstein 1990 [1988], S. 28): Dabei werde, so Balibar, nicht mehr auf die »biologische Vererbung« verwiesen, »sondern die Unaufhebbarkeit der kulturellen Differenzen« ins Zentrum gerückt. Bis heute prägt dies das Programm von Rechtsaußen und findet sich in den Schlagworten des ›Ethnopluralismus‹ sowie der Behauptung eines ›Großen Austausches‹ wieder. Dabei wird im ersten Fall vordergründig die Kultur der anderen anerkannt, um sie dann entlang starrer Faktoren von der eigenen zu trennen sowie als unvereinbar und schädlich zu erklären; im zweiten wird behauptet, dass die weiße (und christliche) Gesellschaft von den Eliten bewusst durch Zuwanderung marginalisiert werde und damit das Eigene verschwinde.

Der Kern des ›alten‹ wie des ›neuen‹ Rassismus bleibt folglich derselbe: Unauflöslich werden Volk/Kultur und Raum miteinander verbunden, und zu deren Verteidigung werden Exklusion und Gewalt als probate Mittel propagiert (Weiß 2017, S. 34). Dies ist die Erklärung dafür, wie es zu der bereits oben in den Ausführungen zur Kulturalisierung der Konflikte in der Mitte beschriebenen Verschiebung der Position innerhalb der Rechten kam, die sich zunehmend als bedrohte Minderheit konstruiert und vorgibt, lediglich einen legitimen Kampf um die eigene Kultur zu führen. Wobei selbstredend unterschlagen wird, dass mit dem Kampf um das Eigene insgeheim der Kampf um die strukturelle Ordnung geführt wird, dass es also immer um den Erhalt der

Hierarchie geht, in der Weiße ihre Privilegien und Macht behalten und die anderen sich unterzuordnen haben.

Als konkreter Ausdruck von Ressentiments, der die angestaute Frustration und Wut über den zunehmenden Kontrollverlust kanalisiert, spielt Rassismus gerade in Krisenzeiten eine wichtige Rolle. Dennoch wehrt sich Balibar dagegen, die Zunahme des Rassismus und den gleichzeitigen Aufstieg der Rechten, die er im Anschluss an den Kulturtheoretiker Stuart Hall für das Großbritannien der 1970er und das Frankreich der 1980er Jahre ausmachte und die grundlegende Parallelen zu heute aufweisen, als Symptom der grassierenden sozialen und ökonomischen Krisen zu interpretieren. Zwar hätten die »Deindustrialisierung, die Verelendung der Städte, der Abbau des Wohlfahrtsstaates, der imperiale Niedergang« (Balibar/Wallerstein 1990 [1988], S. 261) in beiden Staaten Spuren hinterlassen, doch hätten sie den Rassismus nicht produziert, sondern vielmehr die immer schon vorhandene Einstellung freigesetzt, kollektiviert und politisch nutzbar gemacht. Rassismus und Krise hingen demnach eng zusammen, wobei Ersterer dazu diente, die soziale Solidarität unter den Arbeiter:innen aufzulösen. Er sollte den Weißen unter ihnen in Zeiten der Verunsicherung in Erinnerung rufen, was sie den ebenfalls weißen Eliten und der Nation zu verdanken hätten und wem sie nun Solidarität schuldeten. Konflikte um demokratische Teilhabe und soziale Gerechtigkeit würden zu Verteilungskonflikten zwischen Alteingesessenen und Zugewanderten umgedeutet. Mittels Rassismus und der Umlenkung von Ressentiments auf ein vermeintliches Außen werde die herrschende Ordnung gerade in Krisenzeiten stabilisiert. Wer die anderen seien, so Balibar weiter, werde bewusst vage gehalten, weil ein ungenauer Adressat sich besser als Projektionsfläche für Ressentiments eigne und weil diejenigen, die diese propagierten, dann nie Rechenschaft über ihre Behauptungen ablegen müssten.

Dass diese rassistische Ansprache in weniger wohlhabenden Schichten besonders gut funktioniert, liegt nicht daran, dass diese per se besonders rassistisch wären, sondern daran, dass gerade dort die Konflikte um soziale Teilhabe und demokratische Inklusion in Zeiten der Krise verstärkt aufbrechen. Darauf verweist Hall (2003) deutlich, wenn er sich dem städtischen Widerspruch zwischen »kosmopolitischen Versprechen« und den konflikthaften »multikulturellen Realitäten« zuwendet. Kapitalistische Urbanisierung habe dafür gesorgt, dass sich Städte sozial spalten und sich die weniger Privilegierten (Migrant:innen sowie Alteingesessene) gemeinsam in Vierteln wiederfänden, in denen die soziale und gebaute Infrastruktur marode und schlecht ausgestattet seien. Es seien »die gemischten Wohngebiete, wo der neue Multikulturalismus sich jeden Tag in zigtausend Begegnungen bewähren« (Hall 2003, S. 190) müsse. In diesen Gegenden treffe »die weiße Bevölkerung – die sich vom Wandel bedroht und von den politischen Programmen der Modernisierung und des Multikulturalismus im Stich gelassen« (ebd., S. 191) fühle, auf die neuen migrantischen Gemeinschaften und müsse dort unter Bedingungen des Mangels und der sozialen Desinvestition etwas leisten, was die Wohlhabenden in den aufgeräumten und gut geförderten Zentren nicht leisten müssten: alltägliche Integrationsarbeit. Dies entschuldigt nichts, macht aber die Situation greifbarer.

Rassismus in der postmigrantischen Gesellschaft

In Deutschland lebten 2022 rund 12 Millionen Ausländer:innen und noch einmal so viele Deutsche mit Migrationshintergrund, was zusammen fast 29 Prozent der Gesamtbevölkerung ausmacht (bpb 2023). Von Rassismus betroffen sind aber längst nicht alle von ihnen, denn als weiß gedeutete Menschen werden dem eigenen Kulturkreis zugerechnet. Es sind folglich vornehmlich Menschen von Rassismus betroffen, die als »phänotypisch sichtbare Migrant*innen« markiert werden, etwa Menschen »mit islamischer, jüdischer, orthodoxer Religion oder mit Nationalitäten, die als ›unterlegen‹ gelesen werden« (Foroutan 2020, S. 17).

2022 erschien die erste Studie des Nationalen Diskriminierungs- und Rassismusmonitors (DeZIM 2022), womit erstmals die Rassismuserfahrungen in Deutschland umfangreich ausgeleuchtet wurden. Sechs von zehn Personen, die sich selbst als rassifiziert beschreiben, geben an, bereits Erfahrungen von Rassismus gemacht zu haben, während es in der Gesamtbevölkerung nur zwei von zehn sind (ebd., S. 31). Rassismus wühlt auf und beschäftigt die Betroffenen, aber auch Angehörige und Menschen, die Zeug:innen von Übergriffen werden. So schließen die Autor:innen der Studie, dass Rassismus in Deutschland zum Alltag gehört und es sich dabei keinesfalls um eine »Ausnahmeerscheinung« handelt (ebd., S. 40). In der Bevölkerung ist diese Meinung jedoch umstritten. So zeigt die Studie, dass Rassismus als abstraktes Problem von einer überwältigenden Mehrheit anerkannt wird. Je konkreter die Quelle des Rassismus jedoch benannt wird, desto mehr sinkt die Bereitschaft, Probleme wahrzunehmen: Die große Mehrheit erkennt, dass es in Deutschland Rassismus gibt, Diskriminierung durch Behörden wird nur von zwei Dritteln wahrgenommen, und dass die Gesellschaft rassistisch ist, wird von etwa der Hälfte eingeräumt (ebd., S. 56). Stark ausgeprägt ist in der Bevölkerung die Abwehrhaltung, wenn ihr selbst rassistisches Handeln und Vorurteile vorgeworfen werden (ebd., S. 80–83), fast jede zweite Person in Deutschland geht davon aus, dass die Meinungsfreiheit durch Rassismusvorwürfe und »politische Korrektheit« eingeschränkt ist (ebd., S. 88), womit wir wieder bei der Debatte um Cancel Culture angekommen sind.

Rassistische und ausländerfeindliche Vorurteile sind indes in der Gesellschaft weit verbreitet. Die Autoritarismus-Studie verdeutlicht dies im Langzeittrend. So liegt der Anteil der Menschen, die sich zur »Ausländerfeindlichkeit« bekennen, insgesamt bei 17 Prozent, wobei der Anteil im Laufe der Jahre sank. Diesbezüglich ist die Ost-West-Spaltung auffällig stark. Während in Westdeutschland 2022 knapp 13 Prozent der Befragten als manifest ausländerfeindlich eingestuft werden, ist es in Ostdeutschland ein Drittel (Decker u. a. 2022b, S. 52). Die Wucht der Aussagen wird deutlicher, wenn man sich die konkreten Fragen vergegenwärtigt. Der Aussage »Ausländer kommen nur hierher, um unseren Sozialstaat auszunutzen« stimmt in Ostdeutschland die Hälfte zu, in Westdeutschland sind es zwei von zehn. Menschen ausländischer Herkunft sollten gehen, wenn Arbeitsplätze knapp werden, finden im Osten fast 40 Prozent und im Westen 16 Prozent. Und als »in einem gefährlichen Maß überfremdet« empfinden die Bundesrepublik im Osten mit vier von zehn Personen doppelt so viele wie im Westen (ebd., S. 46). Weit verbreitet ist trotz der wissenschaftlichen Widerlegung die Vorstellung, es gäbe »menschliche Rassen«. Fast ein Drittel der Befragten stimmt dieser Aussage voll zu, während sie nur rund die Hälfte ablehnt (DeZIM 2022, S. 44). Zwar ist im Grundsatz die Zustimmung zu Chancengleichheit für alle Gruppen sehr hoch, doch stimmt auch ein Viertel der Aussage zu, dass jede Gesellschaft Gruppen brauche, die »oben sind und andere, die unten sind« (ebd., S. 48). Insgesamt lassen die Studien keinen Zweifel: Rassismus und damit verbundene Ungleichwertigkeitsvorstellungen sind in der Gesellschaft weit verbreitet und stellen ein Problem für den Zusammenhalt dar.

Rassismus als etablierte Einstellung

Vor dem Hintergrund der Überlegungen von Balibar und Hall sowie der vorgestellten Daten ist es nicht verwunderlich, dass mir in allen Stadtteilen immer wieder offen rassistische Äußerungen begegnen. Sie richten sich gegen Menschen, die nicht zum deutschen *Wir* gezählt werden. Sie sind von AfD-Wähler:innen sowie Konservativen zu hören, allerdings beschränkt sich der Rassismus nicht auf diese Klientel. Vielmehr zieht er sich in unterschiedlicher Stärke durch alle Diskussionen. Und genau dabei zeigen sich deutliche Unterschiede zwischen Frankfurt und Leipzig.

In den Frankfurter Gesprächen wird viel geklagt. Den einen sind die Ausländer:innen zu laut, die anderen haben Angst vor den Jugendgruppen, wieder andere beklagen, dass es keine deutschen Kinder mehr auf dem Sportplatz gebe oder dass für die Deutschen das Geld nicht mehr reiche, während die Flüchtlinge alles bezahlt bekämen. Besonders drastisch äußert sich Herr Schulze (No8/22), der AfD wählt und an Coronaprotesten teilgenommen hat. Für ihn ist klar: Es würden »jede Woche Leute abgestochen, Frauen und Kinder vergewaltigt, Menschen auf Gleise gestoßen«, das tauche in den öffentlichen Medien aber nicht auf, weil die Normalbürger:innen nicht sehen dürften, was Geflüchtete hier anrichteten. Nicht weit entfernt von seiner Haltung finden wir Frau Schuster (R05/19), die wiederum Die Linke wählt. »Deutschland lässt sich ganz schön verarschen von denen«, zeigt sie sich überzeugt. Die Menschen kämen »rüber« und würden von Anfang an sehr genau wissen, wo es vom Staat was zu holen gibt, während »unsereins« sich nicht einmal zum Sozialamt traue. Es sei vielleicht »bösartig«, sagt sie, aber mit den Menschen, die auf der Flucht im Mittelmeer ertrinken, habe sie »teilweise gar nicht so großes Mitleid«, die hätten das ja in Kauf genommen.

So verbreitet Rassismus in Frankfurt auch ist, nur eine Minderheit äußert sich so drastisch wie Herr Schulze und Frau Schuster. In Grünau hingegen gehören solche Äußerungen eher zur Normalität. Rassistische Ressentiments werden dort von vielen geteilt und – anders als in Frankfurt – zumeist ohne Abschwächungen geäußert. Offensichtlich hat man in Grünau kaum mit Sanktionen aus dem sozialen Umfeld zu rechnen, wenn man sich hasserfüllt äußert.

Frau Meisner (G03/22) bringt all dies ziemlich deutlich zum Ausdruck, wenn sie sagt, dass sie sich an den neu nach Grünau gezogenen Ausländer:innen störe. »Nicht, dass ich ausländerfeindlich wäre, aber ich habe etwas gegen Ausländer. Allerdings, wie mein Freund sagt, nichts Wirksames«, sagt sie ironisch lachend. Es sei nun mal so, *die* hätten andere Zeiten, das merke sie jede Nacht. *Die* hätten andere Gerüche, das merke sie draußen im Hof. *Die* hätten andere Gepflogenheiten und träten »immer in Gruppen« auf, das sehe sie, wenn sie aus dem Fenster blicke. Telefonieren auf dem Balkon oder angeregtes Sprechen vor dem Haus störe sie nicht an sich, gibt sie unumwunden zu, sondern weil es die Ausländer:innen so penetrant täten. Allgemein würden nur die alteingesessenen Grünauer:innen »die Regeln und Werte«, an die man sich zu halten habe, noch kennen. So hätten die neu Zugezogenen die Unsitte eingeführt, über die Fahrbahn zu laufen, wo kein Zebrastreifen sei, das habe es früher nicht gegeben. Empört sagt sie: »Ich hasse es! Ich würde sie am liebsten mit dem Auto totfahren. – Natürlich nicht, aber…«, schiebt sie nach und wechselt das Thema. Nicht immer ist der Ton so harsch wie im Gespräch mit Frau Meisner, der Rassismus bleibt aber allgegenwärtig. Ein großes Thema in Grünau ist, wie viele Ausländer:innen im eigenen Haus wohnen und wie sie sich benehmen. Ein gutes Wohnhaus sei eines, da sind sich fast alle einig, in dem nur wenige Nicht-Deutsche wohnen.

Auffällig ist in den Interviews ein Zusammenhang zwischen der Schärfe des artikulierten Rassismus und der Einschätzung der Situation im Jahr 2015. Gerade diejenigen, die sich besonders scharf äußern, bewerten die damaligen Ereignisse eher als Krise als Menschen, die weniger von Ressentiments getrieben sind. Dies legt zusammen mit den Erfahrungen der Gewalt aus den 1990er Jahren den Schluss nahe, dass die Zuwanderung in den Jahren nach 2015 aufgrund der rassistischen Grundhaltung überhaupt erst als Krise gedeutet wurde, nicht aber, dass aus der vermeintlichen Krise der Rassismus entsprungen wäre. Aber auch die anderen Befragten, die die Zuwanderung nicht als Krise deuten, sind in der Regel nicht frei von Rassismus. Sowohl in Frankfurt als auch in Leipzig wird die Notwendigkeit, Menschen, die in Not geraten, zu helfen, überwiegend anerkannt. Gleichzeitig machen viele deutlich, dass Deutschland nicht allen helfen könne. Es wird selten laut ausgesprochen, aber eine stärkere Kontrolle und notfalls auch Abschottung der EU scheint zum eigenen Wohl in Kauf genommen zu werden. Das Gros der Interviews wurde in der zweiten Jahreshälfte 2022 geführt, ein Jahr später hat sich die beschriebene Stimmung, wie in Teil I dargestellt, deutlich vertieft, und die Forderungen nach verstärkter Abschottung haben sich auch im politischen Diskurs etabliert. Die Interviews verdeutlichen, dass die Einstellungen zur Migration schon vorhanden waren, wenn sie jedoch die Politik aufgreift, noch deutlicher und mit noch größerer Wucht artikuliert werden.

»Ich bin Christ, deswegen bin ich auch dafür gewesen«, dass die Grenze 2015 offenblieb, sagt etwa Herr Maier (N12/22). Dies heißt für den Christdemokraten aber nicht, »dass die ganze Welt reinschwimmen« könne, die Kapazitäten seien irgendwann erschöpft. Herr Vogel (R10/19), der sich, wie wir schon erfahren haben, in der Finanzkrise über die Pause gefreut hatte, nun aber davon ausgeht, dass die fetten Jahre vorbei seien, und sich SPD und Grünen nahefühlt, zeigt sich im Großen und Ganzen wenig ressentimentgetrieben. Gleichzeitig bekundet er aber Verständnis dafür, dass Menschen im Zusammenhang mit der Zuwanderung fragten: »wohin und wie viele?« Man müsse akzeptieren, dass nicht alle kommen könnten, sonst »haben wir irgendwann ein Problem«. Menschen Schutz bieten sei wichtig, aber wer unangenehm auffalle oder sich nicht an die Gesetze halte, »den kann man auch abschieben«, darin zeigt er sich hart. Bislang mache er sich jedoch keine Sorgen, auch wenn ihm die »die Horden afrikanischstämmiger Menschen« schon auffielen, die immer mal wieder zum Gospel-Gottesdienst in den Riederwald kämen.

Migrant:innen werden in den Gesprächen durchweg mit Armut in Verbindung gebracht und am unteren Ende der sozialen Hierarchie verortet. Damit geht aber nicht nur eine Beschreibung der Lage der Anderen einher, sondern man vergewissert sich auch, selbst noch auf einer gehobeneren Stufe zu stehen. Den Platz, der den neuen Nachbar:innen zugestanden wird, benennen Herr und Frau Klein (N11/22) im Gespräch beiläufig. In der Nachbarschaft packen sie beide mit an, sehen sich als unpolitisch, obwohl sie immer wählen, er konservativ, sie liberal. In Nied setzten sie sich aktiv für Geflüchtete ein und bezogen schon mal Stellung gegen rassistische Anfeindungen von Geflüchteten im Bekanntenkreis. Im Interview entwickelt sich zwischen ihnen ein Zwiegespräch über den Bildungsstatus der neu Zugezogenen. Sie werden sich einig, dass die Migrant:innen oft gut ausgebildet seien. Für ihn ist klar, dass Deutschland die Menschen als Arbeitskräfte brauche, insbesondere in der Pflege könnten sie aushelfen, oder eben am Flughafen »Koffer schleppen«. Die deutliche Platzzuweisung erfolgt unwillkürlich und in einer Situation, in der er die Ankunft der Menschen eigentlich befürwortet.

Über die Gespräche hinweg zeigt sich, dass die Menschen zwar willkommen sind, aber nur, solange alles gut geht und sie nicht zur Bedrohung für den eigenen Status werden. Letzteres ist aber im Gefüge knapper werdender staatlicher Ressourcen, allgemeiner Verunsicherung und einer ungenügenden sozialen Wohnraumversorgung immer öfter der Fall. Mit Blick auf die Überlegungen von Hall folgere ich, dass der Rassismus nicht aus der Erfahrung von knappen Ressourcen entspringt, diese aber einen idealen Nährboden für dessen Instrumentalisierung bieten.

Die Anderen sind schuld

Rassismus wirkt als strukturierende Instanz, um die herum die Welt organisiert wird, Menschen Plätze zugewiesen und Privilegien legitimiert werden. Er dient zudem, wie erwähnt, der Externalisierung von Problemen, die in Zeiten heraufziehender Krisen im Alltag und in der Gesellschaft ausgemacht werden. In beiden Formen taucht Rassismus spätestens dann auf, wenn etwas schiefläuft, wenn Unordnung spürbar wird. Hinzu kommen schier unerfüllbare Erwartungen an die Integration, wobei das Scheitern am Anspruch als Beleg für die Richtigkeit der eigenen Vorurteile herangezogen wird.

Schauen wir uns der Reihe nach an, wie diese Formen von Rassismus sich in den Gesprächen zeigen. Beobachten lässt sich erstens die strukturierende Funktion von Rassismus, die die Menschen in ein Wir und die Anderen unterteilt. Auf der einen Seite jene, die das Privileg der Zugehörigkeit ohne Zweifel genießen, für die Politik gemacht werden soll und die ihren seit Generationen erbrachter Leistungen für Staat und Gesellschaft den Anspruch auf Sozialleistungen verdanken, und auf der anderen Seite Menschen, die entweder am besten gar nicht hier sein sollten, weil sie die Homogenität und Ruhe stören, oder die sich zumindest hinten anstellen sollen. Ihre Zugehörigkeit wird, selbst wenn sie eine deutsche Staatsbürgerschaft besitzen, immer nur auf Probe anerkannt. »Wenn die Leute zu uns kommen«, sagt Herr Ludwig (R09/19), »dann müssen sie auch klipp und klar gesagt kriegen, das sind unsere Regeln, so baut sich unsere Demokratie auf und wenn ihr dagegen seid oder euch nicht eingliedern mögt, dann müsst ihr in euer Land zurück.« »Wir können uns nicht verschließen«, meint auch Herr Uhlig (G08/22), aber alle müssten sich an die Regeln halten. Und die Regeln, das seien »deutsche Regeln« und nicht die »alten aus der Heimat«.

Die zweite Funktion, die Rassismus in den Gesprächen erfüllt, ist die Externalisierung der Schuld an praktisch allen erdenklichen Missständen. Deutlich wurde dies bereits oben in den Schilderungen von Frau Meisner oder Herrn Conrad. Wird der Rassismus offen und hart formuliert, dann bedarf es keines auslösenden Faktors, es genügt die Präsenz der Anderen, um die Schuld für Ungemach bei ihnen zu suchen. Die Tendenz zur Externalisierung findet sich indes gleichermaßen auch bei Menschen, die sich explizit positiv auf Migration beziehen.

In diesem Sinne heißen Herr und Frau Klein (N11/22) Migration im Prinzip zwar gut, lasten ihr aber den kulturellen Verfall des sozialen Miteinanders in Deutschland im Allgemeinen und im Besonderen des Stadtteils an. Die Migrant:innen »haben eine ganz andere« Kultur und » kein Verständnis« für das Zusammenleben »wie wir Deutsche«, zeigt sich Frau Klein überzeugt. Heute rede man gar nicht mehr miteinander, und die Neuen gingen »an einem vorbei« und sagten nichts. In den Gesprächen findet sich immer wieder eine regressive Aneinanderreihung von Assoziationen, die zusammen ein ressentimentbehaftetes Bild erzeugen. Wenn Frau Becker (No6/22) etwa vom Wohnblock nebenan spricht, der seit der Privatisierung herunterkomme, zeigt sie nicht direkt auf Ausländer:innen. Deutlich wird es aber, wenn sie kurz darauf auf den herumliegenden Müll und Sperrmüll zu sprechen kommt, der auch Ratten anziehe. Sie würde immer wieder versuchen, den Leuten nahezulegen, »dass sie die Mülltonnen benutzen«, aber die würden das nicht verstehen. Die Menschen seien nachlässig, das habe sich im Vergleich zu früher zum Schlechten verändert. Von Ausländer:innen spricht sie nicht offen, gleichzeitig hebt sich der Block, so zeigt mein eigener Eindruck vor Ort, hinsichtlich Milieu und Sozialstruktur sehr von ihrer Siedlung ab. Der Anteil an Migrant:innen ist dort hoch, ihre Siedlung vor allem weiß. Gefragt danach, wo sie sich in Nied noch wohl fühlt, nennt sie eine Siedlung, die auffällig weiß geprägt ist. In ihren Schilderungen stehen die noch deutschen Siedlungen unwillkürlich für Ordnung und Sauberkeit, und sie verbindet die gesellschaftliche Transformation affektiv mit dem Zuzug von Ausländer:innen, die mit Verfall und Unordnung assoziiert werden.

Der Sperrmüll ist ein großes Thema in allen Vierteln. Er bringt die Menschen derart in Rage, dass er eindeutig für mehr steht als für zu Recht störende Berge von weggeworfenem Hausrat. Folglich wird er auch zu mehr als zu einem organisatorischen Problem der Müllentsorgung, das ja einfach zu lösen wäre. Man müsste nur anerkennen, dass dort, wo viele Menschen auf engem Raum mit viel Fluktuation leben, viel Sperrmüll entsteht, und die Sammelfahrten öfter durchführen. Doch darüber hinaus wird am Sperrmüll der angebliche Verfall der guten Sitten und des sozialen Zusammenhaltes festgemacht. Es sind die kleinen Dinge, an denen sich das Ressentiment entzündet, und dazu zählt längst nicht nur der Sperrmüll, wie wir oben schon gesehen haben. Die Welt, die global aus den Fugen geraten zu sein scheint, die wahrgenommenen Krisen und die damit einhergehende Verunsicherung werden mit kleinen alltäglichen Dingen verknüpft, und gerade sie dienen als Belege für die großen Probleme der Welt. Die globalen Konflikte erscheinen so in der gelebten Wirklichkeit und erhalten in Gestalt der Exklusion der Anderen eine vermeintliche Lösung.

Lokale Erfahrungen und in der Gesellschaft zirkulierende Deutungen sowie Krisennarrative befeuern sich gegenseitig, wobei die rassistische Deutung der Anderen zugleich Ausgangspunkt und Ausdruck der Krisen wird. Wären die Migrant:innen weg, so wäre es wieder ruhig, sicher, harmonisch und homogen, lautet die latente Hoffnung, die sich jedoch nie erfüllen wird, ja gar nicht erfüllen kann, weil die Unruhe und Verunsicherung gar nicht von der Anwesenheit der Migrant:innen ausgeht. Dass es auch anders gehen kann, zeigt die Einschätzung von Herrn Oertel (G11/22). Er engagierte sich in Grünau für die Geflüchteten, hörte dann aber auf. Inzwischen bezweifelt er, dass Integration im Sinne eines Aufgehens in der deutschen Kultur möglich ist. Problematisch sei dies aber nicht, zum Problem werde es aufgrund des Unverständnisses und der Konflikte. Er wäre folglich froh, »wenn wir als Parallelgesellschaften friedlich nebeneinander leben« könnten. Wiederum sind es die kleinen Dinge, an denen er das Gelingen des Miteinanders festmacht: »Ich hänge Blumenkästen, und sie hängen ihre Teppiche über die Balkonbrüstung.« Wir leben unsere Leben gemeinsam nebeneinander, respektieren uns, und gut ist, sagt er.

Regressive Glückserwartungen

In Teil II haben wir uns in die Stadtteile von Frankfurt am Main und Leipzig hineinbegeben, uns dabei vor Ort mit den Krisen- und Abstiegserfahrungen auseinandergesetzt sowie die Haltungen zur Demokratie und die verbreiteten rassistischen Ressentiments beleuchtet. Damit standen eben jene Faktoren im Fokus, die in den Debatten zum Erstarken der Rechten als entscheidend gelten. In den Erzählungen aus den Stadtteilen wird sehr deutlich, dass es sich bei den genannten Prozessen keineswegs um Faktoren handelt, die zwangsläufig rechten Parteien zugutekommen, beziehungsweise dass es nicht oder nicht ausschließlich Menschen mit rechten Einstellungen sind, die politische Ohnmachts- oder Abstiegserfahrungen machen und rassistische Einstellungen teilen. Vielmehr haben wir es mit einem Kontinuum von Erfahrungen und Haltungen zu tun – Desintegration und Verunsicherung ziehen sich wie ein roter Faden durch die Mitte der Gesellschaft.

Die aus den Gesprächen gezogenen Schlüsse vertiefen die Erkenntnisse der Einstellungsforschung, die zeigen, dass das Feld Rechtsaußen reichlich diffus geworden ist (Decker u. a. 2022a, S. 11–13): Weder der Höhenflug der AfD noch die deutliche Zunahme der Graustufen rechter Einstellungen verdichten sich allein im Schwarz des »manifesten Rechtsextremismus«, sondern auch in den dunkler werdenden Schattierungen des Autoritären, der rechten Potentiale, der Regression. Die Autor:innen der Autoritarismus-Studie sehen dies dadurch belegt, dass Ausländerfeindlichkeit sowie Wünsche nach nationaler Stärke und Wiedergeburt nach wie vor stark ausgeprägt sind, dass klassische Geschlechterrollen wieder Konjunktur haben, dass der Antifeminismus weiter zunimmt und der Hass auf Menschen jüdischen Glaubens sowie Muslim:innen, Sinti:zze und Rom:nja konstant bleibt, dass Wünsche nach Autorität weiter artikuliert werden und die Zustimmungswerte zu gewaltbezogener Männlichkeit sowie allgemein zu Gewalt ebenfalls hoch bleiben. Beim manifesten Rechtsextremismus wiesen die Daten der Autoritarismus-Studie (Decker u. a. 2022b, S. 53) sowie der Mitte-Studie (Zick/Mokros 2023, S. 71) lange Zeit einen rückläufigen Trend bzw. einen eher geringen Anteil aus. Die jüngste Mitte-Studie zeigt jedoch für 2023 einen drastischen Anstieg der Werte: Von etwa zwei bis drei Prozent stieg der Anteil der Befragten, die ein »rechtsextremes Weltbild« teilen, auf über acht Prozent, hinzu kommt eine deutliche Zunahme des Graubereichs von 12 bis 16 Prozent auf über 20 Prozent.

So dramatisch die Zunahme des manifesten Rechtsextremismus auch ist, scheint mir die eigentlich gefährliche Entwicklung vor allem im gleichzeitigen Wachsen der Grauzonen zu bestehen. Deshalb befasse ich mich mit der *Regression der Mitte*. Obwohl die hier diskutierten Prozesse nicht durchweg in rechte Politisierung umschlagen, zeigen die Befunde, dass das gesellschaftliche Potential dafür wächst. Das liegt nicht zuletzt daran, dass angesichts von Pandemie, steigenden Preisen, Krieg und Klimakrise die Menschen in Deutschland zum ersten Mal seit der Wende 1989/90, und diesmal zugleich in Ost und West, tiefgreifende Krisenerfahrungen machen, während die Welt auf breiter Front in Bewegung gerät und sich bestehende individuelle Verunsicherungen mit einer gesamtgesellschaftlichen Destabilisierung vermengen. Damit geraten zugleich das eigene Leben, die eigenen Erwartungen an die Zukunft sowie die Gesellschaft als Ganzes ins Wanken, was zusammen eine explosive Mischung ergibt. Krisen sind an sich nichts Neues, auch in der Nachkriegszeit gab es im Zusammenhang mit den Konflikten des Kalten Krieges, wirtschaftlichen Einbrüchen und innenpolitischen Auseinandersetzungen immer wieder krisenhafte Ereignisse. Ich gehe aber davon aus, dass die gegenwärtige Situation mindestens vier Faktoren aufweist, die die Krisenerfahrungen vertiefen und ihnen eine neue Qualität geben:

Auffällig ist erstens der stark ausgeprägte Blick zurück in eine Zeit, in der angeblich alles besser war. Der zeitliche Horizont führt nicht ins Dunkle der NS-Zeit, sondern in die vermeintlich glücklichen Jahre des Nachkriegsbooms. Früher sei zwar auch vieles im Argen gelegen, und man habe schauen müssen, wie man durchkomme, heißt es immer wieder, aber immerhin sei es absehbar besser geworden, der Wohlstand sei gewachsen, und letztlich habe so etwas wie Zuversicht dominiert. Gerade dieser positive Zukunftsglaube ist offensichtlich ins Wanken geraten. An das für die deutsche Mitte identitätsstiftende Versprechen von Aufstieg, Ruhe, Planbarkeit und den Privilegien der Teilhabe an einer entgrenzten Konsumgesellschaft glauben viele nicht mehr. Oder es macht sich die Gewissheit breit, dass, auch wenn es einem heute noch gut geht, zumindest die kommende Generation vor Herausforderungen stehen wird, die man selbst nie bewältigen musste. Brüchig wird damit nichts weniger als die »Grundorientierung der Mittelschichten«, die in der Epoche des westdeutschen Aufstiegs zwischen 1950 und 1980 als Normalität produziert wurde. Mau (2012, S. 190) beschreibt sie als »Besitzstandswahrung und Statussicherung, gepaart mit moderaten Aufstiegsbestrebungen«. In Ostdeutschland gilt dies zwar nicht gleichermaßen, dennoch gab es auch in der DDR eine Zeit des Aufstiegs, und in den Interviews klingt immer wieder an, dass seit 1990 die Normvorstellung des Aufstiegs aus Westdeutschland übernommen wurde. Entscheidend ist aber, dass die Wende einen kollektiven Erfahrungshorizont mit einer tiefgreifenden Neuordnung schuf, der noch nicht allzu lange zurückliegt, und dass die damals erlebten Brüche heute die Fähigkeit beeinträchtigen, auf neue Krisen zu reagieren (Mau 2019).

Zweitens schafft die Klimakrise grundlegend neue Bedingungen. Zum ersten Mal seit sehr langer Zeit müssen westliche Gesellschaften tiefgreifende Veränderungen durchlaufen, die nicht mit selbstinitiierten Innovationspotentialen verbunden sind und damit nicht den etablierten Vorstellungen von menschlicher Modernisierung entsprechen. Stattdessen werden sie als von außen kommend, quasi als aufgezwungen empfunden. Eine Gesellschaft, der über Jahrzehnte erklärt wurde, dass staatliches Handeln schlecht und jede:r seines Glückes Schmied sei, verspürt nun deutlichen Widerwillen, wenn es darum geht, doch wieder staatlich einzugreifen und die Dinge kollektiv in den Griff zu bekommen. Dieser Reflex gegen einen sich einmischenden Staat und die damit verbundene Verteidigung einer individualistischen Freiheit war auch schon in der Coronapandemie deutlich zu beobachten (Amlinger/Nachtwey 2022).

Drittens sind, wie ich im nächsten Teil zeigen werde, die Prozesse der Individualisierung und die Durchsetzung des im Kern autoritären Neoliberalismus an der Gesellschaft nicht spurlos vorübergegangen. Kollektive Sicherungsnetze wurden aufgelöst, und die Menschen müssen ohne doppelten Boden mit der gesteigerten Krisenerfahrung zurechtkommen. Viertens stehen heute in Deutschland und in vielen anderen Ländern der Welt Rechtsaußen-Parteien bereit, um die Verunsicherung, Sorgen und Ressentiments zu bestärken und politisch fruchtbar zu machen (Mudde 2020). Das mittlerweile vorhandene rechte politische Angebot ist zugleich ein Produkt der gesteigerten Krisenwahrnehmung wie ein die regressiven Stimmungen anheizendes Element und verschärft damit die Krisen.

Die *Regression der Mitte* ist aber mehr als verbreitete gesellschaftliche Unsicherheit gepaart mit Krisenerfahrungen. Ich verbinde damit die Ausweitung des Registers der Schließung und daher auch die Tendenz, Privilegien zu verteidigen oder gar ausbauen zu wollen. Das erschwert es progressiven Bestrebungen zunehmend, Gehör zu finden, beziehungsweise als glaubwürdig erachtet zu werden. Regression macht progressiven Normenwandel nicht unmöglich, aber sie steht ihm eindeutig im Wege.

Diese Annahme scheint mir angesichts der Ergebnisse aus den Stadtteilen aus zwei Gründen zutreffend: Zum einen mangelt es den Befragten eindeutig an politischen Visionen und Vorstellungen dazu, wie mit der Gesellschaft, in der wir leben, etwas verändert werden kann, was tragischerweise auch für die Menschen gilt, die die politischen, sozialen und demokratischen Schieflagen erkennen. Zum anderen normalisiert der Blick zurück eine Gesellschaft, die deutlich ungleicher war als heute, sodass die Anrufung der Normalität in regressiver Weise mit einer Anrufung der Ungleichheit einhergeht. Zusammengenommen hat dies zur Konsequenz, dass rechte Politiken der Emotionalisierung und Beheimatung zunehmend attraktiv erscheinen. Diesen zwei Punkten werde ich nun abschließen konkreter nachgehen und sie anschließend in Verbindung zu aktuellen Strategien von Rechtsaußen setzen.

I. Politische Visionslosigkeit

Bereits am Ende des ersten Teils habe ich auf das Problem der fehlenden progressiven Visionen hingewiesen. Angesichts der real existierenden Herausforderungen und des Mangels an Ideen, wie auf inklusive Weise mit den Krisen der Zeit umzugehen ist, schwindet auch der Glaube an die Zukunft, der den Menschen Halt und Zuversicht geben könnte. So wird der *Raum der Hoffnung* der Rechten überlassen, die ihn mit ihren Versprechen zur Wiederherstellung einer Normalität füllte, die es so selbstredend niemals gab. Mit Blick auf die Erzählungen in den Stadtteilen ist unklar, ob die Menschen eine progressive Vision für die Zukunft jenseits dessen, was einst als Aufstieg der weißen Mittelschicht erlebt wurde, überhaupt auf- und annehmen würden. Womöglich besteht also die Herausforderung schon darin, die Menschen für progressive Vorstellungen zugänglich zu machen.

In den Interviews haben Personen Hoffnungen und Wünsche immer wieder von sich aus geäußert, zum Abschluss der Gespräche wurde zudem jeweils danach gefragt. Dabei fällt es manchen auffallend schwer, überhaupt etwas zu sagen. Zum Beispiel antwortet Herr Ludwig (R09/19) auf die Frage, was er sich für Deutschland erhoffe: »Ja, da kann ich nichts sagen.« Herr Uhlig (G08/22) stellt für sich und seine Frau klar, dass sie »keine großen Ansprüche mehr« hätten und es ihnen gut gehe, wenn sie »einmal im Jahr in Urlaub fahren« könnten. Neben alltäglichen Dingen wie einer besseren Parkplatzsituation, weniger

Müll im Viertel, guten Schulen und einer vielfältigeren Nahversorgung, oder individuellen Wünschen nach Wohlstand, guter Gesundheit sowie besserem Kontakt zu den Enkelkindern werden in den Gesprächen insgesamt doch auch soziale Wünsche angesprochen: Armut und Ungleichheit dürften nicht weiter zunehmen, bezahlbarer Wohnraum müsse geschaffen werden, die Gemeinschaft und das Wir-Gefühl sollten gestärkt werden, die Klimakrise müsse richtig angegangen werden, und immer wieder hofft man auf Frieden, besonders in Grünau. Was allerdings auffällt: Wünsche mit einem utopischen Überschuss, die klar über das Bestehende hinausgehen, kommen so gut wie gar nicht vor. Die einzige Ausnahme ist Frau Sanchez, die auf die Frage nach ihren Wünschen lachend antwortet: »Da müssen Sie viel Zeit mitbringen« und dann loslegt:

> »Ich wünsche mir ein bedingungsloses Grundeinkommen und kein Bürgergeld. Ich möchte, dass Menschen ein menschenwürdiges Leben führen können, ohne dass sie aufgrund ihrer Herkunft, ihres Geschlechts, ihres Status, ihrer Bildung sozial ausgegrenzt werden. Ich möchte, dass Zugangsbarrieren und Hindernisse für Menschen, die im Leben nicht so privilegiert sind, abgebaut werden. Ich will Gleichberechtigung, ich will den Gender-Pay-Gap nicht mehr. Ich will nicht, dass Frauen die ganze Sorgearbeit umsonst machen und dann in die Altersarmut rutschen. Ich will, dass das Bildungssystem sich nicht darauf verlässt, dass jemand halbtags zu Hause bleibt. Ich will eine gerechtere Gesellschaft. Und ich weiß, das ist eine große Utopie, aber ich wünsche mir das.« (N20/22)

Sie zeigt, was möglich wäre. Aus den Wünschen der großen Mehrheit der Gesprächspartner:innen hingegen spricht ein sehr anderes Verlangen. Es dominiert die Hoffnung auf die Rückkehr der Normalität, beziehungsweise darauf, dass sich die Konflikte in der Gesellschaft nicht weiter ausbreiten: »Planbare Zeiten, dass man nicht wieder alles aufgrund von äußeren Umständen umwerfen muss, dass jeder seines Glückes Schmied sein kann«, wünscht sich Herr Lutz (N07/22). Noch expliziter wird Frau Koch (N17/22), die sich von der Politik »Stabilität und Stärke« wünscht »und dass sie das auch in der Welt deutlich macht«. Herr Hofer (N01/22) sieht zwar die gesellschaftlichen Konflikte, wünscht sich aber eine Politik, die »Normalität« herstellt. Andere wünschen sich schlicht mehr Autorität in der Gesellschaft, dass mal ordentlich durchgegriffen wird, und immer wieder, dass die Politik auf das ›Volk‹ hier unten hören solle.

Die Hoffnung auf weniger Konflikte, dass jemand einen Stoppknopf drücken und es zumindest nicht noch schlimmer kommen möge, als es ohnehin schon ist, wird gerade auch von Menschen formuliert, die in den Gesprächen ansonsten ein ausgeprägtes Gespür für soziale und demokratische Ungleichheiten zeigen. Sie habe einen Film gesehen, erzählt Frau Vogt (N13/22), in dem ein dystopisches Zukunftsszenario gezeichnet worden sei. »Da war alles grau, es wurde viel geschossen, es gab Sicherheitskräfte, die versuchten, die Leute in Schach zu halten«, und da habe sie sich gefragt, ob »unsere Welt wirklich einmal so« aussehen werde. Völlig unrealistisch sei es angesichts der knapper werdenden Ressourcen nicht, meint sie. Verarbeiten könne sie das aber nicht, weshalb sie abschalte und nicht mehr darüber nachdenke. Später nach ihren Wünschen gefragt, macht ihre Antwort die Diskrepanz zu den benannten Herausforderungen besonders deutlich: »Leben und leben lassen«, dass Arm und Reich im Stadtteil weiterhin gut »nebeneinander leben« könnten, dass die Menschen gelassen blieben und dass die radikale Rechte nicht weiter erstarke.

Was über die Abwesenheit von utopischen Vorstellungen hinaus sehr deutlich wird, ist die geringe Bereitschaft, sich für die Welt, in der man lebt, zu engagieren, auch wenn die Krisen erkannt werden. Nur eine Minderheit der Befragten bringt sich im Stadtteil sozial ein, politisch aktiv sind noch weniger. Damit verdeutlichen die Gespräche auf vielfältige Weise, was eine im Sommer 2023 veröffentlichte Umfrage darlegt (Boddenberg

2023): Die Menschen ziehen sich angesichts der Krisen und Kriege, die sie als Überforderung wahrnehmen, ins Private zurück und blenden das Geschehen einfach aus. Nur noch knapp 40 Prozent geben an, das Weltgeschehen überhaupt »noch ausführlich« zu verfolgen. Das Glück wird zu Hause und im technischen Fortschritt gesucht, es dominiert eine »passiv-resignative Haltung«. Selbstwirksamkeit traut man sich vor allem in Bezug auf sich selbst und das individuelle Fortkommen zu.

Ganz neu ist der Schwund an progressiven, sozialen Utopien nicht. Es handelt sich um eine Konstante der voranschreitenden Individualisierung sowie Neoliberalisierung der Gesellschaft. Seit den 1980er Jahren wurde das Mantra der Alternativlosigkeit der bestehenden Ordnung stetig wiederholt und gegen Versuche, sie doch aufzubrechen, auch im Globalen Norden immer wieder mit harter polizeilicher Repression vorgegangen. Die demokratische Moderne seit dem späten 18. Jahrhundert hingegen war geprägt von sozialen und demokratischen Utopien, die zu gesellschaftlichem Fortschritt, Befreiung und sozialer Innovation anregten. Mit der Revolte von 1968 erreichte das utopische Denken, der Wille, die *Gleichfreiheit* zu erweitern, einen weiteren Höhepunkt, der zugleich aber seinen Niedergang einläutete. So schwand »der utopische Glaube an eine andere Gesellschaft« (Amlinger/Nachtwey 2022, S. 211) ab den 1970er Jahren zusehends.

Der Kulturwissenschaftler Mark Fisher beschrieb dies Ende der 2000er Jahre als das Aufkommen eines »kapitalistischen Realismus«. Mit Verweis auf Frederic Jameson und Slavoj Žižek betont er, dass es offensichtlich leichter geworden sei, sich »das Ende der Welt vorzustellen, als das Ende des Kapitalismus« (Fisher 2013 [2009], S. 8). Der neue Realismus durchdringe die neoliberalisierte Gesellschaft seit dem Ende des Kalten Krieges und wirke »wie eine unsichtbare Barriere, die unser Denken und Handeln« einschränke (ebd., S. 24). Die Menschen wüssten, dass die Lage heute »nicht besonders rosig« sei, seien aber zutiefst davon überzeugt, nichts dagegen tun zu können (ebd., S. 30).

Seit Fisher dies am Vorabend der globalen Finanzkrise geschrieben hat, haben zwei Dinge die Situation verschärft: Zum einen – und das mag paradox klingen – ist die Erfahrung der Alternativlosigkeit heute nicht mehr so ausgeprägt wie noch zum Ende der 2000er Jahre. Die verschiedenen Krisen und die progressiven sozialen Bewegungen, die sich seither entfaltet haben, haben Räume geöffnet und damit auch neue politische Antworten denkbar und erfahrbar gemacht. Profitiert haben davon allerdings nicht die sozialen Bewegungen, die über Jahrzehnte gegen die Alternativlosigkeit gearbeitet haben, sondern Gruppierungen Rechtsaußen. Sie haben Erfolg mit ihrem Versprechen einer Zukunft, die im Geiste der Vergangenheit steht. Zum anderen haben sich die Krisen deutlich verschärft, was das Unbehagen über die eigene Ohnmacht verstärkt. Die feministische Theoretikerin Sara Ahmed (2018 [2010], S. 234) weist darauf hin, dass in einer Situation der gesteigerten sozialen und politischen Unsicherheit der Glaube an die Möglichkeit, in der Zukunft glücklich zu sein, schnell verloren gehen könne. Was folglich schwinde, sei die Fähigkeit, hoffnungsvoll auf das Kommende zu blicken: »Wenn Glück/lichsein gegenwärtig ist«, aber die Zukunft als unsicher gilt, »kann es sein, dass wir defensiv werden, sodass wir uns aus Angst vor Dingen und Leuten zurückziehen, die uns unser Glück/lichsein wegnehmen könnten«.

II. Gerechte Vergangenheit

Eingangs habe ich geschrieben, dass die Imagination des Glücks in der Ordnung des Gestern der Aufstiegsgesellschaft der Nachkriegszeit den Krisenwahrnehmungen eine entscheidende regressive Wendung gibt. Das möchte ich an dieser Stelle präzisieren. Die Vergangenheit ist, so habe ich gezeigt, für viele der Gesprächspartner:innen die Zeit und der Ort, wo sich Arbeit noch gelohnt und der Sozialstaat funktioniert habe, wo die Menschen freundlicher, der Stress geringer und die Konflikte moderater gewesen seien. In der Politik seien die Menschen damals noch anständig gewesen, hätten ihre Arbeit im Stillen und im Dienste des Volkes gemacht. Die Gesellschaft sei klarer strukturiert, transparenter und homogener gewesen. Diese Erzählungen haben einen wahren Kern, vor allem aber erscheint darin eine verklärte Vergangenheit als positive Normalität. Dass die Sehnsucht danach so stark ist, hängt mit dem Mangel an progressiven Visionen für die Zukunft zusammen.

Um die Problematik genauer zu benennen, lohnt sich der Blick auf die Arbeiten zur Gerechtigkeit des Geographen Clive Barnett sowie der Philosophin Nancy Fraser, auf die er sich immer wieder bezieht. Beide definieren Gerechtigkeit minimalistisch als »Gleichheit der Teilhabe« (Fraser 2009, S. 16; eigene Übersetzung), der jedoch bei der ökonomischen Verteilung, der kulturellen Anerkennung und der politischen Macht erhebliche Widerstände entgegenstehen (ebd., S. 146). Aus der Erkenntnis, dass Gerechtigkeit nicht positiv, sondern immer nur in ihrer Negation erfahren werden kann, also wenn sie einem fehlt oder verweigert wird, schließt Barnett (2017, S. 252) dass Menschen sich nicht an philosophischen Konzepten orientieren, sondern an gesellschaftlichen Vorstellungen von Gerechtigkeit. So könne es durchaus sein, dass das, was Menschen als gerecht definieren, gemessen am Prinzip der *Gleichfreiheit* alles andere als normativ gerecht ist (ebd., S. 243, 257 f.). Weiße Menschen können es durchaus als gerecht empfinden, dass sie Privilegien genießen. Dieses Gefühl ist dann viel entscheidender als die normative Kritik an den zugrundeliegenden rassistischen und ausgrenzenden Praktiken, die die Privilegien aufrechterhalten.

Damit hängt auch das zweite von Fraser identifizierte Problem zusammen, dass Gerechtigkeit zumeist als etwas angesehen wird, das Nationalstaaten in ihrer sozialen und juridischen Ordnung für die eigene Bevölkerung durchsetzen müssten (Fraser 2009, S. 147). Gerechtigkeit ist daher in vielerlei Hinsicht umstritten. Gerungen wird um die Frage, wem sie überhaupt zusteht und wer ausgeschlossen werden kann. Die nationale Logik und die Vorstellung, dass ein anderer einem Gerechtigkeit zu verschaffen habe, führt zudem – wie wir etwa in Nied gesehen haben – zur Sehnsucht nach starken Persönlichkeiten oder Instanzen, die das für einen regeln. Fraser formuliert die Herausforderung so:

> »Ob es nun um Verteilung oder Anerkennung geht, Konflikte, die sich früher ausschließlich auf die Frage fokussierten, was den Mitgliedern einer Gemeinschaft aus Gründen der Gerechtigkeit zusteht, verkehren sich heute schnell in Streitigkeiten darüber, wer als Mitglied eben dieser Gemeinschaft gelten soll und was die relevante Gemeinschaft ist. Nicht nur das ›Was‹, sondern auch das ›Wer‹ [der Gerechtigkeit] steht zur Disposition.« (Fraser 2009, S. 15; eigene Übersetzung)

In einer von Globalisierung und Neoliberalismus geprägten Gesellschaft wird nationales Recht zusehends nicht nur innerhalb des Staates definiert, sondern auch von Organisationen wie der Welthandelsorganisation oder der Europäischen Union eingefordert. Somit liegen die Instanzen, die für die Rechtsetzung zuständig sind (die wiederum für das Gerechtigkeitsempfinden bedeutsam ist), außerhalb des Staates und werden zugleich vielfältiger. All das mindert die gefühlten Fähigkeiten des Rechts, soziale Konflikte im Sinne eines nationalen Anspruchs zu schlichten (Fraser 2009, S. 12, 20).

Bezogen auf die Erzählungen aus den Stadtteilen bedeutet dies, dass die Wünsche nach fairen Arbeitsbedingungen, weniger Arbeit, Wohlstand und Freiheit nicht per se regressiv sind. Im Gegenteil, sie könnten Ansatzpunkte für progressive Politiken sein. Regressiv werden diese Wünsche jedoch, wenn sie in die Sehnsucht nach einer historisch gewachsenen Welt des Gestern eingebettet werden, die insgesamt von starken Ungleichheiten geprägt war und ist. Die zentrale Problematik besteht also darin, dass eine Gesellschaftsordnung als Modell für das Glück der Zukunft herangezogen wird, die hochgradig ungleich war. In jener Zeit, die als Referenz für die Gerechtigkeit dient, gab es deutlich weniger individuelle Freiheiten, Frauen waren den Männern stärker untergeordnet, die binäre Kategorisierung der Geschlechter wurde mittels Gewalt durchgesetzt, Migrant:innen waren – wenn überhaupt – als Arbeitskräfte auf Zeit anerkannt, Autorität wurde härter durchgesetzt, und dies bekamen in erster Linie die Kinder in der Erziehung zu spüren. Die ersehnte Normalität des Gestern ist folglich eine zutiefst gewaltvolle, und sie war eine weiße, männlich geprägte und christlich grundierte Gesellschaft.

Wird nun diese vergangene Welt der Ungleichheit heute als heile Normalität imaginiert, dann wird über die Hintertür die Ungleichheit selbst wieder zur ersehnten Norm, womit eine Ordnung der Ungleichheit zum Horizont der Gerechtigkeit wird. Darin liegt der regressive Kern des Blicks zurück, der auch eine Erklärung dafür sein mag, warum heute nicht nur rassistische Kampagnen, sondern auch die unter dem Schlagwort ›anti-*woke*‹ versammelten Angriffe auf Errungenschaften der Geschlechterpolitiken, Gleichstellung und Befreiung des Subjektes so erfolgreich zu mobilisieren vermögen.

Neben diesen Überlegungen, die an die Gedanken von Barnett anknüpfen, finden sich in den Interviews auch zahlreiche Schilderungen, die Bezüge zur Argumentation von Fraser aufweisen. Es zeigt sich, dass auch heute noch intensiv um die Frage gerungen wird, wem juristische Rechte zustehen. Die verbreiteten rassistischen Ressentiments belegen, wie sehr die Rechte von Ausländer:innen, insbesondere von Geflüchteten, immer wieder in Frage gestellt werden. Gerade wenn es um soziale Unterstützung oder den Zugang zu Ressourcen geht, werden Migrant:innen auf ihre Plätze verwiesen. Die heute so wirkmächtigen Konflikte um die Demokratie, der Zweifel an ihrem tatsächlichen Funktionieren, der Appell, doch bitte auf das Volk hier unten zu hören, drücken allesamt den Anspruch aus, dass die Politik als externe Instanz die erhoffte, in der Vergangenheit verortete Norm der Gerechtigkeit herstellen möge.

Die Problematik der Regression liegt folglich darin, dass Gerechtigkeit nicht mit progressiven Vorstellungen von sozialer Gleichheit *und* politischer Freiheit, sondern mit der Festsetzung von Ungleichheit und Exklusion assoziiert wird. Mit Heitmeyer und Kolleg:innen habe ich bereits oben darauf verwiesen, dass rechtes Denken von einer *Ideologie der Ungleichheit* geprägt ist. Wenn in der Mitte der Gesellschaft Gerechtigkeitsansprüche vermehrt regressiv formuliert werden, dann entfalten sich gerade dort vielfältige Anschlussmöglichkeiten für rechtes Denken und Handeln. Dies ist einer der zentralen Gründe, warum Regression die Tür nach Rechtsaußen weit öffnet und sie zugleich für progressive Visionen eher verschließt.

Eine Politik der Beheimatung

Abschließend möchte ich noch einmal die Ebene wechseln und die skizzierten Entwicklungen in Bezug zu aktuellen Strategien der Rechten setzen. Ausgangspunkt ist der Hinweis von Charim (2018, S. 138 f.), dass »gesellschaftliche Obdachlosigkeit auch emotionale Obdachlosigkeit« bedeutet. Vor dem Hintergrund der hier diskutierten Befunde erscheint dies in hohem Maße plausibel. Sie bekräftigt das Argument, das Dubiel (1994, S. 200 f.; Herv. i. O.) 30 Jahre zuvor im Kontext des Erstarkens der Republikaner formuliert hatte: Stets gehe es um »jene schwer greifbaren, dem Alltagsbewusstsein eher latent präsenten Glückserwartungen, Gerechtigkeitsansprüche, Bedürfnisse nach sozialer Anerkennung und kultureller Identität«, wobei »die Existenzform dieser Bedürfnisdispositionen« immer eine negative sei. Daher würden sie »durchweg in negativer Form artikuliert: als Empfindung *verletzter* Gerechtigkeit, als *Kränkung* sozialer Ehre, als Ahnung *vorenthaltenen* Glücks«. Relevant sei folglich die Produktion rechter Gefühlswelten, in der die Menschen in Zeiten der Verunsicherung Halt fänden. Die politischen Strategien von Rechtsaußen laufen daher darauf hinaus, eine emotionale »Beheimatung, die sich gut anfühlt« zu schaffen (Strick 2021, S. 136), und bieten Schutz gegen die Erfahrungen von Risiken und der Desintegration.

Mit dieser Strategie kann die Rechte das in der Mitte vorhandene Unbehagen nutzen, selbst wenn sie dort mit ihrer Ideologie nicht ganz verfängt. »Deutschland. Aber normal.« war der Slogan, mit dem die AfD 2021 in den Bundestagswahlkampf zog. Oben haben wir gesehen, dass sie im Kontext der pandemischen Lage im Vergleich zu 2017 Einbußen hinnehmen musste, heute zahlt sich das Versprechen jedoch auf perfide Weise aus. Angeboten wird eine geschlossene, Fremde exkludierende und homogene Heimat. Ein Ort der Vertrautheit und Geborgenheit in unruhigen Zeiten. Ein Ort, an dem die Unruhe nicht nur draußen bleibt, *sondern* gar nicht mehr existiert. Ahmed hat schon vor einigen Jahren herausgearbeitet, dass rechtsradikale Gruppen in Teilen behaupten, dass ihre Gewalt und Ausgrenzung nicht primär aus Hass auf Fremde oder politisch Andersdenkende resultierten, sondern ihrer »Liebe zu ihrer eigenen Art und zur Nation als Erbe der Art (›our White Racial Family‹)« geschuldet seien. Hass assoziieren sie dann eher mit den Menschen, die sie selbst wiederum als *hate-groups* diffamieren würden (Ahmed 2004, S. 122; eigene Übersetzung).

In einem emotional so aufgeladenen Gefüge affektiver Zugehörigkeit spielt es keine Rolle, dass die Rechtsaußen-Partei nicht in der Lage ist, morgen das Versprechen auf die gestrige Normalität einzulösen. Was zählt, ist das Versprechen an sich und dass ihr eher zugetraut wird, es zu halten, als den sogenannten »Altparteien«, die korrupt seien und stets zuerst an sich dächten, bevor es um das Volk ›hier unten‹ gehe (DeutschlandTrend, Juli 23). Es handelt sich um ein *regressives Perpetuum mobile*: Das nicht gehaltene Versprechen dient der weiteren Mobilisierung.

Rechtsaußen gewinnt die Mitte, wie die hier diskutierten Befunde nahelegen, indem die Hoffnung geschürt wird, die eigenen Privilegien als Individuum und als Nation erhalten zu können. Die damit verbundene Ungleichheit wird von den

Menschen möglicherweise sogar gesehen und kritisiert, aber letztlich in Kauf genommen, weil man zumindest ahnt, dass die Privilegien ohne Ungleichheit und Ausgrenzung nicht zu halten sein werden. Es ist der Wunsch, sich trotz aller Krisen nicht ändern zu müssen, der das rechte Angebot in Zeiten der Verunsicherung attraktiv macht. Rechtsaußen bietet eine Gefühlswelt, in der man sich nicht schlecht fühlen muss, wenn man sich nur um sich und die Seinen kümmert. Diese Weise, die Welt zu strukturieren und zu erfahren, lässt die Ungleichheit gerecht erscheinen. Hass und Abschottung sind das Ergebnis dieses Wohlgefühls, das man sich nicht nehmen lassen will (Ahmed 2004, S. 122–131). Dies dürfte ein wichtiger Grund sein, warum Menschen der AfD folgen, obwohl deren zunehmend faschistische Bestrebungen offen thematisiert werden. Im Zweifel teilen die Menschen manch radikale Äußerung nicht, aber das hat für sie keine Bedeutung, das Gefühl der Beheimatung überbrückt die Kluft.

Ohnehin ist die politische Selbstverortung der einzelnen Menschen nie ganzheitlich. Sie haben immer plurale Vorstellungen und sind in ihrem Denken und Handeln widersprüchlich. Will die Rechte Menschen für ihr politisches Projekt gewinnen, muss sie sie nicht ganz überzeugen, es reicht, sie in einem Punkt zu gewinnen, der für sie von besonderer Bedeutung ist. Um sich politisch nach Rechts zu bewegen, braucht man kein manifest rechtsradikales Weltbild. Wenn der verbindende Faktor stark genug ist, treten andere Aspekte, die in einem selbst Widerstand auslösen könnten, in den Hintergrund. Ein Beleg für diese Annahme liefern etwa die Nachwahlbefragungen im Anschluss an die Wahlen in Hessen und Bayern, in denen jeweils mehr als 80 Prozent der AfD-Wähler:innen zu Protokoll gaben, dass ihnen »egal« sei, dass die Partei »in Teilen als rechtsextrem« gelte, »solange sie die richtigen Themen« anspreche.[19]

Das bringt mich auf die oben angesprochene Problematik der drohenden Polarisierung zurück. Ich bleibe dabei, dass es eine Spaltungsgefahr gibt, aber vielleicht ist in einer noch nicht so sehr polarisierten Gesellschaft gar nicht der Grad der Polarisierung die politisch relevante Frage, sondern eher die Frage, mit welchen Themen Politik gemacht wird – wie es gelingt, bestimmte gesellschaftliche Konflikte stärker in den Vordergrund zu rücken und damit andere als zweitrangig zu rahmen. So gibt es einen deutlichen Zusammenhang zwischen der wachsenden Skepsis gegenüber Zuwanderung und den jeweils dominanten Diskursen. Politische Haltungen sind also nicht einfach da, sie werden gemacht. Mit der Zeit sickern die Haltungen in die Tiefenstruktur der Gesellschaft, entfalten dort eine eigene tiefere Wahrheit und verfestigen sich so. Politische Kampagnen haben, werden sie lange genug betrieben, langfristige Folgen.

Ein anderes treffendes Beispiel für die Verschiebung der politischen Signifikanten, um die herum mobilisiert werden kann, findet sich in dem von Didier Eribon (2016 [2009]) für die französische Stadt Reims beschriebenen Übergang von der Dominanz der kommunistischen Partei zu jener des Rassemblement National. Dieser bestand nämlich auch nicht darin, dass plötzlich alle ihre Klassenidentität vergessen hätten und über Nacht zu Rassist:innen geworden wären, sondern darin, dass sich der zentrale Kern der Identitätsproduktion von Klasse zu weißer Identität verschoben hat. Das Ressentiment gegen die Immigranten, das es schon vorher gab, löste also die Klasse, deren Anrufung weiterhin eine Rolle spielt, als Kern der politischen Selbstvergewisserung ab. Damit wurden die Kommunist:innen, die um die erste Frage herum mobilisierten, von Rechtsaußen als plausible Repräsentant:innen abgelöst.

Legt man den Fokus auf die rechten Politiken der Beheimatung, erweist sich die Suche nach Glück selbst als problematisch, wenn die sozialen, ökologischen und politischen Bedingungen dieses Gefühls nicht unmittelbar mitgedacht werden. Glück ist »eine Art, die Welt zu erschaffen«, die von der Mehrheitsgesellschaft benutzt wird, um »Unterdrückung zu rechtfertigen«, schreibt Ahmed (2018 [2010], S. 8). Glück entsteht niemals außerhalb gesellschaftlicher Wahrheiten und Normen, sondern ist stets in Machtverhältnissen verstrickt. Von ihrer Forschung ausgehend, nennt sie Ehe und Familie als wichtige Normwelten des Glücks (ebd., S. 35 ff.), in den hier beschriebenen Gesprächen ist es vor allem die homogene Aufstiegsgesellschaft. Das heißt, es ist keinesfalls Zufall, dass so viele Menschen das Glück in der Ungleichheit von Gestern suchen, denn das Narrativ des Aufstiegs und Fortschritts, das mit jener Zeit ebenfalls verbunden ist, ist in beiden Teilen Deutschlands zutiefst verankert, wenn nicht gar *die* integrative Kraft der Mitte. Gemeinschaft, so schreibt Ahmed, entsteht wesentlich aus einem geteilten Glückshorizont (ebd., S. 61). Regression der Mitte bedeutet, dass der Möglichkeitsraum des Glücks sich ins Gestern verlagert und damit vornehmlich von Rechts bearbeitbar wird. Ohne progressive Visionen einer sozial-ökologischen Transformation wird sich diese Spirale unweigerlich weiterdrehen.

Teil III
Tiefenstrukturen

Gesellschaftliche Konflikterfahrungen und Verunsicherungen, wie sie in den beiden vorangegangenen Teilen aus unterschiedlichen Perspektiven mit Blick auf den Aufstieg der Rechten skizziert wurden, haben immer auch eine gesellschaftliche Geschichte. Das gilt auch für die Art und Weise, wie sich die Konflikte heute Bahn brechen und wie sie gedeutet werden. So haben auch die aktuellen Konflikte Pfadabhängigkeiten, und es gibt folglich wahrscheinlichere und weniger wahrscheinliche Wendungen der Ereignisse. Wenn auch nichts notwendigerweise so ist, wie es ist, gibt es doch immer Erklärungen dafür, warum die Dinge sind, wie sie sind (vgl. Marchart 2010a). Um die *Regression der Mitte* in ihrer Tragweite und Tiefe verstehen zu können, ist es folglich sinnvoll, wenn nicht gar notwendig, den Fokus zu weiten und grundlegendere Dynamiken der Vergesellschaftung in den Blick zu nehmen. Wird die Tiefenstruktur der Gesellschaft ausgeleuchtet, dann wird deutlich, dass sich die Regression und die damit verbundene tendenzielle Schließung gegenüber progressiven Ideen und Wünschen schon länger angebahnt hat. Um sichtbar zu machen, wie diese Regression mit den heute real existierenden Machtverhältnissen einer auf Konkurrenz und Wettbewerb getrimmten kapitalistischen Gesellschaft zusammenhängt, werde ich nun an zwei Punkten Tiefenbohrungen vornehmen, die sich in den bisherigen Ausführungen als wesentlich erwiesen haben: am Prozess der Individualisierung sowie an der Politik der Neoliberalisierung.

Die Überlegungen zur Individualisierung, die ich im ersten Kapitel darlege, bauen im Wesentlichen auf die soziologischen Befunde von Ulrich Beck, Isolde Charim, Norbert Elias sowie Andreas Reckwitz auf. Eine Prämisse, die alle Autor:innen teilen, lautet, dass ein *Ich* ohne ein *Wir* undenkbar ist. Der Aufstieg des Individuums ist daher im Verhältnis zu Vorstellungen von Kollektivität zu denken. Individualisierung verändert die Form der Gesellschaft, die Art und Weise, wie Kollektivität möglich ist; was jedoch nicht verschwindet, ist Gesellschaft selbst. Die Transformation des Ichs ist folglich immer auch eine des Wirs. Mit Markus Schroer (2000, S. 455) scheint mir daher weit wichtiger als das Lamento über den Verlust von Gesellschaft die Frage danach, wie Gesellschaft sich konkret formiert. Es geht um die Bedingungen von Kollektivität, wie sie befördert oder gehemmt wird. Ich werde zeigen, dass die regressiven Tendenzen wesentlich darauf zurückzuführen sind, dass sich in der individualisierten spätmodernen Gesellschaft die Kontingenzerfahrungen vervielfachen, während die kollektiven Sicherungsfunktionen von Gemeinschaft und Sozialstaat schwinden und damit den Menschen der Boden entzogen wird, auf dem sie einen progressiven Umgang mit den Unsicherheiten finden könnten.

Im zweiten Kapitel steht der politische Prozess der Neoliberalisierung im Mittelpunkt. Dabei ist es wichtig zu sehen, dass der Neoliberalismus mindestens zwei Facetten hat: Zum einen handelt es sich um eine in der Wissenschaft verankerte politische Theorie (Biebricher 2021) und zum anderen um eine real existierende politische Praxis (Brown 2018; Chamayou 2019). Die neoliberalen Bestrebungen wurden durch die Umbrüche nach dem Fall der Mauer bestärkt (Gerstle 2022) und stehen damit in engem Zusammenhang mit Vorstellungen vom Ende der Geschichte in den 1990er Jahren (Fukuyama 2004 [1992]). Die Geschichte dieses politischen Projekts, das wesentlich auf die Durchsetzung der Marktlogik setzt, reicht jedoch bis in die Zwischenkriegszeit zurück. Es entstand beim Versuch, eine liberale Antwort auf den klassischen Laissez-faire-Liberalismus zu finden (Biebricher 2021; Peck 2008). Im Globalen Norden, insbesondere in den USA und Großbritannien, wurden die ersten praktischen Schritte der Neoliberalisierung in den 1970er Jahren als Reaktion auf die damaligen Wirtschaftskrisen unternommen. Es handelte sich um ein Projekt der wirtschaftlichen und konservativen Eliten, das jedoch auf einer Koalition mit der sozialen Mittelschicht beruhte, deren vermeintliche Interessen gegen die der weniger Wohlhabenden und der rassifizierten Anderen ausgespielt wurden. Als Projekt radikalisierte der Neoliberalismus die modernen Potentiale individueller Befreiung und Anerkennung von partikularen Identitäten, aber auf regressive Weise. Denn hinter der Fassade der Gleichheit vor dem Gesetz und der Freiheit der ökonomischen Entfaltung wurde letztlich soziale sowie rassifizierte Ungleichheit legitimiert und bisweilen propagiert. Hinzu kommt, dass das neoliberale Projekt eine ausgeprägte Schlagseite hin zum Autoritären aufweist, gerade wenn es darum geht, den Markt vor dem demokratischen Zugriff zu schützen. Auch der Neoliberalisierung sind folglich gewichtige Dynamiken immanent, die Regression befördern.

Multiplizierte Kontingenzerfahrungen

Spätestens seit den 1980er Jahren ist Individualisierung in aller Munde. Die Gesellschaft wird als zerfallend beschrieben, wobei die Vereinzelung soziale Bindungen auflöse und solidarische Beziehungen beschädige. Während die einen die Entwicklung eher mit Sorge begleiteten, hießen gerade neoliberale Vorreiter:innen den Prozess durchaus gut. Sinnbildlich hierfür steht die berühmt gewordene Aussage von Margaret Thatcher 1987: *»There's no such thing as society.«* Individualisierung ist zweifellos von großer historischer Relevanz für das Selbstverständnis der spätmodernen Gesellschaft. Dabei ist anzuerkennen, dass die moderne Individualisierung sowohl progressive Emanzipations- als auch Regressionspotentiale freigesetzt hat, dass es sich also um einen dialektischen Prozess von gleichzeitig vollzogener Befreiung und sozialer Zurichtung handelt.

Zentral scheint mir, dass Individualisierung Gesellschaft nicht auflöst, sondern transformiert. Was sich verändert – und das haben wir anhand der Empirie aus Frankfurt und Leipzig bereits gesehen –, ist die Rolle, die dem Wir der Gesellschaft jeweils konkret zukommt, wie es in sozialen Praktiken gelebt und kollektiv imaginiert wird. Nichtsdestotrotz hat die Individualisierung regressive Tendenzen, die es zu beleuchten gilt. Diese Tendenzen sind nicht auf Individualisierung *an sich* zurückzuführen, sondern es gab historisch durchaus auch Vorstellungen von Individualität, die in eine andere, eine progressivere Richtung entwickelt wurden. Es gilt also, den Prozess der Individualisierung auch vor dem Hintergrund der jeweils konkreten gesellschaftlichen Machtverhältnisse, Produktions- und Reproduktionsweisen zu betrachten.

Für die Gegenwartsdiagnose regressiver Dynamiken scheint mir die verstärkte Bewusstwerdung von *Kontingenz* bedeutsam. Der Begriff besagt, dass gesellschaftliche Entwicklungen letztlich nicht vorhersehbar sind. Die Grundthese lautet, dass die Dinge immer auch anders sein können (Marchart 2010a, S. 80), womit eine radikale Offenheit der Zukunft einhergeht. Jedoch ist diese Offenheit nicht losgelöst von der historisch formierten gesellschaftlichen Realität zu denken, zumal diese zwar niemals eine determinierende, aber durchaus eine vorstrukturierende Wirkung hat.[1] Obwohl Kontingenz in der politischen Philosophie als immerwährende Grundlage des gesellschaftlichen Tuns betont wird (Marchart 2010b), ist das Wissen darum, dass die Dinge auch anders sein könnten, in der Gesellschaft nicht über alle historischen Epochen hinweg gleich verteilt. Es wächst erst im Gefüge der Moderne stetig an. Aus meiner Sicht hat die wachsende Erkenntnis, dass die Welt, ihre Ordnung und Machtverhältnisse veränderbar sind, lange Zeit eine progressive Kraft entfaltet. Heute aber wird sie im Zuge von Verunsicherung, Zukunftsängsten und dem Verlust an kollektiven Sicherungssystemen zunehmend als Bürde erfahren und büßt damit progressives Potential ein. In diesem Gefüge verliert die Mitte der Gesellschaft den Erfahrungshorizont, in dem kollektives und solidarisches Handeln eine positive Kraft entfalten kann.

Befreiung und Zwang

»Ein Individuum zu sein – genauer gesagt ein Individuum sein zu *können* – ist das große Versprechen der modernen Gesellschaften«, betonen Amlinger und Nachtwey (2022, S. 57; Herv. i. O.). Für Elias, der auch den beiden zuvor Genannten als Stichwortgeber dient, gehört Individualisierung untrennbar zur menschlichen Zivilisationsgeschichte: »Im großen Strome der Menschheitsentwicklung« habe sie die funktionale Differenzierung sowie den über die Jahrhunderte wachsenden Glauben daran, die Natur beherrschen zu können, begleitet und befördert (Elias 2007 [1991], S. 191; vgl. Smith 2010 [1984]). Die Erfahrung von Selbstwirksamkeit ist damit ein konstitutiver Aspekt moderner Subjektivierung (Elias 2007 [1991], S. 171–173, 189). Mit Beck (1986, S. 206) ist Individualisierung präzise zu fassen, insofern er sie über drei verschränkte Dimensionen bestimmt: Erstens die »Herauslösung« und Freisetzung aus historisch gewachsenen Sozialformen; zweitens der »Verlust von traditionalen Sicherheiten« althergebrachter Gewissheiten und Normen, wie zu handeln und an was zu glauben ist; und drittens eine zwangsläufig erfolgende »neue Art der sozialen Einbindung«. Es handelt sich um einen ambivalenten Prozess, weil die Freisetzung nicht nur progressive Potentiale eröffnet, sondern mit dem Verlust an traditionellen Beziehungen stets auch Unsicherheiten einhergehen (Schroer 2000, S. 401).

Oftmals wird dieser Verlust als Schwinden von Geborgenheit beschrieben, was aber vergessen lässt, dass die etablierten Herrschaftsweisen für viele Menschen keineswegs Sicherheit bedeute(te)n, selbst wenn sie, wie ich in Teil II gezeigt habe, gerade in der Mitte der Gesellschaft als wichtige historische Modelle von Normalität, Ruhe und Stabilität dienen. So ging die vormoderne Feudalherrschaft stets mit Gewalt an den Untertanen, das Patriarchat mit Gewalt gegen Frauen, die Binarisierung der Geschlechter in Mann und Frau mit Gewalt gegen alle, die davon abwichen, und Rassismus mit Gewalt gegen rassifizierte Menschen einher. Heute gilt für die spezifische Form kapitalistischer Individualisierung, dass die Versprechen von Selbstverwirklichung, Unabhängigkeit und sozialer Anerkennung nicht ohne Flexibilisierung, Mobilität und Leistungsbereitschaft zu haben sind – sie beinhaltet also eine nicht immer harte, aber doch spürbare soziale Gewalt. Der komplexe Zusammenhang von »Befreiung und neuen Zwängen« wird daher treffend als »Dialektik der Individualisierung« (Amlinger/Nachtwey 2022, S. 61) beschrieben.

Individualisierung kennt historisch unterschiedliche Formen und hat damit auch differenzierte Auswirkungen auf das *Wir* der Gesellschaft, darauf weist Michel Foucault hin. Konkret unterscheidet er drei Individualismen (Foucault 1989, S. 58 f.): Erstens die »individualistische Einstellung«, womit Werte der Einzigartigkeit sowie die damit einhergehende Differenzierung von Gesellschaft angesprochen werden, zweitens »die Hochschätzung des Privatlebens«. Damit ist im Wesentlichen die Fokussierung auf das Familiäre und Häusliche gemeint, die die Gesellschaft immer noch prägt. Drittens die »Intensität der Selbstbeziehungen«, das Maß an Bereitschaft also, sich selbst zu erkennen, an sich zu arbeiten, »um sich umzubilden, zu verbessern, zu läutern, sein Heil zu schaffen«, was der Einbindung des Individuums in ein Kollektiv dienlich sein kann. Foucault erkennt insbesondere im Individualismus, der von der Sorge um sich selbst getragen ist, ein demokratisches Potential, zumal ein reflexives Verhältnis zu sich selbst, wie es in der Antike in Teilen gepflegt worden sei, das davor bewahre, »andere beherrschen zu wollen« (Schroer 2000, S. 110). Diese kurzen Passagen zeigen, dass Individualisierung keineswegs per se den Rückzug ins Private, den Verlust von Öffentlichkeit oder die Tendenz zur politischen Schließung bedeutet, also nicht zwangsläufig zu Regression führen muss. Die im Folgenden skizzierten regressiven Tendenzen sind also kein Effekt der Individualisierung allein, sondern Ergebnis einer spezifischen, historisch situierten kapitalistischen Form der Individualisierung.

Wie bereits angesprochen, gibt es kein *Ich* ohne *Wir*. Elias (2007 [1991], S. 239) spricht in diesem Kontext von einer »Wir-Ich-Balance«, die sich im Verlauf der Moderne vom Wir zum Ich verlagere. Die sukzessive Herausbildung des Ich als individuelles Leitprinzip ist ein gesellschaftlicher Prozess. Ihn durchlaufen die Menschen aber als Einzelne, ohne entscheiden zu können, ob sie sich der Logik des Individuellen verschreiben wollen oder nicht, es wird von ihnen »gefordert und eingepflanzt« (Elias 2007 [1991], S. 193). Das Bild wird komplexer, wenn berücksichtigt wird, dass Individualisierung die Notwendigkeit zur gesellschaftlichen Koordination und Kooperation eher steigert als minimiert. So streift das Individuum historisch etablierte Sozialbeziehungen nur ab, um »gesellschaftsabhängiger« (Nachtwey 2017, S. 220) zu werden.

Die Herausbildung des Ich-Ideals

Deutlich geworden sein sollte, dass Individualisierung immer zugleich Befreiung und neue Unterwerfung unter ein Wir bedeutet; dass sie den Auszug aus Gemeinschaft und die Etablierung neuer Koordinationsformen mit sich bringt; dass sie das Verhältnis zwischen dem Wir und dem Ich verändert, dabei aber Gesellschaft nicht auflöst; und dass sie stets in ihrer konkreten historischen und situierten Form zu betrachten ist, zumal es in Raum und Zeit unterschiedliche Weisen der Individualisierung gab, gibt und geben wird. Die moderne Individualisierung bot und bietet jedoch nicht allen die gleichen Möglichkeiten. Die liberalen Gründerväter hatten vor allem *ihre* Freiheit, *ihre* Gleichheit und *ihr* Recht, Eigentum zu besitzen, es zu verwalten und zu mehren, im Sinne, als sie gegen den Adel revoltierten. Forderungen ›von unten‹, sie möchten doch ihre gewonnene, in demokratische Repräsentation gegossene Macht teilen, waren viele von ihnen mehr als abgeneigt (Landa 2022 [2010], S. 29–64). Historisch stand individuelle Entfaltung somit zuerst Wohlhabenden und erst später der Allgemeinheit zu; erst Männern, dann Frauen, sowie erst weißen, dann Schwarzen Menschen. Diese Möglichkeiten wurden zudem niemandem geschenkt, sondern waren immer das Ergebnis von Engagement und erfolgreich ausgetragenen Konflikten. Noch heute wirken eben diese Ungleichheiten fort, wenn auch abgemildert, und die individuellen Entfaltungsräume werden weiterhin nicht allen gewährt, obwohl alle dem Individualisierungsdruck ausgesetzt sind.

Im Folgenden werde ich auf die historischen Verschiebungen des Wir-Ich-Verhältnisses und dessen Verstrickungen mit zeitgenössischen Dynamiken der Regression der Mitte eingehen. Dafür schaue ich zurück in die Geschichte der Moderne, angefangen bei der *bürgerlichen Moderne* des 18. und 19. Jahrhunderts über die *organisierte Moderne* der Industriegesellschaft von den 1920ern bis in die 1970er Jahre, die dann von der *Postmoderne* abgelöst wird (Reckwitz 2020 [2006], S. 86–89). Die zeitlichen

Markierungen stehen für die jeweils wirksamen Normalitätsvorstellungen. Veränderungen zwischen den Epochen betreffen in den seltensten Fällen alle Bereiche von Gesellschaft sowie alle Menschen gleichförmig und auf einmal. Sie beginnen vielmehr in »kulturellen Nischen, Praktiken und Codes« (ebd., S. 87), die sich in einem stetigen Prozess langsam aber sicher verdichten, verharren und wieder aufgelöst werden. Partiell gefestigte Gefüge mit gesellschaftlicher Wirkungsmacht können hier dennoch benannt werden.

Der historische Faschismus als gesellschaftliche Form wird in den Ausführungen aus zwei Gründen keine zentrale Rolle spielen: Zum einen geht es mir zwar darum, das Erstarken der Rechten zu verstehen, der Fokus liegt aber auf aktuellen Entwicklungen, die Regression befördern. Dafür ist an mancher Stelle ein historisches Verständnis notwendig, und es kann zumindest als Warnung dienen, insbesondere wenn man sich vergegenwärtigt, dass der Faschismus gerade aus der Mitte der Gesellschaft und nicht von den Rändern emporstieg (Lipset 1981 [1960]; Weber 2022) sowie dass Demokratien viel öfter langsam sterben als in einem großen Knall implodieren (Levitsky/Ziblatt 2019). Da ich zum anderen aber davon ausgehe, dass die heutige Gesellschaft insbesondere aufgrund der Individualisierung anders verfasst ist als jene des frühen 20. Jahrhunderts, ist der Rückblick auf die konkreten Funktionsweisen des historischen Faschismus nicht per se hilfreich.

So viel ist mir aber wichtig: Der Nationalsozialismus in Deutschland sowie der Faschismus insgesamt waren nicht das Andere der Moderne, sondern Teil von ihr. Sie beruhten auf Vorstellungen von menschlichem Fortschritt und sprachen die Massen mit politischen Mitteln an. Sie resultierten aus zeitgenössischen Krisenerfahrungen. Dabei bauten sie auf und vertieften die kapitalistische Vergesellschaftung. Sie formulierten ein modernes klassenübergreifendes, national-autoritäres Projekt, das sie mittels Rassismus und expansiver Gewalt sicherten. Pointiert formuliert es der Historiker Ishay Landa:

»[W]ir [sollten] allen Versuchen, die Geo-, Wirtschafts- oder Sozialpolitik des Faschismus als etwas Fremdes und Nichtwestliches darzustellen, mit Misstrauen begegnen. Der Faschismus hat ideologisch und praktisch nur wenig neu erfunden, sehr vieles hingegen übernommen und adaptiert. Zweifelsohne war der Faschismus ein Unkraut – allerdings eines, das im Treibhaus des westlichen Imperialismus gedieh.« (Landa 2022 [2010], S. 106)

Liberalisierung und Verfall

Erste Momente moderner Individualisierung finden sich in bürgerlichen Kreisen in der italienischen Renaissance des 15. Jahrhunderts. In der Oberschicht der reichen Stadtstaaten entwickelten sich schon früh Vorstellungen der Selbstentfaltung und -verwirklichung (Bauman 2009 [2001], S. 29). Um 1800 nimmt der Prozess in westlichen Gesellschaften insgesamt an Fahrt auf, und die Wir-Ich-Balance verschiebt sich ein erstes Mal deutlich zugunsten der Herausbildung eines differenzierten Ichs. Aufs Engste verbunden war dieser Wandel mit der Säkularisierung sowie der Aufklärung. Letztere habe, so Horkheimer und Adorno (2017 [1944], S. 9), den »Menschen die Furcht« genommen und sie »als Herren« über Natur und Sein eingesetzt. Die Pfeiler der neuen Ordnung waren Rationalität, der freie Wille und positivistisches Denken (Horkheimer/Adorno 2017 [1944], S. 12 f.), welche es den Menschen ermöglichten, sich von tradierten Gemeinschaften, der Familie und dem gottgegebenen Machtgefüge zu lösen. Gerade die christliche Kirche hatte mit ihrer Botschaft der göttlichen natürlichen Ordnung über Jahrhunderte das Alltagsleben und die sozialen Beziehungen sowohl im Kleinen (der Familie und Sippe) als auch im Großen (gegenüber den irdischen Herren) bestimmt (Wolkenstein 2022, S. 94–97). Demokratie oder Selbstentfaltung war der dominierenden Lehre des Vatikans sehr lange fremd, Kommunismus galt anders als Faschismus als gottlos und wurde eindeutig abgelehnt. Eine sukzessive Verschiebung der Position war erst Mitte der 1930er Jahre angesichts der nun sichtbaren Verbrechen des Faschismus zu beobachten, so der Politikwissenschaftler Fabio Wolkenstein (2022, S. 95).

Auch wenn Horkheimer und Adorno die Aufklärung als eine »Verfallsgeschichte« zeichnen, die »in ihrer suggerierten Ausweglosigkeit und resignativen Haltung wohl« unübertroffen bleibt (Schroer 2000, S. 52 f.), sind, so ist mir wichtig, die Potentiale der Befreiung nicht zu unterschätzen. Schließlich hat die Aufklärung auch die *Gleichfreiheit* freigesetzt (Balibar 2012). Konkret wurde und wird dieses demokratische Versprechen auf Teilhabe, Anerkennung, Schutz und Mitbestimmung freilich ständig gebrochen, indem einer Vielzahl von Menschen abgesprochen wurde und wird, vollwertiger Teil der Gesellschaft zu sein. Als Potential ist es aber stets vorhanden. Regressive Dimensionen waren und sind den Entwicklungen der Zeit dennoch eingeschrieben; sie sind nicht zuletzt Ergebnis der verstärkten Fokussierung auf die Ökonomie der Gesellschaft. So ging die Etablierung des Ichs Hand in Hand mit dem Projekt des Liberalismus. Der damalige Imperativ des unregulierten, marktwirtschaftlichen Laissez-faire implizierte die Befreiung des Bürgertums, die imperiale Ausdehnung westlicher Nationen über die Welt bei gleichzeitiger Ausbeutung der Arbeiter:innenschaft sowie Versklavung insbesondere Schwarzer Menschen (Biebricher 2021, S. 42 f.). Die Orientierung an ökonomischen Überlegungen griff aber noch tiefer – und bis heute wirksam – in die Ordnung der Gesellschaft ein. Zum einen wird sie zum bestimmenden Prinzip für die Bewertung politischen Handelns, zum anderen verändert sich die Logik des Eigentums.

Die Ausrichtung an der Ökonomie bedeute eine neue »Art von allgemeiner Reflexion auf die Organisation, die Verteilung und die Begrenzung von Macht in einer Gesellschaft«, arbeitet Foucault (2006 [1979], S. 30) heraus. Für die politische Praxis einer Regierung heiße dies, dass sie ab sofort nicht mehr nach göttlicher Legitimität oder Illegitimität einer Handlung frage, sondern diese von der zu erwartenden ökonomischen und gesellschaftlichen Wirkung her bewerten müsse. Bestimmend sei von nun an, ob eine Praxis wirtschaftlichen Erfolg oder Misserfolg verspreche (ebd., S. 31–34). In der Konsequenz bedeutet dies, dass der Staat die Wirtschaft schützt und seine Legitimität daraus zieht, dass sie und mit ihr der Wohlstand wächst (Brown 2018, S. 72). Den zweiten Punkt arbeitet die Philosophin Eva von Redecker (2020, S. 70 f.) aus. Sie weist darauf hin, dass die Etablierung und Festschreibung liberaler Eigentumsrechte Ungleichheit begründe und regressive Tendenzen fördere. Und zwar, indem sie die Menschen in Besitzende und Besitzlose trenne, für Letztere Lohnarbeit zur Notwendigkeit mache und darüber hinaus die Grundlage für die Versklavung von Menschen und den Besitz der Natur schaffe. Insgesamt sei damit die »selbstgerechte Gleichgültigkeit […] zum Kern der bürgerlichen Individualität« geworden (ebd., S. 72).

Die in der bürgerlichen Moderne einsetzenden gesellschaftlichen Verschiebungen waren beträchtlich. Noch im 17. Jahrhundert entschieden im Wesentlichen Familie und Geschlecht darüber, welchen Status eine Person erreichen, welchen Werdegang sie einschlagen und welche Möglichkeiten ihr offenstehen würden. Die Ordnung der Dinge in der Vormoderne galt als unveränderlich. Auf den Punkt gebracht hieß dies: »Die soziale Position wurde vererbt, es gab fast keine Aufstiege, keinen Raum für Emanzipation, kein Entkommen.« (Amlinger/Nachtwey 2022, S. 57) Die Menschen zogen nun aus den Dörfern in die wachsenden Städte, suchten sich andernorts Arbeit, brachen mit Familien- und Erbstrukturen und etablierten neue Alltagsrhythmen (vgl. Jeggle/Ilien 1978). Elias schildert die Bewegung eindrücklich:

> »Im Zuge [der] Verlagerung treten die einzelnen Menschen, wenn sie erwachsen sind, mehr und mehr aus den engeren, lokalen Geburts- und Schutzverbänden. Deren Zusammenhalt lockert sich mit dem wachsenden Verlust von Schutz- und Kontrollfunktionen. Und innerhalb der weiteren, hoch zentralisierten und zunehmend verstädterten Staatsgesellschaften ist der einzelne Mensch in

weit höherem Maße auf sich gestellt. Die Mobilität der einzelnen Menschen, im lokalen wie im sozialen Sinne des Wortes, wächst. Ihr zuvor unentrinnbares und lebenslängliches Eingebettetsein in Familie, Verwandtengruppe, lokale Gemeinde und andere Verbände dieser Art, die Abgestimmtheit ihres Verhaltens, ihrer Ziele und Ideale auf das Leben in solchen Verbänden und ihre selbstverständliche Identifizierung mit ihnen verringert sich; ihre Abhängigkeit von ihnen und ihre Angewiesenheit auf sie in bezug auf den Schutz von Leib und Leben, auf Nahrung, Erwerbschancen und den Schutz des Ererbten und Erworbenen oder auf Hilfe, Rat und Teilnahme an Entscheidungen nimmt ab – zunächst nur in begrenzten Sondergruppen, dann langsam im Lauf der Jahrhunderte auch in breiteren Schichten und selbst in ländlichen Kreisen.« (Elias 2007 [1991], S. 166 f.)

Charakteristisch für die Entwicklung war, dass Entscheidungsspielräume und wählbare Alternativen zunahmen. Die Subjekte, so argumentierte Elias im unmittelbaren Anschluss an die zitierte Passage, *können* von nun an deutlich mehr entscheiden, *müssen* es aber auch; und sie *müssen* selbständiger werden. Damit benennt er unmissverständlich die Seite des Zwangs, die dem Prozess der Individualisierung neben der Befreiung auch innewohnt.

Eine herausragende Rolle kam dem entstehenden Nationalstaat zu. Gerade im Gefüge der bürgerlichen Revolutionen wurde der Staat zum Referenzpunkt für die territoriale Grenzziehung der Bevölkerung. Er steckte die Gesellschaft ab, nun wurden Polizeikorps institutionalisiert, und die Nation machte ein Angebot für Zugehörigkeit und Identität auf einer allgemeineren Ebenen als die vormodernen Gemeinschaften (Anderson 2016 [1983]). Der staatlich organisierte Doppelprozess aus Industrialisierung und Urbanisierung brachte die Individuen als Massen zusammen, gleichzeitig vollzog er die historisch gewachsene Trennung von Arbeitsplatz und Wohnort, was die Trennung zwischen den Logiken der (männlichen) Produktion und (weiblichen) Reproduktion beförderte (vgl. Merrifield 2002). Die Lebenszyklen der Arbeiter:innenschaft waren nun dem monotonen Rhythmus der Dampfmaschinen sowie der Fabrikhörner unterworfen.

Die Befreiung aus den feudalen Zwängen führte gerade die einstigen Bauern und Leibeigenen in neue starre und gleichschaltende Abhängigkeiten, die Marx (1867) als doppelte Freiheit beschreibt. Lohnarbeiter:innen waren zwar frei von feudaler Leibeigenschaft und Sklaverei. Da es ihnen zugleich aber an Produktionsmitteln mangelte, waren sie eben auch frei, ihre eigene Arbeitskraft zu verkaufen, was neue Unterwerfung und Ausbeutung implizierte. Hinzu kam, dass die Menschen in den urbanen Elendsvierteln in beengte, beschwerliche und unhygienische Lebensumstände gedrängt wurden (Engels 1845). In den bürgerlichen Oberschichten hingegen gewann das Privatleben an Bedeutung, individualistische Einstellungen und produktive Selbstbeziehungen waren demgegenüber noch kaum präsent (Foucault 1989, S. 59). Die Einzelnen begannen ein Bewusstsein für sich selbst zu entwickeln, wenn auch je nach gesellschaftlicher Sphäre – sei es auf Arbeit oder zu Hause, für Männer oder Frauen, für Weiße oder Schwarze – in sehr unterschiedlicher Weise. Damit einher ging die wachsende Abgrenzung von den Anderen. Insgesamt erwuchs das Bedürfnis, allein zu sein, sich zurückzuziehen und sich selbst zu finden. An Bedeutung gewannen Techniken der Selbstregulierung im Verhältnis zur Außenregulierung (Elias 2007 [1991], S. 176).

Es waren niemals die Körper, die auseinanderrückten – bei der Urbanisierung geschah eher das Gegenteil –, sondern die Beziehungen zwischen den Menschen wurden distanzierter (ebd., S. 167). Ab Ende des 19. Jahrhunderts wird Gesellschaft auch dank der sich etablierenden Soziologie zu einem Objekt. Gedeutet wird Gesellschaft von nun an als handelnde Instanz, die die Seele »wie in einem Kerker« (ebd., S. 52) einsperre. Daraufhin begann die Sehnsucht nach Gemeinschaften zu keimen, die diesem entfremdenden Objekt entgegenstehen könnten. Die von Beck angesprochene Wiedereingliederung führte das Individuum nach dem Auszug aus Sippe und Dorfgemeinschaft im Wesentlichen in Großformationen wie Parteien, Gewerkschaften, Kirchen, Staat oder auch Volk (Charim 2018, S. 16). Gemeinschaft wird zu etwas, das nicht einfach da ist, sondern gegen die Anderen verteidigt werden muss (Bauman 2009 [2001], S. 16–22). Diese Sicht mündete in progressive wie regressive Vorstellungen: Während in der Tradition des Kommunismus und insbesondere des Anarchismus die freie Assoziation betont wurde, in der sich die Einzelnen befreien und aus freien Stücken in eine sozial gerechte Gemeinschaft begeben, dominiert in konservativen Kreisen der romantische Blick zurück auf eine angeblich immerwährende, natürliche gemeinschaftliche Ordnung (Gertenbach u. a. 2010, S. 37 f.). Der Faschismus griff Letzteres auf und radikalisierte diese Sehnsucht zu einer zukunftsgewandten, modernen völkisch-kapitalistischen Vorstellungswelt (ebd., S. 44).

Das Primat des Allgemeinen

Zu Beginn des 20. Jahrhunderts sind grundlegende Umwälzungen innerhalb der Moderne zu beobachten. Reckwitz (2020 [2006], S. 87) datiert den Übergang von der *bürgerlichen* zur *organisierten Moderne* auf die 1920er Jahre. Ausgangspunkt ist für ihn die sich in den Vereinigten Staaten etablierende Angestelltenkultur. Er zeigt aber auch, dass der Wandel von einer elitären bürgerlichen zu einer egalitäreren Kultur schon bald auch in der Weimarer Republik einsetzte (vgl. Kumkar/Schimank 2022, S. 24). Relevante Auslöser für die Verschiebungen sind dabei der Kollaps des Laissez-faire-Liberalismus nach dem Ersten Weltkrieg sowie der gesteigerte Systemwettbewerb zwischen autoritären und demokratischen Staaten einerseits und zwischen Sozialismus und Kapitalismus andererseits. Synonyme für die neue Phase der Moderne sind *soziale Moderne* (Nachtwey 2016) oder *Fordismus* (Hirsch/Roth 1986), wenn sie auch unterschiedliche Aspekte und zeitliche Eckpunkte in den Fokus rücken.

Insgesamt prägten die Zeit weiterhin die Logiken der Rationalisierung, die industrielle Massenproduktion, Massenparteien sowie das Prinzip der Repräsentation (Reckwitz 2017, S. 27–45). Eingebunden wurden die Menschen in die Ordnung, und – dies ist zentral – nicht als Individuen, sondern über die Mitgliedschaft in Organisationen und Verbänden. Von der bürgerlichen unterscheidet sich die organisierte Moderne durch die sukzessive Herausbildung eines umfassenden Sozialstaats, die Etablierung des Normalarbeitsverhältnisses, der sozialen Staatsbürgerrechte und der Verallgemeinerung des Versprechens auf sozialen Aufstieg (Nachtwey 2016, S. 41). Mitunter war dies Ergebnis von intensiven progressiven Auseinandersetzungen: Weder der Acht-Stunden-Tag, das Frauenwahlrecht, noch die Ausweitung von Sozialleistungen wurden von den bürgerlichen Eliten ohne weiteres zugestanden.

Staatliche Planung entwickelte sich zu einem zentralen Prinzip: »Der Glaube an den Staat – als Planer, Koordinator, Förderer, Schiedsrichter, Versorger, Hüter und Wächter – war weit verbreitet« und überbrückte, insbesondere in Deutschland erst in der Nachkriegszeit, »fast alle politischen Gräben« (Judt 2009, S. 402). Wachsende Verwaltungsapparate regulierten wichtige Bereiche der gesellschaftlichen Produktion und Reproduktion. Nicht nur schuf der Staat über das Recht Rahmenbedingungen, sondern er griff direkt in die Verteilung von Gütern, Ressourcen und Arbeitskräften ein. Auch im kapitalistischen Westen gründete oder verstaatlichte der Staat selbst Unternehmen zur Versorgung der Bevölkerung mit Energie, Mobilität und Kommunikation. Umgesetzt wurden große öffentliche Infrastrukturprojekte etwa im Wohnungsbau oder dem Ausbau der Verkehrswege. Das meint Nachtwey, wenn er betont, dass die Befreiung der Menschen als Individuen sie abhängiger von Gesellschaft, beziehungsweise der abstrakten Organisation von Sicherheiten, macht.

Die »soziale Logik des Allgemeinen« dominierte »sämtliche Einheiten des Sozialen«, fasst Reckwitz (2017, S. 37) die jene Zeit dominierende Ordnung zusammen. Wenn auch dieses Allgemeine heute noch immer beschworen wird, um Normalität zu thematisieren, war diese Ordnung keineswegs naturwüchsig, sondern musste stets in den sozialen Praktiken der Zeit auf Dauer gestellt werden (Reckwitz 2017, S. 28; Herv. i. O.). Sie entsprang einem politischen Gefüge und war von den bereits genannten Normen Standardisierung, Rationalisierung und Formalisierung geleitet (ebd., S. 34 f.). Zu den normalisierten Verhältnissen gehörten zumindest latent aber auch, wie oben schon angesprochen, patriarchale, rassistische und nationalistische Wertvorstellungen. Dennoch war in jener Zeit zumindest für die, die als Teil der Gesellschaft anerkannt wurden, die Gleichfreiheit in Reichweite. Individuen wurden als Teil eines Ganzen verstanden, wobei das Versprechen der Freiheit durchaus Räume für progressive Politiken öffnete.

In der organisierten Moderne vertieften die einzelnen Menschen ihr Verständnis des Ichs (Elias 2007 [1991], S. 185), während die gesellschaftlichen Institutionen auf dessen Einbindung und letztlich auch Standardisierung zielten. Es ist folglich nicht erstaunlich, dass Horkheimer und Adorno in den 1940er Jahren im Zuge ihrer Kritik der Kulturindustrie eine Gesellschaft zeichneten, aus der es kaum ein Entrinnen gab: »Durch die ungezählten Agenturen der Massenproduktion und ihrer Kultur werden die genormten Verhaltensweisen dem Einzelnen als die alleine natürlichen, anständigen, vernünftigen aufgeprägt.« (Horkheimer/Adorno 2017 [1944], S. 35) Für die beiden war die Sache klar: »Der Fluch des unaufhaltsamen Fortschrittes ist die unaufhaltsame Regression.« (ebd., S. 42)

Die Nachkriegsordnung in Kontinentaleuropa

In zeitgenössischen Beiträgen, aber auch in den in Teil II dargelegten Interviews, wird deutlich, dass die westdeutsche Nachkriegsordnung bis heute eine zentrale Referenz für in Deutschland geltende Normalitätsvorstellungen darstellt. Ich werde diese hier somit etwas genauer betrachten.

»In Westeuropa waren die drei Dekaden nach Kriegsende in der Tat ›glorreich‹«, schreibt der Historiker Tony Judt (2009, S. 362). Der Soziologe Robert Putnam (2000, S. 17) relativiert mit Blick auf die Vereinigten Staaten, dass das gerade für jene Menschen nicht zutreffe, die aufgrund von *race, gender, class* oder der sexuellen Orientierung marginalisiert wurden. Auf andere Weise gilt diese Einschränkung auch für Westeuropa. Richtig ist sicher, dass das einsetzende Wirtschaftswachstum enorm und die Integrationsleistung des Wohlstandes noch gewaltiger war. Judt (2009, S. 261–272) erinnert daran, dass das Leben in den 1950er Jahren jenem um 1900 noch stark geglichen habe; Flugzeuge und Atomwaffen seien dem Gros der Menschen noch fremd gewesen. Dies änderte sich aber sehr schnell, und materieller Wohlstand sowie Reisen wurden für viele selbstverständlich. Die enorme kapitalistische Produktivitätssteigerung und Konsumgüterexpansion brachten Einnahmen, die es dem planenden Staat ermöglichten, regulierend in die Wirtschaft, aber auch in das gesellschaftliche Zusammenleben einzugreifen. So ging das Wirtschaftswunder zunächst mit einer Stärkung der öffentlichen Hand einher.

Politisch war dies eine Reaktion auf die Erfahrung des Nationalsozialismus, dessen Erstarken als Ergebnis »des kapitalistischen Fanatismus« (Landa 2022 [2010], S. 116) interpretiert wurde, dem es Einhalt zu gebieten gelte. Zugleich befand man sich im Wettbewerb der Systeme. Es galt schließlich im Westen, den Kommunismus in Schach zu halten. In diesem Gefüge erstarkte in Deutschland und ganz Westeuropa insbesondere in den 1960er und 1970er Jahren die Sozialdemokratie (Judt 2009, S. 399). Unmittelbar nach dem Krieg waren zunächst noch christdemokratische Parteien tonangebend gewesen (Wolkenstein 2022, S. 104), wobei auch sie eindeutig einen planenden und regulierenden Staat befürworteten. Kapitalismus wurde nicht abgelehnt, dessen Wettbewerbsorientierung jedoch eingehegt sowie soziale Ungleichheit zumindest gebändigt. Wolkenstein (2022, S. 102) stellt heraus, dass die meisten nach dem Krieg neugegründeten »christdemokratischen Parteien wirtschaftspolitisch Mitte-Links-Parteien« gewesen seien, so auch die Union in Deutschland. In gesellschaftspolitischen Fragen war sie unter Konrad Adenauer (1949–63) jedoch klar konservativ ausgerichtet. Neben der Ablehnung der NS-Ideologie war sie von einem ausgeprägten Antikommunismus durchdrungen und stand für Ruhe und Sicherheit. Der Slogan »Keine Experimente!« war mit Bedacht gewählt (CDU-Slogan zur Bundestagswahl 1957). Emanzipationsbestrebungen der Frauen lehnte die Partei klar ab; sie sah deren Rolle im Haushalt, womit das Modell des männlichen Familienernährers zum Ideal erhoben wurde. Eine sukzessive Liberalisierung und Demokratisierung vollzog die Union erst in den 1960er Jahren, als sie ihre Macht schon einbüßte und die Sozialdemokratie mit Willy Brandt (1969–74) sowie anschließend Helmut Schmidt (1974–82) die Regierung übernahm (Wolkenstein 2022, S. 101–105, 112 f., 130–131).

Nach den Jahren des Kriegs wurde »Europa wieder jung« (Judt 2009, S. 369). Das Bevölkerungswachstum und die neuen gesellschaftlichen Paradigmen mündeten in die Bildungsexpansion, die zuvor in Klasse und Stand eingeschlossenen Menschen den Aufbruch in ›höhere‹ Soziallagen ermöglichte (Judt 2009, S. 437). Die Klassengesellschaft begann zu erodieren (Beck 1986, S. 18). Die Lebensstile und die Optionen zur Gestaltung des Alltags vervielfachten sich, und dies nicht nur in Relation zu den Nachbar:innen im Stadtteil, den Kolleg:innen im Betrieb, sondern insbesondere auch zu den eigenen Eltern (ebd., S. 129, 216). In dem Maße, in dem Großformationen zerfielen, entwickelte sich für die meisten – aber längst nicht für alle – die Kleinfamilie zum gesellschaftlichen Ideal und Kern sozialer Reproduktion. Beruf und Familie bildeten das »zweipolige Koordinatensystem« (ebd., S. 220), um das sich Gesellschaft gepaart mit Fortschritt- und Aufstiegsglauben formierte. Letzteren beschrieb Beck durch das bereits eingeführte Bild der kollektiven Fahrt im Fahrstuhl nach oben.

Die Urbanisierung hielt nicht nur in Großstädten, sondern auch in Klein- und Mittelstädten sowie in deren Vororten nach dem Krieg in Westeuropa (bis heute) an. Als transformative Kraft ist der Prozess nicht zu unterschätzen (Brenner/Schmid 2015; Keil 2018). Helmut Dubiel (1994, S. 144) konstatiert, dass sich im Zuge das Wiederaufbaus in Deutschland ein kommunaler Siedlungstypus verbreitet habe, der das »sozialmoralische Integrationsniveau« im Vergleich zu früheren Formen, die »eine familienübergreifende« Gemeinschaftlichkeit noch ermöglicht hätten, zusehends gesenkt habe. Der Beziehungstypus, der diese neuen, sozial eher durchmischten Wohngebiete prägt, ist die Bekanntschaft (Beck 1986, S. 138). In der »Unwirtlichkeit« der nun rationalisierten urbanen Landschaften erkannte der Psychoanalytiker Alexander Mitscherlich Anzeichen der Entfremdung sowie des Niedergangs von kollektiven Beziehungen. Es zeige sich zunehmend, dass Stadt »kein Biotop mehr für freie Menschen« sei und die Städte ihre einst vorhandene progressive Kraft verloren hätten (Mitscherlich 1965, S. 26).

Die Umwälzungen endeten jedoch damit nicht. Nach der Niederschlagung von Faschismus und Nationalsozialismus wurde Gesellschaft nun wieder pluraler (Judt 2009, S. 29–58), blieb aber fragmentiert. Mit Blick auf die bis heute wirksamen Normvorstellungen ist zentral, dass Europa aufgrund von Vertreibung, ethnischen Säuberungen und dem Holocaust nach dem Krieg »ethnisch [so] homogen war wie nie zuvor und danach« je wieder (Poutrus 2023). Es war die enorme Nachfrage nach Arbeitskräften, die in der BRD ab 1955 wie auch in anderen Ländern Nordwesteuropas Zuwanderung notwendig machte. Angeworben wurden sogenannte »Gastarbeiter« aus Südeuropa sowie der Türkei. Insgesamt kamen bis zum »Anwerbestopp« 1973 rund 14 Millionen Menschen, wovon ca. 11 Millionen wieder zurückkehrten. Auf dem Höhepunkt stellten sie mit 2,6 Millionen Arbeitnehmer:innen in Westdeutschland 1973 ein Neuntel aller Beschäftigen. Sie arbeiteten vornehmlich in der Baubranche sowie in der Metall- und Autoindustrie (Judt 2009, S. 372 f.).

In die DDR kamen Menschen aus ›sozialistischen Bruderstaaten‹ ab 1965 als »Vertragsarbeiter«. Überwiegend kamen sie aus Vietnam, Mosambik oder Kuba. Ihre Zahl war deutlich kleiner als in der BRD, daher lebten 1989 nicht einmal 200 000 Ausländer:innen in der DDR, was rund ein Prozent der Bevölkerung ausmachte (Mau 2019, S. 95). Doch die Zuwanderung wurde schon damals von der weitestgehend noch homogen weißen deutschen Bevölkerung mit Argwohn beobachtet. Ein echtes Einwanderungsland sollte weder die BRD noch die DDR werden. Die Menschen sollten ihre Arbeit verrichten und dann wieder gehen, was freilich viele der Zugezogenen nicht mehr wollten, nachdem sie Jahre im Land gelebt hatten. Schließlich gingen ihre Kinder dort zur Schule, sie hatten Familien gegründet und Freundschaften etabliert. Aus der Gemengelage entwickelte sich in den 1980er Jahren in Westdeutschland eine gehässige Migrationsdebatte und eine große Zahl rassistischer Gewalttaten.

Der Individualismus, der sich ab den 1960er Jahren deutlich verbreitete und neue Formen annahm, läutete das Ende der politischen und gesellschaftlichen Großformationen ein. Endgültig verlagerte sich der »Zugang zu Gesellschaft, auch der politische«, auf die Einzelnen, resümiert Charim (2018, S. 39). Massenhaft verweigerte sich gerade die junge Generation den als normal geltenden Ausdrucks- und Lebensformen und suchte nach eigenen Wegen. Offensichtlich war es nicht mehr genug, analysiert der Soziologe Grégoire Chamayou mit Blick auf die Entwicklungen in den Vereinigten Staaten, der Arbeiter:innenschaft im Gegenzug für die Entbehrungen ihrer harten Arbeit Konsum und materiellen Aufstieg anzubieten. Was sich abzuzeichnen begann, war »der Übergang zu einem ›postmaterialistischen‹ Denken« (Chamayou 2019, S. 27). Die damit noch klar progressiv ausgerichteten Rufe nach persönlicher Befreiung und Individualität, die in Opposition zum planenden und kontrollierenden Staat formuliert wurden, nahmen deutlich zu.

Zusammen mit der Frustration über die mangelhafte Aufarbeitung der NS-Vergangenheit der Elterngeneration sowie der starken Verbreitung linker Ideen und Theorien führte der Wunsch nach (individueller) Befreiung zur Revolte, die als *1968er-Bewegung* ins kollektive Gedächtnis einging. Kritik am Autoritarismus und Massenkonsum, der Standardisierung und Einhegung war allgegenwärtig (Judt 2009, S. 467–473). Eine weitere Ursache der Revolte sieht Judt (2009, S. 505 f.) darin, dass sich schon Ende der 1960er Jahre erste Anzeichen bemerkbar machten, dass die Zeit des bedingungslosen Aufschwungs an ein Ende kommen und der Kapitalismus in eine neue Phase der Krisen eintreten könnte. Mit Blick auf das Wir-Ich-Verhältnis bedeutet 1968 eine fundamentale Verschiebung hin zum Ich. Die Auseinandersetzung dieser Zeit bereitete auf der kulturellen Ebene die kommende Postmoderne wesentlich mit vor. Zwar ist deren vereinzelnde und im neoliberalen Gefüge marktradikale Ausprägung nicht aus den Kämpfen für Autonomie und Selbstbestimmung hervorgegangen, aber ohne die damalige Befreiung des Ichs wären die Entwicklungen, die ab den 1970er Jahren folgen sollten, undenkbar gewesen.

Integraler Bestandteil der Transformation der 1960er Jahre waren erste identitätspolitische Kämpfe, die die Einhaltung des demokratischen Versprechens auf Gleichfreiheit von Frauen, Migrant:innen und People of Color forderten. Das bedeutete, dass die nun politisierten quer zur Klasse liegenden Identitätsfragen neue Aufmerksamkeit erhielten (Charim 2018, S. 39 f.). Differenzen wurden betont, nicht um ihrer selbst willen, sondern um die strukturelle Ungleichheit zu betonen und um Teilhabe an der Gesellschaft einzufordern. Das utopische Potential schien nicht mehr in politischen Klassen und Großobjekten, sondern in der demokratischen Befreiung der Einzelnen zu liegen. Diese Identitätspolitiken waren jedoch nie entkoppelt von ökonomischen Konflikten, und in vielen Fällen war den sich engagierenden Menschen sehr bewusst, dass sich die Ausgrenzungskategorien *class*, *race* und *gender* auch überschneiden und einander verstärken können. Von den alten Organen der Klassenpolitik der Zeit wie Gewerkschaften und kommunistischen Parteien wandte man sich folglich auch ab, weil sie aufs Sträflichste verpasst hatten, diese multiple Exklusion zu bekämpfen, als sie aufgrund ihrer Dominanz dazu in der Lage gewesen wären.

Kontingenz und die Logik des Besonderen

In den 1970er Jahren zeichnet sich mit dem Übergang zur Postmoderne eine weitere Verschiebung der Moderne ab. Dominierte in den 1960ern noch die Sehnsucht nach einem erfüllten Familienleben, Haus, Auto und Aufstieg, sind es Mitte der 1980er eher Selbstverwirklichung, Suche nach Identität sowie das »In-Bewegung-Bleiben« (Beck 1986, S. 156). Dabei verschwanden die erstgenannten Motive nicht, wurden aber neu aufgeladen, sodass der kollektive Erfolg hinter die individuellen Pfade zurücktrat. Die Postmoderne ist dabei eng mit der Formierung des neoliberalen Kapitalismus (vgl. nächstes Kapitel), der Globalisierung von Produktionsketten, Dienstleistungen sowie kultureller Symbole und Identitäten verwoben.

In den westlichen Industrienationen verschob sich die Zahl der Beschäftigten sowie der Ort der Wertschöpfung von der industriellen Produktion stark zum Dienstleistungssektor. In Westdeutschland waren 1952 noch etwas mehr als 20 Prozent der Menschen in der Landwirtschaft (primärer Sektor), rund 45 Prozent im produzierenden Gewerbe (sekundärer Sektor) sowie 35 Prozent im Dienstleistungsbereich (tertiärer Sektor) tätig. Bis 1965 nahm der Anteil an Angestellten im sekundären auf fast 50 Prozent sowie im tertiären Sektor auf 40 Prozent mehr oder weniger parallel zu, währen die Zahl der im ersten Sektor Tätigen kontinuierlich sank. Dann begann die Zahl der Erwerbstätigen im sekundären Sektor zu stagnieren und ab den 1970ern sukzessive zu sinken, während die Zahl der im tertiären Sektor Tätigen entsprechend zunahm. 2022 waren im mittlerweile seit über 30 Jahren vereinten Deutschland noch ein Prozent im primären, 24 Prozent im sekundären und 75 Prozent im tertiären Sektor tätig (Destatis 2023a).

In der Gegenwartssoziologie wurden unterschiedliche Begriffe für die Phase geprägt: Beck (1986) diagnostiziert die Etablierung der *Risikogesellschaft*, Charim (2018) streicht die kontingente *Pluralisierung* und Reckwitz (2017) Prozesse der *Singularisierung* heraus. Allen Ansätzen gemein ist, dass sie neue Erfahrung von Krisen, die nochmalige Verschiebung der Wir-Ich-Balance hin zum Ich sowie das Schwinden gesellschaftlicher Sicherungsnetze herausstellen. Bevor ich weiter unten auf die drei für mich zentralen Autor:innen zurückkomme, zuerst noch einige allgemeine Punkte zur Postmoderne.

Im Allgemeinen werden zwei gleichzeitig ablaufende Entwicklungen als zentral angesehen (Reckwitz 2021, S. 151–157): zum einen die fortschreitende Ästhetisierung sowie zum anderen die Ökonomisierung. Zur *Ästhetisierung* stellt Reckwitz fest, dass die Selbstverständlichkeit von Zuschreibungen weiter schwinde und dabei Menschen wie Dinge endgültig zu »Trägern von Bedeutung« würden. Ihre Bedeutung wird damit beweglich(er) und durchlässig(er) für identitätspolitische Praktiken, was (Selbst-)Gestaltung in einem noch nie zuvor dagewesenen Maße ermöglicht. Der Mensch gestaltet sich und entwickelt dabei eine »ästhetische Haltung«, die stärker auf Gefühlen, Affekten und Emotionen als auf Rationalität und Objektivität beruht (ebd., S. 157; Übersicht über Ästhetisierungsdebatte S. 157–161). Die Haltung von Künstler:innen, die die Welt und sich selbst nach freiem Gutdünken, letztlich aber auch vor einem fiktiven Hintergrund formen, avanciert zum Prototypen des postmodernen Menschen, der die stabilen und fixen Positionen von Bürger:in oder Arbeiter:in hinter sich lässt.

Ökonomisierung ist der zweite zentrale Prozess. Diesbezüglich verweist Reckwitz (2021, S. 161–164) darauf, dass die kapitalistische Inwertsetzung praktisch alle Lebensbereiche bis hin zu den einzelnen Menschen selbst mit großer Wucht betreffe. Mit Brown (2018, S. 127) ist Ökonomisierung als eine Handlung zu verstehen, durch die Praktiken wie auch Dinge in Waren umgewandelt und damit käuflich werden, wobei die Möglichkeiten des Staates wie auch der Bürger:innen, sie zu gestalten und über sie zu verfügen, eingeschränkt werden. So schwächt sie die »Ausübung von Freiheit im gesellschaftlichen und politischen Bereich« in radikaler Weise.

Relevant ist an dieser Stelle, dass im Gefüge der beiden Entwicklungen Kontingenzerfahrungen häufiger werden und das Besondere einen herausragenden Stellenwert erhält. Die Freisetzung der Kontingenz schuf lange Zeit ein progressives Potential, insofern sie die demokratischen Revolten mit ermöglichte. Ohne die Erfahrung, dass Dinge auch anders sein können, dass Herrschaft nicht in Stein gemeißelt ist, hätten die demokratischen Revolten keinen Spielraum gefunden. Heute, insbesondere im Gefolge der Krisen seit 2008, wird sie, wie die Überlegungen in Teil I und II deutlich machen, zunehmend als Belastung empfunden. Dies liegt nicht an den Eigenschaften der Kontingenz selbst, sondern daran, dass parallel zu ihrer verstärkten Freisetzung – und dies wird in der Langzeitbeobachtung deutlicher als in den Interviews – die soziale Sicherheit und die Beziehungsgefüge keine stabilisierende Basis mehr bilden. Die Gesellschaft lenkt nun zunehmend »von ihren selbsterzeugten Problemen ab, indem sie sie an die Individuen weiterreicht« (Schroer 2000, S. 417). Beck (1986) spricht in diesem Kontext von der reflexiven Moderne. Beständig seien die Menschen angehalten, sich auf *ihre* Sehnsüchte, Wünsche und Ziele zu befragen und sich im Zweifel auch *selbst* zu mäßigen. Regulation von Bedürfnissen und Sehnsüchten wird wesentlich zu einem Selbstverhältnis, wobei die Menschen aufgefordert sind, für sich das Maximum zu erträumen, faktisch aber die steinernen und gläsernen Decken der Ungleichheit vorwegnehmen sollen.

Was sich insgesamt etabliert (vgl. Reckwitz 2017, S. 47–74), ist die »soziale Logik des Besonderen«. Die Logik des Allgemeinen, die noch die organisierte Moderne bestimmt hatte, verschwinde allerdings nicht. Ihre etablierten Institutionen, die eingeübten Praktiken der Standardisierung und Rationalisierung sowie die althergebrachten kulturellen Werte dienen »als eine ›Infrastruktur‹ zur Förderung von Besonderheiten« (ebd., S. 378). Bestimmen lasse sich dieses Singuläre, so Reckwitz, am ehesten negativ, »als *Nichtverallgemeinerbarkeit, Nichtaustauschbarkeit* und *Nichtvergleichbarkeit*« (ebd., S. 51; Herv. i. O.). Das Besondere entzieht sich dem Zugriff durch die Allgemeinheit; es ist im Besitz jener, die es sich in ihren Handlungen aneignen und für sich nutzbar machen können. Differenz ist dabei nicht der Zweck, sondern folgt aus der Formierung des Eigenen, der selbstbezogenen Produktion der Erscheinung. Singuläre Menschen, Dinge und Orte werden zu einer Welt für sich.

In Bezug auf die Frage nach den Bedingungen gesellschaftlicher Regression kann ich an dieser Stelle eine erste Präzisierung der oben aus den Gesprächen in Frankfurt und Leipzig gezogenen Schlüsse vornehmen. So hat die Herausbildung der Logik des Besonderen tiefgreifende Konsequenzen für die Formierung von Kollektivitäten, aber auch der demokratischen Regulierung. So tendieren Singularitäten strukturell dazu, sich dem Zugriff demokratischer Politiken zu entziehen. Denn selbst wenn sie sich noch als demokratisch verstehen, verwehren sie sich der Allgemeinheit und damit der gemeinsamen Entscheidung über Belange, die alle betreffen. Was schwindet, ist ein kollektiver Horizont zur Bearbeitung politischer, sozialer und kultureller Konflikte – Singularisierung unterwandert damit eine Grundprämisse demokratischer Gemeinwesen. Hinzu kommt, dass die vervielfachten Kontingenzerfahrungen Verunsicherungen befördern, dies aber in ungleicher Weise. Nicht wenigen Menschen, gerade wenn sie über ökonomische und soziale Ressourcen verfügen, gelingt die Navigation, und sie profitieren von den gewonnenen Freiheiten. Wer jedoch aus ökonomischen, sozialen oder auch aus gesundheitlichen Gründen den Halt verliert, findet diesen nunmehr viel schwerer. Für sie beginnt die Suche nach Einordnung. Die beschriebene regressive Rückbesinnung auf Altes und Homogenität ist eine durchaus verbreitete Reaktion darauf.

Um die heute konkreten Auswirkungen von Kontingenz und der Logik des Besonderen verstehen zu können, gilt es, auf einer konkreteren Ebene insbesondere in Abgrenzung zu früheren Phasen der Moderne zwei weitere Prozesse zu benennen, die für die postmoderne Formierung des Ichs sowie der Regression zentral sind: die *Globalisierung* und der *Rückbau des Sozialstaates.*

Der erste Prozess ist eng verschränkt mit der Vertiefung des globalen Wissens-um-einander. Dafür sorgen nicht zuletzt stark verkürzte globale Reisezeiten, die Etablierung von globalen Kommunikationsströmen sowie Warenketten, aber auch die Herausbildung transnationaler Institutionen, die nur bedingt demokratischer Kontrolle unterliegen, aber wesentlich für die politische und ökonomische Regulation sind. Grenzen wurden zumindest für Waren und Dienstleistungen sowie die global Wohlhabenden geöffnet. Zwischen 1960 und 2022 hat sich der globale grenzüberschreitende Warenhandel mehr als verzwanzigfacht, während die Warenproduktion im gleichen Zeitraum lediglich etwas mehr als verneunfachte. Die Finanzkrise sowie die Coronapandemie haben jeweils deutliche Einbrüche hinterlassen, am generellen Trend aber nichts geändert (bpb 2023). Im Kontrast zu früheren Phasen der Moderne ist der Nationalstaat nicht weggefallen, er ist aber in den Hintergrund getreten. Politische Macht wurde zugleich auf tiefere politische Ebenen wie die Kommune und auf höhere, etwa die Europäische Union oder Zusammenschlüsse wie die Welthandelsorganisation, verlagert (Brenner 2004).

Der zweite zentrale Prozess ist der Rückbau des Sozialstaates. Dieser ist eng mit der Neoliberalisierung verbunden, auf die ich unten ausführlich zurückkommen werde. Die Folgen in Deutschland thematisiere ich dennoch bereits hier, weil damit eine grundlegende Verschiebung des Wir-Ich-Verhältnisses einherging, die an dieser Stelle von Relevanz ist.

Die Umsetzung der Agenda 2010 markiert für Nachtwey (2016, S. 96) den »Abschied von der sozialen Moderne«. Nach Jahren der schwächelnden Ökonomie und der steigenden Staatsausgaben in den 1990ern sollte Deutschland wieder wettbewerbsfähig werden, weshalb Sozialausgaben und Arbeitslosigkeit sinken sollten. Gerhard Schröder nannte als Ausgangspunkt der Reformen, dass der deutsche Sozialstaat zu teuer geworden sei und so die wirtschaftliche Entwicklung hemme. Deutschland galt damals als »Kranker Mann Europas«, was man auf eine »langjährige Verschlechterung der Arbeitsmoral, den Hedonismus der Beschäftigten und überhöhte Löhne« (Landa 2022 [2010], S. 73) zurückführte. All diese Faktoren hätten »der deutschen Wirtschaft die Kraft« genommen, »um im Wettbewerb mit anderen Volkswirtschaften zu bestehen«. Die Reformen zielten folglich darauf ab, Bürger:innen zur Eigenverantwortung zu erziehen. Der Staat werde sie von nun an *fordern und fördern* und sich aus seiner fürsorglichen Rolle sukzessive zurückziehen.

Für die Bezieher:innen von Sozialleistungen hieß dies, dass sie nicht länger als Bürger:innen »mit verbrieften« Rechten galten, sondern zu Menschen »von niedrigerem Rang« degradiert wurden, »mit denen der Staat Verträge abschloss, um sie zu disziplinieren und motivieren« (Nachtwey 2016, S. 97). Die Agenda 2010 bedeutete aber auch faktische Rentenkürzungen, die Etablierung eines Billiglohnsektors, die Förderung von Selbstständigkeit und die Ausweitung von Leiharbeit, die Lockerung des Kündigungsschutzes sowie die Einführung von Sozialleistungen nach Hartz IV (Butterwegge 2015, S. 102–105), die 2023 vom Bürgergeld abgelöst wurden. Damit nicht genug – es folgten weitere größere und kleinere Reformen, die insgesamt »die kollektive Bewältigung typisch markt- und lohnarbeitsgesellschaftlicher Lebensrisiken« individualisierten (Lessenich 2009): die Umgestaltung der Krankenversicherung, die Einführung der Pflegeversicherung sowie der wachsende Druck, privat fürs Alter vorzusorgen. Hinzu kam 1990 die Abkehr vom staatlich geförderten Bereich der gemeinnützigen Wohnraumversorgung sowie in den 2000ern die Öffnung des Wohnungsmarktes für (internationale) private Investor:innen (Schipper/Vollmer 2020). Bereits 2014 fehlten daher rund 1,9 Millionen günstige Wohnungen (Holm u. a. 2018) – und die Situation hat sich seit 2015 deutlich verschärft.

Mit Blick auf die Gesellschaft erschienen ab den 1970er Jahren eine ganze Reihe von Analysen, deren Verfasser:innen die in der postmodernen Stilisierung des Ichs die Herausbildung von sich selbst inszenierenden Individuen erkannten, »die ohne geschichtliches Bewusstsein nur noch für den Augenblick leben« (Amlinger/Nachtwey 2022, S. 164). Zu den prominenten Autor:innen gehört Richard Sennett (2006 [1998]; 2008 [1977]), der in seiner historischen Aufarbeitung *Verfall und Ende des öffentlichen Lebens* sowie an anderer Stelle die Ambivalenz der Flexibilisierung zwischen Befreiung und der Herausbildung neuer Zwänge herausstrich. Ein anderes Beispiel ist Robert Putnams Buch *Bowling Alone*, in dem er die These vertritt, dass infolge der Individualisierung die Solidaritätsbereitschaft sinke, da soziale Interaktionen schwänden, die für die Entstehung sozialer Beziehungen notwendig seien (Putnam 2000). Später relativierte er seine Diagnose und betonte, dass der Prozess zu vielschichtig sei und daher je konkret betrachtet werden müsse, wie genau sich Kollektive formieren und welche Möglichkeiten der Solidarisierung entstünden. Er zeigt dabei, dass Solidarität an sich nicht progressiv sein muss (Gertenbach u. a. 2010, S. 107 f.), was insbesondere dann der Fall ist, wenn sie als »exkludierende Solidarität« (Sorce u. a. 2022) Etablierte von Außenseitern trennt (vgl. Elias/Scotson 1993 [1965]).

Insgesamt verändern die Globalisierung und der Rückzug des Sozialstaates die auf den Staat gerichteten Vorstellungen grundlegend. Dies ist von Bedeutung, da der Sozialstaat nie nur eine ökonomische Funktion hatte; er ermöglichte auch symbolische Integration und sorgte für Loyalität in einem brüchigen gesellschaftlichen Gefüge (Charim 2018, S. 147). Der sorgende Staat beheimatete die Bürger:innen und knüpfte in der organisierten Moderne ein soziales Sicherungsnetz, das es den Menschen erlaubte, aus den traditionell gewachsenen Gemeinschaften herauszutreten. Die Aufgabe des lokalen »Not- und Terrorzusammenhangs« (Jeggle/Ilien 1978), war verkraftbar, weil es auf staatlicher Ebene jenseits der (Dorf-)Gemeinschaften einen kollektiven Rückhalt gab. Es liegt mir fern, den Nationalstaat in allzu lieblichen Farben zu zeichnen. Aufgrund seiner Homogenisierung von Bevölkerung, der Exklusion, der historischen Expansionsbestrebungen und der starren Grenzen hat er viel Leid über die Welt gebracht. Seine historisch sozial integrative Funktion ist dennoch anzuerkennen. Die aktuelle Ausrichtung des Staates auf einen wettbewerbsorientierten und konkurrenzbasierten Individualismus führt im Gefüge von verschärften Krisen- und Kontingenzerfahrungen indes dazu, dass es progressive Politiken immer schwerer haben, ihm eine kollektive Erzählung entgegenzuhalten, und fördert unmittelbar die Regression.

Heute ist der Sozialstaat als Sicherungsgefüge also weit in den Hintergrund getreten, gleichzeitig gibt es auch keine einfache Rückkehr zu den einstigen Großformationen der organisierten Moderne wie Klassen oder Parteien, Gleiches gilt für die einst tradierten Sozialbeziehungen von Großfamilie, Sippe, Nachbarschaft oder Dorf. Dies führt dazu, dass das soziale Fangnetz schwindet und die Menschen Kontingenzerfahrungen tendenziell ohne Absicherung und allein machen. Mit der Erosion der sozialstaatlichen Garantien schwindet die letzte große Bastion der kollektiven sozialen Sicherheit. Dadurch trifft das Verdikt von Beck (1986, S. 212) umso radikaler zu: »Individualisierung bedeutet Marktabhängigkeit in allen Dimensionen der Lebensführung.« Dies ist gefährlich, zumal wir oben mit Nachtwey schon gesehen haben, dass im Zuge der Individualisierung die Notwendigkeit zur gesellschaftlichen Koordination steigt, nicht sinkt. Es entsteht ein Vakuum, in dem Konkurrenz und Misstrauen sich ausbreiten. Daraus resultiert eine wachsende Sehnsucht nach Gemeinschaft. Von ihr erwarteten die Menschen »Gewissheit, Sicherheit und Schutz«, die sie sonst nicht mehr finden (Bauman 2009 [2001], S. 90).Wie wir oben in Teil II gesehen haben, schlägt diese Sehnsucht jedoch in Exklusion sowie den Wunsch nach Homogenität und klaren Identitäten um.

An dieser Stelle möchte ich nochmals auf die drei oben bereits erwähnten Diagnosen von Beck, Charim und Reckwitz zurückkommen. Dabei liegt mein besonderes Augenmerk auf der Frage nach den *Risiken*, der *Pluralisierung* sowie der Formierung von singulären *Neogemeinschaften*. Gemeinsam geben sie wichtige Hinweise auf die heutige Vergesellschaftung und wie diese Regression fördert.

Zunächst zu Beck (1986). Wie der Titel seines Buches *Risikogesellschaft. Auf dem Weg in eine andere Moderne* verdeutlicht, erkennt er in den Arten und Weisen, wie Risiken erfahren sowie wie sie politisch und sozial wirksam werden, einen für die Postmoderne charakteristisches Merkmal. Aus seiner Sicht hat die Industriegesellschaft eine »reflexive Modernisierung« durchlaufen. Zunächst habe die Logik der Produktion von Reichtum noch dominiert, ohne dass die damit verbundenen Risiken mitgedacht worden wären. Mit der Zeit seien mit wachsendem Wissen, individueller Selbsterfahrung sowie dem Scheitern von Technik – wie etwa der Reaktorkatastrophe in Tschernobyl – Risiken stärker ins Bewusstsein gerückt und wurden zu einem bestimmenden Faktor für die gesellschaftliche Verfasstheit. Dabei seien »Modernisierungsrisiken und -folgen« sehr wohl sozial ungleich verteilt, zugleich aber für alle als »irreversible Gefährdungen des Lebens von Pflanze, Tier und Mensch« greifbar (ebd., S. 17). Während das vorhergehende Primat des Reichtums über Einkommen oder Bildung unmittelbar erfahren werden konnte, sind Risiken grundsätzlich diskursiv vermittelt und bleiben daher als Möglichkeit der Bedrohung abstrakt. Während Hunger spürbar ist, müssen Risiken geglaubt und anerkannt werden.

Dies führe, so Beck, zu umkämpften Deutungen, wobei die Menschen je für sich selbst sehen, erfahren und erkennen wollen. Menschen begännen dabei ihren sinnlichen Erfahrungen mehr zu trauen als dem etablierten Wissen der Wissenschaft (ebd., S. 35–38, 76–95). Ein treffendes Beispiel sind Pandemieleugner:innen, die sich in Zeiten von Corona selbst hinters Mikroskop setzten, um das Virus zu entdecken. Der Politologe Benjamin Opratko (2022, S. 32) berichtet, dass die Messenger-Gruppen von Coronaleugner:innen »voll von wackligen Handyvideos« gewesen seien, »in denen meist Männer im Hobbykeller« versucht hätten, wissenschaftliche Befunde zu erzeugen. Da seien etwa FFP2-Masken untersucht worden, »um deren Schädlichkeit zu beweisen«. Zu beobachten sei demnach nicht Wissenschaftsfeindlichkeit im eigentlichen Sinne, sondern ein eklatanter Mangel an Vertrauen in die etablierte Wissenschaft, die mit Staat und Eliten assoziiert werde.

Risiken sind potentiell unendlich und entfalten sich, wenn überhaupt, immer erst morgen oder übermorgen (Beck 1986, S. 43 f.), insofern sind sie »ein ›Bedürfnis-Fass ohne Boden‹, unabschließbar, unendlich« (ebd., S. 74). Gerade im Kontext von Verunsicherung in Krisenzeiten verstärken sie die Potentiale zur Etablierung von Zukunftsängsten. Gleichzeitig lassen sich, scheinbar paradox, Risiken leichter verharmlosen und in die ferne Zukunft verlagern, was das Festhalten an der Ordnung erleichtert, die die Privilegien der Einzelnen schützt. Ersteres führt zu einer Einschätzung, wonach die Dinge beständig (noch) schlimmer zu werden drohen. »An die Stelle der *Gemeinsamkeit der Not* tritt die *Gemeinsamkeit der Angst*« (ebd., S. 66; Herv. i. O.). Auf der anderen Seite steht die Zukunftsverweigerung, die den Risiken partout nicht ins Auge sehen will und stoisch an etablierten Privilegien festhält. Die Wahrnehmung von Risiken erzeugt also nicht nur berechtigte Sorgen, sondern eben auch Irrationalität. Dies war im Zusammenhang mit der Pandemie zu beobachten, ist aber heute im Zusammenhang mit dem Streit um die Bewältigung der Klimakrise besonders ausgeprägt.

Für Beck sind diese Prozesse der Risikogesellschaft eng mit Individualisierung verschränkt. Zu Beginn der 1980er Jahre ist hinsichtlich der Entwicklung von Gesellschaft sowie der politischen Implikationen für ihn noch vieles offen. Klar zeichne sich indes der Übergang vom Ringen um Gleichheit, das Klassengesellschaften geprägt habe, zur Suche nach Sicherheit ab (ebd., S. 65). Klassengesellschaften seien nationale Gesellschaften gewesen, Risikogesellschaften hingegen müssten aufgrund der Problemlagen aus dem Rahmen des Staates heraustreten (ebd., S. 63). Sein Argument möchte er nicht so verstanden wissen, dass Klassenfragmentierung keine Rolle mehr spiele. Im Gegenteil, Risiken würden, wie auch Stuart Hall am Beispiel urbaner Konflikte darlegt, klassenspezifisch unterschiedlich wirkmächtig und könnten daher Unterschiede gar noch verstärken (ebd., S. 46).

Die in Teil 1 im Kontext der Pandemie, aber auch der Klimakrise skizzierten Herausforderungen bestätigen das. Beides sind globale Ereignisse, die Kosten und Bürden werden aber unterschiedlich getragen und spalten die Gesellschaft entlang von *class*, *race* und *gender*. Hinzu kommt laut Beck (1986, S. 100 f.; (Herv. i. O.), dass die Transformation zur Risikogesellschaft die Formierung einer »*Sündenbock*-Gesellschaft« begünstige, da sie die Suche nach konkret fassbaren Schuldigen fördere. Individuelle Leistung wird zum zentralen Gut. Da Hautfarbe, Geschlecht und Behinderung mit Leistungsdefiziten assoziiert würden, würden Statuskonflikte zunehmend rassifiziert und vergeschlechtlicht oder, allgemeiner, verkörpert (ebd., S. 159). Beck liefert damit eine frühe Beschreibung dessen, was wir in gesteigerter Form in den Stadtteilgesprächen gesehen haben.

Nun zu Charim und ihren Überlegungen zur Pluralisierung. In ihrem Buch *Ich und die Anderen* unterstreicht sie, dass die postmoderne Pluralisierung nicht lediglich mehr Vielfalt bedeute. Pluralisierung sei nichts, das man befürworten oder ablehnen könne, sie betreffe alle, in dem Sinne, dass wir alle der Kontingenz ausgesetzt sind und uns für eine Identität entscheiden müssen. Das gelte auch für jene, die sich der erfahrenen Pluralität widersetzen, sich aktiv gegen sie entscheiden und verwahren. Folglich könnten selbst jene, die für Homogenität eintreten, deren Selbstverständlichkeit nur behaupten – und wüssten das auch (Charim 2018, S. 23 f., 29). Charim kommt zum provokanten Schluss, dass Pluralisierung Konflikte um Identität entfache, weil alle den konstitutiven Mangel an Identität verspürten, wobei der auf Identität ausgerichtete Kulturkampf versuche, den Mangel zu heilen (ebd., S. 48). Damit wachse die Bedeutung der Reflexivität, zumal das Eigene nicht primär auf der Abgrenzung vom Anderen beruhe, sondern auf Entscheidungen der Menschen selbst, die das Wesen des Eigenen beträfen (ebd., S. 80 f.). Dabei falle auf, dass die Pluralisierung »niemals über eine Zukunftsvision« (ebd., S. 91) abgewehrt werde, sondern man sich stets an der Vergangenheit orientiere, auch wenn diese womöglich so nie existiert haben mag. Die Empirie aus den Stadtteilen gibt ihr recht.

Der zentrale Schauplatz dieser Auseinandersetzung, so stellt Charim zudem heraus, ist Kultur: »Es sind die kulturellen Selbstverständlichkeiten, die durch die Pluralisierung am heftigsten erschüttert wurden« (ebd., S. 94). Das ist ein Hinweis darauf, dass Rechte den Kulturkampf keineswegs vorantreiben, weil eine vermeintliche Cancel Culture (siehe Teil I) eine Gefahr für die Ordnung darstellen würde, gegen die sie Gesellschaft verteidigen müssen. Um was es ihnen geht, ist die selbstreferenzielle Produktion des Eigenen und die Verteidigung der mit *ihrer* Identität einhergehenden Privilegien.

Kommen wir nochmals zurück zu Reckwitz' Überlegungen zur Formierung von Kollektiven innerhalb der sozialen Logik des Besonderen, die er in *Die Gesellschaft der Singularitäten* entwickelt. Seiner Ansicht nach sind Gemeinschaften nicht verschwunden, aber auch sie durchliefen den Prozess der Singularisierung, wobei die digitalen Welten eine herausragende Rolle einnähmen. Etabliert habe sich eine Vielzahl von *Neogemeinschaften* als einzigartige »Interpretationsgemeinschaften […], die mit hoher Wertzuschreibung und intensiver Affektivität verbunden sind und die nebeneinander« existierten (Reckwitz 2017, S. 261). Das für ihn zentrale Merkmal der neuen Gemeinschaften ist ihre Funktion als Wahlgemeinschaft, in der Zugehörigkeit nicht durch Geburt gegeben sei (ebd., S. 264). Zum Ende seines Buches geht Reckwitz explizit auf den neogemeinschaftlich fundierten »Aufstieg des Kulturessentialismus« ein. Er sieht darin eine Reaktion auf den spätmodernen Liberalismus, der Differenz und Pluralismus sowie globale Vernetzung fördere, ohne unmittelbar eine Option zur Formierung von Kollektiven anzubieten. Er erkennt vier zeitgenössische Formen von Neogemeinschaften (ebd., S. 394; Herv. i. O.): ethnische Gemeinschaften, Kulturnationalismus, religiöser Fundamentalismus sowie Rechtspopulismus. Allesamt würden sie »ethnische, religiöse und nationale Identitäten« stärken. Dabei, so ist aus seinen Überlegungen zu schließen, schlägt das Pendel der Wir-Ich-Balance auf regressive Weise zum Wir zurück:

> »Besonders folgenreich ist die Verschiebung der Relation zwischen Individuum und Kollektiv. Im Rahmen des Kulturkommunitarismus wird das Individuum nicht als besondere Einheit adressiert, die sich qua Arbeit an der eigenen Einzigartigkeit selbst verwirklicht, sondern als ein Glied, das sich in den Kodex der ethnischen Gruppe, der Religionsgemeinschaft oder Nation einfügt. Damit verliert das Individuum einerseits Möglichkeiten der autonomen Besonderung, gewinnt aber andererseits die Gewissheit auf Anerkennung innerhalb der Gemeinschaft. Da diese nicht marktförmig organisiert ist, bleibt das Individuum von Kämpfen um Sichtbarkeit, persönlichen Wert, Leistung und Erfolg entlastet.« (Reckwitz 2017, S. 395 f.)

Neogemeinschaften basieren laut Reckwitz auf der vermeintlichen Authentizität, Dauerhaftigkeit und Objektivität von Gemeinschaft, die im Gefüge der Pluralisierung eigentlich unmöglich geworden sind. Wie für Charim ist auch für Reckwitz klar, dass die Menschen insgesamt wissen, dass es keine wahren Gemeinschaften mehr gibt, denen man aufgrund von Herkunft, Geschlecht oder Religion per se angehört, weshalb sich die Mitglieder von Neogemeinschaften im Gegensatz zu Angehörigen traditioneller Gemeinschaften der Notwendigkeit der Selbstvergewisserung bewusst sind. Dafür wird das Eigene, das Singuläre der Gemeinschaft immer wieder betont und identitär – mittels des Kulturkampfes – hergestellt. Auf den drei Feldern »Geschichte, Raum und Ethik« (ebd., S. 397) werde erstens eine singuläre Geschichte erzählt, in der ein »*Regime des Alten*« (ebd., S. 398; Herv. i. O.) immer und immer wieder als Begründung für die Singularität der Gemeinschaft selbst herangezogen werde. Die zweite Strategie der Selbstvergewisserung bestehe in der Behauptung des eigenen Territoriums, das als singulärer Ort, als singuläre Nation formiert werde. Drittens wird eine gemeinsame Ethik behauptet, zu der die anderen qua ihrer Kultur oder ihres Glaubens keinen Zugang hätten. Wichtig ist, dass es sich bei all dem nicht um einen »Rückgriff auf die Vormoderne«, sondern um »eine Reaktion *auf* die Kultur der Moderne *innerhalb* von dieser« (ebd., S. 398; Herv. i. O.) handle.

Gänzlich neu sei dies alles insofern nicht, als der Nationalismus des 19. Jahrhunderts schon ähnliche Züge aufgewiesen habe. Dennoch seien in zumindest sechs Dimensionen neue Aspekte zu beobachten, so Reckwitz (ebd., S. 400): Erstens tritt Kultur aus dem Hintergrund der alltäglichen Praktiken und wird zu deren genuinem Gegenstand. Dadurch werden zweitens Kultur und die damit verbundenen Identitäten der politischen Aushandlung zugänglich. Drittens bieten die digitalen Welten gänzlich neue Optionen der Kollektivbildung. Viertens sind Neogemeinschaften, so sehr sie sich auch zu schließen versuchen, immer Wahlgemeinschaften. Fünftens konkurrieren die Gemeinschaften stets mit anderen Angeboten, woraus folgt, dass es kein Ruhen in der Gemeinschaft gibt. Sechstens steht die gewählte Gemeinschaft immer in Beziehung zu anderen, zumindest in deren aktiver Negation. Diese Dimensionen verändern den Modus Operandi des Kulturkampfes. Er bedient nun Gefühle, weckt Begehrlichkeiten, schafft Normalität, anstatt dass eine klare Ideologie gefördert würde, und genau durch seine diffuse Anrufung schafft er Zuspruch, bringt er Gesellschaft regressiv in Bewegung.

Regressive Individualisierung

Abschließend geht es mir um zwei Aspekte: zum einen darum, dass eine individualisierte Gesellschaft dazu tendiert, sich ihrer gesellschaftlichen Fundamente selbst zu entledigen, zum anderen darum, dass die heute dominierende Individualisierung mit Dynamiken der Regression korrespondiert. Wie Individualisierung und Regression zusammenhängen und sie sich gegenseitig verstärken, wurden im Kapitel bereits mehrfach angesprochen. Nun möchte ich die Punkte zusammenführen, aber auch auf Implikationen hinweisen, die über das bereits Gesagte hinausgehen.

I. Verbrauchte Ressourcen und ambivalente Staatlichkeit

Der erste Punkt, den ich hier hervorheben möchte, bezieht sich auf einen Aspekt, der oben immer wieder angesprochen wurde, nämlich dass die Moderne nie *nur* modern war, sondern eben auch auf vormodernen Grundlagen beruht und genau diese Grundlagen im Begriff sind zu schwinden. Als Beispiele für solch vormoderne Normen nennt Dubiel (1994, S. 140) etwa das Arbeitsethos, das ermöglicht habe, die breiten Massen relativ einfach den Arbeitsrhythmen in den Fabriken zu unterwerfen. Gleichzeitig habe auch deren kollektive Revolte wesentlich in vormodernen Vorstellungen von Würde und Gerechtigkeit gewurzelt. Zudem sind auch die einzelnen Phasen der Moderne selbst nicht entkoppelt zu verstehen. Beck stellt heraus, dass die Industriegesellschaft immer nur »als halb Industrie-, halb *Stände*gesellschaft« funktioniert habe. Die »ständische Seite« sei dabei »kein traditionales Relikt, sondern industriegesellschaftliches *Produkt* und *Fundament*« gewesen (Beck 1986, S. 179; Herv. i. O). Analog dazu betont Reckwitz, dass die Logik des Allgemeinen als Fundament der Logik des Besonderen erhalten bleibe. Mitte des 20. Jahrhunderts, so beobachtet Dubiel (1994,

S. 143), habe das soziale Reservoir der Vormoderne im Zuge der Individualisierung zunehmend »Zeichen der Erschöpfung« gezeigt, womit die »sozialmoralische Schmierflüssigkeit der Marktgesellschaft knapp« geworden sei. Deutlich trete zutage, dass die kapitalistisch verfasste Gesellschaft vorbürgerliche kulturelle Bestände zwar nutze, sie aber nicht ersetzen könne (ebd., S. 140).

Mir ist die Perspektive von Dubiel zu pessimistisch, zumal im Alltag durch soziales Engagement und in sozialen Bewegungen neue Strukturen der Fürsorge, Teilhabe, Solidarität und Partizipation entstanden sind und weiter entstehen, die in seiner Deutung schlicht verlorengehen (vgl. Lorey 2020; Redecker 2020). Dennoch hat der neoliberale Kapitalismus die für die Stabilisierung von Gesellschaft erforderlichen sozialen Gefüge geschleift, sie als Ressourcen eingesetzt, ohne an ihre Reproduktion zu denken. Was sich formiert, ist ein soziales Gefüge mit gewaltigen Leerstellen, die wie die Kohlenflöze untertage ausgehoben wurden, ohne sich um deren Stabilisierung zu kümmern, was nun den Boden, auf dem Gesellschaft steht, destabilisiert. Dies wirkt sich besonders in der Mitte der Gesellschaft aus, deren einst großes Vertrauen in das kollektiv gegebene, aber individuell einzulösende Aufstiegsversprechen nun schwindet. Die Stollen können wieder gefüllt werden, aber dazu bedarf es einer zukunftsorientierten Unterstützung jener progressiven Akteur:innen, die bereit sind, an den sozialen Fundamenten von morgen zu bauen. Die Situation ist offen, aber dass die Basis der Gesellschaft erodiert ist und dass bei den verbreiteten Suchbewegungen regressive Schritte zu beobachten sind, scheint mir offensichtlich.

Eine zweite zentrale Veränderung betrifft den Staat. Die potentiell regressiven Konsequenzen des sich zurückziehenden Sozialstaates habe ich benannt. Im Verlauf der in Teil I skizzierten Krisen kehrte der Staat jedoch auf ambivalente Weise zurück. Seine Sicherungsleistungen baute er hier und da aus: Er schützte Menschen vor Arbeitslosigkeit, minimierte die Risiken einer Coronainfektion, förderte die Wirtschaft mit Milliarden und versprach im Abkommen von Paris, die Erderwärmung deutlich zu begrenzen. Zugleich dominierte die Maxime, die Wirtschaft zu stützen und Machtstrukturen zu bewahren. Staatliches Handeln kehrte folglich in den vergangenen Jahren ganz unmittelbar in den Fokus der Menschen zurück. Auch dies gilt insbesondere für Angehörige der Mittelschichten.

Reiche und Superreiche bewegen sich bis zu einem gewissen Punkt in entkoppelten Sphären, Staatlichkeit spielt in ihren mobilen und finanziell abgesicherten Leben eine untergeordnete Rolle (Neckel u. a. 2018). Für von Armut Betroffene wiederum war der Staat nie abwesend, denn er griff als Gegenleistung für die soziale Sicherung fordernd und regulierend ins Leben der Menschen ein. Gerade für die Mittelschichten bringt daher die Rückkehr des Staates in doppelter Weise Konflikte mit sich: Zum einen haben sich die Menschen an seine Abwesenheit beziehungsweise das Ausbleiben kollektiver Anrufungen ›gewöhnt‹, weshalb sie nun die Einmischung mit Skepsis betrachten. Zum anderen machen sie konkret die Erfahrung, dass die Interventionen des Sozialstaates viel zu kurz greifen und den eigenen Bedürfnissen nicht gerecht werden. Familien mussten die Coronapandemie größtenteils allein meistern, Bildung, öffentlicher Personennahverkehr, sozialer Wohnungsbau und Gesundheitswesen sind drastisch unterfinanziert. Die öffentliche Infrastruktur ist vielerorts marode, und Innovationen etwa in den Bereichen der Digitalisierung sowie der ökologischen Transformation kommen nur langsam an. Wurde früher darüber hinweggesehen und arrangierte man sich damit, wird nun vielen, die sich als Mitte verstehen, angesichts der Krisen die Situation unmittelbar bewusst. Diese Erkenntnis gerät aber, wie in Teil II gezeigt, mit etablierten Gerechtigkeitsvorstellungen und etablierten Privilegien in Konflikt. Dass der Staat gleichzeitig an- und abwesend zu sein scheint, führt dann weniger zu einer kollektiven (Wieder-)Aneignung des Gemeinschaftlichen durch die Angehörigen der Mittelschichten. Stattdessen flüchten sich diese in regressive Vorstellungen und manchmal sogar autoritäre Sehnsüchte nach einer starken Hand, die die Ressourcen gerecht – und das heißt in einer individualistischen Gesellschaft immer: zum eigenen Vorteil – verteilt.

II. Postmoderne Regression

Es kann nicht oft genug betont werden, dass Individualisierung keineswegs in Regression und dem Verlust von Kollektivität münden muss. Das Versprechen der Gleichfreiheit und der damit einhergehende Ausbruch aus traditionellen Gemeinschaften sind ohne sie nicht zu denken. Und bis heute gilt ein Leben in Würde, als Teil einer demokratischen Gemeinschaft, sozial abgesichert und mit Entfaltungsmöglichkeiten als erstrebenswert. Gleichzeitig wäre auch Individualisierung ohne die politischen Auseinandersetzungen um und für die Gleichfreiheit nicht möglich gewesen. Sie war also keineswegs ein Selbstläufer, auch sie musste politisch durchgesetzt werden – bis heute. Deutlich wird, dass sich die Befreiung des Individuums als Bewegung auf die Möglichkeiten Einzelner richtet, sie aber nicht allein, sondern in kollektiven Kämpfen errungen wird. Gleichzeitig werden individuelle Freiheiten auch nicht per se den Einzelnen verwehrt, sondern Kollektiven, denen Einzelne angehören oder anzugehören scheinen.

Individualisierung ist prinzipiell, aber auch praktisch immer ein Wechselwirkungsprozess, der sich zwischen den Polen von Befreiung und Unterwerfung, zwischen dem Ich und dem Wir entfaltet. Heute scheinen viele die flexible und deregulierte Arbeitswelt, die Möglichkeit zur Wahl der geschlechtlichen Identität, die Entscheidung darüber, ob man an Gott glauben will oder nicht, zu welcher Gemeinschaft man gehört etc. nicht mehr primär als Freiheit, sondern als Bürde zu empfinden. Wo und wie man sich emotional beheimaten kann, scheint eine Frage zu sein, die fordert, wenn nicht gar überfordert. Eine zentrale Ursache dafür, so habe ich dargelegt, liegt in der Steigerung von Krisen-

sowie Kontingenzerfahrungen bei gleichzeitiger Erosion von historisch etablierten Gemeinschaften und anschließend auch der sozialstaatlichen Garantien. Des Weiteren sind drei Punkte zu nennen, an denen Individualisierung heute mit Dynamiken der Regression zusammenhängt:

Erstens ist der selektive Zugang zur individuellen Entfaltung sowie deren anhaltende Prekarität zu nennen. Sicher nicht immer und überall, aber allzu oft erwiesen sich die befreiten Menschen keineswegs als Garant:innen der Freiheit aller, sondern errichteten ziemlich unmittelbar nach dem Erringen der eigenen Privilegien neue Barrieren, die andere ausschlossen (Bauman 2009 [2001], S. 35). Die Revolutionen der bürgerlichen Moderne befreiten vor allem das weiße, männliche Bürgertum. Gleiche Rechte sowie soziale Sicherung für Frauen, weniger Wohlhabende und erst recht für People of Color mussten erst in langen Auseinandersetzungen durchgesetzt werden. Die bürgerlichen Revolutionen errichteten vielfach die ersten Republiken und Demokratien, festigten aber auch den Nationalstaat. Das zwang zur territorialen Festschreibung der Bevölkerung und verfestigte Grenzen nach innen und außen. Bürgerliche Vorstellungen vom Individuum, die sich bis heute halten, basieren auf dem Glauben, dass, wer Rechte genießen will, einen zivilisierten Umgang zu pflegen und die eigenen Triebe zu bändigen hat (Schroer 2000, S. 57). Es war und ist das perfekte Argument, um Menschen das Recht auf Gleichfreiheit zu verwehren. Bis heute wird Frauen, People of Color und Armen unterstellt, emotional, triebgesteuert und nicht rational zu sein. Sie werden damit nicht nur in ihren Anliegen delegitimiert, in Frage gestellt wird auch ihr Status als vollwertiges Individuum und in letzter Instanz, ob sie der Teilhabe an der Demokratie würdig sind.

Beispiele dafür sind uns bereits in Teil 1 begegnet, etwa wenn jungen Männern muslimischen Glaubens die Fähigkeit abgesprochen wird, sich an vermeintlich westlichen Werten orientieren zu können, oder wenn politisch aktive Frauen der Klimabewegung der Hysterie bezichtigt werden. Oder man denke an die abwertende Rhetorik gegenüber Menschen, die Sozialleistungen beziehen, im Zuge der Auseinandersetzung um das Bürgergeld. Sichtbar wird erneut ein Wechselverhältnis zwischen dem Ich und dem Wir. Angegangen werden Einzelne, sie stehen aber für Gruppen und werden als Einzelne angegriffen, weil sie als Teil ebendieser Gruppe gedeutet werden. Zwar herrscht heute zumindest unter deutschen Staatsbürger:innen formale Gleichheit, aber die Rede von der Ungleichwertigkeit wird immer wieder herangezogen, um Ausgrenzung zu legitimieren und zu rechtfertigen.

Ein zweiter Punkt betrifft das liberale Gleichheitsversprechen, das faktisch ohne soziale Gleichheit auskommt und auf Freiheit fokussiert. Die Menschen werden in der Tendenz *jenseits von Klasse und Stand* als juristische Personen im ökonomischen Handeln gleichgestellt. Dies hat progressive Aspekte, insbesondere kann das Übergehen von Unterschieden befreiend sein und vormals exkludierten Gruppen Zugang zu Ressourcen ermöglichen. Andererseits führt das Ausblenden der unterschiedlichen Ausgangsbedingungen, wie Beck richtig darlegt, nicht zur Auflösung der Klassengesellschaft, sondern verstärkt sie. Wenn heute behauptet wird, dass für alle die gleichen Möglichkeiten zur individuellen Entfaltung gelten würden, dann kommt dies der Behauptung gleich, es sein ein fairer Wettbewerb, wenn die einen den olympischen Hundertmeterlauf in Sportbekleidung und die anderen im Mondanzug absolvieren. Die Durchsetzung von individualisierten Vorstellungen ist somit auch ein Klassenprojekt, das faktisch soziale Lagen reproduziert, indem es die weniger Privilegierten an ihren Plätzen hält und Privilegien durchzusetzen hilft. In diesem Geiste wurde den im Hundertmeterlauf stets Unterliegenden in den vergangenen Jahrzehnten erklärt, dass es nicht an ihrer beschwerlichen Kleidung liege, sondern daran, dass sie sich nicht genug angestrengt hätten. Individualisierung befördert Regression, indem das Scheitern vereinzelt und den Menschen selbst zur Last gelegt wird. Anstelle Krisen politisch und sozial zu deuten, macht man sie zu Krisen des Ichs.

Drittens ist eine Neigung zur exkludierenden Vergemeinschaftung zu beobachten; dazu gibt es in den oben skizzierten Beiträgen einige Hinweise. Beck (1986, S. 101) etwa hat darauf hingedeutet, dass die moderne Risikogesellschaft zur Sündenbock-Gesellschaft tendiere. Neu ist dies allerdings nicht: Arbeiten zum modernen Antisemitismus haben gezeigt, dass die Externalisierung von Schuld, die Projektion des Übels auf die Anderen, eine verbreitete und althergebrachte Strategie der Krisenbearbeitung darstellt (Salzborn 2017, S. 101–118). Historisch unterschiedlich ist indes die Art und Weise, wie und auf wen die Schuld verlagert wird. Heute ist diese Externalisierung im (re-)artikulierten Rassismus, der populistischen Spaltung zwischen gutem, reinem Volk und schlechten, entfremdeten Eliten sowie dem Erstarken von Verschwörungstheorien im Zuge der Coronapandemie wie auch der Klimakrise evident. Dass man sich auf Risiken konzentriere, erzeuge eine »*Gemeinsamkeit* der Angst« (Beck 1986, S. 66; Herv. i. O.). Diese Angst wird heute gerade von Rechts mit ihrer Strategie der Beheimatung intensiv bearbeitet. Es formen sich exkludierende Gemeinschaften, die auf die Bewahrung des Eigenen setzen. Mir scheint, dass die »rechtspopulistischen« Gemeinschaften, die beanspruchen, die wahren Garanten des Staates sowie die Erben von erbrachter nationaler Leistung zu sein, eine besonders problematische Rolle einnehmen. Denn ihre sind anders als andere Neogemeinschaften, so ist vom Philosophen Zygmunt Bauman zu lernen, zwangsläufig regressiv und führen in destruktiven Konflikt:

> »Die ›real existierende‹ Gemeinschaft wird nicht die ihrer Träume sein – eher die ihrer Alpträume: Sie wird ihnen neue Ängste und Unsicherheiten bringen, anstatt die alten zu lindern. Sie wird von ihnen verlangen, die Schwerter zu wetzen und rund um die Uhr auf der Hut zu sein; sie wird sie jeden Tag wieder zum Kampf rufen, um die Fremden vor den Toren abzuwehren oder die Abtrünnigen in den eigenen Reihen aufzuspüren und zur Strecke zu bringen.« (Bauman 2009 [2001], S. 25 f.)

Problematisch ist die Begrifflichkeit von Reckwitz jedoch, wenn die oben dargelegte Empirie berücksichtigt wird. So koppelt er die als rechtspopulistisch beschriebenen Dynamiken in der Tendenz von Prozessen in der Mehrheitsgesellschaft ab, was heute so nicht mehr zu halten ist – längst handelt es sich bei diesen Formen der Neo-Vergemeinschaftung nicht mehr um gesellschaftliche Randphänomene.

Ein weiteres Indiz zur Dominanz exkludierender Vergemeinschaftung findet sich im Konflikt um Globalisierung. Gerade für Lohnabhängige hat sie in vielerlei Hinsicht die Konkurrenz, Verunsicherung und Frustrationen verschärft. Eine damit verbundene gewisse Skepsis gegenüber transnationalen Organisationen war schon lange vorhanden, doch haben die Krisen seit 2008 und insbesondere Corona, der Ukrainekrieg und die Bearbeitung der Klimakrise zu einer Re-Nationalisierung der Vorstellungswelten geführt. Das produziert ein Spannungsverhältnis, zumal sich die jüngeren Erfahrungen der Pandemie wie auch der Klimakrise nur als globale Phänomene wirklich begreifen und bearbeiten lassen. Sozial gerechte Antworten sind angesichts des Charakters der Krisenthemen notwendigerweise planetar. Die gesteigerte Notwendigkeit, die Dinge global zu sehen, bei gleichzeitiger Ablehnung eben dieses Globalen, befördert regressive Reflexe gegen die Bearbeitung der Krisen selbst. Lösungen sollen lokal begrenzt sein und dem Eigenen zugutekommen. Regression ist damit auch eine Antwort auf die Re-skalierung individueller Risikoerfahrungen.

Autoritäre Neoliberalisierung

Abschließend wende ich mich in diesem Kapitel dem politischen Projekt des Neoliberalismus zu. Zwei Gründe sind dafür ausschlaggebend: Zum einen ist der Neoliberalismus insbesondere im Globalen Norden das wohl bedeutendste politische Projekt, das die Postmoderne bestimmt und den gesellschaftlichen Vorstellungsraum strukturiert. Zum anderen hat er zwar progressive Prozesse ermöglicht, ist aber selbst im Kern ein autoritäres Projekt und damit zugleich Ausgangspunkt, Bedingung und Katalysator der *Regression der Mitte*.

Wohlgemerkt ist der Neoliberalismus kein monolithisches Gebilde. Als politisches Projekt ist er nicht deckungsgleich mit wissenschaftlich fundierter politischer Theorie, bezieht aber, wie wir sehen werden, wesentliche Impulse daraus. Im Grundsatz handelt es sich um ein Set an Politiken, die marktorientierte Lösungen bevorzugen, ökonomische Globalisierung befördern, Staatlichkeit anhand von Marktprinzipien transformieren, Institutionen vom demokratischen Zugriff durch Parlamente, aber auch von politischen Akteur:innen wie Gewerkschaften abschirmen und die Kommodifizierung von Ressourcen begünstigen sowie spekulative Finanzinstrumente zur Erwirtschaftung neuer Profite mobilisieren (Brenner u. a. 2010, S. 329 f.).

Relevanten Aspekten sind wir oben schon begegnet; so hat etwa Foucault auf das Aufkommen ökonomischer Bewertungsrahmen für das Regieren hingewiesen. Aber auch die Erosion des Sozialstaats war und ist eng mit Neoliberalisierung verbunden. Viel wurde jüngst über das Unterfangen geschrieben, Gesellschaft, Politik und Ökonomie dem Markt zugänglich zu machen: Da wurden die Arbeiten neoliberaler Denker durchleuchtet (vgl. Biebricher 2021; Butterwegge u. a. 2007) oder die historische Umsetzung des Neoliberalismus betrachtet (vgl. Gerstle 2022; Harvey 2005; Peck 2008). Vielfach angeprangert wurden die Vertiefung sozialer Ungleichheit (vgl. Armstrong 2017; Butterwegge 2016; Nachtwey 2016), die wettbewerbsförmige Individualisierung in der Herausbildung eines »unternehmerischen Selbst« (vgl. Bröckling 2007; Bröckling u. a. 2000) sowie die autoritären und antidemokratischen Tendenzen (vgl. Brown 2018; Chamayou 2019; Crouch 2008). Immer wieder wird auch die – scheinbar paradoxe – Verknüpfung von Neoliberalisierung mit Multikulturalismus und Diversity-Programmen diskutiert, wobei die einen die unheilige Allianz zwischen progressiven und konservativen politischen Fraktionen, die anderen die die Subjekte befreienden Aspekte betonen (vgl. Bauman 2009 [2001]; Fraser 2017; Gerstle 2022).

Neoliberale Theorie und politische Praxis sind nicht identisch. Zwar hat eine ganze Reihe neoliberaler Denker wie Walter Eucken, Wilhelm Röpke oder Alexander Rüstow den deutschen Ordoliberalismus geprägt oder wie Friedrich Hayek, beziehungsweise Milton Friedman und James Buchanan, die österreichische und amerikanische Schule etabliert (Biebricher 2021, S. 8), die Umsetzung war indes stark von nationalen Pfadabhängigkeiten bestimmt. Neoliberalismus ist nicht überall gleichermaßen implementiert und erwuchs aus Prozessen des Versuchens und Scheiterns. Aus den genannten Gründen schlagen die beiden Geographen Jamie Peck und Adam Tickell (2002, S. 383) vor, anstelle von *einem* Neoliberalismus von jeweils konkreten Prozessen der *Neoliberalisierung* zu sprechen. Rückblickend beschreiben die beiden zwei Phasen der Implementierung: Eine erste des autoritären *roll-back* habe darauf abgezielt, mittels staatlicher Interventionen etablierte gesellschaftliche Ordnungen und Sozialbeziehungen der organisierten Nachkriegsmoderne aufzubrechen, um dem Markt mehr Freiheit zu geben. Anschließend sei beim *roll-out* auf den Aufbau marktförmiger Institutionen und Regularien gesetzt worden, um auch die kreative Seite der Neoliberalisierung zu befördern. Dies brachte etwa die Ausweitung von gesellschaftlicher Partizipation und Reintegration mit sich, ohne dass aber echte demokratische Mitbestimmung ermöglicht worden wäre. Die Finanz- und europäische Schuldenkrise 2008 bis 2015 stellte eine erste tiefe Krise des

Neoliberalismus dar. Heute steht das Projekt angesichts globaler Tendenzen der Renationalisierung, beschleunigt von Pandemie und Krieg, erneut unter Druck. Am Ende ist Neoliberalismus aber nicht – er besteht auf »befremdliche Weise« (Crouch 2011), offensichtlich mit »neun Leben« (Plehwe u. a. 2020) ausgestattet, als »Zombie« (Peck 2010) fort.

Die Wechselwirkung zwischen Neoliberalisierung und rechtsradikalen Projekten wurde seit den 1990er Jahren und in jüngster Zeit im Zuge des Erstarkens der AfD immer wieder diskutiert.[2] Die Autor:innen beleuchten unterschiedliche Facetten, betonen aber allesamt, dass Ungleichheit ein zentrales Scharnier zwischen den beiden Projekten ist: Zum einen produziert Neoliberalisierung Ungleichheit und bereitet damit den Boden für rechte Politisierung, zum anderen stärkt sie durch die Institutionalisierung von Marktlogiken die normative Legitimität von Ungleichheit, die rechten Narrativen, die wesentlich auf Ungleichheit aufbauen, Plausibilität verleiht. Gezeigt wurde dabei auch, dass neoliberale Vorstellungen bestens mit rechten Vorstellungen von Gesellschaft korrespondieren und sich keineswegs ausschließen. Der Politikwissenschaftler Thomas Biebricher (2021, S. 8) argumentiert, dass der Neoliberalismus keineswegs auf ein ökonomisches Programm zu reduzieren sei, sondern vielmehr »eine genuin politische Dimension« und mitunter ausgeprägt autoritäre Züge aufweise. Mit Blick auf das weltweite Erstarken rechter Bewegungen ist seine Schlussfolgerung zentral: »Versteht man den Neoliberalismus richtig, nämlich als kapitalistische Märkte, die in autoritäre politische Formen eingebettet sind, dann ist dieser Neoliberalismus keineswegs am Ende – womöglich hat er gerade erst begonnen.« (Biebricher 2021, S. 10)

Als politische Ordnung wirkt Neoliberalisierung auf alle Menschen ein. Im Alltag werden die vermarktlichten sozialen Beziehungen immer wieder aufs Neue gelebt und in der Wiederholung auch kleiner Handlungen verstetigt. Heute sind die sozialen Verheerungen des Neoliberalismus zwar bereits bekannt, aber die regressive Kraft, die er in der Mitte der Gesellschaft entfaltet, wird vielleicht erst jetzt in ihrem ganzen Ausmaß sichtbar: So ist das neoliberale Individuum als vereinzeltes, konformistisches und marktförmiges Subjekt nur schwer in der Lage, die kollektiven sozialen und ökologischen Aufgaben zu bewältigen, die die Krisen der Zeit und aktuell insbesondere der Klimawandel uns allen stellen, vor allem weil der kollektive Horizont für ein gemeinsames Tun fehlt, was ich oben in Teil II bereits empirisch untermauert habe. Im Wesentlichen fördert Neoliberalisierung über die Durchsetzung von Ungleichheit hinaus zumindest Regression, wenn nicht gar explizit rechte Haltungen auf mindestens drei Weisen:

Erstens bedeutet die Herausbildung einer Abstiegsgesellschaft nicht nur verstärkte Desintegration, sondern auch Identitätsverlust mit weitreichenden Folgen; zweitens zeigt ein Blick auf die neoliberale Theorie, dass diese nicht zwangsläufig im Widerspruch zu den heute beobachtbaren autoritären Bestrebungen steht, sondern im Gegenteil die Erosion des Demokratischen selbst impliziert; und drittens sind es neoliberale Tendenzen der Radikalisierung der Mitte, die unter anderem Anknüpfungspunkte an rechte Politiken schaffen.

Bevor ich diese Aspekte näher beleuchte, möchte ich zunächst in die Geschichte der Neoliberalisierung einführen. Dabei ist mir wichtig, einen Aspekt zu betonen, der häufig in Vergessenheit gerät: Der Neoliberalismus wurde im globalen Norden nicht zuletzt auch deshalb zur dominierenden Ordnung, weil er in ökonomisch volatilen Zeiten der 1970er und 1980er Jahre der Mitte versprach, ihren Aufstieg und Wohlstand weiterhin zu garantieren. Ein Versprechen, das er dann offensichtlich nicht einlöste, was zu politischen Spannungen gerade in der Mitte führte. Gerade diejenigen, die sich als Mehrheitsgesellschaft verstehen dürfen und eine privilegierte Interessenvertretung gewohnt sind, machen heute, wie in den vorhergehenden beiden Teilen des Buches klar wird, angesichts von Krisen, Pandemien und Klimakrise zunehmend die Erfahrung, dass auch ihre Anliegen nicht gehört und ihre Interessen nicht berücksichtigt werden. Dieser Anspruch auf privilegierten Zugang und das gleichzeitige Gefühl, dass die eigenen Interessen nicht bedient werden, führen zu einer toxischen gesellschaftlichen Situation.

Die Durchsetzung einer politischen Ordnung

Versucht man Neoliberalisierung als jeweils konkreten Prozess zu verstehen, greift jede allgemeine Darstellung ihrer Genese zu kurz. In der historischen Einordnung der oben zitierten Beiträge dominieren häufig die Erfahrungen der USA und Großbritanniens, wo seit den späten 1970er Jahren unter Ronald Reagan und Margaret Thatcher die Ordnung der organisierten Moderne, die durch staatliche Planung, soziale Sicherung und das Normalarbeitsverhältnis geprägt war, heftig angegriffen wurde. Relevant für das Narrativ ist auch die Geschichte Chiles, wo 1973 das Militär gegen den sozialistischen Präsidenten Salvador Allende putschte und anschließend General Augusto Pinochet, unterstützt von den USA, autoritär eine neoliberale Schocktherapie durchführte (Klein 2007).

Die Entwicklung des Neoliberalismus in Deutschland ist nicht identisch mit den oben beschriebenen Wellen, weist aber Parallelen auf (Biebricher 2012, S. 137–149). Allerdings war der westdeutsche Staat von Anfang an ordoliberal geprägt und damit in einigen Bereichen schon immer deutlich stärker auf einen staatlich gelenkten Marktmechanismus ausgerichtet, als dies etwa in den USA oder Großbritannien der Fall war. Die Neoliberalisierung erfolgte letztlich eher schrittweise, wo immer sich Möglichkeiten boten, und wurde daher vor der Jahrtausendwende nicht als schneller Umbau mit der Brechstange empfunden. Erste Schritte zur Verschlankung des Sozialstaates sind dennoch schon in der Wirtschaftskrise 1973 festzustellen. Unter Helmut Kohl (CDU) wurden hier und da weitere Steuersenkungen und Haushaltskonsolidierungen umgesetzt, aber im Gegensatz zu fast allen anderen OECD-Ländern leitete Deutschland keinen grundlegenden neoliberalen Umbau ein. Grund für diese Verzögerung war vor allem die Herausforderung der Wiedervereinigung, die den Staat im darauffolgenden Jahrzehnt weiter zu einem zentralen Akteur machte und zur Aufnahme von Schulden zwang. Wirklich vollzogen wurde die neoliberale Transformation daher erst in den 2000er Jahren unter Rot-Grün, als *roll-out-* und *roll-back-*Prozesse praktisch gleichzeitig und somit doch recht abrupt umgesetzt wurden. Trotz dieser nationalen Differenzen lassen sich einige geteilte Aspekte der Neoliberalisierung benennen.

Aufstieg und autoritäre Wendung

Die Programme der Neoliberalisierung waren zunächst eine Reaktion auf die Wirtschaftskrisen der 1970er Jahre. Sie galten als die politische Antwort, um die Krise der organisierten Moderne im Rahmen kapitalistischer Logiken zumindest vorübergehend zu überwinden.[3] Liberalisierung der Märkte, Abbau staatlicher Kontrollen und Globalisierung waren die Mittel der Wahl. Für den Geographen Neil Smith (1999, S. 1; eigene Übersetzung) ist entscheidend, dass sich in der Nachkriegszeit die wirtschaftliche Entwicklung »in einem noch nie dagewesenen Ausmaß« von der räumlichen Expansion der Staaten selbst, also von kolonialen und imperialen Unternehmungen, entkoppelte. Das vor Ort fixierte Kapital sei folglich für Forderungen des Staates sowie der in Gewerkschaften organisierten Arbeiter:innenschaft zugänglich – oder im Sinne der Neoliberalen ausgeliefert – gewesen. Für die großen Konzerne sowie die ihnen nahestehenden politischen Parteien lag die Antwort auf die Krise der sinkenden Profitabilität in der Produktion darin, die räumliche Bindung aufzulösen, um zur Sicherung der Gewinnmargen neue Märkte und Werkbänke zu erschließen und dabei gleichzeitig dem Zugriff von heimischem Staat, Steuern und Gewerkschaften zu entkommen.

Die politische Programmatik kam nicht von ungefähr. Bereits in der Zwischenkriegszeit hatten sich konservative und wirtschaftsliberale Denker – es waren fast ausschließlich Männer – mit der Krise des klassischen Liberalismus des späten 19. und frühen 20. Jahrhunderts befasst. Sie teilten die Einschätzung, dass das Streben nach Gleichfreiheit und die Errungenschaften des sozialen Ausgleichs die wirtschaftlichen Möglichkeiten zunehmend unterminierten. Der Laissez-faire-Liberalismus habe sich als unfähig erwiesen, Märkte und Kapital vor überzogenen sozialen und demokratischen Ansprüchen zu schützen, lautete eine gängige Einschätzung. Die Neoliberalen stehen daher bis heute vor dem Problem (Biebricher 2021, S. 43 f.), wie man Märkte so organisiert und sicherstellt, dass sie nicht von außen durch soziale oder demokratische Ansprüche eingeschränkt oder von innen durch Konzentrationsprozesse wie Monopolbildung ausgehebelt werden.

In seiner Analyse der Überlappungen des historischen Liberalismus und Faschismus[4] zu Beginn des 20. Jahrhunderts entdeckt Landa eine Spaltung innerhalb des Liberalismus, die die Tragweite der neoliberalen Frontstellung gegen die Ordnung der organisierten Moderne erklärt. Zum einen beschreibt er eine Tradition des *politischen* Liberalismus, die er mit »Verteidigung der Demokratie, Wohlfahrtsstaat, Bürgerrechten und Freiheiten sowie der Opposition gegen Kriegsabenteuer assoziiert« (Landa 2022 [2010], S. 20). Die Eigenschaften, die Landa hier dem politischen Liberalismus zuordnet, habe ich bislang mit dem Prinzip der Gleichfreiheit und dem progressiven normativen Kern der Demokratie angesprochen. Zum anderen erkennt er aber auch eine starke Strömung des *wirtschaftlichen* Liberalismus, der Privateigentum und das freie Spiel des Kapitals in unbegrenzten Märkten propagiere. Auch Brown (2018, S. 109) betont, dass das Streben nach »politischer Emanzipation, allgemeinem Wahlrecht, Gleichheit und in radikalen Momenten auch nach realer Volkssouveränität« von Anbeginn an nicht aus ökonomischen Positionen entsprungen sei, woraus zu schließen ist, dass auch sie einen Widerspruch innerhalb des Liberalismus erkennt, der nicht einfach aufzulösen ist.

Die beiden Seiten des Liberalismus, die politische und die wirtschaftliche, standen einander mal näher, mal ferner. Sie sind in historisch unterschiedlichen Konstellationen immer wieder in Konflikt geraten und haben konkurrierende politische Projekte formiert. Phasen der Nähe bedeuten zumeist eine gewisse Integration sozialer und demokratisierender Belange in den wirtschaftlichen Konsens, Phasen der Distanz hingegen meist eine Einschränkung bis hin zur völligen Aufgabe demokratischer Normen und Praktiken zugunsten wirtschaftlicher Expansion und autoritärer Herrschaft.

Schon der frühe Liberalismus des 18. und 19. Jahrhunderts habe nur so lange beide Seiten umfasst, so Landa (2022 [2010], S. 29–37), wie die Massen keinen Zugang zu demokratischer Mitbestimmung gehabt hätten. Als jedoch klar geworden sei, dass der geforderte Liberalismus auch den Weg zur progressiven Transformation ebne und die Interessen der wirtschaftlichen Eliten in Frage stelle, hätten sich viele wirtschaftlich orientierte Liberale vom politischen Liberalismus abgewandt. So interpretiert Landa auch den Konflikt der 1920er Jahre in der Weimarer Republik. Auch dort hätten sich wesentliche Fraktionen der bürgerlichen Liberalen lieber in wirtschaftlichen Fragen mit dem Faschismus arrangiert, als die sozialen und demokratischen Errungenschaften des politischen Liberalismus der Zeit zu akzeptieren. Im Rahmen der Neoliberalisierung stellt sich der Konflikt zwar anders dar, aber im Kern geht es auch diesmal um ein *rollback* gegen den sozial inklusiveren und ausgleichenderen politischen Liberalismus der Nachkriegsmoderne. Die politische Form des Staatssozialismus stellt diese Sichtweise der polarisierten Konflikte insofern in Frage, als sie die politische und wirtschaftliche Freiheit der Integration von sozialer und wirtschaftlicher Expansion unterordnet. Damit liegt sie gewissermaßen quer zur Spaltung, aber nicht außerhalb dieser Konfliktlinien. Die Geschichte der Moderne kann folglich als ein Oszillieren zwischen den beiden liberalen Polen verstanden werden (ebd., S. 120, 182).[5]

Bei der neoliberalen politischen Theorie, wie sie in den 1920er und 1930er Jahren an Universitäten entstand, handelt es sich um einen Liberalismus, der wirtschaftlichen Belangen den Vorrang vor politisch-sozialen einräumte. Der Zweite Weltkrieg unterbrach in Europa die Debatten, aber gleich nach dessen Ende nahmen die Protagonisten ihre Diskussionen wieder auf. Dafür wurde 1947 in illustrer Lage auf der Schweizer Seite des Genfersees die Mont Pèlerin Society gegründet. Daran beteiligt waren praktisch alle zeitgenössischen Vordenker (Peck 2008). Zunächst hatten sie es jedoch schwer, sich Gehör zu verschaffen. Wesentlich dafür waren die Schrecken des Nationalsozialismus und Kriegs: Das ›Nie wieder!‹ legitimierte den politischen Liberalismus der sozialen Moderne (Nachtwey 2016). Bestärkend wirkte aber auch der anhaltende Systemwettbewerb zwischen Kapitalismus und Kommunismus, der Staat und Kapital auch im kapitalistischen Westen dazu bewegte, der Arbeiter:innenschaft substanziell entgegenzukommen (Wolkenstein 2022, S. 130–141).

Die umfassende wirtschaftliche Expansion der Nachkriegszeit, die den Menschen, wie oben skizziert, als Epoche des Aufstiegs in Erinnerung ist, war eine Ausnahmephase, die in ihrer expansiven Form nur im historischen Gefüge des kriegsversehrten und politisch getrennten Europas möglich war. In einem nie dagewesenen Ausmaß arrangierte sich der wirtschaftliche mit dem politischen Liberalismus, soziale Gleichheit wurde neben Freiheit zur relevanten Größe. Infolge der Krisen der 1970er Jahren wurde der Kompromiss jedoch bald schon wieder infrage gestellt. Die neoliberalen Lobbyist:innen nutzten nun ihre Chance, um die Interessen kapitalistischer Wirtschaft zu stärken und den Markt als zentrales Instrument zu stärken (Gerstle 2022, S. 107). Eine erste Phase des *roll-back* begann im Globalen Norden, als mit Thatcher (1979–90) und Reagan (1981–89) zwei Konservative die Regierungsverantwortung übernahmen (Harvey 2005, S. 87 f.). Beide setzten mit großer Härte die Deregulierung der

Wirtschaft, den Abbau des Sozialsystems und damit verbunden die Entmachtung der Gewerkschaften durch (Biebricher 2012, S. 87–137). Chamayou (2019) folgend wurde die Auseinandersetzungen mit harten Bandagen geführt, wobei die politische Macht sukzessive an Unternehmen, deren Management und Aktionär:innen übergegangen sei. Den Übergang von einem politischen Projekt der Konservativen zu einer politischen Ordnung, die auch die Sozialdemokratie mittrug, vollzog der Neoliberalismus mit dem Zusammenbruch des Ostblocks ab 1989:

> »Der Kollaps des Kommunismus öffnete die ganze Welt der kapitalistischen Durchdringung, verkleinerte den imaginativen und ideologischen Raum, in welchem sich Opposition zum kapitalistischen Denken und Handeln hätte entfalten können, und zwang die verbliebenen Linken, ihren Radikalismus in alternativen Begriffen neu zu definieren. Diese erwiesen sich jedoch als für das kapitalistische System eher mehr als weniger leicht handhabbar. Dies war der Moment, in dem der Neoliberalismus in den Vereinigten Staaten von einer politischen Bewegung zu einer politischen Ordnung wurde.« (Gerstle 2022, S. 149; eigene Übersetzung)

Der Übergang verlief nicht reibungslos. Weltweit kam es zu heftigen sozialen Auseinandersetzungen, getragen von sozialen Bewegungen, Gewerkschaften und Arbeiter:innen sowie Indigenen. Dazu zählen der wochenlange Arbeitskampf der Bergleute in Großbritannien 1984/85, der Aufstand der zapatistischen EZLN in Mexiko 1994, die Gipfelproteste bei den Treffen der WTO, des IWF und der G8 von Genf 1998 über Seattle 1999 bis hin zu Genua 2001 und Heiligendamm 2006, aber auch die heftigen Proteste gegen die Neoliberalisierung Europas, infolge derer zum Beispiel Frankreich und die Niederlande gegen die Europäische Verfassung stimmten. In Bezug auf ihre Kernbelange, die Öffnung der Märkte und Beschneidung der Macht der Arbeiter:innen, blieben die neoliberalen Reformer:innen standhaft, dennoch zeigten sie sich anpassungsfähig. Zumindest teilweise reagierten die politisch Verantwortlichen auf die Kritik, und so wandelte sich das neoliberale Projekt – nachdem der Systemwettbewerb mit dem Zusammenbruch der Sowjetunion vorerst geendet hatte – in den 1990er Jahren grundlegend zu einem *roll-out*-Neoliberalismus.

Diese zweite Phase ist eng mit den Regierungszeiten von Tony Blair (Labour, 1997–2007) in Großbritannien, Gerhard Schröder in Deutschland (SPD, 1998–2005) sowie Bill Clinton (Demokraten, 1993–2001) in den Vereinigten Staaten verbunden (Peck/Tickell 2002, S. 388 f.). Dieses auch als *dritter Weg* bezeichnete Programm (Mouffe 2010 [2000], S. 107) setzte stärker auf staatliche Ordnungsprinzipien als zuvor. Es war eine Zeit der ordoliberalen Absicherung über transnationale Abkommen und Verträge. In Europa wurde 1992 der Vertrag von Maastricht ratifiziert und damit zum 1. November 1993 die Europäische Union gegründet. Dabei wurde unter anderem die Wirtschafts- und Währungsunion geschaffen, die strenge Begrenzungen für Staatsverschuldung und öffentliche Defizite einführte. Diese Regeln wurden nicht zuletzt auf Bestreben Deutschlands immer wieder verschärft, wobei auch die ohnehin schon bestehenden Einschränkungen demokratischer Kontrolle weiter vorangetrieben wurden (Biebricher 2021, S. 291–325). Global von Bedeutung war die Gründung der WTO in Genf 1995, die das Allgemeine Zoll- und Handelsabkommen von 1947 ersetzte. Damit setzte ein globaler Wettlauf um Maßnahmen der ökonomischen De-regulierung ein (Gerstle 2022, S. 177).

Der neoliberale Staat erwies sich als kreativ darin, neue Institutionen und Instrumente zu schaffen, die einst staatliche Aufgaben der sozialen Fürsorge sowie Investitionen in öffentliche Infrastruktur übernahmen und marktförmig organisierten (Peck/Tickell 2002, S. 389). Das bereits diskutierte Fördern und Fordern ist ein Beispiel dafür, ein anderes die Schaffung von Öffentlich-Privaten-Partnerschaften zur Finanzierung von Investitionen. Einher ging diese marktförmige Reorganisation von Gesellschaft mit einem wachsenden Bedarf an Sicherheit, Polizei und Überwachung, um die aufbrechenden Konflikte repressiv zu kontrollieren anstatt sozial beizulegen. So ging und geht mit

Neoliberalisierung auch eine Fokussierung auf sozial-räumliche Kontrolle sowie Law-&-Order-Politiken einher. Die Folgen spürten, das wurde für die USA belegt, vor allem Schwarze urbane Communities. Dort wurde die Polizei hochgerüstet, die die Menschen massenhaft wegsperrte.[6] Auch in Deutschland verstärkte sich die Kontrolle (Eick u. a. 2007), und rassistische Polizeipraktiken blieben erhalten (Hunold/Singelnstein 2022) – wenn auch längst nicht in dem Ausmaß wie in den Vereinigten Staaten.

Da der Neoliberalismus der 1990er und 2000er Jahre dennoch zur kulturellen Öffnung neigte sowie ehemals ausgeschlossene Gruppen in den Genuss größerer individueller Freiheiten kamen, spricht Fraser (2017) vom »progressiven Neoliberalismus«. Stichworte dieser Entwicklung sind Diversität und Multikulturalismus. Innerhalb der neoliberalen Ordnung konnten antirassistische, feministische und queere Initiativen Erfolge erzielen, weil die von ihnen geforderten individuellen Freiheiten und identitätspolitischen Freiräume nicht mit dem Markt in Konflikt gerieten, sondern im Gegenteil neue Felder der Vermarktung und kapitalistischen Verwertung eröffneten. Allgemein spielte die Zivilgesellschaft von nun an eine größere Rolle. Ihr sollten Partizipationsmöglichkeiten geboten werden, auch wenn sie politisch keine Macht dazugewann.

Die politischen Liberalisierungen waren auf die individuelle Entfaltung ausgerichtet, sie sollten Chancengleichheit schaffen und unabhängig von *class*, *race* und *gender* den persönlichen Aufstieg ermöglichen. Fast nichts wurde jedoch gegen soziale Ungleichheiten getan (Brown 2018, S. 45). Auch blieben die grundlegenden strukturellen Diskriminierungen bestehen und durch die Behauptung, dass alle die gleiche Freiheit hätten, sich zu entfalten, wurden sie gar weiter in den Hintergrund gedrängt. Fraser (2017, S. 82) kritisiert, dass sich Teile der Linken dem rechts-konservativen Projekt angedient hätten, anstatt auf eine grundlegend progressive Alternative hinzuarbeiten. Mir scheint jedoch, dass sie damit die Schuldigen für die aktuelle Regression tendenziell am falschen Ort sucht.

War die Hochphase der Neoliberalisierung noch eng mit Vorstellungen vom Siegeszug der westlichen Ordnung verbunden (Fukuyama 2004 [1992]), so verstummte mit der Finanzkrise das voreilige Ausrufen eines Endes der Geschichte endgültig. Neoliberalisierung galt fortan nicht mehr als Allheilmittel, zumal deutlich wurde, wie volatil und krisenanfällig die etablierte Ordnung war. Neben kritischen Wissenschaftler:innen stellten auch konservative Publizisten nun das wirtschaftsliberale Projekt in Frage.[7] Neoliberale Programme blieben jedoch, wie sich heute zeigt, zumindest in der staatlichen Verwaltung von großer Bedeutung. Dort haben sie ein Eigenleben entwickelt und Pfadabhängigkeiten zementiert. Verstärkt wurde auf Austerität und damit auf Ausgabenkürzungen, Privatisierungen von Staatseigentum sowie strikte Ausgabendisziplin gesetzt (vgl. Fekete 2018; Peck 2012). Mit dem Ende der Aufstiegsgesellschaft haben die Versprechen des Neoliberalismus als politisches Projekt ihren Reiz eingebüßt. Aus Mangel an Alternativen und weil sie nach wie vor den Interessen der Mächtigen und Wohlhabenden entsprechen, bleiben seine Ordnung und Praxis dennoch bestehen und vertiefen sich teilweise sogar – um den Preis einer fortschreitenden Spaltung der Gesellschaft.

Die Mitte als Subjekt des neoliberalen Wandels

Im Rückblick mag es verwundern, dass ein politisches Projekt, das von der politischen Opposition, den Gewerkschaften, den sozialen Bewegungen und der (kritischen) Wissenschaft so heftig kritisiert wurde, sich dennoch durchsetzen konnte. Sicher, Neoliberalismus ist, wie Harvey (2005) betont, ein Projekt der ökonomischen Eliten und der ihr nahestehenden Intellektuellen. Es wurde gegen Widerstände, mitunter mittels harter polizeilicher Repression durchgesetzt. Gleichwohl wäre die Neoliberalisierung, und das ist nicht zuletzt für die normativen Vorstellungen in der Mitte und die dort heute zu beobachtenden Desintegrationsprozesse von Bedeutung, ohne ein an die Mitte gerichtetes Zukunftsversprechen nicht möglich gewesen (Chamayou 2019, S. 342). Ohne Umschweife stellt dies auch Lessenich klar:

> »Der neoliberale Kapitalismus tötet nicht nur. Er lässt umgekehrt auch leben, und zwar nicht wenige Menschen in unseren Breitengraden, aber durchaus auch in anderen Weltregionen, gar nicht mal so schlecht. Der gesellschaftliche Erfolg des Neoliberalismus kommt also nicht von ungefähr. Für viele Menschen bietet er erweiterte, zuvor verschlossene, bisweilen gänzlich unbekannte Optionsräume in Sachen Einkommen, Konsum, Mobilität. Die neoliberale Gesellschaft erhöht – wohlgemerkt: für einige, aber eben nicht wenige, sondern offenbar entscheidend viele Zeitgenoss:innen – die ›Weltreichweite‹.« (Lessenich 2023)

Geschwungen wurde folglich längst nicht nur die Peitsche, es wurden zugleich auch Zuckerbrote angeboten. Geworben wurde um die Köpfe und Herzen der Menschen, die sich möglichst freiwillig auf die neue Ordnung einlassen sollten, weil sie darin einen Mehrwert für sich erkennen sollten.

Die neoliberalen Reformer:innen priesen ihre Bemühungen als emanzipatorisch und traten offensiv mit dem Versprechen auf, persönliche Freiheit und Wohlstand zumindest denjenigen (weiter) zu garantieren, die sich engagieren (Gerstle 2022, S. 93 f.). Dabei setzten sie auf »individuelle Autonomie und soziale Selbstregulierung« (Chamayou 2019, S. 345). Die Politikwissenschaftlerin Chantal Mouffe hat ähnliche Strategien bereits 1986 beschrieben, die der heutigen Situation nicht unähnlich sind. Damals hätten rechte Kräfte mittels der Parolen ›Freiheit‹ und ›Demokratie‹ mobilisiert und es geschafft, ihren Angriff *auf* das soziale Gefüge und die Demokratie als Kampf *für* ebendiese Errungenschaften darzustellen. Zu diesem Zweck seien Vorbehalte gegen den angeblich verschwenderischen und aufgeblähten Sozialstaat mittels einer Argumentationskette politisiert worden, die »Politik = öffentlich = Staat = Bürokratie« (Mouffe 1986,

S. 13; eigene Übersetzung) gesetzt habe. Das Volk, so behaupteten die Rechten unter Zustimmung vieler Bürger:innen, sei durch die Bürokratie entmachtet und seiner Rechte beraubt worden. Um seine Souveränität wiederherzustellen, müsse daher der Staat eingehegt werden. Dies funktionierte auch deshalb so gut, weil die Kritik am bürokratischen Staat nicht alleine in der Rechten verbreitet, sondern auch Kern linker Debatten der 1960er und 1970er Jahre war (Gerstle 2022, S. 98–106).

Zielgruppe der Ansprache war primär die weiße Mittelschicht, die zum politischen Subjekt des Wandels stilisiert wurde und in deren Namen die Transformation von oben vollzogen wurde. Die Argumentation richtete sich damit im Wesentlichen an diejenigen, die ohnehin schon besser gestellt waren, nachdem sie (auch durch sozialstaatliche Leistungen) im »Fahrstuhl« in die Mittelschicht gehoben worden waren. Dort angekommen, wollten sie nun aber die nötigen finanziellen Leistungen in Form von Steuern nicht mehr aufbringen, die anderen einen ähnlichen Aufstieg wie ihnen hätten ermöglichen können. Die Neoliberalisierung zielte damit unmittelbar auf die Erosion des Solidaritätsverständnisses der Mittel- und Oberschicht (Chamayou 2019, S. 342).

Dafür spricht auch, dass nach dem Angriff auf die sozialen Beziehungen der Gesellschaft gerade die Kleinfamilie als Modell der kollektiven Reintegration gepriesen wurde. Explizit wird damit an konservative bürgerliche und kleinbürgerliche Normen angeknüpft, während linke Ideen wie Kommunen, Genossenschaften und Kooperation abgelehnt werden. Zudem schwingt in dieser Berufung auf die Familie immer auch die Bevorzugung der in der vermeintlichen natürlichen Ordnung verwurzelten heterosexuellen Familie mit, in der im Zweifelsfall die Frau die Rolle der sorgenden Mutter und Hausfrau zu übernehmen hat (Brown 2018, S. 116–128). Hier wird der konservative Kern des neoliberalen Projekts ein weiteres Mal sehr deutlich, der Anknüpfungspunkte für den bereits beschriebenen Kulturkampf von Rechts um Geschlecht, Gender und Familienordnungen bietet.

Neben diesen familienbasierten Vorstellungen stützt sich das neoliberale Versprechen an die Mitte auf zwei weitere, in der Gesellschaft tief verwurzelte und miteinander verknüpfte Ressentiments: Es handelt sich zum einen um den sozialchauvinistischen, skeptischen Blick nach unten und zum anderen um Rassismus. Beide waren leicht zu aktivieren, weil die staatlichen Transferleistungen sowohl für sozial Benachteiligte als auch für Migrant:innen den Status der weißen Mitte unmittelbar bedrohten. Heute, da das neoliberale Versprechen von Wohlstand und Aufstieg von vielen als hohl empfunden wird, richten sich diese Ressentiments verstärkt – und zum Teil mit roher Gewalt – gegen genau diese Gruppen, die in der Tendenz als faul, leistungsunwillig und schmarotzend abgewertet werden.

Wenden wir uns zunächst konkreter dem Sozialchauvinismus zu. Die Mittelschicht, die sich in der Nachkriegszeit herausgebildet hat, ist stark von der Vorstellung geprägt, dass »Bildung, harte Arbeit, Fleiß und Initiative« (Mau 2012, S. 114) notwendig sind, um aufzusteigen, und dass jeder, der es in die Mittelschicht geschafft hat, sich das selbst erarbeitet hat. Umgekehrt ist der Glaube weit verbreitet, dass, wer es nicht schafft, selbst schuld ist und sich nicht genug angestrengt hat (Groß/Hövermann 2017, S. 113). Bis heute werden in Deutschland das *Leistungsprinzip*, also die Forderung, »denjenigen mehr zu geben, die höhere Leistungen erbracht« haben, sowie das *Bedarfsprinzip*, das besagt, dass zumindest »die grundlegenden Bedürfnisse« aller gedeckt werden sollen, über Parteigrenzen hinweg befürwortet und als gerecht empfunden (Eisnecker u. a. 2018). Die Arbeit des Armutsforschers Christoph Butterwegge (2016, S. 220) verdeutlicht jedoch, dass sich gegen Ende der 1970er und zu Beginn der 1980er Jahre »Abzocker«, »Schmarotzer« und »Parasiten« zu den »Hauptfeindbildern des neokonservativen bzw. neoliberalen Zeitgeistes« entwickelt hätten. Lessenich (2009) hatte bereits zuvor argumentiert, dass Begriffe wie »soziale Hängematte« oder »Freizeitpark Deutschland« immer dann ins Spiel gekommen seien, wenn es darum ging, »eine staatliche Politik des materiellen Ausgleichs und der relativen Angleichung ungleicher sozialer

Lebenslagen und individueller Lebenschancen nicht als Lösung, sondern als Quelle sozialer Probleme zu kritisieren«. All dies findet sich auch in aktuellen Daten zur politischen Einstellung der Menschen in Deutschland wieder. Sie zeigen, dass insbesondere Langzeitarbeitslose und Obdachlose von kollektiver Abwertung betroffen waren, wenn sich auch diese Ressentiments jüngst eher abschwächten (Zick 2021, S. 192; Mokros/Zick 2023, S. 165 f.).

Das neoliberalisierte Glücksversprechen des individuellen Aufstiegs ist Wasser auf die Mühlen des Leistungsprinzips, das sich gesellschaftlich in der Abwertung der weniger Begüterten ausdrückt. Politisch befeuert wird dies durch die Behauptung, die Errungenschaften der Mittelschicht würden vom Staat zugunsten der Leistungsunwilligen abgeschöpft (Mau 2012, S. 200). So gelingt es, den Abbau von Steuern sowie mehr Markt und Wettbewerb als Ausdruck von mehr Gerechtigkeit einzuführen. Über diese Neuordnung von normativen Setzungen werden sukzessive die Interessen der Oberschicht mit jenen der Mittelschicht verbunden. Ihre Solidarität mit weniger Wohlhabenden und Armen hat die deutsche Mittelschicht folglich zwar »nicht im großen Stil oder mit einem Paukenschlag aufgekündigt« (ebd., S. 195 f.), sehr deutlich geht mit Neoliberalisierung und Globalisierung jedoch eine wachsende Abgrenzung nach unten einher. Die Mitte hat nun das Bedürfnis, sich von der angeblichen Unproduktivität der Schlechtergestellten abzugrenzen. Bis heute wird so verhindert, dass die grundsätzlich vorhandene hohe Zustimmung zu staatlicher Umverteilung (Best u. a. 2023, S. 47; Candeias 2023), etwa in Form höherer Steuern für Reiche, in neue Gesetze mündet, weil im Zweifel die Angst um die eigenen Privilegien und Errungenschaften dann doch überwiegt (Fastenrath u. a. 2022).

Neben diesem Sozialchauvinismus war dem neoliberalen Versprechen an die Mitte immer auch eine rassistische Note eingeschrieben. Dieser Rassismus ist, wie wir in Teil II schon gesehen haben, kein genuines Produkt neoliberaler Vergesellschaftung, dient aber dazu, den Status der Mittelschicht zu sichern. Für die Vereinigten Staaten argumentiert Gerstle (2022, S. 113;

eigene Übersetzung), dass »das Bemühen um *racial equality* […] wohl das größte sozialtechnische Projekt« der Nachkriegszeit gewesen sei und auch Auswirkungen auf das Miteinander in der Arbeitswelt gehabt habe. Der weißen Arbeiter- und Mittelschicht sei diese neue Konkurrenz auf dem Arbeitsmarkt jedoch wie ein »Schlag in den Solarplexus« vorgekommen und habe heftige Abwehrreflexe ausgelöst. So beschreibt er bereits für die 1950er und 1960er Jahre Mechanismen, die die Soziologin Arlie Hochschild (2017, S. 190–192) beim zeitgenössischen Aufstieg von Trump ebenfalls beobachtet hat: Weiße Arbeiter:innen fühlten sich von den auf Gleichheit gerichteten Programmen im Stich gelassen und empfänden es als unfair, dass sie für die Maßnahmen mit ihren Steuern aufkommen müssten. Dies vor allem auch deshalb, weil sie ständig mit ansehen müssten, wie die Anderen in der Schlange an ihnen vorbeizögen, während sie selbst weiter unten in der Schlange stehen müssten.

Der Soziologe Klaus Dörre (2020) sieht in der deutschen Arbeiter:innenschaft ähnliche Tendenzen. Die Neoliberalen haben die verbreitete Unzufriedenheit zunächst für ihre Zwecke genutzt, sie aber nicht aufgelöst, sondern langfristig verschärft, wovon heute Rechtsaußen profitiert. Sie erklärten die Ungleichheit zu einer Folge der Leistungsbereitschaft und fanden damit einen Weg, die rassifizierte Ungleichheit auszunutzen, im Zweifel sogar zu fördern – ohne aber offen *race* zu thematisieren, man sprach ja lediglich über Leistung (Gerstle 2022, S. 125). Ein britisches Forschungsprojekt, das den Zusammenhang von *class* und *race* in der politischen Ansprache von Gesellschaft im Kontext der Brexit-Kampagne untersucht hat, zeigt auf, dass hart arbeitende Menschen stets als weiß imaginiert werden (Jesse 2022, S. 39). Schlimmer noch, die Marginalisierung von People of Color werde im Diskurs komplett ausgeblendet, stattdessen würden Migrant:innen sowie Genderpolitiken durchwegs als Konkurrenz für die alteingesessene Bevölkerung dargestellt. Die Autorin der Studie, Raquel Jesse, weist darauf hin, dass das Argument von einer marginalisierten weißen Schicht prominent auftauche:

»Heute hat das Narrativ der ›weißen Arbeiterklasse‹ auch in die Gleichstellungsdebatten Einzug gehalten. Im kollektiven Lauf der Dinge seien die ›weißen Jungen aus der Arbeiterklasse zurückgeblieben‹, während der Rest der Gesellschaft ohne sie vorangekommen sei. Die Arbeiterklasse wird als weiß rassifiziert, und wir sehen, dass sich das Narrativ verschiebt, sie wird nun vom Opfer der Einwanderung und der Globalisierung zum Opfer des Fortschritts in Sachen *class-* (und *gender-*)*equality*.« (Jesse 2022, S. 40; eigene Übersetzung)

Zentral für die Zusammenführung der Interessen von Ober- und Mittelschicht war daher sowohl in den USA als auch in Großbritannien, sie als weißes Bündnis zu interpretieren, das bei aller Rede von Diversity die weiße Vorherrschaft sichern sollte (Gerstle 2022, S. 135). Freilich ist die Art und Weise, wie neoliberale Programme rassistische Ressentiments bedienen, von Land zu Land verschieden. Dass sie auch in Deutschland aufgegriffen wurden, zeigt etwa die Verdrängung migrantischer Leistungen aus der kollektiven Erinnerung an den Wiederaufbau nach 1945. Butterwegge (2016, S. 220) zeigt zudem, dass sich die abwertende Rede von vermeintlicher Faulheit, Schmarotzertum und dem Missbrauch staatlicher Transferleistungen, lange bevor sie Langzeitarbeitslose traf, vornehmlich gegen Asylsuchende richtete. Und noch heute zeigt sich in Umfragen, dass Asylsuchende neben Langzeitarbeitslosen die Gruppen sind, die in Deutschland am stärksten von kollektiver Ablehnung betroffen sind (Zick 2021, S. 188–191).

Die Fokussierung auf Multikulturalismus sowie Diversität in der zweiten Phase der Neoliberalisierung milderte die zunächst explizit konservative Entwicklung ab und ermöglichte eine progressive Integration. Offenbar war die neoliberale Programmatik durchaus in der Lage, den offenen Rassismus hinter sich zu lassen – wenn auch nur vorübergehend. Heute hat die Rechte mit ihren rassistischen Kampagnen gerade auch deshalb leichtes Spiel, weil die zelebrierte Offenheit und Multikulturalität der 2000er Jahre den strukturellen Rassismus unangetastet ließ und damit als Fundament bestehen blieb. Hinzu kommt: Auch wenn sich im politischen Berlin heute die Erkenntnis durchsetzt, dass Fachkräftemangel und demografischer Wandel ohne Zuwanderung nicht zu bewältigen sein werden, hat sich an der tendenziellen Ausgrenzung von Migrant:innen nichts geändert, im Gegenteil, sie wird angesichts der Erfolge von Rechtsaußen eher wieder verstärkt. Ausländer:innen, das zeigt die deutsche Kontinuität von Abschottung und Rassismus, werden von einem erheblichen Teil der Bevölkerung nur dann geduldet, wenn sie den Deutschen nützen, ansonsten sollen sie sich fernhalten oder, wenn sie denn da sind, wenigstens ohne Widerspruch ihren Platz am unteren Ende der sozialen Hierarchie einnehmen.

Daran haben auch die Debatten nach dem Anschlag von Hanau kaum etwas geändert. Der Wille, am strukturellen Rassismus wirklich etwas zu ändern, scheint nach wie vor gering. Gleichzeitig hat sich die Rechte im Gefüge der krisenbedingten Verunsicherung positioniert. Sie macht sich das von Hochschild (2017) und Dörre (2020) für die Milieus der weißen Unter- und Mittelschicht beschriebene Gefühl, zu kurz zu kommen und von anderen übervorteilt zu werden, zunutze. Politisiert wird der Konflikt aber nicht als soziale Frage, sondern als Frage der Kultur. Inszeniert wird ein Konflikt um eine bedrohte Identität. Wie ich gezeigt habe, ist dieser Kulturkampf gegen die Anderen aber nicht das Gegenstück zum Neoliberalismus, sondern lediglich eine Radikalisierung dessen, was neoliberale Programmatik selbst ausmacht.

Dimensionen neoliberaler Regression

Ich werde mich nun abschließend den regressiven Tendenzen der Neoliberalisierung zuwenden und zeigen, wie sie in der Gesellschaft Anknüpfungspunkte für rechte Politiken schafft und gleichzeitig den progressiven Horizont verengt. Dass gerade Ungleichheit eine wesentliche Verbindung zwischen einem rechten und einem neoliberalen Projekt darstellt, habe ich oben bereits deutlich gemacht. Auch die konservativen und rechten Vorstellungen von Familie und Kollektivität sowie der Rückgriff auf den in der Gesellschaft verbreiteten skeptischen Blick nach unten und auf Rassismus, um Zustimmung für das eigene Projekt zu generieren, haben eine solche Funktion. Drei weitere Punkte möchte ich hier herausarbeiten: erstens die weitreichenden Folgen der Formierung einer Abstiegsgesellschaft für die kollektive Identität, zweitens die anhaltende Erosion des Demokratischen und drittens die Tendenzen einer neoliberalen Radikalisierung der Mitte.

I. Desintegration und ihre Folgen

Prekarisierung und ökonomische Abstiegsängste sind in der Gesellschaft weit verbreitet und lösen Desintegrationserfahrungen selbst in ihrer Mitte aus. In Zeiten von Pandemie und Klimakrise erkennen Angehörige ehemals saturierter Milieus, dass sie politisch weniger Gewicht haben, als sie einst glaubten, und dass Entscheidungen gegen ihre Interessen und Befindlichkeiten durchgesetzt werden. Dass all dies wichtige Faktoren für das Erstarken der Rechten sind, ist vielfach belegt und wurde oben in Teil II ausführlich diskutiert. Mit Verweis auf den Sozialpsychologen und Leiter der Autoritarismus-Studie Decker (2015) möchte ich nun ein grundsätzlicheres Argument vorbringen. Dabei greife ich den Befund aus den Stadtteilen auf, dass das Aufstiegsversprechen bei weitem nicht nur ökonomischer Natur ist, sondern ein zentrales Moment der Identitätsstiftung der (West-) Deutschen nach 1945 darstellt. Darüber hinaus möchte ich zeigen, dass dessen Erosion – trotz der anderslautenden Versprechen – im Zuge der Neoliberalisierung auch eine bedeutsame identitäre Leerstelle hinterlässt.

Den Ausgangspunkt meiner Überlegungen bilden die Studien zum autoritären Charakter von Adorno und Kolleg:innen (2017 [1950]) sowie ältere Arbeiten von Erich Fromm. Sie zeigten bereits ab den frühen 1930er Jahren, wie stark autoritäre Einstellungen und der Wunsch nach einer starken Führung selbst unter Arbeiter:innen verbreitet waren. Gerade in der autoritären und gewalttätigen patriarchalen Ordnung der Zeit sahen sie die Akzeptanz des Führerprinzips verwurzelt (Benicke 2015, S. 11 f.). Sigmund Freud etwa habe betont, dass es sich bei der »Bindung der Masse an einen Führer« um eine modernisierte Form der Sehnsucht nach einem »Urvater« handele, der »mit uneingeschränkter Gewalt über die Urhorde« herrsche, so Amlinger und Nachtwey (2022, S. 176).

Decker (2015, S. 26 f.) wendet sich von diesen Prämissen ausgehend der Frage zu, worin heutige Formen des Autoritären wurzeln könnten. Erste Antworten findet er bei den Psychoanalytiker:innen Alexander und Margarete Mitscherlich (1968, S. 13–85). Sie analysierten Ende der 1960er Jahre die Bedingungen des Übergangs von der NS-Zeit zur bundesrepublikanischen Demokratie. Dabei konstatierten sie einen Mangel an kollektiver Trauerarbeit, der aus dem Unwillen resultiert sei, sich mit der Vergangenheit auseinanderzusetzen. Die Nation habe sich von einer »rückschrittlich-aggressiven« zu einer »apolitisch-konservativen« entwickelt, und statt die eigene Vergangenheit aufzuarbeiten, sei die Energie mit erstaunlichem »Unternehmungsgeist auf die Wiederherstellung des Zerstörten, auf Ausbau und Modernisierung [des] industriellen Potentials bis zur Kücheneinrichtung« konzentriert worden (ebd., S. 18 f.). Das habe die Lücke, die das Scheitern des Nationalsozialismus und insbesondere das Versagen des »Führers« hinterlassen habe, überdeckt. Dies habe, so argumentiere sie weiter, eine gesellschaftliche, vor allem aber eine individuelle Dimension: »In der narzisstischen Identifikation mit dem Führer war sein Scheitern ein Scheitern des eigenen Ichs.« (ebd., S. 79)

Die Attraktivität der Demokratie in der westdeutschen Nachkriegszeit bestand also nicht primär in deren Normen wie Freiheit, Gleichheit und Inklusion – auch wenn diese im Laufe der Zeit sicherlich einsickerten –, sondern zunächst im nun faktisch vollzogenen ökonomischen Aufstieg. Die Demokratie konnte verwirklichen, was Hitler den Deutschen versprochen, aber nicht gehalten hatte. Unter anderen Vorzeichen gilt dies gleichermaßen für die junge DDR, die mit den Parolen »Vorwärts« und »Aufschwung« letztlich auch die Vergangenheit hinter sich lassen wollte. In der BRD hat laut Decker (2015, S. 27–31) die wirtschaftliche Prosperität die früher auf den Führer gerichtete Sehnsucht nach Größe und Macht des deutschen Volkes teilweise ersetzt. So sei die Wirtschaft zu einer Ersatzautorität geworden. In diesem »sekundären Autoritarismus« sei die Unterwerfung nicht unter einen Führer, sondern unter die Macht und Stärke der Wirtschaft erfolgt. Dies habe im Wirtschaftswunder so gut funktioniert, weil die Narrative des Wohlstands und der wirtschaftlichen Stärke bereits zu Zeiten des Nationalsozialismus angelegt worden waren. Es sei bis heute eine deutsche Besonderheit in Ost und West, dass sich der Stolz auf das eigene Land vor allem auf den wirtschaftlichen Erfolg Deutschlands beziehe (Decker 2023). Diese These bestätigt den Eindruck aus den Interviews, dass soziale Auf- und Abstiegserfahrungen immer auch eine kollektive Dimension haben.

In anderen Ländern, so führt Decker (2023) aus, sei dieser Wirtschaftsbezug nicht so ausgeprägt. In Großbritannien oder Frankreich etwa seien »die Menschen stolz auf die Geschichte der Demokratie« oder auch auf »militärische Erfolge, Sport oder Kultur«. Selbst in den USA, wo der Nationalstolz stark ausgeprägt sei, werde die Wirtschaft weniger oft genannt. Diese deutsche Besonderheit werde dadurch verstärkt, dass hier diese nationale Perspektive auf den Abstieg rechte Potentiale hervorbringe und sich in der Identität der Einzelnen die kollektive Erfahrung des Aufstiegs, der wirtschaftlichen Stärke der Nation und der Leistungen des eigenen Volkes auf fragile Weise mit Empfindungen individueller Größe verkoppeln.

Decker formuliert es nicht aus, aber es gibt durchaus Anzeichen dafür, dass nach dem Zusammenbruch der DDR das Versprechen auf Wohlstand und Aufstieg der ostdeutschen Gesellschaft ebenfalls dabei half, den Bruch zu verkraften (Stöss 2000, S. 30 f.). Der gewichtige Unterschied zur Transformation der BRD hin zur Demokratie in den 1950er Jahren lag jedoch darin, dass diese unter den Vorzeichen der organisierten Moderne vollzogen wurde, also unter einem Primat des Allgemeinen und des sozialen Ausgleichs. Die Eingliederung der DDR in die BRD ab den 1990er Jahren hingegen stand unter dem sich entwickelnden Primat des Besonderen und des neoliberalen Wettbewerbs. Das Versprechen des Aufstiegs war in den 1990ern von Anfang an hohl, und Konkurrenz entfaltete sich in Ostdeutschland mit einer Wucht, wie sie Westdeutsche nach dem Ende der NS-Zeit zunächst nicht aushalten mussten (vgl. Mau 2019).

Wenn Decker Recht hat und wirtschaftlicher Wohlstand für die deutsche Mehrheitsgesellschaft eine identitätsstiftende Instanz darstellt, die individuell die Sehnsucht nach Größe und Macht in der Welt befriedigt, dann ist die Herausbildung einer neoliberalen Abstiegsgesellschaft aus zwei Gründen höchst beunruhigend: Zum einen zerfallen damit ganz grundlegend identitätsstiftende und stabilisierende Normalitätsvorstellungen. Das Verschwinden dieser Konstante bedeutet nicht nur den Verlust von ökonomischer Sicherheit, sondern auch einen identitätspolitischen Mangel. Sind Leerstellen dieser Größenordnung an sich schon problematisch, weil sie die Gesellschaft als Ganzes verunsichern, so kommt in diesem Fall insbesondere noch hinzu, dass die Lücke an einer kritischen Stelle klafft: nämlich genau dort, wo Menschen die Bereitschaft entwickelten, sich auf Demokratie einzulassen. Oder anders formuliert: In der Verunsicherung beginnt heute die Suche nach Identität, Größe und Stärke erneut, und es ist kein Zufall, dass gerade die Rechte mit ihrem Versprechen, die Nation zu stärken und Privilegien zu erhalten, den Ratlosen Angebote machen kann. Zum anderen gibt Deckers Argument Hinweise darauf, warum es so schwierig ist, über wirtschaftliche Anpassungen zur Bewältigung der Klimakrise nachzudenken, die ohne die Fortsetzung des expansiven Wirtschaftskurses und der »imperialen Lebensweise« (Brand/Wissen 2017) auskommen. Wer Vorstellungen von individueller Größe mit der Wirtschaftskraft der Nation und ökonomischem Aufstieg verbindet, kann kaum umhin, Maßnahmen abzulehnen, die im Verdacht stehen, eben diese zu schmälern. Hier finden wir eine – aber nicht die einzige – plausible Erklärung dafür, warum der ökologische Umbau als Angriff auf die eigene Identität empfunden und regressiv abgelehnt wird.

Insgesamt lässt sich festhalten, dass Unsicherheit, faktischer sozialer Abstieg und bereits die Angst davor soziale Desintegrationsprozesse fördern, die wiederum Ressentiments und autoritäre Sehnsüchte nähren. Mit dem Bruch des Aufstiegs- und Wohlstandsversprechens greift die Neoliberalisierung zudem einen Eckpfeiler der deutschen Nachkriegsgesellschaft an und beschädigt das Vertrauen in die Demokratie, zumal diese stets um das Aufstiegsversprechen herum organisiert war.

II. Die neoliberale Krise der Demokratie

Über den Zustand der Demokratie haben wir schon einiges gehört. Mir geht es nun darum, die Prozesse der »demokratischen Regression« (Schäfer/Zürn 2021) in den Kontext der sich herausbildenden neoliberalen Ordnung zu stellen. Dabei ist die Neoliberalisierung bei weitem nicht die einzige, aber eine wesentliche Ursache für die Erosion. Dies macht die Analyse der politischen Theorie des Neoliberalismus entlang der Linien Staat, Demokratie, Wissenschaft und Politik deutlich. Biebricher (2021) zufolge sind die autoritären Tendenzen, die in der praktischen Umsetzung so deutlich werden, keiner misslungenen Umsetzung durch Politiker:innen geschuldet, sondern wurzeln unmittelbar in der politischen Theorie selbst. Chamayou (2019) etwa spricht aus diesem Grund nicht von Neoliberalismus, sondern von »autoritärem Liberalismus«.

Erste Hinweise auf die antidemokratischen Züge der Theorie liefert ein Blick auf das neoliberale Staatsverständnis. Dem Staat ist darin vor allem die Rolle zugedacht, den Markt zu schaffen und seine Spielregeln robust durchzusetzen (Biebricher 2021, S. 55). Dazu benötige er ein funktionierendes Rechtssystem und einen Gewaltapparat. Der Staat dürfe zwar sozial korrigierend eingreifen, aber nur in dem Maße, wie es dem Funktionieren des Marktes diene. Ein Beispiel dafür ist die Kurzarbeit, die in Deutschland immer wieder zur Bewältigung der Krisen der vergangenen Jahre eingesetzt wurde. Massenarbeitslosigkeit konnte dadurch vermieden werden – das lag im Interesse der Arbeitnehmer:innen, vor allem aber im Interesse des Staates, der die Sozialausgaben für Arbeitslose reduzieren konnte, und im Interesse der Wirtschaft, die bei anziehender Konjunktur sofort wieder auf das Personal zurückgreifen kann. Strenge Haushaltsregeln wie die Schuldenbremse in Deutschland oder die europäischen Maastricht-Regeln sind ein weiteres Beispiel für Begrenzungen (ebd., S. 83; vgl. auch Petzold 2018). All diese Vorgaben dienen nicht primär dazu, die Bürger:innen zu schützen, sondern vielmehr dazu, den Markt zu bewahren sowie die Wirtschaft zu fördern.

Der kleinste gemeinsame Nenner der neoliberalen Demokratietheorie besteht darin, dass in der Demokratie letztlich immer eine potentielle Gefahr für das Funktionieren der Märkte gesehen wird (Biebricher 2021, S. 119). Biebricher (2021, S. 141–160) arbeitet eine ganze Reihe von Strategien heraus, mit denen Neoliberale diesem Problem begegnen. Als Lösung werde beispielsweise die Einführung marktkonformer Verfassungen vorgeschlagen. Dahinter stehe die Annahme, der Markt selbst sei immer schon eine Demokratie, im Zweifel sogar demokratischer als demokratische Institutionen. Unverhohlen wird aber auch die direkte Einschränkung demokratischer Rechte gefordert. Im Bündel der vorgeschlagenen Maßnahmen findet sich bei anderen Autor:innen jedoch auch das Plädoyer für mehr direktdemokratische Mittel. Dahinter steht der mit den Akteur:innen Rechtsaußen geteilte Glaube, dass sich in der Mitte der Gesellschaft Mehrheiten für eine radikalisierte Vorstellung von Leistungsgerechtigkeit und eine steuerliche Entlastung der Wohlhabenden finden ließen. Daher ist es nicht erstaunlich, dass für die Umsetzung der Projekte neben Vorschlägen, auf die Organisation von Zustimmung in der Bevölkerung zu setzen, vor allem paternalistische bis hin zu offen autoritären Vorstellungen dominieren (ebd., S. 206–230). Herausgestellt wird in fast allen Fällen die wichtige Rolle von Expert:innen, die Regierungen beraten oder als Technokrat:innen die Regierungsgeschäfte gleich ganz übernehmen sollen (ebd., S. 161–205). Mit diesen letzten Punkten wird deutlich, dass die Neoliberalen ganz konkret auch für Maßnahmen plädierten, die heute von Rechtsaußen propagiert werden, um mit den erhofften Mehrheiten politische Freiheiten und soziale Rechte so autoritär wie selektiv einzuschränken und Privilegien zu verfestigen.

III. Neoliberale Radikalisierung der Mitte

Abschließend möchte ich den Blick auf Radikalisierungsprozesse richten, die aus ideologischen Versatzstücken der Neoliberalisierung hervorgehen und nach Rechts tendieren. Dabei geht es zum einen um die Herausbildung eines »marktförmigen Extremismus«, wie ihn die beiden Soziolog:innen Eva Groß und Andreas Hövermann diskutieren, und zum anderen um den »libertären Autoritarismus«, den Amlinger und Nachtwey (2022) in ihrer Analyse der Coronaproteste als autoritäres Syndrom herausgearbeitet haben. Beide Beispiele zeigen, dass viele Wege in die Regression führen und dass auch marktradikale Vorstellungen sowie eine individualistisch gedeutete Freiheit Rechtsaußen Zulauf bringen können.

Groß und Hövermann entwickelten ihr Konzept des »marktförmigen Extremismus« im Rahmen der Mitte-Studie 2014. Ihre Ausgangsthese besagt, dass das verbreitete neoliberale Denken »negative Auswirkungen auf den gesellschaftlichen Zusammenhalt« habe, insbesondere in Zeiten, in denen der Lebensstandard sich als bedroht erweise (Groß/Hövermann 2014, S. 103). Sie untersuchen das Phänomen, indem sie drei miteinander verwobene Stränge differenzieren (ebd., S. 105–108): erstens den »unternehmerischen Universalismus«, der sich aus Selbstoptimierung sowie der Anrufung ökonomistischer Qualitäten wie Flexibilität, Innovativität oder Eigenverantwortung zusammensetze; zweitens die »Wettbewerbsideologie«, die Erfolg an das Bestehen in der Konkurrenz und dem Wettbewerb kopple; und drittens »ökonomistische Wertehaltungen«, die sich darin ausdrückten, dass Bevölkerungsgruppen entlang ökonomischer Kriterien bewertet würden.

In Deutschland sind, wie ich oben im Zusammenhang mit den Überlegungen, wie die Mitte für das neoliberale Projekt gewonnen wurde, bereits ausgeführt habe, der unternehmerische Universalismus sowie die ökonomistische Einstellung sehr weit verbreitet. In der Befragung von 2014 stimmten fast zwei Drittel der Aussage zu: »Wer nicht bereit ist, was Neues zu wagen, der ist selber schuld, wenn er scheitert«; gerade mal 15 Prozent lehnten sie ab. Zum gleichen Zeitpunkt stimmten fast sechs von zehn Personen der Aussage zu: »Der Schlüssel zum Erfolg ist, besser als die Anderen zu sein«, ein Fünftel widersprach. Der dritte Faktor – die ökonomistische Bewertung von Gruppen –, der im eigentlichen Sinne konstitutiv für die Verbindung zu rechtsradikalen Positionen ist, fand hingegen deutlich weniger Zuspruch. Lediglich etwas mehr als zehn Prozent stimmten der harschen Aussage zu: »Menschen, die wenig nützlich sind, kann sich keine Gesellschaft leisten.«

In einer weiteren Veröffentlichung drei Jahre später legen Groß und Hövermann dar, dass der marktförmige Extremismus als Gesamtzusammenhang aller drei Facetten mit der Abwertung von gesellschaftlichen Gruppen wie Langzeitarbeitslosen sowie Obdachlosen einhergehe (Groß/Hövermann 2017). Auch erkennen sie einen ausgeprägten Zusammenhang mit der Zustimmung zu rassistischen Aussagen und der Forderung nach Etabliertenvorrechten, also einer Haltung, die dafür plädiert, dass Menschen aufgrund ihrer längeren Geschichte – auch über Generationen hinweg – an einem Ort mehr Verfügungsmacht haben sollten, und damit das Prinzip der Gleichwertigkeit der Bewohner:innen verletzt. Sie konstatieren, dass marktförmige Extremist:innen sich besonders oft von Krisen bedroht fühlen und Sympathien für die AfD haben (vgl. Hövermann/Groß 2016, S. 177–180). Dabei verorten sie sich selbst zumeist Rechts, zu beträchtlichen Anteilen jedoch auch in der Mitte und eher selten Links. Wird nicht nach der politischen, sondern nach der ökonomischen Mitte gefragt, zeigt sich, dass der marktförmige Extremismus insbesondere in der Ober- und Unterschicht ausgeprägt ist. Geschlecht wie auch Alter haben statistisch praktisch keinen Einfluss auf die Verbreitung.

Anders sieht es in Sachen regionaler Verteilung aus. Dabei sticht Ostdeutschland im Vergleich zu Westdeutschland deutlich hervor. Insgesamt, so resümierten die Autor:innen bereits 2014, seien Teilaspekte des Phänomens in der Mitte stark verankert, als Ganzes aber nicht dominant. »Im Gesamtphänomen des marktförmigen Extremismus« zeige sich jedoch »die Fragilität der Mitte«. Neoliberale Norm- und Wertvorstellungen könnten »zu rabiateren ökonomistischen Be- und Abwertungen von Menschen« führen (Groß/Hövermann 2014, S. 110). Angesichts der von ihnen ermittelten Daten ist anzumerken, dass die Fragen zu den ökonomistischen Einstellungen – wohl bewusst – sehr harsch formuliert sind und daher gerade in der Mitte Abwehrreflexe provozieren können. Weniger konfrontative Fragen würden wohl mehr Zustimmung hervorbringen und damit die große Varianz an Graustufen sichtbar machen.

Das zweite Beispiel ist anders gelagert, verdeutlicht aber die regressive Wirkung, die neoliberale Werte gerade im Kontext verschärfter Krisenerfahrungen entwickeln. Amlinger und Nachtwey (2022) analysieren Teilnehmer:innen der frühen Phase der Coronaproteste sowie die Rolle von Intellektuellen, die sich in der Pandemie für rechte Positionen offen zeigten. Sie skizzieren dabei die regressive Macht des Freiheitstopos, wie er im Zuge von Individualisierung und Neoliberalisierung Verbreitung fand und findet. Spannend ist, dass das von ihnen als zeitgenössische Aktualisierung der Studien zum autoritären Charakter herausgearbeitete Syndrom des »libertären Autoritarismus« letztlich einen eher linken Weg in die Regression beleuchtet. Sie zeichnen eine Entwicklung von Menschen nach, die linke Werte wie Pluralismus, Gleichheit und Freiheit vertraten und in der Demokratie eine wichtige Grundfeste der Gesellschaft sehen.

Anders als in der klassischen Variante, die Adorno und Kolleg:innen beschrieben hatten, braucht der von Amlinger und Nachtwey eingeführte Autoritarismus keinen »Führer«, vielmehr dominiert die Sehnsucht nach der Größe des eigenen Ich. Diese Ich-Dominanz komme nicht aus dem Nichts, sondern habe historische Vorläufer, die allerdings in den 1930er und 1940er Jahren weit weniger prominent gewesen seien als heute. Vor dem Hintergrund der oben beschriebenen Individualisierungsprozesse habe sie an Plausibilität gewonnen. Die libertären Autoritären suchten ihr Heil in einer hedonistischen, selbstgefälligen Freiheit, die es ihnen erlaube, zu tun und zu lassen, was sie wollten und wann sie es wollten (ebd., S. 178). Amlingers und Nachtweys Analyse deckt sich mit Befunden des internationalen Projektes *Cultures of Rejection*, das unter anderem Coronaproteste in Deutschland, Kroatien, Österreich, Serbien und Schweden vergleichend untersuchte. Dabei kommen sie zum Ergebnis, dass neben antiautoritären Tendenzen und der Verbreitung von Verschwörungstheorien unter den Akteur:innen insbesondere ein gesteigerter Individualismus zu beobachten sei (CuRe 2022, S. 6 f.).[8]

Anlass für die Hinwendung zum Autoritären ist Amlinger und Nachtwey (2022, S. 263) zufolge keine Frustration über Ungleichheit, sondern vielmehr die Integration in eine Gesellschaft, die das liberale Versprechen auf Freiheit, Selbstentfaltung und Selbstbestimmung einschränke. Rebelliert werde folglich »*gegen* die spätmoderne Gesellschaft, aber *im Namen* ihrer zentralen Normen« (Amlinger/Nachtwey 2022, S. 174; Herv. i. O.). Die Träger:innen der Bewegung entspringen nicht ausschließlich, aber maßgeblich den »heimatlos gewordenen Avantgarden« der oberen Mittel- und der Oberschicht (ebd., S. 195 f.). Erschwert werde die Einordnung der Menschen dadurch, dass sie sich mittlerweile empirisch sowie in der Selbstwahrnehmung dem klassischen Links-Rechts-Schema entzögen (ebd., S. 273, 291). Ihre Haltungen weisen jedoch eindeutig regressive und autoritäre Tendenzen auf, die ohnehin vorhandene rechte Tendenzen in der Gesellschaft nähren, indem sie neue Beziehungen zu und Rechtfertigungen für Rechtsaußen schaffen.

Nach ihrer theoretischen Einführung arbeiten Amlinger und Nachtwey anhand empirischer Befunde die Funktionsweisen des von ihnen identifizierten autoritären Charakters heraus. Dabei betonen sie das Fehlen eines gemeinsamen Programms oder einer positiven politischen Utopie, die über die allgemeine Forderung nach Freiheit hinausgehe. Sie skizzieren damit einen Zustand, der Analogien zum oben in Teil II dargelegten Mangel an politischen Visionen und progressiven Vorstellungsräumen aufweist. Was die befragten Menschen eint, ist eine Skepsis gegenüber Autoritäten, der Hang zu Verschwörungstheorien sowie der Glaube an das Ich als zentrale Erkenntnisinstanz, die sich dem Wissen von Expert:innen, die mit dem abgelehnten System assoziiert werden, verschließt. Darin klingen zentrale Prämissen der Risikogesellschaft an, wie sie Beck beschrieben hat:

> »Parolen wie ›Friede, Freiheit, Liebe‹ sind nur der Kitt, der eine äußerst fluide und amorphe Bewegung lose zusammenhält [...]. Was ihre Anhänger:innen eint, sind gemeinsame Deutungsmuster und vor allem ein allgemeines Misstrauen gegenüber den politischen Eliten und wissenschaftlichen Expert:innen. Sie sehnen sich nach Gleichgesinnten, die eine ähnliche Sicht auf die Welt haben und die genauso ›ausgegrenzt‹ werden wie sie selbst. Gerade weil sie hochgradig individualistisch und gesellschaftsvergessen sind, wünschen sie sich enge und emotionale Beziehungen. So entsteht eine ›Misstrauensgemeinschaft‹.« (Amlinger/Nachtwey 2022, S. 289)

In der jüngsten Mitte-Studie haben Groß und Hövermann zusammen mit Amelie Nickel die konzeptionelle Arbeit von Amlinger und Nachtwey aufgegriffen und mit ihren Überlegungen zum »marktförmigen Extremismus« abgeglichen. Zunächst zeigen die Daten, dass der Glaube an den unternehmerischen Universalismus im Vergleich zu den vorhergehenden Befragungen von 2014 und 2016 deutlich abgenommen hat. Das kann als weiteres Indiz dafür gelten, dass das die Gesellschaft fundierende Aufstiegsversprechen nicht mehr trägt und sich die Menschen vom Glauben an eine unternehmerische Gesellschaft abzuwenden beginnen, wenn auch ohne genau zu wissen, was die Alternative wäre (Groß u. a. 2023, S. 248). Gerade jenes Spektrum von rund einem Fünftel der Befragten, das sich gleichzeitig stark an Marktprinzipien orientiert und im Zuge der Krise Verunsicherungserfahrungen macht, erweist sich im Folgenden jedoch als besonders anfällig für rechte Einstellungen.

In gewisser Weise beschreiben die Arbeiten eine *anti-autoritär* aufgeladene, faktisch aber konformistische *autoritäre Revolte.* Anti-autoritär, weil jeder Zugriff des gesellschaftlichen Kollektivs auf das Individuum zurückgewiesen wird. Autoritär aber doch, weil diese Zurückweisung unter Missachtung demokratischer Normen, kollektiver Selbstbestimmung und Solidarität, letztlich gewalttätig und egoistisch erfolgt. Die Revolte ist konformistisch und konservativ, weil sie den hegemonialen Idealen der Singularisierung und Neoliberalisierung entspricht. Es geht um die Bewahrung des Status quo, um die Bewahrung des Privilegs, auf niemanden Rücksicht nehmen zu müssen. In der Verheißung von Normalität, in der Ablehnung angeblich fremder Autoritäten und Normen sowie in der Kultivierung des Eigenen, des Ich, findet die Rechte Anschlussmöglichkeiten. Die radikale Forderung nach Freiheit entzieht sich grundlegend der progressiven Politisierung. Damit steht das Einfalltor für eine rechte Ansprache weit offen.

Schluss

Zum Ende des Buchs werde ich nun noch einmal die zentralen Aspekte benennen, aber auch die damit verbundenen Herausforderungen herausarbeiten. Zwei Dinge scheinen mir dabei zentral: Erstens muss Engagement gegen das Erstarken von Parteien Rechtsaußen stets auf dem normativen Boden des Demokratischen, unter Achtung von Grund- und Menschenrechten, geschehen, sonst stirbt dabei die Demokratie, und nichts ist gewonnen. Zweitens sind wir Zeug:innen eines Epochenbruchs mit noch ungewissem Ausgang, der allerdings regressive Muster aufweist. Aber wir haben die Macht, den Wandel noch progressiv zu gestalten.

Die Jahre seit 2008 waren von einer beschleunigten Dynamik der Konflikte in und um Gesellschaft geprägt, was gerade in der Mitte die Krisenerfahrungen verschärfte. Insbesondere seit dem Ausbruch der Pandemie überschlugen sich die Ereignisse teilweise so schnell, dass keine Zeit blieb, um die neuen Situationen zu erfassen und emotional zu verarbeiten, bevor die nächste erschütternde Nachricht folgte. Merklich hat sich das politische und gesellschaftliche Gefüge im Laufe der Zeit nach Rechts verschoben. Mit Sicherheit haben rechte Einstellungen eine lange Kontinuität auch im wiedervereinten Deutschland; sie fanden keinesfalls erst durch die Etablierung der AfD Verbreitung. Der Rechtsaußenpartei gelang es aber, die vorhandenen Stimmungen einzufangen und hörbar in den politischen Raum zu tragen.

Gebremst wurde ihr Aufstieg vorerst durch die Pandemie, da die Partei in der allgemeinen Fokussierung auf das Virus und das Regierungshandeln weniger Resonanz fand. In der Gesellschaft köchelte die Unzufriedenheit dennoch die ganze Zeit weiter. Gerade auf der Straße vervielfachten sich die regressiven Bewegungen, als deren politischer Arm sich die AfD, die selbst stetig weiter nach Rechts rückte, inszenierte. Mit dem Überfall Russlands auf die Ukraine, den nach der Pandemie verstärkten Bemühungen um ökologische Transformation sowie den neuen Migrationsbewegungen im Zuge des Krieges setzte die AfD ab Sommer 2022 zum bundesweiten Höhenflug an. Insbesondere die 18,4 Prozent bei der Landtagswahl 2023 in Hessen machen deutlich, dass die AfD – sowie allgemein der Aufstieg der Rechten – als gesamtdeutsche Herausforderung zu begreifen ist und der seit jeher einseitige Blick auf die vermeintliche *Problemzone* Ostdeutschland in die Irre führt.

Gleichzeitig lässt sich nicht leugnen, dass gerade im Osten die Regression eine besondere Dynamik hat. Mit Pegida, den Corona-Spaziergängen und dem letztlich doch nicht so Heißen Herbst 2022 wurden diverse neue dunkle Kapitel rechter Bewegungen und Organisierung aufgeschlagen, die mitunter auch terroristische Vernetzungen und Umsturzbemühungen mit sich brachten. Im Umfeld dieser Proteste eskalierte in Wellen auch die rechte Gewalt gegen Migrant:innen und People of Color, gegen Menschen muslimischen oder jüdischen Glaubens, aber auch gegen politisch Andersdenkende, Medienschaffende und politische Repräsentant:innen.

Dennoch sind die Dynamiken in Ost und West mit Ausnahme des im Osten deutlich stärker verankerten Rassismus nicht grundlegend verschieden. Vielmehr verdeutlichen die im Osten beobachtbaren Konflikte gesellschaftliche Brüche sowie Tendenzen der Regression auf verstärkte Weise und können daher als Warnung für die politische Ordnung als Ganzes dienen. Die Akzentuierung der Konfliktlagen führt indes dazu, dass in den ostdeutschen Ländern die AfD seit 2016 sehr stark ist. Mittlerweile liegt sie in Umfragen mit Ausnahme des Stadtstaates Berlin überall bei über 30 Prozent und wäre damit bei einer Landtagswahl stärkste Kraft.

Regierungsbildungen dürften in dieser Gemengelage künftig enorm schwer werden, insbesondere dann, wenn die CDU an ihrer Kampagne gegen die Partei Die Grünen festhält. Vor diesem Hintergrund wird in der Union der Streit um die Brandmauer nach Rechts erbittert geführt, die aber angesichts der punktuellen Kooperationen zwischen Union, FDP und AfD auf kommunaler und bisweilen auch auf Landesebene faktisch heute schon nicht mehr existiert. Offensichtlich gibt es gerade im Osten des Landes starke Fraktionen, die lieber mit Rechtsaußen kooperieren würden als mit Parteien im eindeutig demokratischen Spektrum. Im aktuellen politischen Gefüge ist es folglich keineswegs ausgeschlossen, dass die Rechtsaußenpartei alsbald in Regierungsverantwortung kommen oder zumindest in einer Art Kooperation mit der Union Regierungsbeschlüsse mitgestalten könnte. Denkbar ist auch, dass neue Parteiprojekte wie das nach dem Bruch der Linken 2023 gegründete Bündnis Sahra Wagenknecht (BSW) oder die angekündigte Bildung der WerteUnion als Partei der AfD den Weg in die Regierung ebnen. Die Gefahr einer Regierungsbeteiligung bleibt so lange nicht gebannt, wie die Normalisierung der Rechtsaußenpartei sowie ihrer Narrative sich fortsetzt. Es gilt folglich, sich auf eine mögliche Regierungsbeteiligung der AfD vorzubereiten, demokratische Antworten in der Hand zu haben und sie dann auch konsequent umzusetzen.

Man muss es deutlich sagen: Die politische Mitte, von der Union über die FDP, die SPD bis hin zu den Grünen ist bisher dem Aufstieg von Rechtsaußen nicht entschieden genug entgegengetreten, und auch Die Linke bot lange Zeit aufgrund ihrer inneren Zerstrittenheit kaum Perspektiven – seit dem Bruch mit dem Wagenknecht-Flügel ist sie nun deutlich geschwächt. Das Engagement aus der Zivilgesellschaft gegen Rechts war in den vergangenen Jahren zwar beträchtlich, Menschen gingen nicht erst 2024 nach den Enthüllungen von Correctiv zu Hunderttausenden auf die Straße, aber ohne die etablierte Politik sowie die Institutionen können sie den Widerspruch nicht stemmen. Gerade die Konservativen haben allerdings, in der Hoffnung, davon zu profitieren, viel zu oft Themen der Rechten aufgegriffen. Unter der Führung von Friedrich Merz setzte die CDU zudem merklich auf die Strategie eines polarisierenden rechten Kulturkampfs.

In Bayern war dies seitens der CSU schon länger zu beobachten, erhielt nun aber in der Ära nach Merkel neue Wucht. Wir erlebten also nicht allein den Aufstieg einer Rechtsaußenpartei, sondern außerdem die regressive Verschiebung des politischen Raums als Ganzes. Insofern ist es ein hoffnungsvolles Zeichen und eine wichtige Intervention, dass im Januar 2024 – zum Zeitpunkt der letzten Korrekturen an diesem Buch – sehr viele Menschen für Demokratie und gegen die radikale Rechte auf die Straße gehen. Gleichwohl sind die hier skizzierten Prozesse und Verschiebungen in den Tiefenstrukturen der Gesellschaft damit nicht verschwunden und die Konflikte keineswegs gelöst, so dass die Grundlagen für gesellschaftliche Entwicklungen nach Rechtsaußen weiterhin bestehen.

Die Menschen in der sogenannten Mitte der Gesellschaft stehen im Gefüge der Krisen emotional im Stress und vielfach auch ökonomisch unter Druck. Allerdings ist diese Entwicklung nicht ganz neu, im Gegenteil, die Mitte schrumpft seit geraumer Zeit (Mau 2012, S. 59) und gilt schon länger als erschöpft (Heinze 2011). Gleichzeitig war sie die zentrale Adressatin neoliberaler Glücksversprechen. Es war nicht zuletzt die Mitte, die von der Entfesselung der Wirtschaft und der Reduktion von Steuerlast profitieren sollte. Dass es anders kam und das Aufstiegsversprechen heute als gebrochen gilt, ist auch den Erzählungen meiner Gesprächspartner:innen in Leipzig und Frankfurt zu entnehmen. All das schürt die Frustration und lenkt die Wut in Richtung ärmerer Menschen und Personen, die als Ausländer:innen gelesen werden. Schließlich wirft man beiden Gruppen vor, vom Staat noch immer unterstützt zu werden, während man selbst nichts mehr zu erwarten habe. Der Frust steigert sich, zumal das neoliberale Versprechen genau darin bestand, dass man selber nicht dort unten ankommen werde, wo die Anderen schon sind, sondern dass der eigene Status und die Abgrenzung gewahrt bleiben würden. Die Mitte ist heute keinesfalls der sichere Hafen der Demokratie – wenn sie es denn je war. Rechte Narrative sowie Verschwörungsdenken sind in ihr durchaus verbreitet.

Gerade am Gegenstand der Verschwörungserzählungen zu Corona konnte ich zeigen, dass sich rechte Narrative in einem regressiven Kontinuum bewegen und sich keine klaren Grenzen zwischen einem eindeutigen Verschwörungsdenken und dem verbreiteten Geraune sowie der Unzufriedenheit ziehen lassen. Vielmehr sind jene Menschen, die für ein solidarisches Miteinander einstehen und folglich gewillt sind, eigene Entbehrungen in Kauf zu nehmen, zur Minderheit geworden. Sie leiden emotional stärker unter der Situation als diejenigen, die sich mit regressiven Haltungen arrangieren und sich im *Jeder macht Seins* einrichten. Die Regression der Mitte ist in den Grautönen zu Hause, nicht in der Schwärze des »manifesten Rechtsextremismus«. Aber die Schattierungen gehen ineinander über, und die Grenze zum Dunklen wird immer leichter überschritten.

Zum ersten Mal seit vielen Jahrzehnten machen Menschen in Deutschland heute wieder grundlegende Krisenerfahrungen. Sicher geglaubte Normen und die Versprechen auf Wohlstand und Planbarkeit scheinen dahin. Zugleich wächst die Gewissheit, dass die Welt angesichts von Klimakrise und Krieg alsbald anders aussehen wird als heute und dass sie auch den Menschen hierzulande ziemlich sicher nicht mehr so freundlich gesinnt sein wird wie in den vergangenen Jahrzehnten. Was solche Krisenerfahrungen bedeuten können, lehren die Befunde aus Leipzig, wo die Menschen – anders als in Frankfurt am Main – mit dem Zusammenbruch der DDR bereits einen tiefen Einschnitt erlebt haben. Die Vereinigung von BRD und DDR hat deutliche Spuren im kollektiven Gedächtnis hinterlassen. Die gesellschaftlichen Frakturen, die mit dem Verlust der kollektiven Identität, der wirtschaftlichen Grundlagen und des Normgefüges einhergingen, sind heute zwar oberflächlich weitestgehend verheilt, sie haben aber weiter Konsequenzen. Sie beeinträchtigen die Fähigkeit, flexibel auf neue Herausforderungen zu reagieren, da Verhärtungen an den Stellen der ehemaligen Brüche die Beweglichkeit mindern (Mau 2019).

Ähnliches erleben wir heute in ganz Deutschland und mit dem Unterschied, dass der Bruch noch frisch ist. Solche Situationen der umfassenden Krise müssen nicht zwangsläufig in Regression münden und zum Erstarken rechter Kräfte führen, sondern können auch Auslöser eines progressiven Aufbruchs und der Schaffung einer inklusiven Ordnung sein, wie uns etwa Arendt (2011 [1936]), Balibar (2012) oder Rancière (2013 [1981]) mit Blick auf die Geschichte zeigen. Davon ist heute allerdings kaum etwas zu spüren.

Regressive Schließung in der Mitte

Einen gewichtigen Grund für den Erfolg der Rechten führe ich darauf zurück, dass in den Teilen der deutschen Gesellschaft, die sich als Mitte verstehen und verstehen dürfen, regressive Prozesse im Gange sind, die einerseits *rechte Politiken plausibel erscheinen lassen* und andererseits *progressive Vorstellungen und Adressierungen blockieren.* Es sind demnach in der Mitte verankerte Normvorstellungen und Machtstrukturen dafür mitverantwortlich, dass die Rechte »den Mainstream erreicht« (Mudde 2020, S. 36). Dabei handelt es sich um Faktoren, die in der Tiefenstruktur der Gesellschaft verankert sind und damit weit über Einstellungen hinausgehen, insofern sie auch auf affektive und emotionale Reaktionen wirken. Legt man den Fokus darauf, kann man auch die politischen Rahmenbedingungen der Einstellungen selbst reflektieren, anstatt sie als gegeben zu bewerten.

Zu beobachten ist, dass sich gesellschaftliche Stimmungslagen, Ressentiments und Frustrationen mit der Formierung rechter politischer Kräfte wechselseitig befeuern. Rechtsaußen bricht also nicht von den Rändern in die Mitte der Gesellschaft ein, und schon gar nicht muss die Rechte die Mitte verführen. Aus diesem Grund muss sich der Kampf gegen Rechts mit der Gesellschaft als Ganzes befassen, statt sich einseitig auf rechte Agitation und Parteien zu konzentrieren. Angesichts dessen müssen wir die Hoffnung aufgeben, dass die Rechte wieder an einen wie auch immer gedachten Rand gedrängt werden könnte. Dies liegt nicht nur daran, dass ihre Narrative, Diskursmuster und Praktiken in der Mitte verankert sind, sondern auch daran, dass Gruppierungen Rechtsaußen zunehmend gemeinsam mit Akteur:innen des »radikalisierten Konservatismus« (Strobl 2021b) rechte Einstellungen rationalisieren, legitimieren und ihnen eine politische Heimat bieten.

Werden die beiden Dimensionen der Regression konkreter betrachtet, dann gehören die durch neoliberale Ideologien verstärkte Akzeptanz von Ungleichheit und Wettbewerb, welche Schnittmengen mit rechten Ungleichwertigkeitsideologien aufweist, gepaart mit der Erosion von utopischen Vorstellungsräumen zu den zentralen die Rechte begünstigenden Faktoren. Hinzu kommen Prozesse der Individualisierung, aus denen unter anderem der Glaube erwächst, in jeder Situation seines eigenen Glückes, aber auch Unglückes Schmied zu sein sowie ein Recht auf unbegrenzte persönliche Freiheit zu haben. Der neoliberale Individualismus lässt Positionen, die gesellschaftliche Strukturen und politische Ordnungen als Ursache für erlebtes Unbehagen deuten, als unplausibel erscheinen. Damit schafft er eine Distanz zwischen den in der Gesellschaft verbreiteten Wahrheitsordnungen und progressiven Erzählungen, die die strukturellen Ungleichheiten überwinden sollen. Hinzu kommt, dass in der saturierten Mitte das Versprechen auf Wohlstand und Aufstieg milieubildend ist, jedoch beides angesichts von Prekarisierung, einer sich öffnenden sozialen Schere und Abstiegsängsten materiell heute nicht mehr als gesichert gilt. Darauf reagiert ein Teil der Mitte mit Abwehrreflexen gegen diejenigen, die ihnen vermeintlich etwas wegnehmen. Privilegierte Zugänge zu Ressourcen und Status werden dann vor allem mittels weit verbreiteter Ressentiments nach unten und außen verteidigt.

Zur Regression der Mitte gehört, dass rechte Normalitätsversprechen und emotionale Beheimatungsangebote plausibel werden. Umgekehrt erscheinen progressive Vorschläge abwegig, weil die Konzepte des Kollektiven, des gemeinsamen Handelns, der Solidarität, der Offenheit und der Inklusion, auf denen sie basieren, in der Mitte der Gesellschaft mittlerweile weder der gelebten Praxis entsprechen noch affektiv verstanden werden. Das heißt nicht, dass es gar keine Solidarität oder gegenseitige Hilfe mehr geben würde. Wir haben sie im Sommer der Migration in der Willkommenskultur oder in den selbstorganisierten Unterstützungsnetzwerken zu Beginn der Pandemie ja gesehen. In letzter Instanz wird ihr aber nicht vertraut. Kommt es zu Krisen, wird Solidarität nicht als verlässlich empfunden, Hilfe suchen die meisten lieber in der Kleinfamilie. Solidaritätsbewegungen flammen hier und da kurzfristig auf, verschleißen dann aber auf Grund mangelnder Unterstützung und fehlender gesellschaftlicher Einbettung schnell. Politisch werden sie in Sonntagsreden ausgeschlachtet oder mit Preisen geehrt, aber erhalten zu wenig politischen und finanziellen Rückhalt. Ihre Angebote werden von allzu vielen primär konsumiert, was ihnen Energie entzieht und den regressiven Rückschlag begünstigt. In gewisser Weise wird hier deutlich, was Dubiel (1994, S. 140) als zentralen Aspekt der kontemporären kapitalistischen Marktgesellschaft beschreibt: Solidarische Ressourcen und der Wille zur Kooperation werden verbraucht, ohne dass sie ersetzt werden, womit sie sukzessive verlorengehen.

Die Befunde aus Frankfurt und Leipzig sprechen angesichts der Verunsicherung in den aktuellen Krisenzeiten recht deutlich dafür, dass die Mitte der Gesellschaft dazu neigt, sich zu verschließen und damit auf eine Politik der Verteidigung von Privilegien und des identitär gedeuteten Eigenen zu setzen. Auf das Register der progressiven Öffnung und damit der demokratischen und sozialen Integration der pluralen Identitäten greift sie nicht zurück. Verbreitet ist ein nostalgischer Blick auf die Aufstiegsgesellschaft der Nachkriegszeit, die zumindest im Subtext der Erzählungen meiner Gesprächspartner:innen durchweg als Referenz für das Glück herangezogen wird. Es ist in Ost wie West die Epoche des ökonomischen Aufstiegs und der sozialen Sicherheit nach den Weltkriegen, die als Modell für die Normalität gilt, wobei die damalige Welt im Rückblick eben auch als homogener und klarer strukturiert erscheint.

Dass es sich bei der ersehnten Gesellschaft um eine handelt, die im Vergleich zu heute deutlich ungleicher war und weniger individuelle Freiheiten zuließ; in der Frauen Männern untergeordnet waren; in der homosexuelle, queere, auf allgemeine sexuelle Emanzipation und Geschlechtergerechtigkeit gerichtete Lebensentwürfe marginalisiert waren; die nach der Katastrophe des Faschismus in Europa national so homogenisiert war wie nie zuvor; und in der bereits Zuwanderung aus anderen Bundesländern mit Argwohn betrachtet wurde, geschweige denn internationale, wird dabei außer Acht gelassen. Es ist auch diese Beschwörung der Vergangenheit, die tiefsitzende rassistische Ressentiments, aber auch antifeministische Überzeugungen in der weißen Mitte leicht aktivierbar und politisch nutzbar macht.

Regression verstehe ich nicht als gleichbedeutend mit dem Aufstieg der Rechten, sondern als einen allgemeineren Prozess. Es handelt sich um in der Gesellschaft vorhandene Dynamiken, die den Aufstieg der Rechten nicht zwangsläufig, aber doch wahrscheinlicher machen. Politisch hat Regression, wie in den Interviews deutlich wird, unterschiedliche Folgen: Manche Menschen ziehen sich frustriert aus Politik und Gesellschaft zurück, andere engagieren sich lieber vor Ort in sozialen Bewegungen, weil sie das für sinnvoller halten, als sich mit der großen Politik herumzuschlagen, die sich sowieso nicht für ihr Leben interessiere. Einige aber führt die Entwicklung unmittelbar nach Rechtsaußen. Dies heißt bei weitem nicht, dass diese Menschen alle rechtsradikale Einstellungen teilen würden. Die von den Rechten behandelten Themen und die Art und Weise, wie sie den Konflikt mit der etablierten Politik und Verwaltung suchen, sind für sie jedoch in ihrer Unzufriedenheit mit der Demokratie so attraktiv, dass möglicherweise vorhandene Widersprüche zur Politik der Rechten in den Hintergrund treten und mit der Zeit hinter der wachsenden Zustimmung verschwinden. Dass es aber nur ein Teil ist, der nach Rechts rückt, ist wiederum kein Grund zur Freude, denn auch die anderen, die sich im Privaten einrichten und sich zurückziehen, können die Demokratie und den sozialen Zusammenhalt nicht festigen und vergrößern durch ihre Abwesenheit die Spielräume der Rechten.

Ich habe in meinen Ausführungen bewusst nicht von Regression als gesamtgesellschaftlicher Entwicklung oder von einer *Gesellschaft der Regression* gesprochen; dies wäre auf der Basis der diskutierten Daten nicht zulässig. Vielmehr verorte ich das Phänomen primär in den spezifischen Milieus, die sich selbst als Mitte der Gesellschaft verstehen und auch politisch so angesprochen werden. Der Norm nach ist diese Mitte noch immer deutsch, weiß und entspricht heteronormativen Vorstellungen, wenn auch plurale Lebensformen in gewissem Umfang akzeptiert werden. Die Mitte ist konsumorientiert, darüber hinaus sind männliche Ideale individueller Arbeit und Leistung prägend, während als weiblich geltende Prinzipien der Sorge sowie der sozialen Kollektivität noch immer abgewertet werden. Es ist diese Mitte, die den imaginären Horizont bildet, wenn Politiker:innen aller Couleur von *den Menschen im Land* sprechen, die dieses oder jenes erwarten würden, oder wenn von *besorgten Bürgern* die Rede ist, die legitime Ängste und Sorgen hätten – und das weiß diese Mitte auch.

Eine post-migrantische Gesellschaft lässt sich mit dem von mir gewählten empirischen Fokus nicht vollends erfassen. Vergrößert werden diese blinden Flecken dadurch, dass in den Stadtteilen, in denen die Gespräche geführt wurden, keine alternativen urbanen Lebensstile gepflegt werden und daher eher progressive und pluralistische, aber auch hedonistisch ausgerichtete Milieus in meiner Erhebung weitestgehend fehlen. Diese Präzisierungen der Tragweite meines Argumentes und die Benennung der Leerstellen sollten jedoch nicht darüber hinwegtäuschen, dass die fokussierte Mitte – nicht zuletzt auch im urbanen Kontext – nach wie vor *eine*, wenn nicht sogar *die* zentrale politische Klientel in Deutschland ist und ihr diskursives Gewicht trotz demographischer Schrumpfung eher wächst als abnimmt. Das mag erst einmal paradox klingen, aber es gibt gewichtige Argumente, die dafür sprechen.

Zunächst ist es grundsätzlich so, dass über 70 Prozent der Bevölkerung Deutschlands entweder in Großstädten oder in deren Umland und dort oftmals selbst wiederum in Mittel- und Kleinstädten lebt (Destatis 2023b). Die Orte meiner Befragung in der urbanen Peripherie sind folglich zentrale Schauplätze gesellschaftlicher Konflikte (Keil 2018), wenn dies auch in der binären Thematisierung von Stadt und Land gerne vergessen wird. Für das wachsende Gewicht der Mitte gibt es darüber hinaus zwei Gründe: zum einen die verbreitete Wahlenthaltung sowie die sich schließenden Resonanzräume im politischen Betrieb, die vor allem weniger Wohlhabende betreffen; zum anderen die wachsende Zahl an ausländischen Einwohner:innen. Heute haben in Deutschland 14 Prozent der Bevölkerung keine deutsche Staatsbürgerschaft. Ihnen allen wird die Beteiligung an parlamentarischer Mitbestimmung und Repräsentation auf Bundes- und Landesebene verwehrt. Beides führt unmittelbar dazu, dass die Zahl der Menschen, über deren Geschicke die Mitte der Gesellschaft ungefragt entscheidet, deutlich wächst. In Frankfurt am Main ist dies besonders eklatant: In Nied und dem Riederwald haben 38 Prozent beziehungsweise 29 Prozent keine deutsche Staatsbürgerschaft; die Wahlbeteiligung lag dort bei der Bundestagswahl 2021 bei um die 65 Prozent.

Wichtig ist abschließend die Erkenntnis, die in politischen Debatten sonderbar abwesend ist: Wir haben als Gesellschaft nicht erst dann ein Problem mit autoritären und illiberalen Transformationsprozessen, wenn Rechtsaußen Wahlen gewinnt oder, schlimmer noch, tatsächlich an die Macht kommt. Das Problem beginnt bereits mit der Regression und den beobachtbaren Diskursverschiebungen. Es beginnt dann, wenn kollektive Sicherungssysteme als dysfunktional erlebt werden und Konflikte um Glückserwartungen und Gerechtigkeitsansprüche entbrennen; wenn die Verteidigung der eigenen Privilegien in den Fokus rückt; wenn die Abwertung schwächerer Gruppen um sich greift; wenn die Bereitschaft schwindet, sich auf eine gemeinsame Zukunft einzulassen; wenn die Schuld an jeder erdenklichen Misere bei den Anderen gesucht wird; und wenn der Wunsch nach einer Abschottung gegen ›Feinde‹ im Inneren und Äußeren zunimmt. Autoritäre Verschiebungen und die Erosion der Demokratie können folglich auch von Parteien der Mitte und insbesondere von einem radikalisierten Konservatismus ausgehen, wenn diese beginnen, demokratische Normen, wie etwa das Recht auf politischen Protest oder Schutz vor Verfolgung, aufzuweichen und bisweilen ganz in Frage stellen. Dabei wird die Verteidigung der Demokratie aufs Sträflichste mit der Verteidigung der eigenen Macht verwechselt, sehr zum Leidwesen der Demokratie selbst.

Ohne Grundwerte keine Demokratie

Ich habe mich schon in der Einleitung skeptisch gezeigt, ob die Einschätzung von Amlinger und Nachtwey (2022, S. 98, 103) zutrifft, dass der Normenwandel in der Gesellschaft insgesamt noch eher progressiv sei, dieser aber zunehmend zu regressiven Gegenreaktionen und somit neuen Konflikten führe. Mit Maximilian Pichl und Vanessa Thompson habe ich dem entgegen betont, dass wir insgesamt näher an »autoritären Kipppunkten« als an progressiven Terraingewinnen stehen (Mullis u. a. 2023). Mir scheint, dass wir es heute längst nicht mehr nur mit einem »Abwehrkampf« der »kulturell Verbitterten« und tendenziell Marginalisierten konfrontiert sind, wie ihn Quent (2019, S. 55) noch vor wenigen Jahren diagnostiziert hatte, vielmehr ist die Rechte zu einer aktiv gestaltenden Kraft der Regression geworden. Die Situation bleibt widersprüchlich, und es finden sich sehr wohl weiterhin Dynamiken der Liberalisierung, nur dominant scheinen sie mir nicht mehr. Die Nischen für ihre Entfaltung werden kleiner.

Sicher ist normativ »der Anspruch auf Gleichheit nie so weit fortgeschritten [gewesen] wie in der Gegenwart« (Amlinger/Nachtwey 2022, S. 344). Auch Ungleichwertigkeitsideologien werden klar benannt und kritisiert, und plurale Identitäten können ebenfalls heute viel freier gelebt werden als noch vor wenigen Jahren. Zudem hat sich auf der Straße seitens progressiver sozialer Bewegungen viel getan und tut sich weiterhin viel. Mit Blick auf die Diskussionen in Frankfurt und Leipzig deutet aber einiges darauf hin, dass Liberalisierungen beziehungsweise das Ausweiten der Kreise, denen das Recht auf Gleichfreiheit zugestanden wird, vornehmlich dann noch akzeptiert werden, wenn die Menschen das Gefühl haben, dass ihnen durch die gewährten Rechte, Freiheiten und Beteiligungsangebote nichts weggenommen wird. Herausgearbeitet habe ich zudem, dass das Streben nach Gleichheit gerade, wenn es mit Gerechtigkeitsansprüchen gekoppelt ist, keineswegs grundsätzlich zu progressiver Liberalisierung führen muss. Gerechtigkeit kann selektiv und ausschließend konzipiert sein, insbesondere wenn sie als nationale und intergenerationelle Leistungsgerechtigkeit verstanden wird.

Die individualisierte Gesellschaft lässt aber, und das ist wichtig zu betonen, selbst unter den Bedingungen der Regression mehr Raum für unterschiedliche Lebensmodelle als frühere Gesellschaftsordnungen, nur eine grundlegende Liberalisierung ist das nicht mehr. *Ich bin, wer ich bin, ich bin, was ich bin,* lässt sich bestens in eine individualisierte Freiheitsvorstellung einbetten, die folglich beispielsweise *zugleich* die Akzeptanz von Homosexualität und rechtsradikalen Ideologien umfassen kann. Diese Form der Offenheit und Liberalität stößt aber schnell an Grenzen, wenn die Gesellschaft kollektive Ansprüche stellt, sei es aus Gründen des Gesundheitsschutzes, des sozial-ökologischen Umbaus oder des Ausbaus von Sozialtransfers. Gleiches gilt, wenn sie mit ihrem eigenen Rassismus und Antifeminismus konfrontiert wird. Dass alle machen, was sie wollen, frei nach der Maxime der Eigenverantwortung, ist in letzter Instanz als leitendes Paradigma keine progressive Position, sondern gesellschaftsvergessen, und führt in einen antikollektiven Autoritarismus. Dazu passt, dass die progressiven Bewegungen mit ihren Forderungen kaum noch durchkommen und immer öfter Abwehrkämpfe führen müssen. Die kulturkämpferische Thematisierung von Migration, Armut und Geschlecht seitens der Rechten inklusive der Union hat mittlerweile klare Folgen für die Bereitschaft zur politischen Liberalisierung, so dass in dieser Hinsicht abwertende Einstellungen eher wieder zunehmen oder zumindest auf einem etablierten Niveau verharren.

Wie in kaum einem anderen Politikfeld zeigt sich die voranschreitende Erosion demokratischer Grundwerte, und wie autoritäre Kipppunkte überschritten werden, in der Migrationspolitik. Als ich bei einer Veranstaltung im Herbst 2023 mit den Kolleg:innen Valeria Hänsel und Mario Neumann von Medico International sprach,[1] wurde dies sehr deutlich. Rund um Migration formiert sich – längst nicht nur in Deutschland – ein rechtsautoritäres Projekt. Die permanente Thematisierung und das andauernde Aufbauen einer Drohkulisse dient der Propaganda rechter Politiken insgesamt und geht weit über den eigentlichen Zweck der Kontrolle von Zuwanderung hinaus. Ich habe in Teil I unter anderem mit Verweis auf die Arbeiten von Mau und Kolleg:innen (2023) gezeigt, dass Deutschland als Ganzes nicht sonderlich polarisiert ist, dass dort aber bestimmte Themen polarisieren, die für emotionale Ansprachen nutzbar sind. Die Migrationsfrage ist ein solches, mit dem die Rechte sehr gut an verbreitete Einstellungen in der Mitte anknüpfen kann. In der Opposition können sich Parteien am rechten Rand sicher sein, dass nichts, was eine Regierung gegen die Zuwanderung von Geflüchteten tut, je genug sein wird: Schränkt sie den Zuzug ein, kommen immer noch zu viele; ist sie – wider Erwarten – erfolgreich, wird das Schreckensszenario einer kommenden Welle gezeichnet. Regiert Rechtsaußen, wie in Ungarn oder Italien, dann schiebt sie die Schuld an der Zuwanderung auf Europa.

Es geht ihr um die völkisch, kulturell homogenisierende nationale Sache, genau so sehr aber um die politische Instrumentalisierung von Ängsten und Ressentiments, die ihr Zustimmung zum eigenen Projekt verschafft. Von großer Bedeutung ist dabei, dass es der Rechten in der allgemeinen Fokussierung auf Migration gelingt, eine bestimmte gesellschaftliche Polarisierungslinie stärker in den Fokus zu rücken, womit diese den ganzen politischen Raum zu dominieren beginnt. Je präsenter Themen sind, bei denen Rechtsaußen Kompetenz zugesprochen wird, desto mehr Glaubwürdigkeit gewinnt sie auch in anderen gesellschaftlichen Bereichen. Dies gilt, wie Nachwahlbefragungen in Hessen und Bayern zeigen, für Klimapolitik genauso wie für die allgemeine Herstellung von sozialer Gerechtigkeit.[2] So rückt rechte Politik über den strategischen Umgang mit Migration in die Mitte und verschiebt Diskurse insgesamt.

Demokratische Parteien können nur verlieren, wenn sie sich auf das Terrain von Rechtsaußen begeben. Sie machen sich mitschuldig an der Aushöhlung von Grund- und Menschenrechten, die für die Demokratie keine Nebensächlichkeiten sind, die nach Belieben durch neue Rechtsprechung verändert werden können, sondern Eckpfeiler der formalen Ordnung selbst. Ich habe die Spaltung der Demokratie in eine normative und eine formale Seite immer wieder thematisiert. Wird die normative Seite zu sehr ausgehöhlt, mag irgendwann die formale Ordnung von Wahlen und Repräsentation zwar noch intakt sein, es handelt sich dabei aber nicht mehr um echte Demokratie. Was droht, ist der Übergang zu einer illiberalen Ordnung oder gar zum Faschismus. Wenn wir uns die verschiedenen zeitgenössischen Projekte Rechtsaußen von den USA über Österreich und die Schweiz, von Finnland über Schweden bis nach Italien anschauen, dann wird ersichtlich, dass sie allesamt mit den Institutionen der formalen Demokratie keine Schwierigkeiten haben. Sie können gut mit Wahlen umgehen, sie sind sich einer stabilen Zustimmung sicher und wissen doch, dass sie im Zweifel keine Mehrheiten brauchen, um ihr Projekt einer illiberalen Ordnung voranzutreiben (Seibt 2023), es reicht aus, den Diskurs zu dominieren.

In zwei kurzen Aufsätzen ordnet Natascha Strobl ein, was eine Politik Rechtsaußen heute ausmacht, und lotet dabei auch aus, wann diese in Faschismus umschlägt. So beobachtet sie, dass eine rechte Politik heute zwar national verankert bleibe, aber wesentlich transnational ausgerichtet sei. Sie basiere weit mehr auf einer Politisierung von Kultur als von Volk und betrachte christliche Religion als identitätsstiftend. Auch baue sie nicht mehr auf einen autoritären Parteienapparat, sondern sei dezentral vernetzt und bedürfe keiner ideologischen Kohärenz (Strobl 2023b). Während manche dieser Merkmale auch auf den radikalisierten Konservatismus zuträfen, müsse doch eine schmale, aber klare Trennlinie zwischen diesem und dem Faschismus gezogen werden. Um von Letzterem sprechen zu können, müssten zumindest zwei Kriterien vorliegen. Zum einen seien das Narrative von der Wiedergeburt eines Volkes, einer Nation oder Kultur, die zu alter Stärke zurückfinde, zum anderen eine Denkweise, die es als legitim erachtet, die als krisenhaft und dekadent beschriebene Gegenwart mit Mitteln der Gewalt – staatlicher oder individueller – zu überwinden (Strobl 2023a).

Für den Faschismusexperten Roger Griffin ist die Trennlinie mittlerweile indes so dünn geworden, dass er anlässlich des 100. Jahrestages der Formierung der ersten Faschistischen Kampfbünde in Italien 1919 eindringlich vor einer Wiederkehr eines Faschismus in neuer Form warnt:

> »Es besteht eine erhebliche Gefahr, dass mit zunehmenden Krisen in den Bereichen Wirtschaft, Bevölkerungsentwicklung und Ressourcen, einer wachsenden Zahl von Flüchtenden, im Zusammenspiel mit der drohenden ökologischen Katastrophe, die Welle einer weltweiten ›existenziellen Krise‹ zu einem Tsunami anwachsen wird. So könnte eine ›Bunkermentalität‹ zur Norm werden, die sich in einer Politik des Hasses und der ›Identität‹, in Verschwörungstheorien, in Intoleranz gegenüber dem ›Anderen‹, einem offenen Rassismus der weißen Vorherrschaft und Xenophobie oder einem subtileren Differenzrassismus, häufig in Übereinstimmung mit konservativen Einstellungen in Fragen der Religion und der Sitten, ausdrückt. Wenn das der Fall sein sollte, dann begehen wir den hundertsten Jahrestag der Gründung der ersten Fasci zusammen mit dem Aufstieg und möglicherweise endgültigen Sieg eines Zusammenspiels antidemokratischer, antipluralis-

> tischer und antihumanistischer Kräfte über die liberale Demokratie, während sich die Verfechter der Menschenrechte und des Gleichheitsgedankens zunehmend auf dem Rückzug befinden. Es gibt Länder, in denen sie bereits mit dem Rücken zur Wand stehen, bisweilen mit dem Rücken zur Gefängniswand.« (Griffin 2020, S. 35 f.)

Dass die Regression der Mitte nicht auf die leichte Schulter zu nehmen ist, sondern brandgefährlich sein kann, verdeutlichen neben den Einschätzungen von Strobl und Griffin weitere Blicke in die Geschichte, die uns lehren: Demokratien sterben selten in einem großen Knall, ausgelöst von politischen Fraktionen an den Rändern, weit öfter gehen sie langsam von Erosionsprozessen in der Mitte ausgehend zugrunde (Levitsky/Ziblatt 2019; Schäfer/Zürn 2021).

Zeichen des Epochenbruchs

Auf die Möglichkeit, dass wir den Auszug aus der Moderne angetreten haben und grundlegende Umwälzung im Gange sein könnten (Reckwitz 2020 [2006], S. 16–18), darauf habe ich im Buch immer wieder hingewiesen. Abschließend möchte ich nun vier mit Sicherheit nicht allumfassende Dynamiken benennen, die die gegenwärtige Situation prägen und als Wegmarken des Epochenbruchs interpretiert werden können. Es ist wichtig, die Spezifika der Gegenwart zu benennen, um nicht zu vorschnell historische Parallelen etwa mit den 1920er Jahren – die es sicher gibt – zu ziehen oder mit Blick auf die 2000er Jahre der Hoffnung zu verfallen, es werde sich schon alles einfach so zum Besseren wenden. Denn einfach so wird es keinen Ausweg aus der Regression geben, nicht ohne substantielle Anstrengungen und die Reaktivierung progressiver Potentiale und Erzählungen, nicht ohne ein deutliches Umsteuern der sich demokratisch verstehenden Parteien und Großorganisationen wie etwa der Gewerkschaften. Im Wesentlichen sind es Dynamiken der Individualisierung, der Klimakrise, der Etablierung einer Rechtsaußenpartei sowie der Verschiebungen im globalen Machtgefüge, die ich als Charakteristiken des Neuen herausstellen möchte.

Erstens die Individualisierung. Die Neoliberalisierung der Gesellschaft hat auch Deutschland in der jüngsten Zeit verändert. Sie war und ist Motor einer spezifischen Form moderner Individualisierung, in deren Zuge unter anderem staatliche Sozialsysteme aufgelöst wurden, womit sie ihre Funktion als kollektives Sicherungssystem einbüßten. Dies wiegt schwer, weil sie nach dem Auszug der Menschen aus den traditionellen Dorfgemeinschaften sowie Großfamilien den kollektiven Rückhalt gewährleistet hatten. Dabei waren sie stets auch das Ergebnis von sozialen Auseinandersetzungen und somit gemeinsam errungene Sicherheit vor Not und Angst. Im Zuge der Neoliberalisierung wurden sie jedoch in einem politisch gewollten Prozess aus Gründen der Effizienz und der Kostenersparnis, im Glauben daran, dass das Zeitalter der Krisen und Konflikte vorüber sei, zugunsten der ohnehin Wohlhabenderen abgebaut. Da zugleich die Rückkehr zu traditionellen Gemeinschaften weder möglich noch wünschenswert ist, sind die Menschen heute akuten Krisenerfahrungen individuell viel stärker ausgesetzt als noch vor wenigen Jahrzehnten. Kollektive Krisen – in dem Sinne, dass sie alle betreffen – werden heute zumeist allein erlebt und müssen weitgehend allein bewältigt werden. Die Räume der bedingungslosen Solidarität sind sehr eng geworden und reduzieren sich bei vielen auf die Kernfamilie.

Kontingenzerfahrungen, also die Erfahrung, dass die Welt immer auch anders sein könnte, die Erfahrung von Pluralisierung und die Notwendigkeit, über Identität zu entscheiden, verkehren sich vor diesem Hintergrund von einem demokratisch-progressiven in ein regressives Potential. In einer Situation, in der eigentlich offensichtlich ist, dass die Krisen der Zeit nur kollektiv gelöst werden können, ist der Zugang zu ebendieser Kollektivität versperrt. Dies ist neben der wachsenden Kluft zwischen Arm und Reich sicherlich eine der zentralen sozialen Verheerungen der Neoliberalisierung, die die Bedingungen der Vergesellschaftung und die Möglichkeiten der Krisenbewältigung grundlegend erschwert.

Zweitens die Klimakrise. Die westlichen Gesellschaften sind durchdrungen von einem Fortschritts- und Wachstumsglauben, der den Globalen Norden zu dem gemacht hat, was er heute ist. Die Unterwerfung der Welt sowie der Natur wird als legitimes Ergebnis der eigenen, in historisch langen Linien gedachten Arbeitsleistung verstanden. Die Klimakrise bringt diese Konstruktion zum Einsturz. Sie macht einerseits die globalen Ausbeutungsverhältnisse und die damit verbundene Auslagerung des Elends deutlich. Andererseits zeigt sie der Menschheit, dass sich die Natur nie ganz unterwerfen lässt. Wir müssen erfahren, dass auch wir nur Bewohner:innen eines Planeten, Teil eines ökologischen Systems sind – und dass wir auf dessen Funktionieren im planetaren Sinne angewiesen sind, um überleben zu können. So verlangt der Klimawandel gerade den Gesellschaften des Globalen Nordens und hier insbesondere den Profiteur:innen des Kapitalismus Veränderungen ab, die nicht in das Schema einer selbstgewählten und aufgeklärten Modernisierung passen und mit dem kulturellen *Mindset* der postmodernen Individualität brechen.

So empfinden viele ökologische Transformationsprozesse, zumal ihre soziale Dimension allzu oft ausgeblendet wird, als aufgezwungen, als übermäßigen Anspruch und Eingriff, was beispielsweise Widerstände gegen angeblich »grüne« Verbote nährt. Hinzu kommt, dass die Bekämpfung der Klimakrise keine rein politische Frage ist, sondern Verhaltensänderungen von allen erfordert und Privilegien, deren wir uns heute so bewusst sind wie nie zuvor, in Frage stellt. Im Gegensatz zu früheren progressiven Transformations- und Liberalisierungsprozessen, die in *ihrem* Tempo durch die ausgetragenen Konflikte vorankommen konnten, kommt heute der Druck und damit auch der Takt der Transformationsansprüche gefühlt von außen. Folglich nehmen Konflikte um vermeintlich legitime Privilegien zu, verteidigt werden sie mit harten Bandagen. Zugleich nehmen in einem Gefüge, in dem auf die Klimakrise, wenn überhaupt, vor allem mit Marktmechanismen reagiert wird, Verteilungsfragen und soziale Spannungen zwischen Arm und Reich zu. Dies gilt gleichermaßen innerhalb der nationalen Gesellschaften sowie im globalen Maßstab.

Drittens die Präsenz einer Rechtsaußenpartei auf allen politischen Ebenen. Zwar hat es in Deutschland auch nach 1945 Parteien am rechten Rand gegeben, die auch in nennenswertem Umfang Zuspruch von Wähler:innen erhielten, aber vor der AfD ist es keiner von ihnen gelungen, auf allen Ebenen von der europäischen bis zu der kommunalen, im ganzen Land, in Ost und West zugleich, Fuß zu fassen. Dass das Erstarken der Rechten ein nahezu globales Phänomen ist, verstärkt die Dynamik noch. Der springende Punkt ist, dass Krisen nie einfach da sind. Wie sie von den Menschen verstanden werden und welche Wahrheiten sich darüber verbreiten, ist immer auch das Ergebnis von Auseinandersetzungen. Einerseits sind die AfD und die rechten Bewegungen auf der Straße Symptom der Krise, da sie Menschen in Zeiten der Verunsicherung emotionale Heimat und Zuflucht bieten. Andererseits, und dies ist wichtig, ist die Präsenz von Rechtsaußen selbst ein krisentreibendes Phänomen. Am Beispiel der AfD ist zu sehen, wie Rechtsaußen eine eigene Agenda verfolgt, in den Debatten eigene Deutungen der Krisen anbietet, gemeinsam mit den Bewegungen auf der Straße Ressentiments vervielfacht und über Mittel und Kanäle verfügt, diese in die Mitte der Gesellschaft und die Parlamente zu tragen. Dabei nutzt sie die digitalen sozialen Medien weit geschickter als andere Parteien und erreicht damit auch junge Menschen. Derweil sind die Parteien der Mitte weit weniger als noch vor einigen Jahren in der Lage, das regressive Feuer, das sie zuweilen mit entfachen, wenn sie Ressentiments und Zwietracht schüren, auch wieder zu löschen, weil ihnen angesichts der Präsenz einer Rechten, die die Themen selbst bearbeitet, die Deutungsmacht fehlt.

Viertens die Verschiebungen der globalen Machtarchitektur. Die nach dem Zweiten Weltkrieg geschaffenen Institutionen und Normen stehen unter enormem Druck, und zugleich haben sich die mit dem vermeintlichen Ende der Geschichte und dem Zusammenbruch des Ostblocks verbundenen Hoffnungen auf eine globale Demokratisierung durch Handel als falsch erwiesen. Über den politischen und wirtschaftlichen Aufstieg von Staaten aus dem Globalen Süden, die imperialen Bestrebungen Russlands und Chinas, den Kampf um den Machterhalt der Vereinigten Staaten und der Europäischen Union, die militärische Zeitenwende in Deutschland, die strukturellen Schwierigkeiten der Vereinten Nationen, die Kriege in der Ukraine sowie in Israel und Gaza sowie die wiederholten Militärputsche in Westafrika gäbe es viel zu sagen. Mein Wissen beschränkt sich hier allerdings auf das eines interessierten Beobachters, weshalb ich dies kenntnisreicheren Autor:innen überlasse. Der aufbereiteten Empirie entnehme ich indes, dass die Menschen in Deutschland diese Verschiebungen wahrnehmen und einen Steuerungsverlust Deutschlands als Teil der Abstiegsgesellschaft deuten. Die nachhaltige Veränderung der Ordnung beunruhigt und weckt die Sehnsucht nach einer Rückkehr der Stärke, worin stets die Gefahr des Erstarkens autoritärer Wünsche liegt.

Was nun?

Als Gesellschaft sind wir weder dem Aufstieg der Rechten noch den tieferliegenden Dynamiken der Regression hilflos ausgeliefert. Wir haben eine Wahl. Wir sind nicht einfach Opfer von Prozessen, die über uns hereinbrechen und uns jegliche Gestaltungsmacht nehmen, auch wenn Machtverhältnisse, ökonomische Strukturen und kulturelle Pfadabhängigkeiten manche Entwicklungen naheliegender machen als andere. Klar ist, dass die hier beschriebenen Prozesse der Regression zum Teil schon sehr lange im Gange sind, sich verfestigt und zu harten Faktoren verdichtet haben, die aufzulösen viel Zeit und einen langen Atem erfordert. Schnelle Antworten auf das Erstarken der Rechten sind also nicht zu erwarten. Um aber überhaupt eine Chance zur progressiven Intervention zu haben, dürfen wir den gesellschaftlichen Konflikt um den Umgang mit der Klimakrise sowie deren sozialen Folgen, um globale Machtverschiebungen sowie allgemein um unsere Zukunft nicht auf dem Terrain der Rechten austragen. Denn Ressentiments werden nicht dadurch abgebaut, dass man sie bedient, Demokratie wird nicht geschützt, indem man sie aushöhlt.

Die Befunde, die ich hier zusammengetragen habe, zeigen es deutlich: Die Summe an Kontingenzerfahrungen ist zu hoch. Den Menschen fehlt der Handlungsspielraum, um sich der Zukunft zu stellen. Wenn alles in Bewegung scheint, wenn der Boden, auf dem man steht, als brüchig empfunden wird, ist es schwer, an ein Morgen zu denken, geschweige denn an ein Morgen, das Veränderung und Transformation verlangt. Wer Zukunft jenseits der Regression schaffen will, muss im Hier und Jetzt Kontingenzerfahrungen reduzieren, ohne aber falsche Versprechungen zu machen. Die Rechte hat ihr Programm zum Abbau von Kontingenz gefunden. Sie verspricht eine homogene und abgeschottete nationale Heimat, in der die Privilegien einer imperialen Lebensweise erhalten und eine vermeintlich bekannte ruhige und stabile Normalität wiederhergestellt werden. Dabei zeichnet sie ein Trugbild einer Zukunft, die es nicht geben wird. Denn ihre Politik führt unweigerlich in eine Welt von Zäunen, Elend, Hunger, Konflikten und Tod, und damit zu nur noch mehr Unsicherheit. Nützen kann das nur einer kleinen Minderheit und der Rechten selbst, die ihren Erfolg eben auf der verbreiteten Unsicherheit baut. Wenn die Konservative mit einsteigt, muss sie sich bewusst sein, dass sie sich an der Schaffung einer Zukunft beteiligt, die sich vom Anspruch auf planetare Gerechtigkeit, Menschenrechte und Demokratie eindeutig verabschiedet.

Was es braucht, ist folglich eine ehrliche und offene Beschreibung der Zukunft, die auch schwierige Herausforderungen benennt und zugleich aufzeigt, dass es trotz des unweigerlichen Verlustes von Privilegien vieles gibt, auf das es sich zu freuen lohnt. Es bedarf der konkreten Utopien, in denen man sich selbst als glücklich und aufgehoben vorstellen kann. Eine solche Beschreibung löst sich vom Denken in nationalen Containern, das den Krisen nicht gewachsen ist, und wendet sich radikal gegen Exklusion und Rassismus. Ein progressives Vorhaben zur Reduktion der Kontingenz folgt nicht den rechten Dystopien, sondern baut im Hier und Jetzt soziale Sicherheit aus, denkt die ökologische Transformation immer mit sozialen und auch demokratischen Herausforderungen zusammen. Insofern ist soziale Gerechtigkeit für Alle ein Eckpfeiler einer Politik, die sich der Regression und dem damit verbundenen Erstarken der Rechten entgegenstellt. Inklusive Sozialpolitik und Armutsbekämpfung, Antworten auf die Wohnungsfrage, gute öffentliche Bildung, der Ausbau des öffentlichen Verkehrs oder auch ein egalitäres Gesundheitssystem sind keine Allheilmittel gegen das Erstarken der Rechten, aber damit lassen sich Erfahrungen von Unsicherheit reduzieren und ein positives Gefühl der Veränderung schaffen. Eine Politik der sozialen Gerechtigkeit baut den doppelten Boden, auf dem wir einer krisenhaften Welt mit Vertrauen begegnen können.

Ohne Demokratisierung wird es jedoch auch nicht gehen. Die Frustration über das verbreitete Unvernehmen sitzt zu tief. Es gilt, im politischen Prozess Erfahrungen von Kollektivität und Solidarität zu ermöglichen. Das Problem besteht darin, dass Erfahrungen der Individualisierung und Prozesse der Regression den Zugang zu solchen Erfahrungen verbauen. Will man die politische Kollektivität und die gemeinsame Sorge um die Welt wiederbeleben, sollten die Implikationen der Individualisierung in die progressiven Bestrebungen einbezogen werden. Es hilft nicht, Menschen mit letztlich leeren Solidaritätsformeln zu konfrontieren wie in Zeiten von Corona, oder eine Klassenidentität einzufordern, wie viele Linke es derzeit versuchen. Sie werden schlichtweg nicht verstanden. Menschen wollen als Individuen an Politik beteiligt werden. Nach dem Ende der Massenparteien bedarf es daher neuer Wege, Menschen in die repräsentative Demokratie einzubinden. Die bisherigen Instrumente der Beteiligung reichen dazu bei Weitem nicht aus. Ein Anfang wäre sicher, wenn die Menschen in ihrem Alltag vor Ort mehr Demokratie erfahren würden, indem sie in Aushandlungsprozesse einbezogen würden, in denen es für sie wirklich um etwas geht. Es sollte zudem wieder mehr Politik gemacht werden, damit Probleme nicht nur in postdemokratischer Manier verwaltet (Crouch 2008; Rancière 1997) oder, schlimmer noch, Umfragen zum Ausgangspunkt des eigenen Handelns gemacht werden (Richter 2023). Wer stets auf Umfragen schielt, den eigenen Beitrag zu den gemessenen Stimmungen abstreitet und die Einstellungen als gegeben hinnimmt, macht sich politisch handlungsunfähig, was angesichts der Regression fatal ist. Auf diese Weise werden immer nur die etablierten Stimmungen verstärkt und verfestigt. Politik, die echte Politik sein will, setzt eigene Themen, verfolgt eine Agenda und versucht, Gesellschaft zu gestalten, sie wirbt und kämpft für eigene Anliegen (Rancière 2002 [1995]) – auch wenn sie unpopulär und unrealistisch erscheinen mögen.

Bei aller regressiven Grundstimmung scheint mir, dass aus den geführten Gesprächen zumindest in Ansätzen dennoch eine Bereitschaft spricht, sich auf die Welt und die Menschen um sich herum einzulassen, beziehungsweise sie zumindest noch zu sehen. In Versatzstücken ist insbesondere die Sehnsucht nach sozialer Gerechtigkeit und demokratischer Teilhabe durchaus vorhanden. Es gibt also Ansätze für eine solidarische und progressive Politik, die mit individuellen Ansprüchen zu verbinden ist. Damit dies gelingen kann, gilt es an einem mit sich selbst und der Umwelt einschließlich der Menschen darin solidarischen, achtsamen und emotional umsichtigen Individualismus zu arbeiten. »Schließlich wollen wir nicht nur unterschiedlich sein und nicht nur wir selbst, sondern auch lebendig und frei«, schreibt Redecker (2020, S. 212): »Lebendig sind wir [aber] nur bei gewahrten Lebensgrundlagen und frei nur gemeinsam.« Ich plädiere mit Redecker für die Etablierung eines Individualismus, der von der Prekarität des eigenen Lebens ausgeht und dadurch bereit ist, die kollektive Seite der eigenen Sicherheit zu akzeptieren und entsprechend zu handeln. Dass dies prinzipiell möglich ist und Individualismus nicht zwangsläufig in Regression führen muss, haben wir bereits von Foucault (1989) gelernt.

Vielleicht ist es heute an der Zeit, die diskursive Mitte grundlegend neu zu verorten und an die Lebensverhältnisse einer postmigrantischen und pluralistischen Gesellschaft anzupassen. Schließlich machen sich nicht nur Pegida & Co. Sorgen, sondern auch die Menschen, die gegen die europäische Krisenpolitik protestieren, die Aktiven der Klimabewegung wie Fridays for Future, die unzähligen Initiativen, die sich gegen Rechts engagieren, die migrantische Selbstorganisation gegen Rassismus, die Aktiven der LGBTIQ* Community oder die Menschen, die sich in den Stadtteilen für ein besseres Miteinander oder den Erhalt der sozialen Infrastruktur einsetzen. Die Angebote aus der Gesellschaft für eine andere politische Mitte sind folglich vorhanden. Den Herausforderungen der Zeit können wir nicht ausweichen, wir müssen sie durchschreiten und in einer Weise bewältigen, die planetar allen Menschen eine Zukunft in Würde eröffnet und die Grenzen der Natur achtet, deren Teil wir als Menschheit sind. Die Regression der Mitte entwickelt einen starken Sog nach Rechts, das habe ich hier deutlich gemacht. Unausweichlich ist die Entwicklung aber nicht.

Anmerkungen

Einleitung

1 Die Namen der Interviewpartner:innen wurden alle anonymisiert.
2 Zeitliche Einteilung nach Reckwitz (2020 [2006]), S. 86–89.
3 Siehe dazu die Arbeiten von Mau (2012), Nachtwey (2016), Dubiel (1994) sowie Lorey (2020 [2008]).
4 Um nur einige Beiträge zu nennen: Dörre (2020), Ebner (2023), Heitmeyer (2018), Hillje (2021), Quent (2019) sowie Weiß (2017), einen Überblick bieten Mullis/Zschocke (2019).
5 Den Überlegungen liegt ein ähnliches Motiv zugrunde wie den Versuchen, den autoritären Charakter, wie ihn Erich Fromm bereits zu Beginn der 1930er Jahre in Frankfurt am IfS und später Adorno und Mitarbeiter:innen (Adorno 2017 [1950]) im amerikanischen Exil herausgearbeitet haben, zu aktualisieren (vgl. Amlinger/Nachtwey 2022, Decker 2018, Henkelmann u. a. 2020). Es geht jeweils darum, einen Begriff für gesellschaftliche Dynamiken zu bestimmen, der nicht das Erstarken rechter Parteien an sich beschreibt, sondern das gesellschaftliche ›Hintergrundrauschen‹ thematisiert. Wichtig ist jedoch, dass ein solcher Begriff nicht gleichbedeutend ist mit Rechts, zumal auch andere politische, soziale und individuelle Antworten denkbar sind.
6 Siehe dazu die Beiträge von Geiselberger (2017b), King (2021), Niesen (2023) sowie Schäfer/Zürn (2021).
7 Dieser radikal demokratische Kern wurde immer wieder beschrieben und ist bis heute von Relevanz. Siehe dazu die Arbeiten von Arendt (2011 [1936]), Laclau/Mouffe (2006 [1985]), Fraser (2009), Rancière (2013 [1981]) sowie Redecker (2020).
8 Die beiden Begriffe *Rechts* und *Rechtsaußen* schreibe ich im Folgenden durchweg groß, um zu betonen, dass sie nicht als Adjektive verwendet werden, sondern es sich dabei um Bezeichnungen für mehr oder weniger kohärente politische Strömungen handelt.
9 Insgesamt beschreibt Mudde (2020, S. 25–39) vier Wellen rechter Mobilisierungen: Die aktuelle *vierte* setze in den 2000ern ein und halte bis heute an. Dieser vorgegangen sei eine *erste* Welle (1945–55), die unmittelbar nach dem Zweiten Weltkrieg einsetze und von neo-faschistischen Gruppen und Initiativen geprägt gewesen sei. Die *zweite* (1955–80) sei gekennzeichnet durch Parteiformierungen wie den Front National in Frankreich oder die NPD in Deutschland, während die *dritte* Welle (1980–2000) den Aufstieg des radikalen Rechtspopulismus markiere, der, anders als heute, noch außerhalb des Mainstreams gestanden habe.

10 Siehe dazu die Arbeiten von Hunold/Singelnstein (2022), Kempen (2021), Meisner/Kleffner (2019) sowie Steinhagen (2021).
11 Eine Zusammenstellung der Debatte findet sich in Mullis/Zschocke (2019).
12 Siehe dazu die Arbeiten von Amlinger/Nachtwey (2022), Bescherer u. a. (2021), Gest (2016), Hillje (2018), Quent/Schulz (2015) sowie Mullis/Miggelbrink (2022).
13 Die empirische Grundlage dieses Kapitels bilden umfangreiche eigene Vorarbeiten zum Protestgeschehen der letzten Jahre, Analysen der sozialen Auswirkungen der Coronapandemie sowie die Arbeit am Corona-Monitor während der Jahre der Pandemie (www.coronamonitor.noblogs.org, zuletzt besucht am 5. 10. 2023).

Teil I: Verunsicherung und Krise

1 Siehe die Beiträge von Hank (2008), Moore (2011) oder Schirrmacher (2011).
2 Eine detaillierte Betrachtung der Ereignisse in Deutschland findet sich bei Kiesow (2015, S. 234–272).
3 Mit der Fertigstellung dieses Buches ist das GEAS noch nicht durch alle EU Instanzen. Ende Dezember haben sich jedoch das Europäische Parlament und die EU-Mitgliedstaaten auf der Grundlage des Beschlusses der Europäischen Innenministerkonferenz des Sommers auf ein gemeinsames Vorgehen geeinigt und damit die Reform faktisch beschlossen.
4 Sie hieß damals eigentlich noch *Leipziger-Mitte-Studie*, wurde aber 2018 von Decker und Kolleg:innen in Abgrenzung zur *Mitte-Studie* der Friedrich-Ebert-Stiftung des Teams um Zick in *Autoritarismus-Studie* umbenannt. Der Übersichtlichkeit halber verwende ich hier bereits für die Studie von 2016 den ab 2018 gebräuchlichen Namen.
5 2022 verpasste die AfD in Schleswig-Holstein erstmals den Wiedereinzug in einen Landtag. Sie war mit 4,4 Prozent an der Fünfprozenthürde gescheitert. In Bremen war sie 2023 aufgrund von Streitigkeiten innerhalb des Landesverbandes von der Wahl ausgeschlossen worden, da zwei konkurrierende Wahllisten eingereicht worden waren.
6 Am Einzug in den Bundestag sowie am Erfolg in der Fläche scheiterte die NPD in den späten 1960ern ebenso wie die Republikaner in den späten 1980ern und frühen 1990ern.
7 Infolge des Militärputsches in Niger im Juli 2023 kündigte die Junta im November das Migrationsabkommen mit der EU auf.
8 Festgelegt wurde im sogenannten Asylkompromiss, dass ein Recht auf Asyl nur noch hat, wer auch tatsächlich politisch verfolgt wird. Hinzu kam die Drittstaatenregelung, die besagte, dass, wer über die oder aus der EU oder allgemein aus einem »sicheren Herkunftsland« kommt, nicht asylberechtigt

ist (bpb 2013). Kritische Stimmen sprachen daher von der faktischen Abschaffung des Rechts auf Asyl.

9 Es ist vor allem die Initiative 19. Februar 2020, die mit viel Engagement die Betroffenen zusammenbringt und die Politik zur Stellungnahme und Aufarbeitung zwingt. (https://19feb-hanau.org/, zuletzt besucht am 5. 10. 2023).

10 Die Initiative EntnazifizierungJETZT (2023) hat innerhalb von nur drei Jahren ab Mai 2020 über 800 rassistische und rechte Vorfälle in den Sicherheitsbehörden dokumentiert.

11 Siehe dazu die Arbeiten von Lamberty/Rees (2021), Lamberty u. a. (2022), Roose (2020), Schließler u. a. (2020) sowie Spöri/Eichhorn (2021).

12 Die wachsende Szene der Reichsbürger:innen umfasst über 20 000 Menschen. Vertreten wird die Ansicht, dass Deutschland in Wahrheit noch immer von den Alliierten kontrolliert werde, die Bundesrepublik kein souveräner Staat sei und das Kaiserreich von 1871 wiederhergestellt werden müsse. Die Szene ist bewaffnet und gefährlich. Im Verlauf der Pandemie und der massenhaften Verbreitung von Verschwörungsideologien (vgl. Lamberty/Nocun 2021) haben die zuvor eher isolierten Gruppen und Einzelpersonen vermehrt auch Beziehungen zum weiteren rechtsradikalen Spektrum geknüpft.

13 Mit der »Sonntagsfrage ermittelt infratest dimap seit 1997 zwischen den Wahlen die aktuelle politische Stimmung in Deutschland«. Die Daten der jeweils letzten Umfrage sowie die Langzeitentwicklung sind hier veröffentlicht: www.infratest-dimap.de/umfragen-analysen/bundesweit/sonntagsfrage/ (zuletzt besucht am 6. 10. 2023).

14 Die CDU büßte 7,9 Prozent der Zweitstimmen ein und kam nur noch auf 18,9 Prozent. Zusammen mit der CSU musste sie ein Minus von 8,9 Prozent hinnehmen und erreichte nur noch 24,1 Prozent. Die SPD legte hingegen um 5,2 Prozent, die Grünen gar um 5,9 Prozent zu und erreichten 25,7 beziehungsweise 14,8 Prozent.

15 Eine Zusammenstellung findet sich im Corona-Monitor: www.coronamonitor.noblogs.org/stellungnahmen-petitionen/ (zuletzt besucht am 16. 11. 2022).

16 Verbraucherpreisindex für Deutschland (monatlich): https://www.destatis.de/DE/Themen/Wirtschaft/Konjunkturindikatoren/Basisdaten/vpi001j.html (zuletzt besucht am 4. 11. 2023).

17 Im Jahr 2022 verteuerten sich Energieprodukte im Vergleich zu 2021 um 34,7 Prozent, 2021 hatte die Steigerung im Vergleich zum Vorjahr 10,4 Prozent betragen. Die Preise für Nahrungsmittel waren 2022 um 13,4 Prozent, 2021 um 3,2 Prozent gestiegen.

18 Quent und Kolleg:innen (2022, S. 55 ff.) haben den globalen Forschungsstand hierzu auch mit Blick auf Deutschland aufgearbeitet.

19 Siehe www.infratest-dimap.de/umfragen-analysen/bundesweit/sonntagsfrage/ (zuletzt besucht am 6. 10. 2023).

20 Siehe www.dawum.de/ (zuletzt besucht am 6. 10. 2023).

21 Siehe www.infratest-dimap.de/umfragen-analysen/bundesweit/sonntagsfrage/ (zuletzt besucht am 6. 10. 2023).

22 Wie sehr die Normalisierung voranschreitet, verdeutlichen Daten, die Hillje am 31. 5. 2023 auf Twitter zitierte. Er teilte eine Graphik der *FAZ* von März 2023, die zeigt, dass zwischen 2016 und 2023 der Anteil jener, die die AfD für eine »normale demokratische Partei« halten, von 17 auf 27 Prozent gestiegen war, während der Anteil jener, die »Zweifel« haben, im gleichen Zeitraum von 68 auf 60 Prozent gesunken war.

23 Hessisches Statistisches Landesamt: https://wahlen.hessen-ltw23.23-degrees.eu/wk/0000000000/overview (zuletzt besucht am 9. 10. 2023).

24 Landeswahlleiter des Freistaates Bayern, https://www.statistik.bayern.de/mam/wahlen/landtagswahlen/b72303_vorl%C3%A4ufiges_ergebnis_lw_2023_online.pdf (zuletzt besucht am 9. 10. 2023).

25 Als Reaktion auf Maaßens Aussagen von 2023 leitete die CDU-Parteiführung zwar ein Parteiausschlussverfahren ein (Spiegel 2023a), dieses scheiterte jedoch am Widerstand des thüringischen Landesverbandes. Im Zuge der geplanten Gründung der Werte Union als Partei verließ Maaßen im Januar 2024 die CDU aus freien Stücken.

26 Siehe dazu die Arbeiten von Brockschmidt (2021), Dietze/Roth (2020), Gesterkamp (2010; 2018), Hark/Villa (2017), Kalkstein u. a. (2022) sowie Kemper (2014).

27 Für den Wahl-O-Mat der Bundeszentrale für politische Bildung beantworten Politiker:innen, die sich zur Wahl stellen, Fragen, die dann auch interessierte Wähler:innen online beantworten können, um so einen Überblick über ihre Parteipräferenz zu erhalten. Er ist hier abrufbar: www.wahl-o-mat.de (zuletzt besucht am 28. 9. 2023).

28 Ihre umfassende Studie haben Steffen Mau, Thomas Lux und Linus Westheuser im Herbst 2023 veröffentlicht.

Teil II: Im Wohnzimmer

1 Methodisch waren die Überlegungen von Bourdieu (2010 [1993], S. 395) leitend. In den Gesprächen sollte eine »Beziehung des aktiven und methodischen Zuhörens« entstehen. Versucht wurde, die Menschen in ihren sozialen und politischen Welten abzuholen, ihnen zuzuhören, Spielräume zu lassen, was und wie sie erzählen wollen, dennoch aber einer Agenda des Fragens zu folgen. Hierfür haben wir mit einem Fragebogen gearbeitet, der den narrativen Interviews einen Rahmen gab. Zusätzlich zu diesen Interviews mit Bewohner:innen wurden ab 2017 weitere knapp 25 Gespräche mit Expert:innen geführt. Dabei ging es darum, ein Gefühl für die Stadtteile zu

bekommen und Wissen anzueignen, um überhaupt sinnvoll mit den Menschen vor Ort sprechen zu können.
Die narrativen Interviews mit den Bewohner:innen wurden in einem mehrstufigen Verfahren ausgewertet. Zunächst wurden alle Interviews transkribiert. In einem zweiten Schritt wurden sie gesichtet und im Rahmen eines ganztägigen Workshops elf Kernkategorien definiert: Abstieg, Demokratie (System), Emotionen, Glückserwartungen, Kollektivität, Krisennarrative, Radikale Rechte, Ressentiments, Selbstwirksamkeit, Stadtteil und Ungerechtigkeit. Anschließend wurden drittens die Audiodaten mehrfach angehört und mit Hilfe der Transkripte entlang der elf Kategorien strukturiert. Zu jeder Kategorie wurde für jedes Interview einzeln ein Memo verfasst und zudem zentrale Zitate festgehalten. Diese strukturierte Auswertung diente als Grundlage für die Erstellung des vorliegenden Textes.

2 Am Projekt gearbeitet haben im Wesentlichen Paul Zschocke, der im Rahmen seiner Dissertation die Forschung in Leipzig durchgeführt hat, ich, der ich in Frankfurt am Main gearbeitet habe, sowie die studentischen Hilfskräfte Ronja Stiep, Darius Reinhardt und Timo Wenninger.

3 Was ich hier herausarbeiten kann, ist begrenzt. Es gibt Nuancen und Konturen, die ich nicht thematisieren kann. Selbstredend spielt auch die Art unserer Interviews, unsere Präsenz sowie auch der Inhalt der Fragen, die wir vorgaben, eine Rolle. So konnten wir manche Dinge gut herausarbeiten, die sonst verdeckt geblieben wären; andere Aspekte blieben jedoch im Verborgenen. Zu Letzterem gehören Fragen nach Antisemitismus und Frauenfeindlichkeit sowie Kritik an Genderpolitiken. Sie haben in den Interviews kaum eine Rolle gespielt, und wir haben nicht explizit danach gefragt, da die Gespräche sehr anders hätten strukturiert sein müssen. Forschung von Kolleg:innen zeigt aber klar, dass Antifeminismus und Antisemitismus wirkmächtige Faktoren sind (vgl. Graff/Korolczuk 2022, Hark/Villa 2017, Kemper 2014); dass sie hier nicht auftauchen, heißt folglich nicht, dass sie nicht da sind.

4 Die Zahlen stammen von den jeweiligen städtischen statistischen Behörden. In Frankfurt abrufbar unter: https://statistik.stadt-frankfurt.de (zuletzt besucht am 7. 8. 2023); in Leipzig unter: https://statistik.leipzig.de (zuletzt besucht am 7. 8. 2023).

5 Die Kategorie »Menschen mit Migrationshintergrund« wurde und wird immer wieder als problematisch kritisiert, weil sie Menschen mit deutscher Staatsangehörigkeit umfasst, aber deren vermeintlich andere Herkunft betont. Dies macht Diskussionen über den Entzug der Staatsbürgerschaft erst möglich, da die Kategorie Deutsche mit deutscher Abstammung von Deutschen ohne ausreichende deutsche Abstammung unterscheidet. Gleichzeitig gibt es in Deutschland keine umfassenden Daten zu anderen rassistischen Diskriminierungsmerkmalen, weshalb die Daten zum Migrationshintergrund dennoch häufig herangezogen werden, um die Pluralisierung

der Gesellschaft sowie potentielle Adressat:innen von Rassifizierung zu verdeutlichen (Will 2022).

6 Wenn nicht anders vermerkt, stammen auch hier die Daten von den jeweiligen statistischen Ämtern (vgl. Fußnote oben).

7 Siehe www.dawum.de/Sachsen/ (zuletzt besucht am 15. 11. 2023).

8 Formuliert wurde die These der Desintegration bereits Mitte der 1960er Jahre (Eicker 2021, S. 137), dann aber für die Langzeitstudie *Deutsche Zustände* in den 2000ern präzisiert (Endrikat u. a. 2002, zuvor schon Heitmeyer 1994) und jüngst mit Blick auf den Aufstieg der AfD aktualisiert (Heitmeyer 2018). Hervorgehoben wird der Anerkennungsverlust in den Bereichen der Teilhabe an materiellem und kulturellem Wohlstand, der Teilhabe an Aushandlungsprozessen gesellschaftlicher Konflikte sowie der sozialen Kollektivität (Endrikat u. a. 2002, S. 38 f.). Mit Blick auf den Aufstieg der AfD unterstreicht Heitmeyer (2018, S. 21), dass deren Erfolg in »Interdependenzen zwischen dem ökonomischen, politischen und sozialen System« wurzle. In allen Bereichen seien Prozesse des Ausschlusses zu beobachten, die zusammengenommen in tatsächliche oder auch lediglich gefühlte Bedrohung kulminierten. Im Ergebnis führe dies zur Herausbildung von Ressentiment sowie Erfahrung von Ohnmacht und Kontrollverlust. Um Kontrolle wieder zu erlangen, erwachse die »autoritäre Versuchung« (vgl. Butterwegge u. a. 2002, Dörre 2020, Harder/Opratko 2021, Heitmeyer 2018, Loch/Heitmeyer 2001).

9 Einen Überblick über die Debatten bieten Castel (2011), Castel/Dörre (2009), Marchart (2013), Kronauer (2010) sowie Lorey (2020 [2008]).

10 Große und sehr große Sorgen bereitet 80,1 Prozent der Klimawandel, 73,5 Prozent der Verlust an sozialer Sicherheit, 63,9 Prozent der Verlust an Wohlstand und 44,9 Prozent die Migration (Best u. a. 2023, S. 16).

11 Gefunden habe ich die Zahl zuerst in einem Interview bei Daniel Kubiak 2020, der so freundlich war, mir die Originalquelle zu nennen.

12 Sie nennt im Gespräch den Namen des Betriebs, dieser wurde aber anonymisiert.

13 Delikat war eine Kette von Einzelhandelsgeschäften, in denen es ausgewählte Produkte, unter anderem auch Westimporte, zu kaufen gab. Die Geschäfte hatten oftmals erlesene Standorte.

14 Siehe beispielsweise Lessenich (2019), Manow (2020), Mondon/Winter (2020), Mouffe (2010 [2000]), Öztürk (2011), Rancière (1997), Schäfer (2015) sowie Schäfer/Zürn (2021). Ganz neu ist die Debatte allerdings nicht, und es finden sich schon in den 1970er Jahren Beiträge, die um die Krise der Demokratie kreisen. So sind etwa frühe Arbeiten von Jürgen Habermas oder Claus Offe zu nennen.

15 Das Ausmaß der Gefahr der Erosion der Demokratie als Form wird noch greifbarer, wenn die globalen Entwicklungen in den Blick genommen werden. So sinkt heute die Zahl an formal demokratisch organisierten

Staaten wieder. Befunde des Varieties of Democracy Project (V-Dem), das den Zustand von Demokratien weltweit bewertet, zeigen, dass die Zahl der funktionierenden Demokratien insbesondere nach 1945 bis in die 2000er Jahre stetig gestiegen ist, während der Anteil von harten Autokratien drastisch zurückging. Heute nimmt die Zahl der funktionierenden Demokratien leicht ab, während der Anteil »defekter Demokratien« deutlich und jener von »harten Autokratien« moderat steigt (Lemm u. a. 2022). Heute müssten, so streichen Schäfer/Zürn (2021, S. 51) heraus, »ein Drittel der Weltbevölkerung einen Rückbau der Demokratie« hinnehmen, und gerade mal acht Prozent lebten in Ländern, »in denen sich die Demokratiequalität« verbessere. Bedenklich sei indes nicht allein der Rückfall einstiger Demokratien in autokratische Regime, sondern auch, dass in den hoch entwickelten Demokratien seit den 2010er Jahren ihre Qualität merklich sinke (Schäfer/Zürn 2021, S. 49 f.), zumal rechtsstaatliche Normen, Menschenrechte und Möglichkeiten zur faktischen Mitbestimmung schwinden.

16 Anhänger:innen der AfD wünschen sich zu 82 Prozent eine direkte Demokratie, gerade mal 7,9 Prozent hingegen eine Expertokratie (Best u. a. 2023, S. 24).

17 Im Vergleich dazu lag in der Autoritarismus-Studie 2022 der Zuspruch zu einer »starken Partei, die die Volksgemeinschaft insgesamt verkörpert«, im Osten bei 10,3 Prozent (2023 bei 26,3 Prozent) und im Westen bei 15,6 Prozent, der Zuspruch zur Aussage »Wir sollten einen Führer haben, der Deutschland zum Wohle aller mit starker Hand regiert« im Osten bei 5 Prozent (2023 bei 14 Prozent) und im Westen bei 7,7 Prozent (Decker u. a. 2022b, S. 41; 2023, S. 6).

18 Das Programm wurde umbenannt. Früher hieß es »Soziale Stadt – Investitionen im Quartier«.

19 Hessen: https://www.tagesschau.de/wahl/archiv/2023-10-08-LT-DE-HE/umfrage-afd.shtml (zuletzt besucht am 9. 10. 2023); Bayern: https://www.tagesschau.de/wahl/archiv/2023-10-08-LT-DE-BY/umfrage-afd.shtml (zuletzt besucht am 9. 10. 2023).

Teil III: Tiefenstrukturen

1 Die Unmöglichkeit der Letztgründung darf nicht so verstanden werden, dass Gesellschaft keine Faktizität hätte und sie als Fundament irrelevant würde, so der Politikwissenschaftler Oliver Marchart (2010a, S. 59–84). Im Gegenteil, einmal produzierte Ordnungen schaffen Pfadabhängigkeiten, materielle Strukturen, Objektivitäten und insgesamt einen Möglichkeitsraum, in dem Subjektivierung vollzogen wird, in dem aber auch politische Praxis als rational erscheint. Diese Verfestigungen sind nicht einfach aufzu-

lösen, es ist aber möglich. Es gibt also keinen letzten Grund für das Sein der Gesellschaft, sie ist und bleibt kontingent, was aber auch bedeute, so Marchart (2010b, S. 147), dass »wenn kein Grund notwendig ist, [...] die Kontingenz des Grundes notwendig« ist.

2 Diskussionen wurden in den 1990ern geführt von Bathke/Spindler (2006), Greven/Grumke (2006), Loch/Heitmeyer (2001) sowie von Schui u. a. (1997). Jüngere Debatten finden sich bei Amlinger/Nachtwey (2022), Becker u. a. (2019), Burschel (2020), Groß/Hövermann (2014), Hövermann/Groß (2016) sowie bei Groß u. a. (2023).

3 Spätestens mit der Finanzkrise wurde jedoch deutlich, dass die geschaffene Ordnung in hohem Maße volatil und krisenanfällig ist. Die Schwierigkeiten mit Lieferketten während der Pandemie sowie die anhaltenden Engpässe in der Produktion sind weitere Belege für die Schwierigkeiten, die mit einer globalisierten, hoch beschleunigten und auf die Bedürfnisse von Finanzmärkten ausgerichteten Ökonomie einhergehen.

4 Für Landa (2022 [2010], S. 20) ist klar, dass es »viele bedeutende Unterschiede« zwischen Faschismus und Liberalismus gibt. Gleichzeitig seien sie aber auch nicht das jeweils andere, und der Faschismus habe gerade in wirtschaftlicher Hinsicht weit weniger mit dem Liberalismus gebrochen, als liberale Denker:innen dies gerne behaupteten. So arbeitet er anhand von Texten einschlägiger faschistischer Ideologen der Zeit heraus, dass der Faschismus neben einer autoritären und gewalttätigen Ordnung auch ein »fanatischer Versuch« gewesen sei, »die Logik des westlichen Kapitalismus des 19. Jahrhunderts auf die Spitze zu treiben« (ebd., S. 99 f.).

5 Diese Spaltung bereitet begrifflich bis heute Herausforderungen. So werden im englischen Sprachgebrauch politisch inklusive und sozial auf Ausgleich setzende Fraktionen – und damit eher linke und progressive Positionen – als liberal bezeichnet, während Neoliberale als Libertäre benannt werden. Im deutschen Kontext ist dies anders, und ›liberal‹ bzw. ›neoliberal‹ steht heute eindeutig für den Wirtschaftsliberalismus, auch wenn dies historisch durchaus anders war. ›Libertär‹ wird hier zudem gelegentlich von anarcho-kommunistischen Gruppen für einen egalitären und sozialen Individualismus in Abgrenzung zu ›liberal‹ als Selbstbeschreibung verwendet (Biebricher 2021, S. 14; Gerstle 2022, S. 75–83).

6 Zur Herausbildung der Logik der Sicherheit siehe die Arbeiten von Belina (2006), Graham (2010), Opitz (2008) und Uitermark/Duyvendak (2008). Die rassistische Dimension der Versicherheitlichung diskutieren beispielsweise Chambliss (2018 [2001]) und Wacquant (2009; 2017).

7 Beispielhaft sind die Beiträge von Hank (2008), Moore (2011) sowie Schirrmacher (2011).

8 Zu ähnlichen Ergebnissen wie die Wissenschaftler:innen des CuRe-Projekts kommen etwa Cole u. a (2023) sowie Lindholt u. a. (2021).

Schluss

1 Die Debatte wurde online veröffentlicht: https://youtu.be/1jP8eBMBwAA?si=LOgYarWo-KjXHkEL (zuletzt besucht am 18. 10. 2023).

2 Für Hessen siehe: https://www.tagesschau.de/wahl/archiv/2023-10-08-LT-DE-HE/umfrage-aktuellethemen.shtml (zuletzt besucht am 1. 11. 2023). Für Bayern siehe: https://www.tagesschau.de/wahl/archiv/2023-10-08-LT-DE-BY/umfrage-kompetenzen.shtml (zuletzt besucht am 1. 11. 2023).

Literaturhinweise

Liste der verwendeten Interviews

Leipzig – Grünau

G01 (7. 3. 2022): *Herr Oppermann* ist Anfang 40 und gibt an, unterschiedlich, aber meist Die Linke zu wählen.
G03 (6. 9. 2022): *Frau Meisner* ist Anfang 60 und gibt an, unterschiedlich, aber meist SPD zu wählen.
G05 (22. 9. 2022): *Frau Dietz* ist Anfang 60 und gibt an, unterschiedlich zu wählen, zuletzt die CDU.
G06 (13. 10. 2022): *Herr Borowski* ist Anfang 50 und gibt an, nicht zu wählen.
G07 (14. 10. 2022): *Frau Nowak* ist Ende 60 und gibt an, unterschiedlich zu wählen, zuletzt die CDU.
G08 (18. 10. 2022): *Herr Uhlig* ist Anfang 70 und gibt an, unterschiedlich zu wählen, einst der PDS / Die Linke verbunden.
G11 (18. 11. 2022): *Herr Oertel* ist Anfang 80 und gibt an, unterschiedlich zu wählen, künftig vielleicht die AfD.

Frankfurt – Nied

N01 (12. 6. 2022): *Herr Hofer* ist Mitte 30 und gibt an, CDU zu wählen.
N02 (24. 6. 2022): *Frau Keller* ist Anfang 40 und gibt an, Grün oder Die Linke zu wählen.
N03 (30. 6. 2022): *Herr Brandt* ist Mitte 50 und gibt an, Grün oder Die Linke zu wählen.
N05 (4. 7. 2022): *Herr und Frau Werner* sind Anfang 70 und geben an, SPD zu wählen.
N06 (5. 7. 2022): *Frau Becker* ist Anfang 60 und gibt an, Grün oder SPD zu wählen.
N07 (5. 7. 2022): *Herr Lutz* ist Anfang 60 und gibt an, SPD zu wählen.
N08 (7. 7. 2022): *Herr Schulze* ist Mitte 50 und gibt an, AfD zu wählen.
N09 (7. 7. 2022): *Herr Conrad* ist Ende 50 und gibt an, CDU zu wählen.
N11 (25. 7. 2022): *Herr und Frau Klein* sind beide Ende 70. Er gibt an, CDU, sie, FDP zu wählen.
N12 (26. 7. 2022): *Herr Maier* ist Ende 40 und gibt an, CDU zu wählen.
N13 (26. 7. 2022): *Frau Vogt* ist Mitte 50 und gibt an, Grün zu wählen.
N15 (1. 8. 2022): *Herr Albrecht* ist Ende 40 und gibt an, CDU oder Grün zu wählen.

N16 (8. 8. 2022): *Frau Lang* ist Mitte 30 und gibt an, Die Linke zu wählen.
N17 (9. 8. 2022): *Frau Koch* ist Mitte 70 und gibt an, konservativ, aber nicht die AfD zu wählen.
N20 (13. 9. 2022): *Frau Sanchez* ist Anfang 40 und gibt an, SPD oder Die Linke zu wählen.

Frankfurt – Riederwald

R01 (10. 4. 2019): *Frau Köhler* ist Anfang 40 und gibt an, AfD zu wählen.
R01 (10. 6. 2022): Zweites Gespräch mit *Frau Köhler*.
R05 (6. 5. 2019): *Frau Schuster* ist Mitte 60 und gibt an, Die Linke zu wählen.
R06 (8. 5. 2019): *Frau und Herr Böhm*. Beide sind Mitte 70 und geben an, SPD zu wählen.
R06 (18. 5. 2022): Zweites Gespräch mit *Frau und Herrn Böhm*.
R09 (3. 6. 2019): *Herr Ludwig* ist Mitte 50 und will mir nicht sagen, wen er wählt.
R10 (3. 6. 2019): *Herr Vogel* ist Anfang 40 und gibt an, SPD oder Grün zu wählen.
R11 (17. 6. 2019): *Frau Sommer* ist Ende 20 und gibt an, CDU zu wählen.
R12 (3. 7. 2019): *Herr Franke* ist Mitte 60 und gibt an, je nach politischer Ebene CDU, Grün oder Die Linke zu wählen.
R12 (23. 5. 2022): Zweites Gespräch mit *Herrn Franke*.
R13 (12. 7. 2019): *Herr Ziegler* ist Anfang 60 und gibt an, Die Linke zu wählen.

Literaturauswahl

Das vollständige Literaturverzeichnis mit allen Quellen und verwendeten Texten gibt es hier zum Download:

Ahmed, Sara: The Cultural Politics of Emotion. Edinburgh: Edinburgh University Press, 2004.
– Das Glücksversprechen. Eine feministische Kulturkritik. Münster: Unrast, 2018. [Originalausgabe 2010]
Amlinger, Carolin / Nachtwey, Oliver: Gekränkte Freiheit. Aspekte des libertären Autoritarismus. Berlin: Suhrkamp, 2022.

Balibar, Étienne: Gleichfreiheit. Politische Essays 1989–2009. Berlin: Suhrkamp, 2012.
Balibar, Étienne / Wallerstein, Immanuel: Rasse, Klasse, Nation. Ambivalente Identitäten. Eine Debatte. Hamburg: Argument, 1990. [Originalausgabe 1988]
Barnett, Clive: The Priority of Injustice. Locating Democracy in Critical Theory. Athens: The University of Georgia Press, 2017.
Bauman, Zygmunt: Gemeinschaften. Auf der Suche nach Sicherheit in einer bedrohlichen Welt. Frankfurt a. M.: Suhrkamp, 2009. [Originalausgabe 2001]
Beck, Ulrich: Risikogesellschaft. Auf dem Weg in eine andere Moderne. Frankfurt a. M.: Suhrkamp, 1986.
Biebricher, Thomas: Die politische Theorie des Neoliberalismus. Berlin: Suhrkamp, 2021.
Bojadžijev, Manuela: Die windige Internationale. Rassismus und Kämpfe der Migration. Münster: Westfälisches Dampfboot, 2012.
Brand, Ulrich / Wissen, Markus: Imperiale Lebensweise. Zur Ausbeutung von Mensch und Natur im globalen Kapitalismus. München: oekom, 2017.
Brockschmidt, Annika: Amerikas Gotteskrieger. Wie die Religiöse Rechte die Demokratie gefährdet. Hamburg: Rowohlt, 2021.
Brown, Wendy: Die schleichende Revolution. Wie der Neoliberalismus die Demokratie zerstört. Berlin: Suhrkamp, 2018.
Butterwegge, Christoph: Armut in einem reichen Land. Wie das Problem verharmlost und verdrängt wird. Frankfurt a. M.: Campus, 2016.
Chamayou, Grégoire: Die unregierbare Gesellschaft. Eine Genealogie des autoritären Liberalismus. Berlin: Suhrkamp, 2019.
Charim, Isolde: Ich und die Anderen. Wie die neue Pluralisierung uns alle verändert. Wien: Zsolnay, 2018.
correctiv: Neue Rechte _ Geheimplan gegen Deutschland. In: *CORRECTIV*. 10. 1. 2024. correctiv.org/aktuelles/neue-rechte/2024/01/10/geheimplan-remigration-vertreibung-afd-rechtsextreme-november-treffen/ (zuletzt besucht am 19. 1. 2024).
Crouch, Colin: Postdemokratie. Frankfurt a. M.: Suhrkamp, 2008.
Daub, Adrian: Cancel Culture Transfer. Wie eine moralische Panik die Welt erfasst. Berlin: Suhrkamp, 2022.
Decker, Oliver: Narzisstische Probleme und sekundärer Autoritarismus. In: O. D. / Johannes Kiess / Elmar Brähler / Johannes Baldauf (Hrsg.): Rechtsextremismus der Mitte und sekundärer Autoritarismus. Gießen: Psychosozial-Verlag, 2015. S. 21–33.
Dietze, Gabriele / Roth, Julia (Hrsg.): Right Wing Populism and Gender. European Perspectives and Beyond. Bielefeld: transcript, 2020.
Dörre, Klaus: In der Warteschlange. Arbeiter*innen und die radikale Rechte. Münster: Westfälisches Dampfboot, 2020.
Dubiel, Helmut: Ungewissheit und Politik. Frankfurt a. M.: Suhrkamp, 1994.

Ebner, Julia: Massenradikalisierung. Wie die Mitte Extremisten zum Opfer fällt. Berlin: Suhrkamp, 2023.
Elias, Norbert: Die Gesellschaft der Individuen. Frankfurt a. M.: Suhrkamp, 2007. [Originalausgabe 1991]
Eribon, Didier: Rückkehr nach Reims. Berlin: Suhrkamp, 2016. [Originalausgabe 2009].
Fisher, Mark: Kapitalistischer Realismus ohne Alternative? Eine Flugschrift. Hamburg: VSA, 2013. [Originalausgabe 2009]
Foroutan, Naika: Rassismus in der postmigrantischen Gesellschaft. In: Aus Politik und Zeitgeschichte 70 (2020) 42–44. S. 12–18.
Foucault, Michel: Die Sorge um sich. Sexualität und Wahrheit 3. Frankfurt a. M.: Suhrkamp, 1989.
– Die Geburt der Biopolitik. Geschichte der Gouvernementalität II. Frankfurt a. M.: Suhrkamp, 2006. [Vorlesung 1979]
Fraser, Nancy: Scales of Justice. Reimagening Politic Space in a Globalizing World. New York: Columbia University Press, 2009.
– / Jaeggi, Rahel: Kapitalismus. Ein Gespräch über kritische Theorie. Berlin: Suhrkamp, 2020.
Geiselberger, Heinrich (Hrsg.): Die große Regression. Eine internationale Debatte über die geistige Situation der Zeit. Berlin: Suhrkamp, 2017.
Gerstle, Gary: The Rise and Fall of the Neoliberal Order. America and the World in the Free Market Era. New York: Oxford University Press, 2022.
Gest, Justin: The New Minority. White Working Class Politics in an Age of Immigration and Inequality. New York: Oxford University Press, 2016.
Groß, Eva / Hövermann, Andreas / Nickel, Amelie: Entsicherte Marktförmigkeit als Treiber eines libertären Autoritarismus. In: Andreas Zick / Beate Küpper / Nico Mokros (Hrsg.): Die distanzierte Mitte. Rechtsextreme und demokratiegefährdende Einstellungen in Deutschland 2022/23. Bonn: Dietz, 2023. S. 243–258.
Hall, Stuart: Die Stadt. Kosmopolitische Versprechungen und multikulturelle Realitäten. In: S. H.: Populismus. Hegemonie. Globalisierung. Ausgewählte Schriften 5. Hamburg: Argument, 2003 [Abgedruckt 2014]. S. 172–197.
Hark, Sabine / Villa, Paula-Irene (Hrsg.): Anti-Genderismus. Sexualität und Geschlecht als Schauplätze aktueller politischer Auseinandersetzungen. Bielefeld: transcript, 2017.
Harvey, David: A Brief History of Neoliberalism. Oxford: Oxford University Press, 2005.
Heitmeyer, Wilhelm u. a.: Die Bielefelder Rechtsextremismus-Studie. Erste Langzeituntersuchung zur politischen Sozialisation männlicher Jugendlicher. Weinheim/München: Juventa, 1992.
Heitmeyer, Wilhelm: Autoritäre Versuchungen. Berlin: Suhrkamp, 2018.
– / Freiheit, Manuela / Sitzer, Peter: Rechte Bedrohungsallianzen. Berlin: Suhrkamp, 2020.

Hillje, Johannes: Propaganda 4.0. Wie rechte Populisten unsere Demokratie angreifen. Bonn: Dietz, 2021.
Horkheimer, Max / Adorno, Theodor W.: Dialektik der Aufklärung. Neuausg. 1969. Frankfurt a. M.: S. Fischer, 2017. [Originalausgabe 1944]
Judt, Tony: Geschichte Europas. Von 1945 bis zur Gegenwart. Frankfurt a. M.: S. Fischer, 2009.
King, Vera: Autoritarismus als Regression. In: WestEnd 18 (2021) H. 1. S. 87–102.
Kleffner, Heike / Meisner, Matthias (Hrsg.): Fehlender Mindestabstand. Die Coronakrise und die Netzwerke der Demokratiefeinde. Freiburg: Herder, 2021.
Klein, Naomi: The Shock Doctrine. London: Penguin Books, 2007.
Landa, Ishay: Der Lehrling und sein Meister. Liberale Tradition und Faschismus. Berlin: Dietz, 2022. [Originalausgabe 2010]
Lessenich, Stephan: Grenzen der Demokratie. Teilhabe als Verteilungsproblem. Stuttgart: Reclam, 2019.
– Nicht mehr normal. Gesellschaft am Rande des Nervenzusammenbruchs. München: Hanser, 2022.
Lorey, Isabell: Die Regierung der Prekären. Wien/Berlin: Turia + Kant, 2020. [Originalausgabe 2008]
Marchart, Oliver: Die politische Differenz. Berlin: Suhrkamp, 2010.
Mau, Steffen: Lebenschancen. Wohin driftet die Mittelschicht? Berlin: Suhrkamp, 2012.
– Lütten Klein. Leben in der ostdeutschen Transformationsgesellschaft. Berlin: Suhrkamp, 2019.
– / Lux, Thomas / Westheuser, Linus: Triggerpunkte. Konsens und Konflikt in der Gegenwartsgesellschaft. Berlin: Suhrkamp, 2023.
Mishra, Pankaj: Das Zeitalter des Zorns. Eine Geschichte der Gegenwart. Frankfurt a. M.: S. Fischer, 2017.
Mitscherlich, Alexander / Mitscherlich, Margarete: Die Unfähigkeit zu trauern. München: Piper, 1968.
Mudde, Cas: Rechtsaußen. Extreme und radikale Rechte in der heutigen Politik weltweit. Bonn: Dietz, 2020.
Mullis, Daniel: Krisenproteste in Athen und Frankfurt. Raumproduktionen der Politik zwischen Hegemonie und Moment. Münster: Westfälisches Dampfboot, 2017.
– / Miggelbrink, Judith (Hrsg.): Lokal extrem Rechts. Analysen alltäglicher Vergesellschaftungen. Bielefeld: transcript, 2022.
– / Zschocke, Paul: Regressive Politiken und der Aufstieg der AfD – Ursachensuche im Dickicht einer kontroversen Debatte. PRIF Report 5/2019. Frankfurt a. M. 2019.
Nachtwey, Oliver: Die Abstiegsgesellschaft. Über das Aufbegehren in der regressiven Moderne. Berlin: Suhrkamp, 2016.
Olson, Joel: The Abolition of White Democracy. Minneapolis: University of Minnesota Press, 2004.

Peck, Jamie / Tickell, Adam: Neoliberalizing Space. In: Antipode 34 (2002) H. 4. S. 380–404.
Quent, Matthias (2019): Deutschland rechts außen. Wie die Rechten nach der Macht greifen und wie wir sie stoppen können. München: Piper, 2019.
– / Richter, Christoph / Salheiser, Axel: Klimarassismus. Der Kampf der Rechten gegen die ökologische Wende. München: Piper, 2022.
Rancière, Jacques: Das Unvernehmen. Frankfurt a. M.: Suhrkamp, 2002. [Originalausgabe 1995]
Reckwitz, Andreas: Die Gesellschaft der Singularitäten. Zum Strukturwandel der Moderne. Berlin: Suhrkamp, 2017.
Redecker, Eva von: Revolution für das Leben. Philosophie der neuen Protestformen. Frankfurt a. M.: S. Fischer, 2020.
Salzborn, Samuel: Angriff der Antidemokraten. Die völkische Rebellion der Neuen Rechten. Weinheim: Beltz Juventa, 2017.
Schäfer, Armin: Der Verlust politischer Gleichheit. Warum die sinkende Wahlbeteiligung der Demokratie schadet. Frankfurt a. M.: Campus, 2015.
– / Zürn, Michael: Die demokratische Regression. Die politischen Ursachen des autoritären Populismus. Berlin: Suhrkamp, 2021.
Schroer, Markus: Das Individuum der Gesellschaft. Frankfurt a. M.: Suhrkamp, 2000.
Steinhagen, Martín: Rechter Terror. Der Mord an Walter Lübcke und die Strategie der Gewalt. Hamburg: Rowohlt, 2021.
Strick, Simon: Rechte Gefühle. Affekte und Strategien des digitalen Faschismus. Bielefeld: transcript, 2021.
Strobl, Natascha: Radikalisierter Konservatismus. Berlin: Suhrkamp, 2021.
Vey, Judith: Gegen-hegemoniale Perspektiven. Analyse linker Krisenproteste in Deutschland 2009/2010. Hamburg: VSA, 2015.
Weiß, Volker: Die autoritäre Revolte. Die Neue Rechte und der Untergang des Abendlandes. Stuttgart: Klett-Cotta, 2017.
Wolkenstein, Fabio: Die dunkle Seite der Christdemokratie. Geschichte einer autoritären Versuchung. München: C. H. Beck, 2022.
Žižek, Slavoj: Was ist ein Ereignis? Frankfurt a. M.: S. Fischer, 2014.